社会保険労務士　受験マ
◇◆◇　目　　次　◇◆◇

JN119976

マスターノートの効果的な使い方

I　社会保険労務士試験に合格するには

　社会保険労務士試験は，試験科目の各分野について，十分な理解がなされているかどうかを問うものですが，難関な国家試験といわれています。

　「合格」の栄誉を掌中にするには，周到な計画と粘り強い学習を継続して進めることが肝要といえます。

　また，出題範囲とされる労働社会保険諸法令は，社会経済の動向に伴って毎年のように改正が行われています。したがって，改正情報の把握は当然のことながら，効率的・合理的に学習を進めることができるか否かが，大きなポイントとなります。

II　マスターノートのねらい（特徴）

　社会保険労務士試験合格への学習は，試験科目ごとに，その過程においてサブノートを作成し，それぞれ要点整理をしながら，補足し，最後にその有効活用を図るとともに，より多くの過去問題研究・予想問題に取り組むことが重要です。

　すなわち，基本テキスト（学習の基本となるテキスト等）の通読・精読（**読む**）⟶ 要点等の整理（**書く**）および理解 ⟶ 問題研究等（**確かめる**）を繰り返すことにより，受験に不可欠の情報をしっかり覚え込むことが大切といえます。

　マスターノートは，この学習スタイルを総合的に勘案して作成したものであり，次のような特徴を持っています。

① 各法律の原則的・基本的事項を，出題傾向を加味して整理するとともに，例外・特例的事項で補充した，いわば択一式対策のノートであること。

② 単に要点をまとめたものではなく，文章中に適宜に空欄を設けており，各法律で求める専門用語や数字を確認することにより，選択式対策，暗記対策としても活用するものであること。

③ 基本テキスト，法令集，問題に取り組まれた後に必要事項を補足していくことにより，独自のサブノートを仕上げることが可能であること。

III　マスターノートの使い方

　マスターノートは，以上のように，択一式試験対策として，把握すべき重点事項をコンパクトにまとめる一方，キーワードについては空欄を設け，選択式試験対策として，用語を正確に記憶することを狙っています。

1

参考までに，本書の活用方法について，一例を示しておきます。

① 選択式対策として活用

基本テキストにより学習した後に，基本テキストを見ないで，「空欄」を埋める。

この場合，別紙に記述するなど，何回でも練習できるように工夫してみる。

② マスターノートの完成

正解は，該当ページの下欄に記載されているので，正確に記述できるようになった段階で，本書に直接記入し，マスターノートを完成させる。

③ サブノートの完成

余白に，補完事項，関連事項を記入し，サブノートとして完成させる。

○補完事項

・ 基本テキストの記述内容により補足する。

・ 法令集の該当条文等により補足する。

・ 過去の出題問題や予想問題等に取り組んだ後に，解説内容により補足する。

○関連事項

他の法律と横断的に把握しておく必要がある項目を追記する。

④ 択一式対策として活用

サブノートとして完成させた後は，常に所持して，いつでも，どこでも，基本・重要事項の理解・暗記に活用できるようにして，かつ，実行する。

以上は，本書の活用方法の一例です。学習期間（時間）によっては，①を省くことも考えられます。

理解し，記憶すべき事項が整理されていることは，強みです。この強みを土台に，もう一歩，幅広く，奥深く，充実した学習を…。

（参考） 学習時間について

学習時間は，意気込みのままに初めから長時間を設定するのではなく，当初は学習の習慣を形成するに足るものでよいと考えます。

俗に"継続は力なり"といわれますが，たとえ短時間でも，地道に「毎日続けること」が最も大切なことです。継続することにより，記憶力を維持できるからです。

学習環境，学習方法，試験日程等を加味しつつ計画されることをおすすめします。

【注】1．このマスターノートの法令内容は，令和4年4月1日現在における施行法令を基本としてまとめたものです。

2．今後の法令改正については，第54回社会保険労務士試験に係る公示日（令和4年4月中旬）までに施行されるもののみに留意しましょう。

試験は，当該日現在における施行法令に基づいて解答することになっています。

労 働 基 準 法

第1　適用事業等

Ⅰ　適用事業

労働基準法は，労働者を使用する事業または事務所（営利・非営利を問わない）について適用される。

1. 同一の場所にあるものは，原則として1個の事業とされ，場所を異にするものは，原則として別個の事業とされる。

2. 同一の場所にあっても著しく労働の態様を異にし，従事労働者，労務管理等が明確に区分されている部門は，独立した事業とされる。

Ⅱ　適用除外

労働基準法の適用が除外されるのは，次の事業等である。

法第116条

1. _____を使用する事業または事務所

　他人を1人でも使用すれば，適用事業となる。

※　同居の親族以外の者を使用し適用事業となった場合でも，同居の親族は労働者というにはなじまない関係にあることに変わりなく，使用の実態も私生活と未分化で，労働者に該当するとはいえないのが通常である。

　しかし，同居の親族であっても，事業主の指揮命令の下に就労し，その実態がその事業所の他の労働者と同様で，それに応じて賃金が支払われている場合には，労働者と解される。

2. _____

・・・〈模範解答例〉・・・ ━━━━━━━━━━━━━━━━━━━

【第1】
Ⅱ1．同居の親族のみ　　2．家事使用人

3．他の法律等によるもの

① 船員法に規定する船員には一部の規定を除き適用されない。

② 国，都道府県，市町村その他これに準ずべきものについても適用あるものとされているが，一般職の国家公務員（行政執行法人に勤務する職員を除く）には，適用されない。また，一般職の地方公務員には，一部の規定は適用されない。

法第116条

法第112条
国家公務員
法附則第16
条
地方公務員
法第58条
行政執行法
人労働関係
法第37条

Ⅲ　労 働 者

労働者とは，職業の種類を問わず，事業に＿＿＿＿される者で，＿＿＿＿を支払われる者をいう。

法第9条

Ⅳ　使 用 者

使用者とは，事業主または事業の＿＿＿＿＿＿＿その他その事業の＿＿＿＿＿に関する事項について，＿＿＿＿＿のために行為をするすべての者をいう。

法第10条

第2　　労 働 契 約

労働契約とは，労働者が一定の労働条件の下に，＿＿＿＿＿＿＿の指揮命令に服して労働し，その対償として＿＿＿＿を得る契約である。

Ⅰ　就業規則との関係

就業規則で定める基準に達しない労働条件を定める労働契約は，その＿＿＿＿は無効となり，無効となった＿＿＿＿は＿＿＿＿＿＿＿で定める基準による。

法第93条
労働契約法
第12条

Ⅱ　労働協約との関係

労働協約とは，＿＿＿＿＿＿＿＿＿と＿＿＿＿＿＿または＿＿＿＿＿＿＿との間の労働条件その他に関する＿＿＿＿＿＿＿＿＿＿＿をいい，労働協約で定める基準に違反する労働契約は，その＿＿＿＿は無効となり，無効となった＿＿＿＿は＿＿＿＿＿で定める基準による。

労働組合法
第14条・第
16条

Ⅲ　使用　　賃金
Ⅳ　経営担当者　　労働者　　事業主
【第2】
使用者　　賃金
Ⅰ　部分　　部分　　就業規則
Ⅱ　労働組合　　使用者　　その団体　　書面による合意　　部分　　部分　　労働協約

Ⅲ　労働基準法との関係

　　　労働基準法で定める基準に達しない労働条件を定める労働契約は，その　　　　　　は | 法第13条

無効となり，無効となった　　　　　は　　　　　　　　　　　　　　で定める基準による。

Ⅳ　労働契約の留意事項

　　　労働契約の締結に当たって留意すべき原則と禁止事項は，次のとおりである。

　１．労働条件の原則（労働者が　　　　　　　　　　　　生活を営むための必要を充たす | 法第1条

　　すべきものであること）

　２．労使対等の原則（労働条件は，労働者と使用者が　　　　　　　　　で決定すべ | 法第2条

　　きものであること）

　　　なお，労働基準法で定める労働条件の基準は　　　　のものであるから，労働関 | 法第1条
第2項

　　係の当事者は，この基準を理由として労働条件を低下させてはならず，その向上

　　を図るように努めなければならない。

　３．均等待遇の原則（労働者の　　　　　，　　　　　または社会的身分を理由とした差別 | 法第3条

　　的取扱いの禁止）

　４．男女同一賃金の原則（ただし，職務，能率，技能等による差異は有効） | 法第4条

　５．強制労働の禁止（精神・身体の自由を不当に拘束する手段によってはならない） | 法第5条

　６．中間搾取の禁止（　　　　　に基づいて許される場合を除き，　　　　　　　　他人の | 法第6条

　　就業に介入して利益を得てはならない）

　７．契約期間等（期間を定める場合には，　　　　　を，一定の労働契約は　　　　　を超 | 法第14条

　　えてはならない）

　　　なお，その期間が　　　　　を超える労働契約を締結した労働者は，やむを得ない | 法附則第137
条

　　事由がなくても，期間の初日から　　　　　を経過した日以後においては，使用者に | 民法第628
条

　　申し出て，いつでも退職することができる。

　８．労働条件の明示（必ず明示すべき事項） | 法第15条
則第5条

　　(1)　労働契約の期間に関する事項

　　　※　期間の定めのある労働契約を更新する場合の基準に関する事項

　　(2)　　　　　　　　　　およ　び　　　　　　　　　　　　　　　に関する事項

　　(3)　始業・終業の時刻，　　　　　　　　　　を超える労働の有無，　　　　　　　　　　，

　　　　　　　　　，休暇並びに労働者を2組以上に分けて就業させる場合における就業転

Ⅲ　部分　　部分　　労働基準法

Ⅳ１．人たるに値する　　２．対等な立場　　最低　　３．国籍　　信条

　６．法律　　業として　　７．3年　　5年　　1年　　1年

　８．⑵　就業の場所　　従事すべき業務　　⑶　所定労働時間　　休憩時間　　休日

換に関する事項

(4) 賃金（＿＿＿＿＿＿＿，賞与等を除く）の決定・計算・支払の方法，締切・支払の時期および＿＿＿に関する事項

(5) ＿＿＿に関する事項（解雇の事由を含む）

※ (1)〜(5)の事項は，＿＿＿に関する事項を除き，厚生労働省令で定める方法で明示する。

厚生労働省令で定める方法は，労働者に対する明示事項が明らかとなる書面の交付とする。ただし，当該労働者が同項に規定する事項が明らかとなる次のいずれかの方法によることを希望した場合には，当該方法とすることができる。

① ファクシミリを利用してする送信の方法

② 電子メールその他のその受信をする者を特定して情報を伝達するために用いられる電気通信（以下「電子メール等」という。）の送信の方法（当該労働者が当該電子メール等の記録を出力することにより書面を作成することができるものに限る。）

則第5条
第4項

9．賠償予定の禁止（ただし，現実の損害に対する請求は有効）　　法第16条

10．前借金と賃金との相殺の禁止　　法第17条

11．強制貯蓄の禁止（＿＿＿＿＿＿＿＿に附随した貯蓄契約強制の禁止）　　法第18条

12．年少者の雇入れ

(1) 児童は，＿＿＿＿＿に達した日以後の最初の3月31日が終了するまで，原則として，労働者として使用できない。　　法第56条

(2) ＿＿＿＿＿の労働者を使用する場合には，その＿＿＿を証明する戸籍証明書（住民票記載事項の証明書でよい）を事業場に備え付ける。　　法第57条

(3) 親権者または後見人は，＿＿＿＿＿に代わって労働契約を締結できない。　　法第58条

(4) 法定代理人または行政官庁は，労働契約が未成年者に不利であると認めるときは，＿＿＿＿＿＿＿これを解除することができる。

Ⅴ　解　雇

使用者の一方的な意思表示による労働契約の解除，すなわち解雇は，客観的に＿＿＿理由を欠き，社会通念上相当であると認められない場合は，その＿＿＿したものとして，無効とされる。

民法第1条
労働契約法
第16条

---

(4) 退職手当　　昇給　　(5) 退職　　昇給　　11．労働契約
12．(1) 満15歳　　(2) 満18歳未満　　年齢　　(3) 未成年者　　(4) 将来に向かって
Ⅴ　合理的な　　権利を濫用

VI　解雇制限

解雇は，原則として自由であるが，次の二つの場合には，制限される。　　法第19条

1．＿＿＿＿＿＿＿の負傷・疾病の療養のため休業する期間およびその後＿＿＿＿＿＿。

2．女性の＿＿＿＿＿＿＿の法定休業期間およびその後＿＿＿＿＿＿。

ただし，次の場合には，解雇制限が解除される。

(1)　業務上の負傷・疾病が療養開始後＿＿＿を経過しても治らない場合であって，

平均賃金の＿＿＿＿＿＿＿の打切補償を支払ったとき。

※　労災保険の傷病補償年金の項を参照のこと。

(2)　天災事変その他＿＿＿＿＿＿＿＿＿のために＿＿＿＿＿＿＿が不可

能となったとき。この場合は，＿＿＿＿＿＿＿＿＿＿の認定が必要である。

VII　解雇予告

使用者は，労働者を解雇しようとする場合においては，少なくとも＿＿＿＿＿＿に　　法第20条

解雇の日を特定してその予告をしなければならない。

予告をしない使用者は，＿＿＿＿＿＿＿の平均賃金（解雇予告手当）を支払わな

ければならない。

※　相当日数分の平均賃金を支払えば，その日数だけ予告期間を短縮できる。

次の場合には，解雇予告なしに，また，解雇予告手当を支払わずに，即時解雇す

ることができる。

1．天災事変その他やむを得ない事由のため，＿＿＿＿＿＿＿＿が不可能となった場

合

2．＿＿＿＿＿＿＿＿に帰すべき事由による解雇の場合

※　いずれも＿＿＿＿＿＿＿＿＿＿＿の認定が必要。

なお，次の者には，解雇予告制度は適用されない。　　法第21条

①　日日雇い入れられる者

ただし，＿＿＿＿＿＿＿を超えて使用されるに至った場合は，予告が必要となる。

②　＿＿＿＿＿＿＿＿（季節的業務の場合は＿＿＿＿＿＿＿＿＿）の期間を定めて使

用する者（所定期間内に解雇する場合）

③　試の使用期間中の者

ただし，＿＿＿＿＿を超えて使用されるに至った場合は，予告が必要となる。

VI 1．業務上　　30日間　　2．産前産後　　30日間　　(1)　3年　　1,200日分

(2)　やむを得ない事由　　事業の継続　　所轄労働基準監督署長

VII 30日前　　30日分以上

1．事業の継続　　2．労働者の責め　　所轄労働基準監督署長　　①　1箇月

②　2箇月以内　　4箇月以内　　③　14日

Ⅷ　労働契約の終了に伴う留意事項

1．金品の返還

使用者は，労働者の死亡または退職の場合において，＿＿＿＿＿＿＿の請求があっ　　法第23条
た場合には，＿＿＿以内に賃金を支払い，労働者の権利に属する金品を返還しな
ければならない。

2．退職時等の証明書の交付等

使用者は，退職理由のいかんを問わず，＿＿＿＿＿＿，＿＿＿＿＿＿＿，その　　法第22条
事業における＿＿＿＿，＿＿＿＿または＿＿＿＿＿＿＿（＿＿＿の場合は，そ
の理由を含む）について労働者が請求した場合には，遅滞なく交付しなければな
らない。

また，労働者が，＿＿＿＿＿＿＿＿から退職の日までの間に，解雇の理由に
ついて証明書を請求した場合も同様である。ただし，予告日以後に＿＿＿＿＿＿
＿＿＿＿＿により退職した場合には，その退職日以後，交付することを要しない。

証明書には，労働者が請求しない事項は記入してはならない。

3．帰郷旅費の支給

労働条件が事実と相違する場合には，労働者は即時に契約を解除することができ　　法第15条
き，就業のため住居を変更した労働者が契約解除の日から＿＿＿＿＿に帰郷する
場合には，使用者は，＿＿＿＿＿＿＿を負担しなければならない。

第3　　就業規則

Ⅰ　就業規則の作成・変更手続

1．作成の義務

＿＿＿＿＿＿＿＿＿の労働者を使用する＿＿＿＿＿＿に，就業規則の作成義務が　　法第89条
課されている。

2．作成の手続

⑴　＿＿＿＿＿＿が就業規則を作成する。　　法第90条

⑵　労働者の過半数で組織する＿＿＿＿＿＿，ない場合は労働者の過半数を
＿＿＿＿＿＿の意見を聴取する。

Ⅷ 1．権利者　　7日　　2．使用期間　　業務の種類　　地位　　賃金　　退職の事由
　解雇　　解雇予告の日　　解雇以外の事由　　3．14日以内　　必要な旅費
【第3】
Ⅰ 1．常時10人以上　　使用者　　2⑴ 使用者　　⑵ 労働組合　　代表する者

8

※　「意見」とは，必ずしも合意である必要はない。反対意見であってもよい。

　(3)　＿＿＿＿＿＿を添付して，所轄労働基準監督署長に届け出る。

　(4)　所定の方法で，労働者に周知させる。　　　　　　　　　　　　　　　　　　　法第106条

Ⅱ　就業規則の内容

1．必ず記載すべき事項（絶対的必要記載事項）

　(1)　始業・終業の時刻，＿＿＿＿＿＿＿，＿＿＿＿，休暇ならびに労働者を2組以上　　法第89条
　　　に分けて交替に就業させる場合においては＿＿＿＿＿＿＿＿に関する事項

　(2)　賃金（臨時の賃金等を除く）の決定・計算・支払いの方法，締切り・支払い
　　　の時期および＿＿＿＿に関する事項

　　　※　割増賃金について特別の割増率を定めている場合は，その割増率について
　　　　も記載しなければならない。

　(3)　＿＿＿＿に関する事項（解雇の事由を含む）

2．定めがあれば必ず記載すべき事項（相対的必要記載事項）

　(1)　＿＿＿＿＿＿＿の定めをする場合は，適用される労働者の範囲，決定・計算・
　　　支払いの方法および支払いの時期

　(2)　臨時の賃金等（＿＿＿＿＿＿を除く）および最低賃金額に関する事項

　(3)　労働者に負担させる食費，作業用品その他に関する事項

　(4)　安全衛生に関する事項

　(5)　職業訓練に関する事項

　(6)　災害補償および＿＿＿＿＿の傷病扶助に関する事項

　(7)　表彰および＿＿＿＿の種類および程度に関する事項

　　　※　減給は，1回の額が平均賃金日額の＿＿＿＿＿を超え，総額が一賃金支　　法第91条
　　　　払期における賃金の総額の＿＿＿＿＿を超えてはならない。

　(8)　その他，その事業場の労働者のすべてに適用される定めに関する事項

3．法令・労働協約との関係

　　就業規則は，法令またはその事業場に適用される労働協約に反してはならない。　　法第92条
　＿＿＿＿＿＿＿＿＿＿＿＿は，法令等に抵触する就業規則の変更を命じる
　　ことができる。

---

(3)　意見書

Ⅱ 1．(1)　休憩時間　　休日　　就業時転換　　(2)　昇給

　(3)　退職　　　2．(1)　退職手当　　(2)　退職手当　　(6)　業務外　　(7)　制裁　　　2分の1

　　　10分の1　　　3．所轄労働基準監督署長

9

第4 賃 金

Ⅰ 賃金の定義

賃金とは，名称の如何を問わず，＿＿＿＿＿＿として＿＿＿＿＿が労働者に 　　　　　　　　　　法第11条
支払うすべてものをいう。

Ⅱ 賃金支払いの原則

1．通貨払いの原則　　　　　　　　　　　　　　　　　　　　　　　　　　　　法第24条

ただし，法令または＿＿＿＿＿＿に別段の定めがある場合は，通貨以外のもの
で支払うことができる。

退職手当については，労働者の同意がある場合には，通貨に代えて，小切手，　　則第7条の
郵便為替による支払いが認められる。　　　　　　　　　　　　　　　　　　　　　2

2．直接払いの原則

ただし，労働者の同意がある場合には，口座振込み，証券総合口座への払込み，
退職手当の口座振込み等による支払いが認められる。

3．全額払いの原則

ただし，＿＿＿＿＿に別段の定めがある場合，または労使協定がある場合には，賃
金の一部控除が認められる。

4．毎月払いの原則

ただし，次のものについては適用されない。

① 臨時に支払われる賃金

② 賞与

③ 1箇月を超える期間の出勤成績によって支給される＿＿＿＿＿＿　　　　　則第8条

④ 1箇月を超える一定期間の継続勤務に対して支給される＿＿＿＿＿

⑤ 1箇月を超える期間にわたる事由によって算定される＿＿＿＿＿　または

＿＿＿＿＿

5．一定期日払いの原則

ただし，＿＿＿＿＿＿等については適用されない。

【第4】
Ⅰ 労働の対償　　使用者
Ⅱ 1．労働協約
3．法令　　4．精勤手当　　勤続手当　　奨励加給　　能率手当　　5．臨時の賃金

Ⅲ　賃金支払いの例外

1．非常時払い

　　使用者は，労働者が出産・疾病・災害等のため請求した場合には，支払期日前　　法第25条
であっても，＿＿＿＿＿＿＿＿＿に対する賃金を支払わなければならない。

2．退職時払い

　　使用者は，労働者の死亡または退職の場合において，＿＿＿＿＿＿＿の請求があっ　　法第23条
た場合には，＿＿＿＿以内に賃金等を支払わなければならない。

Ⅳ　賃金の保障

1．休業手当

　　使用者は，＿＿＿＿＿＿＿＿＿に帰すべき事由により休業する場合には，休業期　　法第26条
間中，平均賃金の＿＿＿＿＿＿＿＿＿＿＿の手当を支払わなければならない。

2．出来高払いの保障給

　　使用者は，出来高払制・請負制で使用する労働者については，＿＿＿＿＿＿＿に　　法第27条
応じ，一定額の賃金の保障をしなければならない。

3．最低賃金

　　使用者は，最低賃金の適用を受ける労働者に対しては，その最低賃金額以上の　　法第28条
賃金を支払わなければならない。　　　　　　　　　　　　　　　　　　　　　　　　　最低賃金法
　　　第4条

Ⅴ　平均賃金

1．平均賃金の計算方法

　　平均賃金とは，これを算定すべき事由の発生した日以前＿＿＿＿＿＿＿にその労　　法第12条
働者に対して支払われた＿＿＿＿＿＿＿＿を，その期間の＿＿＿＿＿＿で除した金額
をいう。

　(1)　算定基礎となる期間および賃金の総額から控除するもの

　　　①　＿＿＿＿＿＿＿の負傷・疾病にかかり療養のため休業した期間

　　　②　＿＿＿＿＿＿＿＿の女性が休業した法定期間

　　　③　＿＿＿＿＿＿＿＿＿＿に帰すべき事由により休業した期間

　　　④　育児・介護休業法による育児休業または介護休業をした期間

　　　⑤　試みの使用期間

Ⅲ1．既往の労働　　2．権利者　　　7日
Ⅳ1．使用者の責め　　　100分の60以上
　2．労働時間
Ⅴ1．3箇月間　　賃金の総額　　総日数　　業務上　　産前産後　　使用者の責め

(2) 賃金の総額には算入しないもの

① 臨時に支払われた賃金

② ＿＿＿＿＿＿＿＿＿＿＿＿＿＿＿＿＿＿＿＿＿＿ごとに支払われる賃金

③ 通貨以外のもので支払われた賃金で，法令または労働協約の定めに基づか
ないもの

2．常用労働者の特例的算定方法

(1) 試みの使用期間中の場合　　　　　　　　　　　　　　　　　則第3条

その期間中の日数・賃金で算定する。

(2) 控除期間（試みの使用期間を除く）が3箇月以上にわたる場合　　則第4条

＿＿＿＿＿＿＿＿＿＿＿＿＿＿＿＿＿＿＿＿＿が定める。

(3) 雇入れ当日の場合

＿＿＿＿＿＿＿＿＿＿＿＿＿＿＿＿＿＿＿が定める。

(4) その他原則的方法で算定できない場合

＿＿＿＿＿＿＿＿＿＿＿＿＿＿＿が定めるところにより，都道府県労働局長または厚生労
働省労働基準局長が定める。

VI　割増賃金

1．割増賃金の対象となる労働　　　　　　　　　　　　　　　　　　　法第37条

(1) ＿＿＿＿＿＿＿＿＿＿＿＿＿＿＿＿＿＿（1週40時間・特例措置対象事業44時間，1日8時
間）を延長して労働させた場合

(2) ＿＿＿＿＿＿＿＿＿＿＿＿（1週1日・4週4日）に労働させた場合

(3) 午後＿＿＿＿時から午前＿＿＿＿時まで（深夜）に労働させた場合

平成22年4月1日より，1カ月に60時間を超える時間外労働については，法定
割増賃金率が2割5分から5割に引き上げられた。

また，60時間を超える部分については，事業場で労使協定を締結すれば，改正　　法第37条
法による引上げ分（差の2割5分）の割増賃金の支払いに代えて，有給の休暇　　第3項
（代替休暇）を付与することができる。

なお，中小企業については，当分の間（令和5年3月31日まで），法定割増賃　　法附則第138
金率の引上げは猶予される。　　　　　　　　　　　　　　　　　　　　　条

2．割増賃金の計算基礎賃金から除外する賃金　　　　　　　　　　　　法第37条
則第21条

(1) 家族手当

3箇月を超える期間
2．都道府県労働局長　　都道府県労働局長　　厚生労働大臣
VI 1．法定の労働時間　　法定の休日　　10　　5

(2) 通勤手当

(3) 別居手当

(4) 子女教育手当

(5) 住宅に要する費用に応じて算定される手当

(6) 臨時に支払われた賃金

(7) .... を超える期間ごとに支払われる賃金

※　上記に該当しないものは，すべて算入する。

３．割増率

	60時間以内の時間外労働	60時間超の時間外労働
時間外労働・法定時間内深夜業・法定外休日労働	2割5分以上	5割以上
深夜に及んだ時間外労働	....	7割5分以上
法定休日労働	3割5分以上	3割5分以上
深夜に及んだ法定休日労働	....	....

法第37条
割増賃金令
則第20条

４．割増賃金の計算例

(1) 時間外労働

　　1時間単価×｛（時間外労働時間総数×1.25）＋（深夜労働時間数×0.25）｝

　　1時間単価または1時間当たりの割増賃金額の円未満の端数については，50銭未満は切り捨て，50銭以上1円未満は1円に切り上げて処理しても，さしつかえない。

(2) 休日労働

　　1時間単価×｛（全労働時間数×1.35）＋（深夜労働時間数×0.25）｝

2．1箇月

3．5割以上　　　6割以上　　　6割以上

第5　　労働時間・休憩・休日

I　労働時間

1．法定労働時間

使用者は，労働者に，＿＿＿＿＿＿＿＿を除き，1週間について＿＿＿＿＿＿＿を超え 〈法第32条〉

て，1日について＿＿＿＿＿を超えて労働させてはならない。

ただし，特例措置対象事業における週法定労働時間は，＿＿＿＿＿である。 〈法第40条 則25条の2〉

2．4つの変形労働時間制の要件比較

	就業規則の規定	労使協定の締結	監督署への届出	特定の業種・規模のみ	労働時間・時刻など									適用労働者	
					予め就業規則で時刻を明記	起算日	出退勤の時刻	個人選択制	時間時刻は会社が指示する	一週労働時間の平均	一週労働時間の上限	一日労働時間の上限	連続労働日数の限度	年少者	妊産婦
1箇月単位の変形労働時間制	○				○	○			○	40 (44)				○	△
	○	○	○												
フレックスタイム制	○	○	○	精算期間が1か月超の場合	○	○				40 (44)					○
1年単位の変形労働時間制	○	○	○		○	○			○	40	52	10 タクシー運転の隔日勤務者 16	6日 特定期間は12日（週1日の休日）	○	△
1週間単位の非定型的変形労働時間制	○	○	○	○ 30人未満 ※					○		40	10			△

※…小売業，旅館，料理店，飲食店の事業

○…年少者に係る変形労働時間制は，1週間48時間，1日8時間の範囲内で行う。

△…妊産婦が請求した場合には，法定労働時間以内で労働させる。

　※　1年単位の変形労働時間制において，対象期間が3箇月を超える場合には， 〈則第12条の4〉

　　① 労働日数は，対象期間について1年当たり＿＿＿＿＿が限度であること。

【第5】

I 1．休憩時間　　40時間　　8時間　　44時間

　2．280日

② 労働時間は，対象期間において，＿＿＿＿＿＿＿を超える週が，連続して3以下であること，また，3箇月ごとの各期間において，48時間を超える週の初日の数が＿＿＿＿＿＿であること。

　　　ただし，豪雪地帯の建設業の屋外労働者等，タクシー業の運転業務の隔日勤務者については，この規制はない。

※　1年単位の変形労働時間制により労働させた期間が対象期間より短い期間である労働者について，その期間を平均し1週間当たり40時間を超えて労働させた場合には，その超えた時間（時間外・休日労働となる時間を除く）について，割増賃金を支払わなければならない。 法第32条の4の2

※　使用者は，フレックスタイム制以外の変形労働時間制により労働させる場合には，育児を行う者，老人等の介護者，職業訓練・教育を受ける者等に対し，育児等に必要な時間を確保できるような配慮をしなければならない。 則第12条の6

3．法定労働時間の特例

　　次の事業のうち，＿＿＿＿＿＿＿＿＿＿の労働者を使用する事業では，1週44時間，1日8時間労働制が認められる。 法第40条　則第25条の2

(1)　商店，物品の保管または賃貸業，理・美容業

(2)　映画（映画の製作の事業を除く），演劇，その他興行の事業

(3)　病院，診療所，その他保健衛生の事業

(4)　旅館，料理店，飲食店，接客業または娯楽場の事業

4．事業場外労働に係るみなし労働時間制

　　労働時間の全部または一部について事業場外で業務に従事した場合に，労働時間を算定し難いとき。 法第38条の2

①　原則として，＿＿＿＿＿＿＿＿＿＿労働したものとみなす。

②　通常＿＿＿＿＿＿＿＿を超えて労働することが必要となる場合には，その業務の遂行に通常必要とされる時間労働したものとみなす。

　　この場合，その業務に関する労使協定（決議）があるときは，その協定で定めた時間労働したものとみなす。

※　たとえば，所定8時間のほかに2時間の労働が必要と見込まれ，協定で10時間と定めた場合には，10時間労働したものとみなされる。

　　労使協定（決議を除く）は，所定の様式により所轄労働基準監督署長に届け出なければならない。ただし，労使協定で定めた時間が法定労働時間を超えない場合は，届出は不要である。

48時間　　3以下
3．常時10人未満
4．①　所定労働時間　　②　所定労働時間

5．裁量労働に係るみなし労働時間制

(1) 研究開発等，その業務の性質上その遂行の方法を大幅に従事労働者の裁量に委ねる必要があるため，その業務の＿＿＿＿＿＿＿＿＿＿，時間配分の決定等に関し使用者が具体的な指示をすることが困難なものとされる一定の業務に適用される。

法第38条の3
専門業務型

労使協定（決議）で，この業務のうち労働者に就かせることとする業務（対象業務），対象業務に従事する労働者の労働時間として算定される時間，従事労働者の労働時間の状況に応じた健康・福祉を確保するための措置，従事労働者からの苦情の処理に関する措置を協定で定めるところにより使用者が講ずること等を定めた場合において，労働者を対象業務に就かせたときは，その労働者は，その労働時間として算定された時間労働したものとみなされる。

労使協定（決議を除く）は，所定の様式により所轄労働基準監督署長に届け出なければならない。

(2) 労使のみで構成する委員会の＿＿＿＿＿＿＿＿＿＿＿＿の多数による議決により決議された，事業の運営に関する事項についての企画・立案・調査・分析の業務で，その遂行の手段，＿＿＿＿＿＿＿＿＿＿等に関し使用者が具体的な指示をしないこととするものに適用される。

法第38条の4
企画業務型

決議に基づいて対象労働者をその同意を得て対象業務に就かせたときは，その労働者は決議で労働時間として算定された時間労働したものとみなされる。

なお，決議は，所定の様式により所轄労働基準監督署長に届け出なければならない。また，使用者は，＿＿＿＿＿＿＿＿＿＿ごとに1回，対象労働者の労働時間の状況，決議で定めた健康・福祉の確保措置の実施状況を報告しなければならない。

則第24条の2の5・第66条の2

〔委員会の要件〕

委員会は，その事業場における労働条件に関する事項を調査審議し，事業主に意見を述べることを目的とするものとされている。

① 委員の半数は，過半数労働組合（ない場合には過半数代表者）に任期を定めて指名されていること。

指名は，監督または管理の地位にある者以外の者について行わなければならない。

② 委員会の議事について，議事録が作成され，かつ，保存（開催日，決議に係る書面の完結の日から起算して3年間）されるとともに，労働者に対する

5．(1) 遂行の手段

(2) 委員の5分の4以上　　時間配分の決定　　6箇月以内

周知が図られていること。

③　労使委員会の招集，定足数，議事等，運営に必要な事項に関する規程が定められていること。

6. 労使協定に係る特例

(1)　労使委員会の決議による特例

労使のみで構成する委員会（前記5(2)）において，その委員の＿＿＿＿＿＿の多数による議決により，次表の事項について決議が行われた場合には，この決議をもって労使協定に代えることができる。

なお，決議（時間外・休日労働に係るものを除く）については，労働基準監督署長に届け出る必要はない。

	労使協定の代替	届出の免除
1箇月単位の変形労働時間制	○	○
フレックスタイム制	○	＊
1年単位の変形労働時間制	○	○
1週間単位の非定型的変形労働時間制	○	○
事業場外労働に関するみなし労働時間制	○	○
専門業務型裁量労働制	○	○
一斉休憩（次項Ⅱの2参照）	○	＊
時間外・休日労働（後記Ⅳ参照）	○	×
年次有給休暇の計画的付与，年休中の賃金（第7章Ⅰの6・8参照）	○	＊

＊は，本来，届出を要しないもの

法第38条の4

(2)　労働時間等設定改善委員会の「決議」による特例

事業主を代表する者，その事業主の雇用する労働者を代表する者を構成員とし，労働時間の短縮に関する事項を調査審議し，事業主に意見を述べることを目的とする委員会のうち事業場ごとに設置されるもの（労働時間等設定改善委員会）において，その委員の＿＿＿＿＿＿の多数による議決により上記(1)の事項（年休中の賃金を除く）について決議が行われたときは，この決議をもって労使協定に代えることができる。

決議に係る届出の免除も，上記(1)と同様である。

労働時間等設定改善法第7条

6.　(1)　5分の4以上　　(2)　5分の4以上

なお，労働時間等設定改善委員会の要件は，労使委員会とほぼ同様である。

II　休　憩

1．休憩時間の長さと位置

使用者は，休憩時間を＿＿＿＿＿＿＿＿＿＿の途中に与えなければならない。　　　法第34条

労　働　時　間	休　憩　時　間
6 時間以内	法律上は不要
6 時間を超え 8 時間以内	最　低　45　分
8 時間を超える	最　低　1　時　間

2．休憩時間に関する原則

(1)　＿＿＿＿＿＿＿＿＿＿の原則

ただし，次の例外がある。　　　　　　　　　　　　　　　　　　　　　　法第40条
　　　　　　　　　　　　　　　　　　　　　　　　　　　　　　　　　　則第31条

①　運送事業，商業，金融・保険等の事業，映画・演劇等の興行の事業，郵便・
信書便・電気通信の事業，保健衛生の事業，接客・娯楽の事業，一般の官公
署には，適用されない。

②　労使協定（決議）があるときは，それによる。
労使協定では，一斉に休憩を与えない労働者の範囲，その労働者に対する　　則第15条
＿＿＿＿＿＿＿＿＿＿について定めなければならない。

③　坑内労働　　　　　　　　　　　　　　　　　　　　　　　　　　　　法第38条

(2)　＿＿＿＿＿＿＿＿＿＿の原則

ただし，次の適用除外がある。

①　坑内労働　　　　　　　　　　　　　　　　　　　　　　　　　　　　法第38条

②　警察官，消防職員，常勤の消防団員，准救急隊員，児童自立支援施設で児　　則第33条
童と起居をともにする職員

③　乳児院，児童養護施設，障害児入所施設で児童と起居をともにする職員で，
＿＿＿＿＿＿＿＿＿＿が，あらかじめ，所轄労働基準監督署長の許可を受けた場合

3．休憩時間を与えなくてもよいもの

(1)　郵便，信書便または電気通信の事業に使用される労働者で，屋内勤務者30人　　則第32条
未満の郵便局において，郵便の業務に従事する労働者

(2)　運送事業または郵便・信書便の事業に使用される労働者のうち，列車，気動

II 1．労働時間
　2．一斉休憩　　休憩の与え方　　自由利用　　使用者

車，電車，自動車，船舶または航空機の一定の乗務員で，長距離にわたり継続
して乗務するもの

(3) (2)の乗務員のうち，長距離にわたり継続して乗務するという要件に該当しな
い者で，勤務中の停車時間，待合わせ時間等が休憩時間に相当するとき

Ⅲ 休　　日

使用者は，毎週＿＿＿＿＿＿＿＿＿＿＿＿の休日を与えなければならない。　　　　法第35条

ただし，この規定は，＿＿＿＿＿＿＿＿＿＿＿＿＿＿の休日を与える使用
者には適用しない（変形週休制を認めている）。

(1) 休日は暦日によるものとされている。

(2) 8時間三交替連続勤務の場合等において，暦日による休日が確保できないとき
に限り，特例として，継続24時間をもって1回の休日とする。

(3) 週1回の休日が与えられていれば，国民の祝日に労働させても，労働基準法違
反とはならない。

〔休日の振替〕　あらかじめ就業規則等で休日と定められている日を，他の日に変
更するものである。事前に振替休日となる日を特定して変更する。

〔代休〕　休日の振替の手続をとらず，休日労働をさせた後で，その休日労働の代
わりに通常の労働日に休業を認めるものである。代休付与の義務はないが，三
六協定が必要であり，また，割増賃金を支払わなければならない。

Ⅳ 時間外労働および休日労働

時間外労働とは，＿＿＿＿＿＿＿＿＿＿＿を超える労働をいう。

休日労働とは，＿＿＿＿＿＿＿＿における労働をいう。

適法に時間外・休日労働が認められるのは，三六協定（決議）による場合，非常
災害による場合に限られる。

1．三六協定の締結

① 協定の当事者は，労働者の過半数で組織する労働組合がある場合はその労働　　法第36条
組合，ない場合は労働者の過半数を代表する者

※ 2以上の労働組合がある場合には，労働者の過半数で組織する労働組合と
協定すれば足り，他の労働組合と協定する必要はない。

② 協定は書面によること

③ 有効期間を定める（労働協約に該当する場合を除く）

Ⅲ　少なくとも1回　　4週間を通じ4日以上
Ⅳ　法定の労働時間　　法定の休日

④　所轄労働基準監督署長への届出

⑤　時間外労働の上限は原則として月＿＿＿＿＿＿時間・年＿＿＿＿＿＿時間であり，臨時的な特別の事情がなければこれを超えることはできない。

法第36条第4項

⑥　臨時的な特別の事情があって労使が合意する場合（特別条項）でも，以下を守らなければならない。

法第36条第5項，第6項

・時間外労働が年＿＿＿＿＿＿時間以内

・時間外労働と休日労働の合計が月＿＿＿＿＿＿時間未満

・時間外労働と休日労働の合計について，「2か月平均」「3か月平均」「4か月平均」「5か月平均」「6か月平均」が全て1月当たり＿＿＿＿＿時間以内

・時間外労働が月45時間を超えることができるのは，年＿＿＿＿か月が限度

2．有害業務に係る時間外労働時間の制限

坑内労働その他健康上特に有害な業務については，＿＿＿＿＿＿を超える延長は禁止されている。また，休日労働も，＿＿＿＿＿＿を超えることはできない。

則第18条

3．非常災害の場合

使用者は，災害その他避けることのできない事由によって臨時の必要がある場合には，＿＿＿＿＿＿＿＿＿＿＿の許可を受けて，その必要の限度において法定の労働時間を延長し，または法定の休日に労働させることができる。

事態急迫のため事前に許可を受ける暇がない場合には，＿＿＿＿＿＿＿＿＿＿届け出なければならない。

法第33条

Ⅴ　年少者および妊産婦の労働時間等の特例

1．年少労働者に係る特別規定

(1)　労働時間

①　＿＿＿＿＿＿＿＿＿＿の者については，1日8時間，1週40時間が厳格に適用される。

法第60条

②　満15歳到達年度内にある児童の使用は禁止されているが，所轄労働基準監督署長の許可を受けた＿＿＿＿＿＿＿＿の児童については，修学時間を通算して1日＿＿＿＿＿，1週＿＿＿＿＿の範囲で使用できる。映画の製作または演劇の事業においては，＿＿＿＿＿＿＿＿の児童についても同様である。

(2)　変形労働時間制

満15歳以上満18歳未満の者については，満18歳に達するまでの間（満15歳到

1．45　　360　　720　　100　　80　　6

2．1日2時間　　10時間

3．所轄労働基準監督署長　　事後に遅滞なく

Ⅴ1．(1)　満18歳未満　　満13歳以上　　7時間　　40時間　　満13歳未満

達年度内を除く），①１週40時間以内で，１日の労働時間を................................
に短縮し，他の日に................................まで労働させること，②１週................................，１日
８時間の範囲で，１箇月単位，１年単位の変形労働時間制を採ることができる。

(3) 時間外労働

満18歳未満の者は，非常災害の場合にのみ，所定の手続により認められる。

(4) 深夜業 法第61条

① 満18歳未満の者については，原則として深夜業が禁止されている。

② 満16歳以上の男性は，................................によって使用する場合は認められる。

③ 交替制によって労働させる事業では，行政官庁の許可を受けて，満18歳未
満の者を................................まで労働させることができる。

④ 非常災害により臨時の必要がある場合の時間外労働・休日労働の際，およ
び特定の事業の場合（農林業，畜産・水産業，保健衛生業，電話交換の業務）
には，年少者についても深夜業が全面的に認められる。

※ 満15歳未満の児童の深夜の範囲は，午後８時から午前５時まで。

ただし，演劇の事業における，満15歳未満の子，いわゆる子役については，
当分の間，午後９時から午前６時まで。

(5) 労働時間，休憩，休日および深夜の割増賃金の適用除外（いわゆる高度プロ
フェッショナル制度）の適用はない。

法第60条
第１項

2．妊産婦に係る特別規定

妊産婦（妊娠中の女性，産後１年を経過しない女性）が請求した場合には，①
変形労働時間制（フレックスタイム制を除く）による場合であっても，１週また
は１日についての法定労働時間を超えて労働させてはならず，また，②時間外労
働，休日労働，深夜業もさせてはならない。

法第66条

Ⅵ　労働時間等に関する規制の適用除外

次の労働者については，労働時間，休日および休憩に関する規定は適用されない。
ただし，........................に関する規定は適用される。

法第41条

(1) 農業，畜産・養蚕・水産業に従事する者

(2) 管理監督者または................................を取り扱う者

(3) 監視・断続的労働に従事する者

(4) 宿・日直勤務の場合

---

(2) ４時間以内　　10時間　　48時間
(4) 交替制　　午後10時30分
Ⅵ　深夜業　　機密の事務

Ⅶ　労働時間，休憩，休日および深夜の割増賃金の適用除外（高度プロフェッショナル制度）

高度プロフェッショナル制度は，高度の専門知識等を有し，．．．．．．．．．．．．．．．．で一定の年収（1,075万円以上）要件を満たす労働者を対象として，．．．．．．．．．．．．．．．の決議および．．．．．．．．．．．．．．．．．．．．を前提として，年間．．．．．．．．以上かつ，．．．．．．．．．を通じ以上の休日の確保措置や健康管理時間に応じた健康・福祉措置等を講じることにより，労働基準法に定める労働時間，休憩，休日および深夜の割増賃金に関する規定を適用しないことができる制度である。

> 法第41条の2
> 則第34条の2

（高度プロフェッショナル制度の導入の手順等）

①　対象事業場において，．．．．．．．．．．．．．．．．．．．（労働者代表委員が半数を占めていること）を設置し，運営管理規程，高度プロフェッショナル制度に係る就業規則を作成する。労使委員会の決議は，委員の．．．．．．．．．．．．．．．．．．の多数による決議が必要である。労使委員会は，少なくとも6か月に1回開催することが必要である。また，6か月に1回所轄労働基準監督署に，所定の定期報告書を提出しなければならない。

②　労使委員会の決議を，．．．．．．．．．．．．．．．．．に届け出る。

③　．．．．．．．．．．．．．．．．．．．を書面で得る。対象労働者が同意をしなかった場合，同意を撤回した場合，解雇その他不利益な取り扱いをしてはならないことを決議しておかなければならない。

④　対象労働者を対象業務に就かせる。

⑤　決議の有効期間満了。

⑥　常時50人未満の事業場の場合は，労働者の健康管理を行うのに必要な知識を有する医師の選任が必要である。

⑦　対象労働者ごとに，賃金，健康管理時間，休日の確保措置等の記録を労使委員会の決議の有効期間中およびその満了後．．．．．．．．保存しておかなければならない。

第6　　年次有給休暇，その他の休暇

Ⅰ　年次有給休暇

1．権利発生の要件

年休の権利の発生は，．．．．．．．．．．．．．．．．の継続勤務と．．．．．．．．．．．．．．．の出勤率が必要

> 法第39条

Ⅶ　職務の範囲が明確　　労使委員会　　対象労働者の同意　　104日　　4週間　　4日
労使委員会　　5分の4以上　　労働基準監督署　　対象労働者の同意
5年間（当分の間3年間）

【第6】
Ⅰ1．6箇月間　　8割以上

であることとしており，これらの要件を充たした労働者に対しては，法律上当然に，当該継続勤務期間を経過した日（いわゆる基準日）に，年次有給休暇が付与される。

計算の起算日は，各労働者の採用日であるが，会社の定めで統一できる。

なお，業務災害による療養のための休業期間，育児・介護休業法に基づく育児休業期間または介護休業期間，産前産後の法定休業期間，年次有給休暇を取得した日は，出勤したものとして出勤率の計算をする。

２．年休日数

継続勤務6箇月を超えるときは＿＿＿＿＿＿＿＿であり，1年6箇月以上継続勤務した場合には，6箇月を超える継続勤務年数1年ごとに所定の労働日数が加算される逓増方式（最高＿＿＿＿＿＿）となっている。

継続勤務年数	6箇月	1年 6箇月	2年 6箇月	3年 6箇月	4年 6箇月	5年 6箇月	6年 6箇月以上
加算労働日数		1日	2日	＿＿＿＿	6日	＿＿＿＿	10日
年休日数	10日	11日	12日	＿＿＿＿	16日	＿＿＿＿	20日

３．パートタイム労働者等の年休日数

(1) パートタイム労働者等で，所定労働日数が週＿＿＿＿＿以上の者，所定労働時間が週＿＿＿＿＿以上である者には，通常の労働者と同様の年休を付与すべきこととされている。

則第24条の3

(2) 週所定労働時間が＿＿＿＿＿＿未満であって，週所定労働日数が＿＿＿＿＿以下の労働者または年間所定労働日数が＿＿＿＿＿以下の労働者に対しては，比例付与による年休を付与しなければならない。

週所定 労 働 日 数	1年間の 所 定 労働日数	雇入れの日から起算した継続勤務期間						
		6箇月	1年 6箇月	2年 6箇月	3年 6箇月	4年 6箇月	5年 6箇月	6年 6箇月 以上
4日	169～216日	7日	8日	9日	10日	12日	13日	15日
3日	121～168日	5日	6日	6日	8日	9日	10日	11日
2日	73～120日	3日	4日	4日	5日	6日	6日	7日
1日	48～ 72日	1日	2日	2日	2日	3日	3日	3日

４．職業訓練生の年休日数

職業訓練を受ける未成年労働者の年休日数は，継続勤務6箇月を超えたときに

法第72条

2．10労働日　20日　（加算労働日数）4日　8日　（年休日数）14日　18日
3．5日　30時間　30時間　4日　216日

_____ となり，以後の勤続１年につき所定の労働日数（６年以上も８労働日）が加算され，最高 _____ である。訓練生でなくなっても，この日数加算は継続される。

５．年休の時季指定権と時季変更権

(1) 年休の時季指定権は，原則として労働者が有している。

また，その請求は，１日単位で分割するか，すべて継続するかも労働者の決定に委ねられる。半日単位の請求に対しては，使用者に付与義務はないが，与えても法違反とはならない。

(2) 労働者が請求した時季に年休を与えることが，_____ を妨げる場合には，使用者は，時季変更権を行使することができる。

なお，労働者が年休権を取得していても，具体的に時季を指定しない限り，年休を与えなくても使用者の責は問われない。

６．計画的付与

労使協定（決議）により，年休日数のうち _____ を超える部分については，事業場全体の一斉付与方式，班別の交替制付与方式，年休付与計画表による個人別付与方式により，計画的に付与することができる。

７．年休の買上げ

年休の買上げや買上げ予約により年休の日数を減じることは，法違反となる。

８．年休中の賃金

年休は有給休暇であるので，その間については，就業規則等の定めるところにより，_____ ，または所定労働時間労働した場合に支払われる通常の賃金のいずれかを支払わなければならない。

ただし，労使協定（労使委員会の決議）をすれば，健康保険法に規定する _____ _____ に相当する金額によることもできる。

９．年休権の消滅と繰越し

労働者が年休権を未行使のまま，退職や解雇等で労働関係が終了した場合には，残余の年休権は消滅する。

法第115条の規定により，_____ の時効で請求権が消滅するので，年休権が発生した年度における未行使の年休権は，翌年度に繰り越される。

10．年休取得者に対する不利益取扱いの禁止

使用者は，出勤率の計算，賃金額の算定等に当たり，年休取得日を欠勤日とし

法附則第136条

４．12労働日　　20日
５．事業の正常な運営
６．５日
８．平均賃金　　標準報酬月額の30分の１に相当する額
９．２年間

て賃金を減額する等の不利益取扱いをしないようにしなければならない。

11. 年次有給休暇の確実な取得

使用者は，年次有給休暇の日数のうち_____日については，基準日から１年以内の期間に，労働者ごとにその時期を定めることにより与えなければならない。ただし，基準日から１年以内の期間の間に，使用者への請求もしくは計画的付与によって既に取得した日数は，_____日から差し引くことができる。

法第39条
第７項，
第８項

12. 年次有給休暇管理簿作成義務

使用者は年次有給休暇を与えた時は，時季，日数および基準日を労働者ごとに明らかにした_____を作成し，当該年次有給休暇を与えた期間中および当該期間の満了後_____保存しなければならない。

則第24条
の７

Ⅱ　産前産後の休業その他

１．産前産後の休業

使用者は，_____（多胎妊娠の場合は_____）以内に出産予定の女性が休業を請求した場合には，就業させてはならない。

また，産後_____を経過しない女性を就業させてはならない。ただし，産後_____を経過した女性が請求した場合には，_____が支障がないと認めた業務に就かせることは，さしつかえない。

使用者は，_____の女性が請求したときは，他の_____に転換させなければならない。

※　休業期間を有給とするか否かは，当事者の自由である。

法第65条

２．育児時間

生後_____に達しない生児を育てる女性は，休憩時間のほか，１日_____各々少なくとも_____の育児時間を請求できる。

※　育児時間を有給とするか否かは，当事者の自由である。

法第67条

３．生理休暇

使用者は，生理日の就業が著しく困難な女性が休暇を請求したときは，その日に就業させてはならない。

※　休暇中を有給とするか否かは，当事者の自由である。

法第68条

４．公民権の行使

使用者は，労働者が労働時間中に，選挙権その他公民としての権利を行使し，

法第７条

11.　5　　　5
12.　年次有給休暇管理簿　　5年間（当分の間３年間）
Ⅱ 1.　6週間　　14週間　　8週間　　6週間　　医師　　妊娠中　　軽易な業務
　2.　満１年　　2回　　30分

または公務を執行するために必要な時間を請求した場合には，拒んではならない。ただし，請求された時刻を変更することはできる。

※　公民権行使の時間を有給とするか否かは，当事者の自由である。

第7　　安全・衛生

　　　　　　　　　　　　の者は，一定の危険有害業務に就かせることはできない。このうち職業訓練を受ける労働者（訓練生）については，一定の要件の下に就かせることができる。ただし，坑内労働は，　　　　　　　　　　の男性である訓練生に限る。 法第62条・第63条・第70条・第71条

　妊産婦は，妊娠，出産，哺育等に有害な業務に，また，妊産婦以外の女性は，妊娠，出産に係る機能に有害である業務に就かせることはできない。 法第64条の3

　また，妊娠中の女性，坑内で行われる業務に従事しない旨を使用者に申し出た　　　　　　　　を経過しない女性については，坑内で行われるすべての業務に就かせてはならない。 法第64条の2

　上記以外の　　　　　　　　　　の女性については，坑内で行われる業務のうち人力による掘削の業務等，女性に有害な一定の業務に就かせることができない。

第8　　寄　宿　舎

I　寄宿舎生活の自治
　使用者は，事業の附属寄宿舎に寄宿する労働者の　　　　　　　　　　　　を侵してはならない。使用者は，寮長，室長その他寄宿舎生活の自治に必要な　　　　　　の選任に干渉してはならない。 法第94条

　私生活の自由を侵す行為として使用者がしてはならないものは，次のとおり。 事業附属寄宿舎規程第4条

①　外出・外泊について使用者の承認を受けさせること

②　教育，娯楽その他の行事に参加を強制すること

③　共同の利益を害する場所・時間を除き，面会の自由を制限すること

【第7】
満18歳未満　　満16歳以上　　産後1年　　満18歳以上
【第8】
I　私生活の自由　　役員

Ⅱ　寄宿舎生活の秩序

寄宿舎規則を下記の事項について作成し，行政官庁に届け出なければならない。　法第95条

1．起床，就寝，外出および外泊に関する事項

2．行事に関する事項

3．食事に関する事項

4．安全および衛生に関する事項

5．建設物および設備の管理に関する事項

このうち，1～4の事項については，寄宿労働者の過半数を代表する者の同意を得なければならない。なお，届出には，同意書の添付が必要である。

Ⅲ　寄宿舎の設備と安全衛生

使用者は，事業附属寄宿舎について，換気，採光，照明，保温，防湿，清潔，避難，定員の収容，就寝に必要な措置その他労働者の＿＿＿＿＿＿＿＿＿＿＿の保持に必要な措置を講じなければならない。　法第96条

(1)　第1種寄宿舎

労働者を＿＿＿＿＿以上の期間寄宿させる寄宿舎。　事業附属寄宿舎規程第6条

(2)　第2種寄宿舎

労働者を＿＿＿＿＿に満たない期間寄宿させる寄宿舎，または労働基準法別表第1第6号の事業等で事業の完了の時期が予定されるもの（有期の農林の事業等）において，その事業が完了するまでの期間，労働者を寄宿させる仮設の寄宿舎。　事業附属寄宿舎規程第37条

(3)　建設業寄宿舎

労働基準法別表第1第3号の事業であって事業の完了の時期が予定されるもの（有期の建設の事業）の附属寄宿舎。　建設業附属寄宿舎規程第1条

第9　　雑則・罰則

Ⅰ　使用者の義務

1．使用者は，労働基準法および同法に基づいて発する命令の要旨，就業規則，労使協定および決議を，常時，各作業場の見やすい場所に掲示し，または備え付け　法第106条

Ⅲ　健康・風紀・生命　　6箇月　　6箇月

る等の方法によって，労働者に周知させなければならない。

　　寄宿舎規則についても，同様である。

２．使用者は，各事業場ごとに_____を，各労働者について調製し，労働　　　法第107条
者の氏名，生年月日，履歴等の事項を記入しなければならない。

３．使用者は，各事業場ごとに_____を調製し，賃金計算の基礎となる事項　　　法第108条
および賃金の額等の事項を，賃金支払いのつど記入しなければならない。

４．使用者は，労働者名簿，賃金台帳および雇入れ，解雇，災害補償，賃金その他　　　法第109条
_____に関する重要な書類を，_____保存しなけ
ればならない。

Ⅱ　時　　効

　　賃金（退職手当を除く）の請求権は，これを行使できるときから_____　　　法第115条
_____，労災補償その他の請求権は_____これを行わない場合には，時効
によって消滅する。

　　また，退職手当についての消滅時効は，_____とされている。

Ⅲ　罰　　則

　　労働基準法上の責任主体には，事業主のほか，権限に応じて，その補助者も含ま
れる。

　　そこで，違反者に対して刑罰を科する一方，両罰規定により，行為者たる補助者　　　法第121条
の違反行為について，_____の責任を追求することになっている。

　　ただし，事業主が違反防止に必要な措置を講じた場合は除かれる。

【第9】
Ⅰ 2．労働者名簿　　3．賃金台帳　　4．労働関係　　5年間（当分の間3年間）
Ⅱ　5年間（当分の間3年間）　　2年間　　5年間
Ⅲ　事業主

労 働 安 全 衛 生 法

安全衛生法

（関係条文）

第 1　序　論

I　目　的

労働安全衛生法は，労働災害防止のための

1.　　　　　　　　　　の確立

2.　事業場内における　　　　　　　　　　

3.　事業者の　　　　　　　　の促進措置を講ずる

等，総合的計画的な対策を推進することにより労働者の安全と健康を確保し，　　　
　　　　　　　　　　　　の形成を促進することを目的とする。

法第1条

II　適　用

労働安全衛生法は，事業場を単位として適用され，その適用範囲は，労働基準法
のそれと同様である。

III　ジョイント・ベンチャー

建設工事におけるジョイント・ベンチャー（共同企業体）については，次のよう
に定められている。

1.　代表者の届出

2以上の建設業に属する事業の事業者が，一の場所で行う仕事を共同連帯して
請け負った場合には，そのうち1人を代表者に定め，　　　　　　　　　　　　　
に届け出なければならない。

法第5条

【第1】
I　1.　危害防止基準　　2.　責任体制の明確化　　3.　自主的活動　　快適な職場環境
III　1.　都道府県労働局長

２．代表者の指名

前記による届出がないときは，＿＿＿＿＿＿＿＿＿＿＿＿＿＿＿＿が代表者を指名する。

３．労働安全衛生法の適用

前記１または２によって選定された代表者をジョイント・ベンチャーの＿＿＿＿

＿＿＿＿とし，他の構成事業者の労働者もその代表者のみが使用する労働者とみなし

て適用される。

第2　安全衛生管理体制

Ⅰ　総括安全衛生管理者

１．選任すべき事業場

業　　　　種	使用労働者	
林業，鉱業，建設業，運送業，清掃業	常時＿＿＿＿人以上	法第10条 令第2条
製造業（物の加工業を含む），電気業，ガス業，熱供給業，水道業，通信業，各種商品卸売業，家具・建具・じゅう器等卸売業，各種商品小売業，家具・建具・じゅう器小売業，燃料小売業，旅館業，ゴルフ場業，自動車整備業および機械修理業	常時＿＿＿＿人以上	
その他の業種	常時1,000人以上	

２．選任の期限・報告

選任すべき事由が発生した日から＿＿＿＿＿＿＿＿に選任しなければならない。　　則第2条

選任したときは，遅滞なく，選任報告書を事業場の所在地を管轄する労働基準

監督署長に提出しなければならない。

３．代理者

総括安全衛生管理者が，旅行，疾病その他やむを得ない事由により職務を行う　　則第3条

ことができないときは，代理者を選任しなければならない。

４．業　務

(1)　安全衛生に関する方針の表明に関すること　　　　　　　　　　　　　則第3条の

(2)　労働者の危険性または＿＿＿＿＿＿＿等の調査及びその結果に基づき講ずる措　　2

２．都道府県労働局長　　　３．事業者

【第2】

Ⅰ 1．100　　300

　2．14日以内　　有害性

置に関すること

(3) 安全衛生に関する計画の作成，実施，評価及び改善に関すること

II　安全管理者

1．選任すべき事業場

業　　　　　　　　　種	使用労働者
林業，鉱業，建設業，運送業，清掃業，製造業（物の加工業を含む），電気業，ガス業，熱供給業，水道業，通信業，各種商品卸売業，家具・建具・じゅう器等卸売業，各種商品小売業，家具・建具・じゅう器小売業，燃料小売業，旅館業，ゴルフ場業，自動車整備業および機械修理業	常時50人以上

法第11条
令第 3 条

原則として，その事業場に　　　　　の者を選任する。

複数の安全管理者を選任する場合に，その中に労働安全コンサルタントがいるときは，そのコンサルタントのうち 1 人は，　　　　　である必要はない。

2．選任の期限・報告・代理者

総括安全衛生管理者の場合と同様である。

3．資　格

(1) 次のいずれかに該当する者で，　　　　　　　　　　が定める　　　　　を修了したもの

則第 5 条

① 大学または高等専門学校で理科系統の正規の課程を修めて卒業した後，2 年以上の産業安全の実務経験を有する者

② 高等学校または中等教育学校で理科系統の正規の学科を修めて卒業した後，4 年以上の産業安全の実務経験を有する者

(2) 労働安全コンサルタント

(3) その他，厚生労働大臣が定める者

4．業　務

(1) 総括安全衛生管理者が統括管理する業務のうち安全に係る技術的事項の管理

(2) 随時，作業場等を巡視して，設備・作業方法等に危険のおそれがあるときは，直ちに必要な措置を講ずる。

則第 6 条

※ 事業者は，安全管理者が安全に関する措置をなし得る権限を与えなければならない。

II 1．専属　　専属　　3．厚生労働大臣　　研修

Ⅲ　衛生管理者

1．選任すべき事業場

業種を問わず，..........................の労働者を使用するすべての事業場に選任
義務がある。

法第12条
令第 4 条
則第 7 条

原則として，その事業場に専属の者を選任する。

複数の衛生管理者を選任する場合に，その中に労働衛生コンサルタントがいる
ときは，そのコンサルタントのうち1人は，専属である必要はない。

2．選任の期限・報告・代理者

総括安全衛生管理者の場合と同様である。

3．選任数

使 用 労 働 者 数	選 任 数
50人〜200人	1 人以上
201人〜500人	2 人以上
501人〜1,000人	3 人以上
1,001人〜2,000人	4 人以上
2,001人〜3,000人	5 人以上
3,001人以上	6 人以上

4．専任の衛生管理者を選任すべき事業場等

(1)　..........................を超える労働者を使用する事業場

(2)　..........................を超える労働者を使用する事業場のうち，坑内労働または
著しく暑熱な場所における業務等，特定の有害業務に..........................の労
働者を従事させるもの

(3)　..........................を超える労働者を使用する事業場のうち，坑内労働，異常気
圧下における業務，電離放射線にさらされる業務等，特に有害な業務に..........
..........................の労働者を従事させるものについては，少なくとも1人は..........
..........................の免許を受けた者のうちから選任しなければならない。

5．資　格

都道府県労働局長が行う衛生管理者免許試験（1種・2種）に合格した者，医
師または歯科医師，労働衛生コンサルタント，その他厚生労働大臣が定める者

則第10条

6．業　務

(1)　総括安全衛生管理者が統括管理する業務のうち，衛生に係る技術的事項の管

Ⅲ 1．常時50人以上

4．常時1,000人　　常時500人　　常時30人以上　　常時500人　　常時30人以上
衛生工学衛生管理者

理

(2) 少なくとも ＿＿＿＿＿＿＿＿，作業場等を巡視して，設備・作業方法または衛生
状態に有害のおそれがあるときは，直ちに労働者の健康障害を防止するため必
要な措置を講じなければならない。

※ 事業者は，衛生管理者が衛生に関する措置をなし得る権限を与えなければ
ならない。

則第11条

IV 安全衛生推進者・衛生推進者

1．選任すべき事業場

(1) 規　模

＿＿＿＿＿＿＿＿＿＿＿＿＿＿＿の労働者を使用する事業場

(2) 業　種

① 安全衛生推進者……安全管理者の選任を要する業種

② 衛生推進者…………上記以外の業種

※ 原則として，その事業場に専属の者を選任する。

ただし，労働安全コンサルタント，労働衛生コンサルタントその他厚生労
働大臣が定める者のうちから選任するときは，専属の者でなくてもよい。

法第12条の
2
則第12条の
2

2．周　知

事業者は，安全衛生推進者等の ＿＿＿＿＿ を作業場の見やすい箇所に掲示する等
により，関係労働者に周知させなければならない。

則第12条の
4

3．選任の期限

総括安全衛生管理者の場合と同様である。

※ 報告，代理者についての規定はない。

4．業　務

総括安全衛生管理者が統括管理するものとされている業務（衛生推進者にあっ
ては，衛生に係る業務に限る）を担当

5．資　格

都道府県労働局長の登録を受けた者が行う講習を修了した者その他厚生労働大
臣が定める者

則第12条の
3

毎週１回

IV１．常時10人以上50人未満

　２．氏名

V 産業医等

1．選任すべき事業場等

(1) 業種を問わず，原則として .... の労働者を使用するすべての事業場である（衛生管理者と同様）。

法第13条
令第5条
則第13条

(2) 専属の産業医の選任は，........................... の労働者を使用する事業場，または，一定の危険有害業務に .... の労働者を使用する事業場に対して義務づけられている。

(3) .... を超える労働者を使用する事業場では，産業医を 2 人以上選任しなければならない。

(4) 産業医は，医師であることのほか，次のいずれかの要件を備えた者から選任しなければならない。

則第14条

① 厚生労働大臣の指定する者（日本医師会，産業医科大学）が行う研修を修了した者

② 産業医の養成課程を設置している産業医科大学その他の大学で，厚生労働大臣が指定するものにおいて当該課程を修めて卒業し，その大学が行う実習を履修した者

③ 労働衛生コンサルタント試験に合格した者で，その試験区分が保健衛生である者

④ 大学において労働衛生に関する科目を担当する教授，准教授，常勤講師またはこれらの経験者

⑤ ①から④に定める者のほか，厚生労働大臣が定める者

(5) 次に掲げる者（①および②にあっては，事業場の運営について利害関係を有しない者を除く。）以外の者のうちから選任すること。

則第13条

① 事業者が法人の場合にあっては当該法人の ....

② 事業者が法人でない場合にあっては事業を営む ....

③ 事業場においてその事業の実施を統括管理する者

※ 常時使用する労働者が50人未満の事業場においては，労働者の健康管理等を行うのに必要な医学に関する知識を有する医師その他厚生労働省令で定める者に，労働者の健康管理等の全部または一部を行わせるように努めなければならない。

Ⅴ1．常時50人以上　　常時1,000人以上　　常時500人以上　　常時3,000人　　代表者
個人

2. 選任の期限・報告

原則として衛生管理者の場合と同様である。

3. 職務

(1) 次の事項で医学に関する専門的知識を必要とするもの   　　則第14条

　① ＿＿＿＿＿＿＿の実施，その結果に基づく労働者の健康を保持するための措置に関すること

　② 労働時間の状況その他の事項で一定の要件（休憩時間を除き1週間当たり40時間を超えて労働させた場合におけるその超えた時間が1月当たり80時間（研究開発業務に従事する者の場合は100時間）を超え，かつ，疲労の蓄積が認められる者）に該当する労働者への面接指導の実施，およびそれ以外で健康への配慮が必要な労働者に対する措置の実施，ならびにこれらの労働者の健康を保持するための措置に関すること

　③ 心理的な負担の程度を把握するための検査の実施ならびに面接指導の実施およびその結果に基づく労働者の健康を保持するための措置に関すること

　④ 作業環境の維持管理に関すること

　⑤ 作業の管理に関すること

　⑥ 上記①〜⑤のほか，労働者の健康管理に関すること

　⑦ 健康教育，健康相談その他労働者の健康の保持増進を図るための措置に関すること

　⑧ 衛生教育に関すること

　⑨ 労働者の健康障害の原因の調査および再発防止のための措置に関すること

(2)① 産業医は，労働者の健康を確保するため必要があると認めるときは，＿＿＿＿＿＿に対し，労働者の健康管理等について必要な勧告をすることができる。この場合において，事業者は，当該勧告を尊重しなければならない。   　　法第13条第5項，第6項

　② 事業者は，上記①の勧告を受けたときは，厚生労働省令で定めるところにより，当該勧告の内容その他の厚生労働省令で定める事項を＿＿＿＿＿＿または＿＿＿＿＿＿に報告しなければならない。

(3) 産業医は，少なくとも＿＿＿＿＿（産業医が，事業者から，＿＿＿＿＿以上，次に掲げる情報の提供を受けている場合であって，事業所の同意を得ているときは，少なくとも＿＿＿＿＿＿）作業場等を巡視し，作業方法または衛生状態に有害のおそれがあるときは，直ちに，労働者の健康障害を防止   　　則第15条

---

3. 健康診断　　事業者　　衛生委員会　　安全衛生委員会　　毎月1回　　毎月1回
　　2ヶ月に1回

するため必要な措置を講じなければならない。

   ① 衛生管理者が行う巡視の結果

   ② ①に掲げるもののほか，労働者の健康障害を防止し，または労働者の健康を保持するために必要な情報であって，衛生委員会または安全衛生委員会における調査審議を経て事業者が産業医に提供することとしたもの

  ※ 事業者は，産業医がその職務をなし得る権限を与えなければならない。

Ⅵ　作業主任者

危険有害な作業や危険な機械を使用する作業については，　　　　　　　　　　の免許を受けた者または　　　　　　　　　　　　　　の登録を受けた者（登録教習機関）が行う　　　　　　　　を修了した者のうちから，それぞれの作業単位ごとに作業主任者を選任しなければならない。

法第14条

Ⅶ　安全委員会・衛生委員会

1．安全委員会

安全委員会の設置義務のある事業場は，次のとおりである。

法第17条
令第8条

⑴　林業，鉱業，建設業，一定の製造業，一定の運送業，自動車整備業，機械修理業および清掃業において，　　　　　　　　　　　の労働者を使用する事業場

⑵　安全管理者の選任を要する業種で，上記⑴以外のものでは，　　　　　　　　　　の労働者を使用する事業場

安全委員会は，議長となる　　　　　　　　　　　　　　　のほか，安全管理者，安全に関し実務経験を有する者のうち，それぞれ事業者が指名したもので構成される。

2．衛生委員会

衛生委員会は，　　　　　　　　　　　　の労働者を使用する事業場すべてに，その設置義務が課されている。

法第18条
令第9条

衛生委員会は，議長となる総括安全衛生管理者等のほか，衛生管理者，　　　　　　，衛生に関し実務経験を有する者等のうち，それぞれ事業者が指名したもので構成される。

  ※ 安全委員会を設置すべき事業場では，衛生委員会と統合して，安全衛生委員会を設置することができる。

法第19条

Ⅵ　都道府県労働局長　　都道府県労働局長　　技能講習
Ⅶ 1．常時50人以上　　常時100人以上　　総括安全衛生管理者等
　 2．常時50人以上　　産業医

3．委員会の運営等

⑴　安全委員会または衛生委員会は，所定の事項について調査審議し，事業者に対して意見を述べることとされている。　　　　　　　　　　　法第17条

⑵　事業者は，安全委員会，衛生委員会または安全衛生委員会を，................以上，開催するようにしなければならない。　　　　　　　　　　則第23条

　　また，委員会の開催の都度次に掲げる事項を記録し，................保存しなければならない。

①　委員会の意見および当該意見を踏まえて講じた措置の内容

②　①のほか，委員会における議事で重要なもの

Ⅷ　統括安全衛生責任者等

1．統括安全衛生責任者

................および................に属する元方事業者（特定元方事業者という）は，法第15条　同一の作業場所において下請を含めて使用する労働者が................（ずい道・橋梁の建設・圧気工法等は................）以上の場合には，その場所においてその事業の実施を統括管理する者を，統括安全衛生責任者として選任しなければならない。

2．元方安全衛生管理者

統括安全衛生責任者を選任した事業者で，................その他政令で定める業種　法第15条の2　に属する事業を行うものは，その事業場に専属の者で一定の資格を有するもののうちから，元方安全衛生管理者を選任しなければならない。

3．店社安全衛生管理者

建設業に属する事業の元方事業者は，同一の作業場所におけるその労働者およ　法第15条の3　び関係請負人の労働者の数が................であり，かつ，................　則第18条の6　の選任義務のない場所である場合には，その場所において行われる仕事に係る請負契約を締結している事業場（支店・営業所等）ごとに，一定の資格を有する者のうちから店社安全衛生管理者を選任しなければならない。

【選任義務のある場所】

①　ずい道等の建設の仕事，一定の橋梁の建設の仕事，または圧気工法による作業を行う仕事を行う場所であって，かつ，労働者数が常時................の規模のもの

3．毎月1回　　3年間

Ⅷ1．建設業　　造船業　　常時50人　　常時30人

2．建設業

3．20人以上　　統括安全衛生責任者　　20人以上30人未満

② 主要構造部が鉄骨造または鉄骨鉄筋コンクリート造の建築物の建設の仕事を行う場所であって，かつ，労働者数が常時＿＿＿＿＿＿＿＿＿の規模のものなお，その現場に＿＿＿＿＿＿＿＿＿を選任している場合は，除かれる。

4．安全衛生責任者

特定元方事業者が統括安全衛生責任者を選任した場合において，統括安全衛生責任者の選任義務のない請負人で，その仕事を自ら行うものは，安全衛生責任者を選任しなければならない。 | 法第16条

※　事業者ではなく，関係請負人に選任を義務づけている点に留意。

IX　安全管理者等に対する能力向上教育

事業者は，事業場における＿＿＿＿＿＿＿＿＿の向上を図るため，安全管理者，衛生管理者，安全衛生推進者，衛生推進者その他労働災害防止のための業務に従事する者に対し，これらの者が従事する業務に関する＿＿＿＿＿＿＿＿＿を図るための教育等を行い，またはこれらを受ける機会を与えるように努めなければならない。 | 法第19条の2

第3　　機械等，危険物・有害物に関する規制

I　特定機械等の製造の許可

製造に当たり＿＿＿＿＿＿＿＿＿の許可を受けなければならない特定機械等は，次のとおりである。日本国内で使用しない場合を除く。 | 法第37条・別表第1　令第12条

①ボイラー，②第1種圧力容器，③クレーン，④移動式クレーン，⑤デリック，⑥エレベーター，⑦建設用リフト，⑧ゴンドラ

「厚生労働大臣の定める基準」に適合しているときに，製造が許可される。

なお，すでに許可を受けている型式と同一であるものは改めて受ける必要はない。

II　特定機械等の製造時等検査

1．都道府県労働局長または登録製造時等検査機関の検査

次の者は，特定機械等およびこれに係る一定の事項について，それが＿＿＿＿＿＿ | 法第38条

20人以上50人未満　　　統括安全衛生責任者
IX　安全衛生の水準　　能力の向上
【第3】
I　都道府県労働局長
II 1．特別特定機械等

であるときは登録製造時等検査機関（厚生労働大臣の登録を受けた者）の，それ以外のものであるときは都道府県労働局長の検査を受けなければならない。

(1)　特定機械等を_____または_____した者

(2)　特定機械等で一定期間設置されなかったものを設置しようとする者

(3)　特定機械等で_____したものを再び設置し，または使用する者

２．労働基準監督署長が行う検査

(1)　特定機械等（移動式のものを除く）を_____した者

(2)　特定機械等の厚生労働省令で定める部分に_____を加えた者

(3)　特定機械等で_____したものを再び使用しようとする者

３．検査証の交付

(1)　都道府県労働局長または登録製造時等検査機関　　　　　　　　　　　　　法第39条

製造時等検査に合格した_____の特定機械等（移動式ボイラー，移動式クレーン，ゴンドラのみ）について交付

(2)　労働基準監督署長

_____に係る検査に合格した特定機械等について交付

※　検査証の有効期間は，機械の種類ごとに定められている。

※　検査証の有効期間の更新を受けようとする者は，特定機械等および一定の事項について，登録性能検査機関（厚生労働大臣の登録を受けた者）が行う性能検査を受けなければならない。

※　変更時の検査または再使用時の検査に合格した特定機械等については，検査証に検査に合格した旨の裏書を行う。

Ⅲ　特定機械等以外の機械等に関する規制

１．譲渡等の制限

(1)　特定機械等以外の機械等で一定のものは，_____が定める規格ま　法第42条
たは安全装置を具備しなければ，譲渡し，貸与し，または設置してはならない。

(2)　動力により駆動される機械等で，所定の部分に厚生労働省令で定める防護の　法第43条
ための措置が施されていないものは，譲渡し，貸与し，または譲渡・貸与の目的で展示してはならない。

　　製造　　輸入　　使用を廃止
２．設置　　変更　　使用を休止
３．移動式　　設置
Ⅲ１．厚生労働大臣

2．個別検定・型式検定

　　特定機械等以外の機械等のうち，一定の機械等を＿＿＿＿＿し，または＿＿＿＿＿した者は，原則として，個別検定または型式検定を受けなければならない。

法第44条・
第44条の2

　(1)　個別検定

　　　　一定の機械等について，＿＿＿＿＿＿＿＿＿＿＿＿＿＿＿＿（厚生労働大臣の登録を受けた者）が行う。※個別検定合格標章を付す。

　(2)　型式検定

　　　　一定の機械等の型式について，＿＿＿＿＿＿＿＿＿＿＿＿＿＿＿（厚生労働大臣の登録を受けた者）が行う。※型式検定合格標章を付す。

Ⅳ　定期自主検査

　　事業者は，ボイラー等一定の機械等については，定期に自主検査を行うとともに，その結果を記録しておかなければならない。

法第45条

　　また，定期自主検査の対象機械等のうち一定の機械等について特定自主検査を行うときは，使用する労働者で所定の資格を有するものか，検査業者（厚生労働大臣または＿＿＿＿＿＿＿＿＿＿＿＿＿の登録を受け，他人の求めに応じて，その機械等について特定自主検査を行う者）に実施させなければならない。

Ⅴ　危険物・有害物に関する規制

1．製造等の禁止

　　労働者に重度の健康障害を生ずる物の製造，輸入，譲渡，提供または使用は禁止されている。製造禁止等の対象物質は，次のとおりである。

法第55条
令第16条

　　　①黄りんマッチ，②ベンジジン及びその塩，③四－アミノジフェニル及びその塩，④石綿，⑤四－ニトロジフェニル及びその塩，⑥ビス（クロロメチル）エーテル，⑦ベーター－ナフチルアミン及びその塩，⑧ベンゼンを5％を超えて含有するゴムのり，⑨②，③，⑤～⑦までの物を重量の1％を超えて含有し，④の物を重量の0.1％を超えて含有する製剤

2．製造等の禁止の特例

　　　＿＿＿＿＿＿＿＿の目的での製造，輸入および使用については，あらかじめ＿＿＿＿＿＿＿＿＿＿＿＿＿＿の許可を受けること，厚生労働大臣の定める基準に従って製造・使用することを要件として，試験研究機関に限り認められる。

法第55条

　2．製造　　輸入　　登録個別検定機関　　登録型式検定機関

Ⅳ　都道府県労働局長

Ⅴ2．試験研究　　都道府県労働局長

3．製造の許可

労働者に危険を生ずるおそれのある一定の物，労働者に重度の健康障害を生ずるおそれのある一定の物を製造するには，あらかじめ＿＿＿＿＿＿＿＿＿＿の許可を受けなければならない。

法第56条

4．表　示

労働者に危険もしくは健康障害を生じるおそれのある物で一定のもの，または製造許可物質の譲渡または提供に際し，その容器または包装に次の事項を表示しなければならない。

法第57条
則第32条・
第33条

① 名　称

② 成　分

③ 人体に及ぼす作用

④ 貯蔵または取扱い上の注意

⑤ 表示者の＿＿＿＿（法人にあっては，名称），＿＿＿＿および電話番号

⑥ 注意喚起語

⑦ 安定性及び反応性

※ 主として一般消費者の生活の用に供するための容器等については，表示義務はない。

5．文書の交付

労働者に危険もしくは健康障害を生ずるおそれのある物で一定のもの，または製造許可物質の譲渡・提供に際し，文書の交付等の方法により，相手方に次の事項を通知しなければならない。

法第57条の2
則第34条の2の4

① 名　称

② 成分・その含有量

③ 物理的・化学的性質

④ 人体に及ぼす作用

⑤ 貯蔵または取扱い上の注意

⑥ 流出事故等が発生した場合の応急措置

⑦ 通知を行う者の氏名，住所および電話番号

⑧ 危険性または有害性の要約

⑨ 安定性及び反応性

⑩ 適用される法令

3．厚生労働大臣
4．氏名　　住所

⑪　その他参考となる事項

※　主として一般消費者の生活の用に供される製品として譲渡等をする場合には，不要である。

第4　労働者の就業に当たっての措置

Ⅰ　安全衛生教育

1．雇入れ時の教育

事業者は，労働者を雇い入れたとき，または労働者の＿＿＿＿＿＿を変更したときは，遅滞なく，従事する業務に関する＿＿＿＿＿＿のための教育を行わなければならない。　　　法第59条

2．危険・有害業務へ就かせるときの特別教育

事業者は，一定の危険有害業務に労働者を就かせるときは，その業務に関する安全または衛生のための特別の教育を行い，その記録を作成して＿＿＿＿＿＿保存しておかなければならない。　　　則第38条

特別教育の科目の全部または一部について十分な知識・技能を有している労働者については，その科目についての特別教育を省略することができる。　　　則第37条

3．職長等の教育

事業者は，新たに職務に就くこととなった職長その他の作業中の労働者を直接指導・監督する者（＿＿＿＿＿＿を除く）に対し，一定の事項について安全または衛生のための教育を行わなければならない。対象は次の業種である。　　　法第60条　令第19条

(1)　建設業　　　　　　　　　(4)　ガス業

(2)　製造業（一定のものを除く）(5)　自動車整備業

(3)　電気業　　　　　　　　　(6)　機械修理業

教育事項の全部または一部について十分な知識・技能を有している者については，その事項に関する教育を省略することができる。

Ⅱ　就業制限

クレーンの運転その他の業務で一定の業務については，次の資格を有する者でな　　　法第61条

【第4】
Ⅰ1．作業内容　　安全または衛生
　2．3年間
　3．作業主任者

42

ければ，その業務に就かせてはならない。　※職業訓練生についての特例あり。

1．都道府県労働局長の ＿＿＿＿＿＿ を受けた者

2．登録教習機関（都道府県労働局長の登録を受けた者）が行う ＿＿＿＿＿＿＿＿＿ を修了した者

　上記の資格を有する者がその業務に就くときは，免許証その他その資格を証する書面を携帯していなければならない。

第5　　健康の保持増進のための措置

Ⅰ　作業環境測定

　事業者は，有害業務を行う一定の作業場について，必要な作業環境測定を行い，その結果を記録しておかなければならない。　｜法第65条

　また，＿＿＿＿＿＿＿＿＿＿＿＿＿は，労働者の健康を保持する必要があると認めるときは，＿＿＿＿＿＿＿＿＿＿＿＿＿の意見に基づき，事業者に対し作業環境測定の実施等を指示することができる。　｜法第65条 第5項

　さらに，事業者は，作業環境測定の結果の評価を記録し，労働者の健康を保持するため必要のあるときは，必要な措置を講じなければならない。

Ⅱ　健康診断

1．一般健康診断

　事業者は，一定の項目について，医師による健康診断を行わなければならない。　｜法第66条

　(1)　雇入れ時の健康診断　｜則第43条

　　常時使用する労働者を雇い入れるときに実施する。

　(2)　定期健康診断　｜則第44条

　　＿＿＿＿＿＿＿＿＿ ごとに1回，定期に実施する。　※特定業務従事者を除く。

　(3)　特定業務従事者の健康診断　｜則第45条

　　深夜業を含む業務等一定の有害業務においては，その業務への ＿＿＿＿＿＿＿

　の際および ＿＿＿＿＿＿＿＿＿ ごとに1回，定期に実施する。

　(4)　海外派遣労働者の健康診断　｜則第45条の2

Ⅱ 1．免許
　2．技能講習
【第5】
Ⅰ　都道府県労働局長　　労働衛生指導医
Ⅱ 1．(2)　1年以内　(3)　配置替え　6月以内

労働者を本邦外の地域に 　　　　　　　　 派遣しようとするとき，また，本邦外の地域に 　　　　　　 派遣した労働者が帰国したとき（一時帰国を除く）に実施する。

則第47条

   (5)　給食従業員の検便

事業に附属する食堂等における給食の業務に従事する労働者に対し， 　　　　　　 の際またはその業務への 　　　　　　　 の際に実施する。

２．特殊健康診断

   (1)　事業者は，一定の有害業務に従事する労働者に対し，医師による特別の項目についての健康診断を，雇入れの際，その業務への配置替えの際および 　　　　　　　 　　　　　　 ごとに１回，定期に行わなければならない。

法第66条

   (2)　事業者は，一定の有害業務に従事させたことのある労働者で，現に使用しているものに対し，上記(1)と同様の健康診断を，おおむね 　　　　　　　 ごとに１回，定期に行わなければならない。

３．歯科医師による健康診断

事業者は，塩酸，硝酸，硫酸，その他歯またはその支持組織に有害な物のガス，蒸気または粉じんを発散する場所における業務に常時従事する労働者に対し，雇入れ時，配置替えの際およびその業務に就いた後 　　　　　　　　 ごとに１回，定期に，歯科医師による健康診断を行わなければならない。

法第66条
則第48条

４．臨時の健康診断

   　　　　　　　　　　　 は，労働者の健康を保持するため必要があると認めるときは， 　　　　　　　　 に置かれている 　　　　　　　 の意見に基づき， 　　　　　 に対し，臨時の健康診断の実施その他必要な指示ができる。

法第66条

５．労働者の受診義務

労働者は，事業者が行う健康診断を受けなければならないが，他の医師等が行う健康診断を受け，その結果証明書を提出したときは，その項目については受診しなくてもさしつかえない。

法第66条

６．自発的健康診断の結果の提出

深夜業に従事する労働者で， 　　　　　　 され，自ら健康診断を受けた日前6月間に１月平均 　　　　 以上，深夜業に従事したものは，受けた日から 　　　　 以内であれば，自ら受けた健康診断の結果証明書を事業者に提出することができる。

法第66条の2
則第50条の2・第50条の3

---

(4)　6月以上　　6月以上　　(5)　雇入れ　　配置替え

2．(1)　6月以内　　(2)　6月以内

3．6月以内

4．都道府県労働局長　　都道府県労働局　　労働衛生指導医　　事業者

6．常時使用　　4回　　3月

7．健康診断の結果の記録等

　　事業者は，健康診断の結果に基づき健康診断個人票を作成し，これを_____保存しなければならない。　　　　　　　　　　　　　　　　　　　　　　　　　　法第66条の3　則第51条

　　また，_____の労働者を使用する事業者は，定期健康診断を行ったときは，遅滞なく，定期健康診断結果報告書を所轄労働基準監督署長に提出しなければならない。　　　　　　　　　　　　　　　　　　　　　　　　　　則第52条

8．健康診断実施後の措置

(1)　健康診断の結果に基づき，異常所見者の健康保持に必要な措置について，健康診断実施日または証明書提出日から_____（6の場合は証明書提出日から2月以内）に医師または歯科医師から意見を聴くとともに，その意見を健康診断個人票に記載する。事業者は，医師または歯科医師から意見聴取を行う上で必要となる労働者の業務に関する情報を求められたときは，速やかに，これを提供しなければならない。　　　　　　　　　　　　　　　　　　　　　法第66条の4　則第51条の2

　　労災保険法の規定による二次健康診断においても，同様である。

(2)　医師等の意見を勘案し必要があると認めるときは，その労働者の実情を考慮して，就業場所の変更，作業の転換，労働時間の短縮，深夜業の回数の減少等の措置のほか，作業環境測定の実施，施設・設備の設置・整備，医師等の意見の衛生委員会もしくは安全衛生委員会または労働時間等設定改善委員会への報告その他の適切な措置を講じる。　　　　　　　　　　　　　　　　　　　　　法第66条の5

(3)　事業者は，健康診断を受けた労働者には，遅滞なく，その結果を通知するとともに，特に健康保持に努める必要があると認める労働者に対しては，医師または保健師による保健指導を行うように努める。　　　　　　　　　　　　　　　　法第66条の6・第66条の7　則第51条の4

(4)　事業者は，労働時間の状況等がその労働者の健康の保持を考慮して，休憩時間を除き1週間あたり_____を超えて労働させ，その超えた時間が1月あたり_____（研究開発業務に従事する者の場合は100時間）を超え，かつ，疲労の蓄積が認められる労働者に対し，医師による面接指導を行わなければならない。事業者は，1か月あたり_____（研究開発業務に従事する者の場合は100時間）を超えた労働者に対し，当該労働者に係る超えた時間に関する情報を産業医に通知しなければならない。面接指導は，労働者の申出（研究開発業務に従事する者の場合は申出不要）により，申出後遅滞なく行わなければならず，産業医は，要件に該当する労働者に対し，面接指導の申出　　　　　　　　　　法第66条の8　則第52条の2・第52条の3・第52条の6　則第52条の7の2第1項，第2項

7．5年間　　常時50人以上

8．(1)　3月以内

　　(4)　40時間　　80時間　　80時間

45

を行うよう............することができる。事業者は面接指導の結果の記録を作成
して，これを5年間保存しなければならない。

9．ストレスチェックの実施

事業者は，労働者に対し，厚生労働省令で定めるところにより，医師，保健師，
歯科医師，看護師，精神保健福祉士または公認心理師（以下「医師等」という。）
による心理的な負担の程度を把握するための検査を常時使用する労働者に対し，
............以内ごとに1回，定期に行わなければならない。

事業者は，当該検査を受けた労働者に対し，当該検査を行った医師等から当該
検査の結果が通知されるようにしなければならない。この場合において，当該医
師等は，あらかじめ当該検査を受けた労働者の............を得ないで，当該労
働者の検査の結果を事業者に提供してはならない。

事業者は，当該通知を受けた労働者であって，心理的な負担の程度が労働者の
健康の保持を考慮して心理的負荷が高い者であって一定の要件に該当するものが
医師による面接指導を受けることを希望する旨を申し出たときは，当該申出をし
た労働者に対し，医師による面接指導を行わなければならない。この場合におい
て，事業者は，労働者が当該申出をしたことを理由として，当該労働者に対し，
不利益な取扱いをしてはならない。

事業者は，面接指導の結果を記録し，............保存しなければならない。

事業者は，面接指導の結果に基づき，当該労働者の健康を保持するために必要
な措置について，医師の意見を聴かなければならない。

事業者は，医師の意見を勘案し，その必要があると認めるときは，当該労働者
の実情を考慮して，就業場所の変更，作業の転換，労働時間の短縮，深夜業の回
数の減少等の措置を講ずるほか，当該医師の意見の衛生委員会もしくは安全衛生
委員会または労働時間等設定改善委員会への報告その他の適切な措置を講じなけ
ればならない。

法第66条の
10
則第52条の
9・10・15・
18

Ⅲ　健康管理手帳

............は，重度の健康障害を生ずるおそれのある業務に一定期間従
事していた者に対し，離職の際または離職の後に，健康管理手帳を交付すること
になっている。なお，平成21年4月1日より，石綿の粉じんを発散する作業場におけ
る直接業務以外の業務（「周辺業務」という。）も健康管理手帳の交付対象とされた。

法第67条

勧奨
9．1年　　同意　　5年間
Ⅲ　都道府県労働局長

46

Ⅳ 病者の就業禁止

　事業者は，伝染性疾病にかかった者等について，産業医等の意見を聞いて，就業を禁止しなければならない。

法第68条
則第61条

第6　快適な職場環境の形成のための措置

Ⅰ　事業者の責務

　快適な職場環境の実現に向けた事業者の取組みを促進するため，事業者の責務として次の措置を継続的かつ計画的に講ずることにより，快適な職場環境を形成するよう努めなければならない。

① 作業環境を快適な状態に維持管理するための措置

② ＿＿＿＿＿＿＿＿を改善するための措置

③ 作業に従事することによる労働者の疲労を回復するための施設・設備の設置・整備

④ その他，快適な職場環境を形成するため必要な措置

法第71条の
2

Ⅱ　快適職場指針等

(1) 厚生労働大臣が，快適な職場環境の形成のための措置に関する指針を公表する。

(2) 国は，金融上の措置，技術上の助言，資料の提供等援助に努める。

法第71条の
3・第71条
の4

第7　免　許　等

Ⅰ　免許の種類

1．衛生管理者に係る免許

　第1種・第2種衛生管理者免許，衛生工学衛生管理者免許

2．作業主任者に係る免許

　高圧室内作業主任者免許，一級ボイラー技士免許，ガス溶接作業主任者免許等

【第6】

Ⅰ　作業方法

3．就業制限業務に係る免許

発破技士免許，クレーン・デリック運転士免許，潜水士免許等

Ⅱ　免許の欠格者等

次のいずれかに該当する者には，免許は与えられない。 法第72条

1．免許取消しの日から起算して＿＿＿＿＿を経過しない者

2．ガス溶接作業主任者免許，林業架線作業主任者免許，発破技士免許または揚貨装置運転士免許にあっては，＿＿＿＿＿＿＿に満たない者

また，就業制限業務に係る次の免許については，＿＿＿＿＿＿＿＿＿によりその免 令第20条
許に係る業務を適正に行うことができない者には，与えないことがある。

① 発破技士免許 　　　　　　　⑥ クレーン・デリック運転士免許
② 揚貨装置運転士免許 　　　　 ⑦ 移動式クレーン運転士免許
③ ガス溶接作業主任者免許 　　 ⑧ 潜水士免許
④ ボイラー技士免許 　　　　　 ⑨ その他安衛令第20条で定める業務に係る免許
⑤ ボイラー整備士免許

Ⅲ　技能講習

＿＿＿＿＿＿＿＿＿が行う技能講習は，学科講習または実技講習によって行われ， 法第76条
それを修了した者には，技能講習修了証が交付される。

第8　　安全衛生改善計画等

Ⅰ　特別安全衛生改善計画の作成指示等

＿＿＿＿＿＿＿＿＿は，重大な労働災害が発生した場合において，重大な労働災 法第78条
害の再発を防止するため必要がある場合として厚生労働省令で定める場合に該当す
ると認めるときは，事業者に対し，その事業場の安全または衛生に関する特別安全
衛生改善計画を作成し，これを＿＿＿＿＿＿＿＿＿に提出すべきことを指示するこ
とができる。

事業者は，特別安全衛生改善計画を作成しようとする場合には，当該事業場に労

【第7】
Ⅱ1．1年　　2．満18歳　　心身の障害
Ⅲ　登録教習機関
【第8】
Ⅰ　厚生労働大臣　　厚生労働大臣

48

働者の過半数で組織する労働組合があるときにおいてはその労働組合，労働者の過半数で組織する労働組合がないときにおいては労働者の過半数を代表する者の............を聴かなければならない。

Ⅱ　安全衛生改善計画の作成指示等

　都道府県労働局長は，労働災害を有効かつ積極的に防止するために総合的な改善措置を講じる必要があると認められる事業場について，........................の作成を指示できる。

法第79条
則第84条の3

Ⅲ　安全衛生診断等

　都道府県労働局長は，安全衛生改善計画の作成を指示したときで，専門的な助言を必要と認めるときには，事業者に対し，........................または........................による診断を受け，かつ安全衛生改善計画の作成について，これらの者の意見を聴くべきことを勧奨できる。

法第80条

第9　監　督　等

Ⅰ　計画の届出

対　象　工　事	届　出　日	提　出　先
事業場の業種・規模にかかわりなく危険有害な作業を必要とする一定の機械等の設置，移転，主要構造部分を変更する場合	工事開始日の30日前	労働基準監督署長
建設業に属する事業で特に大規模なもの	仕事開始日の30日前	....
建設業・土石採取業の事業で一定のもの	仕事開始日の........	労働基準監督署長

法第88条

意見
Ⅱ　安全衛生改善計画
Ⅲ　労働安全コンサルタント　　労働衛生コンサルタント
【第9】
Ⅰ　（提出先）厚生労働大臣　　（届出日）14日前

Ⅱ　都道府県労働局長の審査等

都道府県労働局長は，労働基準監督署長に届出のあった計画のうち，危険性の高い場所における建設工事，危険性の高い工法または特殊な工法による建設工事等，厚生労働大臣の審査の対象となる工事に準ずる高度の技術的検討を要する一定の工事についてその安全性を審査し，審査の結果必要があると認めるときは，届出をした事業者に対し勧告または要請をすることができる。

法第89条の2

Ⅲ　労働者の申告

労働者は，事業場に労働安全衛生法または同法に基づく命令の規定に違反する事実があるときは，その事実を都道府県労働局長，労働基準監督署長または労働基準監督官に申告して，是正のための措置を求めることができる。

事業者は，申告したことを理由として，労働者に対し，　　　　　　　　　　　　をしてはならない。

法第97条

Ⅳ　講習の指示
(1)　労働災害防止業務従業者に対する講習

都道府県労働局長は，災害が多く発生している事業場における労働災害の再発を防止するため，災害の発生した事業場の総括安全衛生管理者，安全管理者，衛生管理者，統括安全衛生責任者等の労働災害防止業務従事者に講習を受けさせるよう，その事業場の事業者に指示することができる。

法第99条の2

(2)　就業制限業務従事者に対する講習

都道府県労働局長は，就業制限業務に従事しているクレーン運転士等の有資格者が，その業務について労働安全衛生法令に違反して労働災害を発生させた場合には，労働災害の再発を防止するため，その就業制限業務従事者に対し指定講習を受けるよう指示することができる。

法第99条の3

Ⅴ　報　告　等
(1)　厚生労働大臣，都道府県労働局長または労働基準監督署長は，労働安全衛生法を施行するため必要があると認めるときは，事業者，労働者，機械等貸与者，建築物貸与者またはコンサルタントに対し，必要な事項を報告させ，または出頭を命ずることができ，登録製造時等検査機関等に対しても，必要な事項を報告させ

法第100条

Ⅲ　解雇その他不利益な取扱い

ることができる。

　また，労働基準監督官は，労働安全衛生法を施行するため必要があると認める
ときは，事業者または労働者に対し，必要な事項を報告させ，または出頭を命ず
ることができることとされている。

　なお，この報告・出頭命令権は，行政上の監督指導のための必要から認められ
たものであって，司法警察員としての犯罪捜査のために認められたものではない。

(2)　事業者は，次のような事故が発生したときは，遅滞なく，　　　　　　　　　　　　則第96条
　　　　　　　　　　　　に報告書を提出しなければならない。

①　事業場または附属建設物内で発生した火災，爆発，建設物の倒壊等

②　ボイラーの破裂等

③　クレーン（つり上げ荷重0.5トン未満のものを除く）の逸走，倒壊，ワイヤ
　ロープの切断等

④　デリック（つり上げ荷重0.5トン未満のものを除く）の倒壊，ワイヤロープ
　の切断等

⑤　エレベーター（積載荷重0.25トン未満のもの等を除く）の昇降路等の倒壊，
　搬器の墜落およびワイヤロープの切断

⑥　ゴンドラの逸走，転倒，落下またはアームの折損およびワイヤロープの切断

　　また，労働者が労働災害その他就業中または事業場内もしくはその附属建設物　　則第97条
内における負傷，窒息または急性中毒により死亡し，または休業したときは，遅
滞なく，一定の報告書を　　　　　　　　　　　　　　　　　に提出しなければなら
ない。

V(2)　所轄労働基準監督署長　　　所轄労働基準監督署長

労働者災害補償保険法

（関係条文）

■ 労災保険制度のしくみ

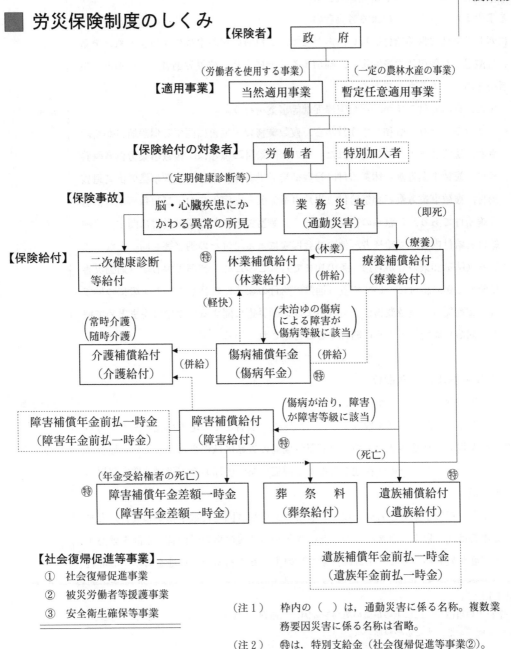

【保険者】　政　府

（労働者を使用する事業）（一定の農林水産の事業）

【適用事業】　当然適用事業　暫定任意適用事業

【保険給付の対象者】　労　働　者　特別加入者

（定期健康診断等）

【保険事故】　脳・心臓疾患にかかわる異常の所見　業務災害（通勤災害）（即死）

【保険給付】　二次健康診断等給付　㊵休業補償給付（休業給付）（休業）　療養補償給付（療養給付）（療養）（併給）

（軽快）　（未治ゆの傷病による障害が傷病等級に該当）

（常時介護随時介護）　介護補償給付（介護給付）（併給）　傷病補償年金（傷病年金）㊵（併給）

障害補償年金前払一時金（障害年金前払一時金）　障害補償給付（障害給付）㊵（傷病が治り，障害が障害等級に該当）

（死亡）

（年金受給権者の死亡）㊵障害補償年金差額一時金（障害年金差額一時金）　葬祭料（葬祭給付）　㊵遺族補償給付（遺族給付）

遺族補償年金前払一時金（遺族年金前払一時金）

【社会復帰促進等事業】
① 社会復帰促進事業
② 被災労働者等援護事業
③ 安全衛生確保等事業

（注1）　枠内の（　）は，通勤災害に係る名称。複数業務要因災害に係る名称は省略。

（注2）　㊵は，特別支給金（社会復帰促進等事業②）。

第1　序　論

I　労働者災害補償保険の目的等

法第1条

　　労災保険制度は，＿＿＿＿＿＿＿＿＿，事業主が同一人でない二以上の事業に使用される労働者（以下「複数事業労働者」という）の＿＿＿＿＿＿＿＿＿＿＿＿＿とする事由または＿＿＿＿＿による労働者の＿＿＿＿＿，＿＿＿＿＿，＿＿＿＿＿，＿＿＿＿＿等に対して必要な保険給付を行い，あわせて，これらの保険事故により失われ，あるいは減退した稼得能力を回復し，補填することにより，被災労働者とその遺族の生活を守ろうとするものである。

法第2条の2

　　また，保険給付のほか，社会復帰促進等事業を行う。

※　法改正により，令和2年9月から，複数業務要因災害に関する保険給付が新設され，法第20条の2に規定された。その保険給付の種類は，複数事業労働者療養給付，複数事業労働者休業給付，複数事業労働者障害給付，複数事業労働者遺族給付，複数事業労働者葬祭給付，複数事業労働者傷病年金および複数事業労働者介護給付であり，これらの給付はそれぞれ業務災害または通勤災害に関する保険給付と給付内容，受給権者，他の社会保険による給付との調整等も同一となっている（法第20条の2から第20条の10まで）。　このため，業務災害および通勤災害に関する保険給付について療養（補償）給付のように略称していたものについては，業務災害，複数業務要因災害および通勤災害に関する保険給付をまとめて療養（補償）等給付のように略称することとされている。

II　保険者および行政機構

法第2条

1．労災保険は，＿＿＿＿＿が管掌している。

　　ただし，実際に事務を取り扱うのは，厚生労働省とその地方出先機関等である。

則第1条

2．事業場の所在地が2以上の都道府県労働局の管轄区域にまたがっている場合は，＿＿＿＿＿＿＿＿＿＿＿＿＿の所在地を管轄する都道府県労働局および労働基準監督署が取り扱う。

　　また，複数事業労働者の二以上の事業の業務を要因（複数業務要因災害）とする場合は，二以上の事業のうち，その収入が当該複数事業労働者の生計を維持する程度が最も高いもの（生計維持事業）の主たる事務所の所在地を管轄する都道

【第1】
I　業務上の事由　　二以上の事業の業務を要因　　通勤　　負傷　　疾病　　障害　　死亡
II 1．政府　　2．主たる事務所

府県労働局長および労働基準監督署長が取り扱う。

3．労災保険法・労働保険徴収法に基づく政令・厚生労働省令は，........................
........................の意見を聞いて制定する。

法第5条

　審議会の委員は，労働者・使用者・公益を代表する者のうちから，厚生労働大臣がそれぞれ同数を任命する。

審議会令第3条

第2　　適　　用

I　適用事業

　労災保険では，原則として，業種・規模のいかんを問わず，労働者を使用する事業が適用事業とされる。

法第3条

　ただし，........................（国有林野の事業）等，非現業の官公署の職員は，適用除外とされている。

〔公務員関係の適用事業等〕

適　用	適　用　除　外	
事業・労働者	事　　業	労　　働　　者
・公署の行う現業の職員 ・市町村の直営事業 ・地方公務員で現業部門の非常勤職員	・非現業の官公署 ・国の直営事業 ・市町村の非現業 　（市役所など）	・国家公務員 ・国の直営事業の職員 ・非現業の地方公務員 ・現業の地方公務員（常勤者）

・「官公署」とは，非現業の官公署をいうのであって，公署の行う現業には当然本法が適用される。ただし，①独立行政法人国立印刷局，②独立行政法人造幣局は，国の直営事業ではなくなったが，本法は適用されない。

・市町村の直営による事業は，本法の適用がある。ただし，公署すなわち事業部門を除く一般行政事務を取り扱う事務所（市役所，町村役場等）そのものについては，適用がない。

・地方公務員であって現業・非現業部門の常勤職員は，本法の適用がない。

3．労働政策審議会
【第2】
I　国の直営事業

Ⅱ　暫定任意適用事業

　　_____の行う次の事業については，当分の間，暫定任意適用事業とされている。

任 意 適 用 事 業 の 条 件	
農　　業	常時_____の労働者を使用して行う農業，畜産，養蚕の事業で，主として一定の危険または有害な作業を行わない場合
林　　業	立木の伐採，造林，木炭または薪を生産する事業で，常時労働者を使用せず，かつ１年以内の期間で使用労働者延人数が_____ _____の場合
水 産 業	常時_____の労働者を使用して行う水産の事業で，総トン数が５トン未満の漁船か，河川，湖沼，特定水面で操業する場合

Ⅲ　適用労働者

　　適用事業に使用されるすべての労働者に適用される。

　　また，個々の労働者を被保険者としてとらえないので，労働者についての被保険者資格の得喪等の手続は不要である。

Ⅳ　特別加入者

　　労働基準法上の労働者とされない一定の中小企業の_____，大工・左官等の_____その他の_____，これらの家族従事者等，特定作業従事者および_____は，労災保険に特別加入できる（第8特別加入参照）。

法第33条～
第36条
則第46条の
16～18

第3　　業務災害・通勤災害の認定

Ⅰ　業務災害の認定

　　労働者の傷病等が業務災害となるためには，労働者が労働契約に基づき使用者の支配下にある状態，すなわち_____と，業務に起因して災害が発生し，そ

Ⅱ　個人事業主　　５人未満　　300人未満　　５人未満
Ⅳ　事業主　　一人親方　　自営業者　　海外派遣者
【第3】
Ⅰ　業務遂行性

の災害によって傷病等が発生するという＿＿＿＿＿＿＿＿とが成り立たなければならない。

　なお，複数事業労働者の場合は，一つの事業場のみの業務上の負荷（労働時間やストレス等）を評価して業務災害に当たらない場合に，複数の事業場等の業務上の負荷を総合的に評価して，労災認定の判断がされる。

Ⅱ　通勤災害の認定

　「通勤」とは，労働者が，＿＿＿＿＿に関し，次の移動を合理的な＿＿＿＿＿＿＿＿　法第7条
＿＿＿＿＿により行うことをいい，＿＿＿＿＿の性質を有するものを除くものである。　則第7条

①　＿＿＿＿＿と＿＿＿＿＿の場所との間の往復

②　適用事業，通勤災害保護制度の対象となっている特別加入者に係る＿＿＿＿＿の場所等から他の＿＿＿＿＿場所への移動

③　上記①の往復に先行し，または継続する住居間の移動

　移動の経路を＿＿＿＿＿または＿＿＿＿＿＿した場合は，その間およびその後の移動は，　則第8条
通勤とはされないが，これが，日用品の購入，公共職業訓練等の受講，選挙権の行使，病院等での治療，要介護状態にある配偶者，子，父母，同居・扶養していない孫，祖父母および兄弟姉妹並びに配偶者の父母の介護（継続的にまたは反復して行われるものに限る）等日常生活上必要な行為である場合には，その＿＿＿＿＿または＿＿＿＿＿＿の間を除き，通勤とされる。

　ただし，その住居間の移動が，転任に伴い，転任の直前の住居と就業の場所との　則第7条
間を日々往復することが，往復の距離等を考慮して困難となったため住居を移転した労働者であって，要介護状態にある労働者または配偶者の父母または同居の親族を介護するなど，やむを得ない事情により転任の直前の住居に居住している配偶者と別居することとなったものに限られる。

　なお，単身赴任者等が「就業の場所」と家族の住む家屋（自宅）との間を移動する場合において，その移動行為に反復・継続性（おおむね月1回）が認められるときは，その自宅を「住居」として取り扱い，通勤災害による保護がある。

Ⅲ　赴任途上災害の要件

①　赴任途上，転勤途上に発生した災害であること

②　赴任先事業主の命令に基づき，かつ，社会通念上合理的な経路・方法による赴

業務起因性

Ⅱ	就業	経路および方法	業務	住居	就業	就業	就業	逸脱	中断
	逸脱	中断							

任であること

③　赴任のために直接必要でない行為，恣意的行為に起因して発生した災害でない
こと

④　その赴任に対し，赴任先事業主から旅費が支給されるものであること

第 4　　保 険 給 付

Ⅰ　給付基礎日額等

1．給付基礎日額

(1)　労働基準法第12条の平均賃金に相当する額である。原則として，負傷もしく
は死亡の原因である事故が発生した日または診断により疾病の発生が確定した
日（算定事由発生日）（賃金締切日が定められているときは直前の賃金締切日）
以前　　　　　　　　に支払われた　　　　　　　　　をその期間の　　　　　　　　で除し
て算定する。　　　　　　　　　　　　　　　　　　　　　　　　　　　　　　法第 8 条

(2)　平均賃金相当額を給付基礎日額とすることが適当でないと認められるときは，
次により，　　　　　　　　　　　　　　　　　　が定める。　　　　　　　　　　則第 9 条

①　平均賃金の算定期間中に業務外の事由による傷病のために休業した期間が
ある場合
平均賃金相当額と，休業期間・その期間中の賃金額を控除して算定した平
均賃金相当額との，いずれか高い額

②　じん肺患者の場合
平均賃金相当額と，作業転換日以前　　　　　　　　　　の平均賃金相当額との，
いずれか高い額

③　上記①②以外で平均賃金相当額を給付基礎日額とすることが適当でないと
認められる場合
　　　　　　　　　　　　　　　　　　　　　　が定める基準に従って算定する額

④　平均賃金相当額または上記①〜③により算定された額が　　　　　　　　　　
　　　　　　（以下「A」とする）に満たない場合は，A。ただし，
イ　平均賃金相当額等×スライド率≧Aのときは，平均賃金相当額等

【第 4 】
Ⅰ 1 ．3 箇月間　　賃金の総額　　総日数　　所轄労働基準監督署長　　3 箇月間
　　　厚生労働省労働基準局長　　自動変更対象額

ロ　平均賃金相当額等×スライド率＜Aのときは，A÷スライド率による額

　　なお，Aは，前年度の平均給与額が上昇し，または低下した比率に応じ，

　　毎年8月1日から変更される。

　　　ただし，複数事業労働者の場合は，下記(3)のように，当該複数事業労働者を使用するすべての事業ごとに算定した給付基礎日額に相当する額を合算した額とする。なお，特別加入者で，労働者として働きつつ特別加入している者，複数の特別加入をしている者および原因の発生時に事業主が同一でない複数の事業場で就業していた者も複数事業労働者とされる。 法第7条
則第5条
法第8条第
3項

(3)　複数事業労働者に係る給付基礎日額の算定 則第9条の
2の2

　　　複数事業労働者の給付基礎日額の算定は，所轄労働基準監督署長が，次に定めるところによって行う。

　①　当該複数事業労働者を使用する事業ごとに算定した給付基礎日額に相当する額を合算した額。ただし，上記(2)④の規定は，適用しない。

　②　①の規定により算定した額が上記(2)④に規定する自動変更対象額に満たない場合には，①の規定により算定して得た額を上記(2)④に規定する平均賃金相当額とみなして上記(2)④の規定を適用したときに得られる額とする。

　③　①，②に定めるもののほか，当該複数事業労働者を使用する事業ごとに算定した給付基礎日額に相当する額を合算した額を給付基礎日額とすることが適当でないと認められる場合には，厚生労働省労働基準局長が定める基準に従って算定した額。

2．休業給付基礎日額

　　休業補償給付，複数事業労働者休業給付または休業給付の額の算定の基礎に用いられる給付基礎日額。 法第8条の
2

(1)　支給すべき事由が生じた日が療養開始日から起算して＿＿＿＿＿＿＿＿以内の間であるときは，前記1により算定した額（スライド制参照）。

(2)　＿＿＿＿＿＿＿＿を経過した日以後の額については，基準日（支給すべき事由が生じた日の属する四半期の初日）における年齢の属する年齢階層別に最低限度額および最高限度額が定められている（毎年8月から改定）。

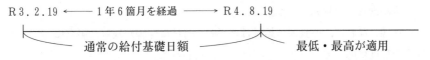

R3.2.19 ←── 1年6箇月を経過 ──→ R4.8.19

通常の給付基礎日額　　　　最低・最高が適用

2．1年6箇月　　1年6箇月

3．年金給付基礎日額

年金たる保険給付の額の算定に用いられる給付基礎日額。 法第8条の
3

(1)　算定事由発生日の属する年度の翌々年度の7月支給分までは，前記1により算定した額。

(2)　前記2と同様，基準日における年齢の属する年齢階層別に最低限度額および最高限度額が定められている。

この場合の「基準日における年齢」とは，年金たる保険給付を受ける労働者の，最初の支給月の属する年度（その月が4月～7月の場合はその年度の前年度）の＿＿＿＿＿＿における年齢をいう。年金給付基礎日額は，毎年＿＿＿＿＿＿から改定される。

※　給付基礎日額に＿＿＿＿＿＿の端数があるときは，1円に切り上げられる。 法第8条の
5

Ⅱ－A　療養補償給付（業務災害）

業務上負傷し，または疾病にかかった場合には，被災労働者の請求に基づいて，＿＿＿＿＿＿または＿＿＿＿＿＿が行われる。 法第12条の
8・第13条

ただし，＿＿＿＿＿＿を行うことが原則であり，選択ではない。

1．療養の給付（現物給付）

社会復帰促進等事業として設置された病院・診療所または＿＿＿＿＿＿が指定する病院・診療所・薬局・訪問看護事業者において，無料で療養が受けられる。 則第11条

療養の給付を受けようとする者は，「療養補償給付たる療養の給付請求書」を，＿＿＿＿＿＿を経由して所轄労働基準監督署長に提出する。 則第12条

2．療養の費用の支給（現金給付）

一定の事情により被災労働者が労災病院等以外の病院等で療養を受けた場合に，それに要した費用が償還される。 則第12条の
2

療養の費用の支給を受けようとする者は，「療養補償給付たる療養の費用請求書」を，所轄労働基準監督署長に提出する。

3．療養補償給付の給付期間

給付は，傷病が治るまで行われる。「治る」とは，機能障害等が残っても症状が安定し，疾病が固定した状態をいう。

このような状態となれば，療養補償給付は終了し，身体に障害が残った場合には，その障害の程度に応じて＿＿＿＿＿＿が行われる。

3．8月1日　　8月1日　　※　1円未満

Ⅱ－A　療養の給付　　療養の費用の支給　　療養の給付

1．都道府県労働局長　　指定病院等

3．障害補償給付

Ⅱ－B　複数事業労働者療養給付（複数業務要因災害）

複数事業労働者がその従事する二以上の事業の業務を要因として負傷し，または疾病（脳・心臓疾患や精神障害）にかかった場合に，被災労働者の請求に基づいて行われる。

給付の内容は，療養補償給付と同一である。

法第20条の3

Ⅱ－C　療養給付（通勤災害）

通勤により負傷し，または疾病（通勤に起因することの明らかな疾病）にかかった場合には，被災労働者の請求に基づいて療養給付が行われる。

法第22条
則第18条の4

給付内容は，療養補償給付と同一であるが，＿＿＿＿＿＿＿＿＿を徴収される点が異なる。

その額は＿＿＿＿＿円（健康保険の日雇特例被保険者は＿＿＿＿＿円）または現に療養に要した費用の総額のいずれか低い額であり，その者に最初に支払われるべき＿＿＿＿＿＿から控除することによって徴収される。

法第31条
則第44条の2

ただし，次の者については，免除される。

① 第三者の行為によって生じた事故により療養給付を受ける者

② 療養開始後＿＿＿＿＿＿に死亡した者など休業給付を受けない者

③ 同一の通勤災害についてすでに一部負担金を納付した者（転医した者）

④ ＿＿＿＿＿＿＿＿＿

Ⅲ－A　休業補償給付（業務災害）

1．支給事由

業務上の傷病による療養のため労働することができないために賃金を受けない場合には，被災労働者の請求に基づき，休業の＿＿＿＿＿＿＿から支給される。なお，＿＿＿＿＿＿＿＿は併給される。

法第12条の8・第14条

給付が行われるまでの通算3日間の休業期間を，待期期間という。この間は，事業主が＿＿＿＿＿＿＿の規定による休業補償を行わなければならない。

2．給付内容

休業1日につき，＿＿＿＿＿＿＿＿＿＿＿＿に相当する額である。

◎ 所定労働時間のうち一部についてのみ労働する日若しくは賃金が支給される休暇（部分算定日）がある場合

Ⅱ－C　一部負担金　　200　　100　　休業給付　　3日以内　　特別加入者

Ⅲ－A　1．第4日目　　療養補償給付　　労働基準法

　　　　2．給付基礎日額の100分の60

$$（給付基礎日額－部分算定日賃金）\times \frac{60}{100}$$

この給付は，休業の続く限り支給される。

ただし，療養開始後＿＿＿＿＿＿を経過しても傷病が治らず，それによる障害の程度が＿＿＿＿＿＿に該当する場合には，休業補償給付に代えて＿＿＿＿＿＿＿＿が支給される。

休業補償給付を受ける労働者には，社会復帰促進等事業である特別支給金が支給される。他の給付についても同様である（第6章Ⅱ参照）。

3．請求手続等

「休業補償給付支給請求書」を所轄労働基準監督署長に提出する。 則第13条

※　次の場合には，休業補償給付，休業特別支給金は支給されない（未決拘留の場合を除く）。 法第14条の2

⑴　刑事施設に拘禁され，労役場・監置場に留置されている場合 則第12条の4

⑵　少年院，児童自立支援施設，婦人補導院に収容されている場合

Ⅲ－B　複数事業労働者休業給付（複数業務要因災害）

複数事業労働者がその従事する二以上の事業の業務を要因による負傷または疾病（脳・心臓疾患や精神障害）よる療養のため労働することができないために賃金を受けない場合に，被災労働者の請求に基づき，休業の第4日目から支給される。 法第20条の4

支給事由，給付の内容は，休業補償給付と同一である。

Ⅲ－C　休業給付（通勤災害）

通勤災害による療養のため休業し，賃金を受けない場合には，被災労働者の請求に基づいて，休業の＿＿＿＿＿＿＿から支給される。 法第22条の2

給付内容は，休業補償給付と同一であるが，次の点で異なる。

⑴　＿＿＿＿＿＿＿については，事業主責任は及ばない。したがって，事業主は＿＿＿＿＿＿＿＿の規定による休業補償を要しない。

⑵　一定の者を除き，最初に支給事由の生じた日分の休業給付額から＿＿＿＿＿が徴収される（療養給付を参照）。

1年6箇月　　傷病等級　　傷病補償年金

Ⅲ－C　第4日目　　待期期間　　労働基準法　　一部負担金

Ⅳ－A　傷病補償年金（業務災害）

1．支給事由

業務災害による傷病に係る療養の開始後＿＿＿＿＿＿＿を経過した日または同　　法第12条の8
日後に，次の事項のいずれにも該当するときに，それまで行われてきた＿＿＿＿＿
＿＿＿＿＿＿に代えて支給される。

⑴　その傷病が治っていないこと

⑵　その傷病による障害の程度が＿＿＿＿＿＿（第1級～第3級）に該当するこ　　則第18条
と

支給の決定は，療養の開始後＿＿＿＿＿を経過した日において治っていな　　則第18条の2
いときに，同日以後＿＿＿＿以内に被災労働者から「傷病の状態等に関する
届」等を提出させ，＿＿＿＿＿＿＿＿＿＿が支給決定を行う。したが
って，被災労働者の請求行為は不要である。

なお，傷病補償年金の受給者には，＿＿＿＿＿＿＿は行われない。　　法第18条

2．給付内容

傷 病 等 級	年　　金　　額
第　1　級	給 付 基 礎 日 額 の 313 日 分
第　2　級	〃　　　　277 日 分
第　3　級	〃　　　　245 日 分

障害の程度に変更があれば，新たに認定された傷病等級に応ずる額が支給され
る。

また，傷病等級に該当しなくなったときは，支給は取り消されるが，療養のた
め労働することができないため賃金を受けない場合には，＿＿＿＿＿＿＿＿が
行われる。

3．労働基準法との関係

療養開始後＿＿＿を経過した日において傷病補償年金を受けている場合または　　法第19条
同日後に傷病補償年金を受けることになった場合には，労働基準法の規定による
＿＿＿＿＿＿が支払われたものとみなされ，＿＿＿＿＿＿は解除される。

Ⅳ－B　複数事業労働者傷病年金（複数業務要因災害）

複数事業労働者がその従事する二以上の事業の業務を要因として負傷し，または　　法第20条の8
疾病（脳・心臓疾患や精神障害）にかかった場合に，当該負傷または疾病に係る療

Ⅳ－A　1．1年6箇月　　休業補償給付　　傷病等級　　1年6箇月　　1箇月
　　　　　　所轄労働基準監督署長　　休業補償給付
　　　　2．休業補償給付
　　　　3．3年　　打切補償　　解雇制限

63

養の開始後 1 年 6 箇月を経過した日または同日後において，一定の場合，それまで
行われてきた複数事業労働者休業給付に代えて支給される。

支給事由，給付の内容は，傷病補償年金と同一である。

Ⅳ－C　傷病年金（通勤災害）

通勤災害による傷病に係る療養の開始後 ＿＿＿＿＿＿＿＿＿＿ を経過した日または同日 法第23条
後に一定の要件に該当するときに，＿＿＿＿＿＿＿＿＿＿ に代えて支給される。

支給事由，給付内容は，傷病補償年金と同一である。

ただし，労働基準法に規定する打切補償，解雇制限の解除との関連は生じない。

Ⅴ－A　障害補償給付（業務災害）

1．支給事由

業務災害による傷病が治ったとき身体に障害が残った場合に，被災労働者の請 法第12条の
8・第15条
求に基づいて行われる。

障害補償給付は 2 種類あり，該当する障害等級に応じて支給される。

① 　障害等級第 1 級～第 7 級……障害補償年金

② 　障害等級第 8 級～第14級……障害補償一時金

(1) 　障害等級の決定・準用

障害の程度については，140種類の障害が障害等級表に第 1 級～第14級に区 則第14条・
別表第 1
分して定められており，これに基づいて決定される。

また，障害等級表に定められていない障害については，障害等級表に定めら
れている障害に準じて等級が決められる（障害等級の準用）。

(2) 　障害等級の併合

同一の事故により 2 以上の障害を残した場合は，その障害のうち一番重い障
害の該当する障害等級とされる。

ただし，次の場合には障害等級を繰り上げて，全体の障害等級とする。

① 　＿＿＿＿＿＿＿＿ 以上の障害が 2 以上あるとき……1 級繰上げ

② 　＿＿＿＿＿＿＿＿ 以上の障害が 2 以上あるとき……2 級繰上げ

③ 　＿＿＿＿＿＿＿＿ 以上の障害が 2 以上あるとき……3 級繰上げ

※ 　なお，第 9 級と第13級の併合の場合（第 8 級）の給付額は，503日分では
なく，それぞれの障害等級の額を合算した額（391日分 + 101日分 = 492日

Ⅳ－C　 1 年 6 箇月　　休業給付
Ⅴ－A　 1 ．(2)　第13級　　　第 8 級　　　第 5 級

分）とされる。

(3)　加重障害

　　すでにあった障害と同一部位について障害を重くした場合は，加重した後の障害等級とされる。

　　給付の額は，ケースに応じて次のようになる。

①　加重前と加重後も年金の場合	（加重後の額－加重前の額） 　　　　＋加重前の額……年金
②　ともに一時金の場合	加重後の額－加重前の額 　　　　　　　　……一時金
③　加重前が一時金，加重後が年金	加重後の額－加重前の一時金の額 　　　　　$\times \dfrac{1}{25}$……年金

(4)　障害等級の変更

　　障害の程度が自然的経過により増悪または軽減した場合には，受給権者の請求に基づいて，＿＿＿＿＿＿＿＿＿＿＿＿＿＿＿＿＿が変更決定を行い，新たな障害等級に応ずる年金または一時金が支給される。

法第15条の2
則第14条の3

　　ただし，元の障害に対する給付が一時金の場合には，自然的経過により増悪しても，障害等級は変更されない。

2．障害補償年金の額等

(1)　障害補償年金の額

障　害　等　級	障害補償年金の額
第　　1　　級	給付基礎日額の313日分
第　　2　　級	〃　　　277日分
第　　3　　級	〃　　　245日分
第　　4　　級	〃　　　213日分
第　　5　　級	〃　　　184日分
第　　6　　級	〃　　　156日分
第　　7　　級	〃　　　131日分

法別表第1

(2)　障害補償年金前払一時金

　　障害補償年金の受給権者がその請求時に希望すれば，次表の額を上限として，給付基礎日額の200日分，400日分，600日分，800日分，1,000日分または1,200

法附則第59条

---

(4)　所轄労働基準監督署長

日分に相当する額を，同一事由に関し，1回に限り受給できる。

障 害 等 級	前払一時金の限度額
第 1 級	給付基礎日額の1,340日分
第 2 級	〃 1,190日分
第 3 級	〃 1,050日分
第 4 級	〃 920日分
第 5 級	〃 790日分
第 6 級	〃 670日分
第 7 級	〃 560日分

　　請求は，年金請求と同時に行うことが原則であるが，年金の支給決定通知の
あった日の翌日から起算して＿＿＿＿を経過するまでは，いつでも行うことがで
きる。

　　障害補償年金は，その毎月の額の合計が支給された障害補償年金前払一時金
の額に達するまで，＿＿＿＿＿＿＿＿される。

(3)　障害補償年金差額一時金

　　障害補償年金の受給権者が＿＿＿＿＿した場合であって，支給された障害補償
年金および障害補償年金前払一時金の合計額が上記(2)の表の限度額に達しない
ときは，遺族の請求に基づいて，その差額に相当する額が支給される。 法附則第58
条

　　この障害補償年金差額一時金を受給できる遺族の範囲・受給順位は次のよう
になる。

①　労働者の死亡当時その者と＿＿＿＿を同じくしていた＿＿＿＿＿＿，子，＿＿＿，
孫，＿＿＿＿＿＿および＿＿＿＿＿＿＿

②　①に該当しない＿＿＿＿＿，子，＿＿＿＿，孫，＿＿＿＿＿＿および＿＿＿＿＿
＿＿＿

3．障害補償一時金の額

障 害 等 級	障害補償一時金の額
第 8 級	給付基礎日額の503日分
第 9 級	〃 391日分
第 10 級	〃 302日分
第 11 級	〃 223日分
第 12 級	〃 156日分
第 13 級	〃 101日分
第 14 級	〃 56日分

法別表第2

2．(2)　1年　　支給停止

(3)　死亡

①　生計　　配偶者　　父母　　祖父母　　兄弟姉妹

②　配偶者　　父母　　祖父母　　兄弟姉妹

4．障害補償給付の請求手続

　　傷病が治ったこと，治った日および障害の部位・状態に関する医師の診断書等を添えて，「障害補償給付支給請求書」を所轄労働基準監督署長に提出する。

則第14条の2

Ⅴ－Ｂ　複数事業労働者障害給付（複数業務要因災害）

　　複数事業労働者がその従事する二以上の事業の業務を要因として負傷し，または疾病（脳・心臓疾患や精神障害）にかかり，治ったときに身体に障害が存する場合に，被災労働者の請求に基づいて行われる。

法第20条の5

　　支給事由は，障害補償給付と同一である。複数事業労働者障害年金，複数事業労働者障害年金前払一時金，複数事業労働者障害年金差額一時金，複数事業労働者障害一時金とがあるが，その内容は，障害補償給付と同一である。

Ⅴ－Ｃ　障害給付（通勤災害）

　　通勤災害による傷病が治ったとき身体に障害が残った場合に，被災労働者の請求に基づいて行われる。

法第22条の3

　　障害年金と障害一時金とがあるが，その内容は，障害補償給付と同一である。

Ⅵ－Ａ　遺族補償給付（業務災害）

1．支給事由と給付の種類

　　労働者が業務上死亡した場合に，遺族の請求に基づいて行われる。
　　_____の支給を原則とし，それを受けるべき遺族が存しないときに，_____が支給される。

法第12条の8・第16条

2．死亡の推定等

　　「労働者の死亡」が確認できない場合には，次のような取扱いがなされる。

(1)　船舶，飛行機等が遭難もしくは行方不明となり，労働者の生死が_____わからない場合，または，その死亡が_____に明らかになったが，死亡時期がわからない場合には，その遭難または行方不明になった日に，労働者は死亡したものと推定される（死亡の推定）。

法第10条

(2)　水難・火災等により，死亡の確証はないが死亡したことが確実と認められるときは，死亡の取扱いがなされる（認定死亡）。

戸籍法第89条

Ⅵ－Ａ　1．遺族補償年金　　遺族補償一時金
　2．3箇月間　　3箇月以内

3．遺族補償年金の受給権者等

(1) 受給資格者

　　受給資格者となるのは，労働者の死亡の当時その者の収入によって................していた配偶者・........・父母・........・祖父母・........である。

法第16条の
2・（昭40）
附則第43条

　　ただし，妻以外の遺族は，労働者の死亡当時........以上か........に達する日以後の最初の３月31日までの間にある者，または障害等級の........以上の障害があるものに限られる。

　　配偶者には内縁関係の者も含まれ，また，労働者の死亡当時に胎児であった子は出生の時から受給資格者となる。

　　※　共稼ぎ夫婦の場合は，互いに生計を維持されていたと解釈される。

(2) 受給権者

　　実際に年金を受給できるのは，受給資格者のうち最先順位者だけである。

　　最先順位者が２人以上いる場合は，その全員が受給権者となる。

受 給 資 格 者				受 給 権 者			
		年　齢	障害の程度			年　齢	障害の程度
配偶者	妻	条　件　な　し	または障害等級５級以上の障害	① 配偶者	妻	条　件　な　し	または障害等級５級以上の障害
	夫	55歳以上			夫	60歳以上	
子		18歳未満		② 子		18歳未満	
父　母		55歳以上		③ 父　母		60歳以上	
孫		18歳未満		④ 孫		18歳未満	
祖父母		55歳以上		⑤ 祖父母		60歳以上	
兄弟姉妹		18歳未満か55歳以上		⑥兄弟姉妹		18歳未満か60歳以上	
条件と順位	(注)・配偶者は，内縁関係も含む ・労働者の死亡当時に胎児であった子が出生したときは，その時から			⑦ 夫		55歳以上60歳未満	な　　し
				⑧ 父　母			
				⑨ 祖父母			
				⑩兄弟姉妹			

　　※　上記⑦〜⑩の者は，たとえ受給権者となっても，........に達するまでは遺族補償年金の支給は停止される。

　　※　18歳未満——18歳に達する日以後の最初の３月31日までの間にある者

3．(1)　生計を維持　　子　　孫　　兄弟姉妹　　55歳　　18歳　　第５級
　　(2)　60歳

(3) 受給権の消滅（失権）および受給資格の喪失

受給権または受給資格は，次の事由に該当したときに消滅する。

法第16条の4

① 　　　　したとき

② 　　　　したとき

③ 直系血族または直系姻族以外の者の　　　　になったとき

④ 離縁（養子縁組の解消）により親族関係が終わったとき

⑤ 子・孫・兄弟姉妹については18歳に達した日以後の　　　　

が終了したとき（ただし，障害の状態にある場合を除く）

⑥ 障害の状態がなくなったとき

受給権が消滅した場合に同順位者がいないときは，次順位者が受給権者となる（転給）。

また，失権・失格したら，再び受給権者・受給資格者となることはない。

(4) 支給停止

受給権者の所在が　　　　　　　不明の場合には，同順位者（いないときは次順位者）の申請によって，所在不明の間，遺族補償年金は支給停止される。

法第16条の5

支給を停止された遺族は，いつでも，所轄労働基準監督署長にその支給停止の解除を申請することができる。

則第15条の7

4．遺族補償年金の額等

(1) 遺族補償年金の額

受給権者自身および受給権者と生計を同じくしている受給資格者の人数に応じ，次の額とされている。

法第16条の3・別表第1

1人── 給付基礎日額の153日分

ただし，　　　　　　　の妻または障害等級　　　　　以上の障害状態にある妻は175日分

2人── 給付基礎日額の201日分

3人── 給付基礎日額の223日分

4人以上 給付基礎日額の245日分

ただし，55歳以上60歳未満の夫・父母・祖父母・兄弟姉妹は，　　　　になるまで算定根拠となる遺族の数には含まれない。

遺族の数が増減したときは，その　　　　から年金額は改定される。

なお，受給権者が2人以上いるときは，等分して支給される。

---

(3) 死亡　　婚姻（内縁を含む）　　養子（事実上の養子縁組を含む）　　最初の3月31日

(4) 1年以上

4．(1) 55歳以上　　第5級　　60歳　　翌月

(2) 遺族補償年金前払一時金

受給権者が遺族補償年金の請求の際に希望すれば，給付基礎日額の200日分，400日分，600日分，800日分または1,000日分に相当する額のうちから，同一事由に関し，1回に限り，その支払いを請求できる。 法附則第60条 則附則第31項

年金請求と同時に行うのが原則であるが，年金の支給決定通知のあった日の翌日から起算して＿＿＿＿を経過した時は時効によって消滅する。

また，遺族補償年金が60歳まで支給停止される55歳以上60歳未満の夫，父母，祖父母，兄弟姉妹でも，遺族補償年金前払一時金は請求できる。

年金は，その毎月分の額の合計額が遺族補償年金前払一時金の額に達するまで支給停止される。

5．遺族補償一時金

(1) 支給要件と支給額

遺族補償年金を受けることができる遺族がいないときに支給される。その支給要件と支給額は，次のとおりである。 法第16条の6・第16条の8・別表第2

① 労働者の死亡当時，遺族補償年金の受給資格者がいないとき

給付基礎日額の＿＿＿＿＿＿＿

② 受給権者がすべて失権し，遺族の全員に支払われた年金の合計額が給付基礎日額の＿＿＿＿＿＿＿に達していないとき

給付基礎日額の＿＿＿＿＿＿＿と既支給年金額（遺族補償年金前払一時金を含む）との差額

(2) 受給権者

受給権者は，次のうちの最先順位者である。 法第16条の7

① ＿＿＿＿＿＿＿

② 労働者の死亡当時，生計を維持されていた子・父母・孫・祖父母

③ 生計維持関係のない子・父母・孫・祖父母

④ 兄弟姉妹

6．受給資格の欠格

次の者は，遺族補償給付を受けることができる遺族とはされない。 法第16条の9

(1) 労働者を故意に死亡させた者

(2) 労働者の死亡前に，遺族補償年金を受給できる遺族となるべき者を故意に死亡させた者

---

(2) 2年

5．(1) 1,000日分　　1,000日分　　1,000日分

(2) 配偶者

(3) 受給権者となれる遺族で，先順位または同順位の他の遺族を故意に死亡させた者

(4) 受給権者となる遺族を故意に死亡させた者

(5) 労働者の死亡前に，受給権者となれる遺族となるべき者を故意に死亡させた者

7．請求手続

遺族補償年金の請求は，「遺族補償年金支給請求書」に，死亡診断書等の記載事項についての市町村長の証明書等，受給権者等の戸籍謄本等の書類を添付して，所轄労働基準監督署長に提出する。 則第15条の 2～第15条 の4

遺族補償一時金の請求は，「遺族補償一時金支給請求書」に所定の書類を添えて，所轄労働基準監督署長に提出する。 則第16条

なお，受給権者が2人以上いる場合は，保険給付の請求・受領について，そのうちの1人を＿＿＿＿＿＿に選任するのが原則である。 則第15条の 5

Ⅵ－B　複数事業労働者遺族給付（複数業務要因災害）

複数事業労働者がその従事する二以上の事業の業務を要因として死亡した場合に，遺族の請求に基づいて行われる。 法第20条の 6

支給事由等は，遺族補償給付と同一である。複数事業労働者遺族年金，複数事業労働者遺族年金前払一時金，複数事業労働者遺族一時金とがあるが，その内容は，遺族補償給付と同一である。

Ⅵ－C　遺族給付（通勤災害）

通勤災害により死亡した場合に，その遺族の請求に基づいて行われる。 法第22条の 4

給付内容は，遺族補償給付と同一である。

Ⅶ－A　葬祭料（業務災害）

業務上死亡した場合に，その＿＿＿＿＿＿＿＿＿＿の請求に基づいて支給される。 法第12条の 8・第17条 則第17条

葬祭料の額は，＿＿＿＿＿＿に給付基礎日額の＿＿＿＿＿＿を加えた額である。

ただし，その額が給付基礎日額の＿＿＿＿＿＿に満たない場合は，給付基礎日額の＿＿＿＿＿＿をもって葬祭料の額とされる。

7．代表者

Ⅶ－A　葬祭を行う者　315,000円　30日分　60日分　60日分

Ⅶ－B　複数事業労働者葬祭給付（複数業務要因災害）

　　複数事業労働者がその従事する二以上の事業の業務を要因として死亡した場合に，葬祭を行う者に対し，その請求に基づいて行われる。

　　給付内容は，葬祭料と同一である。

法第20条の7

Ⅶ－C　葬祭給付（通勤災害）

　　通勤災害により労働者が死亡した場合に，その葬祭を行う者の請求に基づいて支給される。給付内容は，葬祭料と同一である。

法第22条の5

Ⅷ－A　介護補償給付（業務災害）

1．支給事由

　　障害補償年金または傷病補償年金の＿＿＿＿＿＿＿＿＿＿＿＿（障害の種類は一定のものに限る）の者であって，＿＿＿＿＿＿＿＿＿＿＿＿介護を要する状態にあり，かつ，＿＿＿＿＿＿＿＿＿＿＿＿介護を受けていること。ただし，病院，診療所に入院している場合等には支給されない。

法第12条の8

2．支給月額（令和4年度改定）

⑴　常時介護の場合

　　介護費用として支出した額の実費。ただし，上限は，171,650円。

　　親族等により介護を受けており，介護費用を支出していない場合，および介護費用を支出したが，支出額が75,290円を下回る場合は，75,290円。

則第18条の3の4

⑵　随時介護の場合

　　介護費用として支出した額の実費。ただし，上限は85,780円。

　　親族等により介護を受けており，介護費用を支出していない場合，および介護費用を支出したが，支出額が37,600円を下回る場合は，37,600円。

3．請求手続

⑴　請求書に診断書等を添付して，所轄労働基準監督署長に提出する。

⑵　障害補償年金を受ける権利を有する者が請求する場合には，障害補償年金の請求と同時に，または請求をした後に行う。

則第18条の3の5

Ⅷ－B　複数事業労働者介護給付（複数業務要因災害）

　　複数事業労働者障害年金または複数事業労働者傷病補償年金の第1級または第2

法第20条の9

Ⅷ－A　1．第1級または第2級　　常時または随時　　常時または随時

級（障害の種類は一定のものに限る）の者であって，常時または随時介護を要する状態にあり，かつ，常時または随時介護を受けている者に対し，当該複数事業労働者の請求に基づき行われる。

　支給事由，給付の内容は，介護補償給付と同一である。

Ⅷ－C　介護給付（通勤災害）

　通勤災害により，第1級または第2級（障害の種類は一定のものに限る）の障害年金または傷病年金を受給しており，常時または随時介護を要する状態にあり，かつ，常時または随時介護を受けている者に対して，被災労働者の請求に基づいて支給される。給付内容は，介護補償給付と同一である。 ｜ 法第24条

Ⅸ　二次健康診断等給付
1．支給事由

　一次健康診断（労働安全衛生法の規定による＿＿＿＿＿＿＿＿＿のうち，直近のもの）において，＿＿＿＿＿＿＿＿，血液検査その他業務上の事由による脳血管疾患・心臓疾患の発生にかかわる身体の状態に関する検査で一定のものを受けた労働者が，その＿＿＿＿＿＿＿＿＿＿＿＿異常の所見があると診断されたときに，その労働者の請求に基づいて行われる。 ｜ 法第26条

2．給付内容

　二次健康診断等給付の範囲は，次のとおりである。

①　二次健康診断（＿＿＿＿＿につき1回に限る）

②　特定保健指導（＿＿＿＿＿＿＿＿＿＿ごとに1回に限る）

3．請求手続

　一次健康診断を受けた日から原則として＿＿＿＿＿＿＿＿＿に，「二次健康診断等給付請求書」に異常所見がある旨の証明書を添付し，＿＿＿＿＿＿＿＿＿（同給付を受けようとする病院または診療所）を経由して所轄都道府県労働局長に提出する。 ｜ 則第18条の19

Ⅸ1．定期健康診断等　　血圧検査　　いずれの項目にも
　2．1年度　　二次健康診断
　3．3箇月以内　　健診給付病院等

第5　　保険給付の通則的事項

I　年金の支給

1．支給期間と支払期月

年金たる保険給付の支給は＿＿＿を単位に行われ，支給事由が＿＿＿＿＿＿＿＿＿＿　　法第9条

＿＿＿から始まり，支給事由が＿＿＿＿＿＿＿まで支給される。

支給停止期間も同様である。

年金は，原則として，毎年2月，4月，6月，8月，10月および12月に，それ

ぞれその＿＿＿＿＿＿までが支払われる。

2．給付基礎日額の端数処理

給付基礎日額に＿＿＿＿＿＿＿＿の端数があるときは，これを＿＿＿＿＿＿に切り上　　法第8条の
5

げるものとする。

II　スライド制

保険給付の額のスライドは，厚生労働省で作成する毎月勤労統計における毎月き

まって支給する給与の額を基礎として算定した労働者1人当たりの給与の1箇月平

均額（平均給与額）の動向によって行われる。

1．年金給付の場合

年金給付の額のスライドは，算定事由発生日の属する年度の＿＿＿＿＿＿＿＿　　法第8条の
3

以後の支給分から適用される。

スライド率は，支給すべき月の属する年度の前年度（その月が4月～7月であ

る場合は前々年度）の平均給与額が算定事由発生日の属する年度の平均給与額に

比して上下した率を基準として，＿＿＿＿＿＿＿が定める。

2．一時金給付の場合

(1)　休業（補償）等給付の場合

休業（補償）等給付の額については，四半期ごとの平均給与額が算定事由発　　法第8条の
2

生日の属する四半期（改定日額については，改定の基礎となった四半期）の平

均給与額に比して＿＿＿＿＿を超えて上下した場合に，その比率を基準として厚生

労働大臣が定める率によって，その上下した四半期の＿＿＿＿＿＿＿＿＿から改定

【第5】

I 1．月　　生じた月の翌月　　消滅した月　　前月分

　2．1円未満　　1円

II 1．翌々年度の8月　　厚生労働大臣

　2．10%　　翌々四半期

される。

　⑵　障害（補償）等一時金等の場合

　　　障害（補償）等一時金，遺族（補償）等一時金，葬祭料または葬祭給付の額の算定に用いられる給付基礎日額は，年金給付基礎日額と同様（ただし，最低・最高限度額は適用されない）であり，額のスライドも同様に行われる。 ┃ 法第8条の4

　　　また，障害（補償）等年金差額一時金，障害（補償）等年金前払一時金，遺族（補償）等年金前払一時金についても，年金給付の額に係るスライドの考え方を加味して，給付額が決定される。 ┃ 法附則第58条〜第63条

Ⅲ　未支給の保険給付

　受給権者が死亡した場合に未支給の保険給付があるときは，その者と生計を同じくしていたその者の＿＿＿＿＿＿，子，＿＿＿＿，孫，＿＿＿＿＿＿または＿＿＿＿＿＿は，自己の名で保険給付を請求できる。 ┃ 法第11条

Ⅳ　保険給付の内払い処理

　次の場合には，各々その後に支払うべき年金給付の内払いとして処理される。 ┃ 法第12条

1．年金給付の支給を停止すべき事由が生じたにもかかわらず，その停止すべき期間の分として支払われたとき

2．年金給付を減額改定すべき事由が生じたにもかかわらず，その翌月以後の分として従前の年金給付が支払われたとき

3．同一の傷病に関し，従前の保険給付の受給権が消滅し，同時に新たな保険給付を受けることとなった場合に，受給権消滅後も従前の保険給付が引き続いて行われたとき

Ⅴ　支給制限と事業主等からの費用徴収

　1．支給制限

　⑴　労働者が故意に負傷・疾病・障害・死亡またはその直接の原因となった事故を発生させた場合 ┃ 法第12条の2の2

　　　保険給付は全く行われない。

　⑵　労働者が故意の犯罪行為または＿＿＿＿＿＿により負傷・疾病・障害・死亡またはその原因となった事故を発生させた場合

Ⅲ　配偶者（内縁を含む）　　父母　　祖父母　　兄弟姉妹
Ⅴ1．⑵　重大な過失

休業（補償）給付，傷病（補償）年金または障害（補償）給付は，その支給のたびに，所定給付額の＿＿＿＿＿が減額される。

ただし，傷病（補償）年金，障害（補償）年金については，療養開始後＿＿＿＿＿の期間に支払われる分に限られる。

(3) 正当な理由なしに療養に関する指示に従わず，回復を妨げた場合

1件につき，休業（補償）給付の＿＿＿＿＿＿＿または傷病（補償）年金の＿＿＿＿＿＿＿＿＿に相当する額が減額される。

2．不正受給者からの費用徴収

不正の手段により保険給付を受けた者は，その給付に要した費用に相当する金額の全部または一部が徴収される。 ……法第12条の3

その保険給付が事業主の虚偽の報告または証明をしたために行われたときは，その事業主も，不正受給者と連帯して，徴収金を納付しなければならない。

3．事業主からの費用徴収

次の事故について保険給付が行われたときは，事業主は，その保険給付に要した費用に相当する額の全部または一部が徴収される。 ……法第31条

(1) 事業主が故意に労災保険に係る保険関係成立届を提出を行っていない場合に生じた事故

現金給付の額の＿＿＿＿＿に相当する額が，保険給付が行われるたびに徴収される。

また，行政機関からの指導等はないものの，保険関係成立日以降1年を経過してもなお保険関係成立届を提出していない場合には，重大な過失により保険関係成立届の提出を行っていないものとし，現金給付の額の＿＿＿＿＿に相当する額が徴収される。

(2) 事業主が＿＿＿＿＿＿＿＿＿を納付しない期間中に生じた事故

事故発生日から保険料完納の日の前日までに支給されることとなった現金給付の額に滞納率（最高40％まで）を乗じた額が，保険給付が行われるたびに徴収される。

(3) 事業主が故意または重大な過失により生じさせた業務災害の原因である事故

療養補償給付以外の保険給付について，その給付額の＿＿＿＿＿に相当する額が，保険給付のたびに徴収される。

30%　　3年以内　　(3)　10日分　　365分の10
3．(1)　100%　　40%
　　(2)　一般保険料
　　(3)　30%

ただし，(1)〜(3)のいずれの場合も，療養を開始した日（即死の場合は事故発生の日）の翌日から起算して_____の期間に支給事由が生じたものに限られる。

VI　時　　効

法第42条・附則第58条〜第63条

　　各給付，一時金を受ける権利は，これらを行使することができる時から，各期間を経過したときは時効によって消滅する。なお，起算日は，次のとおりである。

　　ただし，_____は，政府の一方的な支給決定によるので請求行為はなく，したがって時効の問題は生じない。

保　険　給　付	期　間	起　算　日
療　養（補　償）等　給　付 （療　養　費　払　い）	2　年	療養に要する費用を支払い，またはその支払いが確定した日の翌日
休　業（補　償）等　給　付	2　年	賃金を受けない日の翌日
障　害（補　償）等　給　付	5　年	傷病がなおった日の翌日
遺　族（補　償）等　給　付	5　年	労働者が死亡した日の翌日
葬　祭　料・葬　祭　給　付	2　年	
障害(補償)等年金差額一時金	5　年	障害（補償）年金の受給権者が死亡した日の翌日
障害(補償)等年金前払一時金	2　年	傷病がなおった日の翌日
遺族(補償)等年金前払一時金	2　年	労働者が死亡した日の翌日
介　護（補　償）等　給　付	2　年	介護（補償）給付の対象となる月の翌月の1日
二　次　健　康　診　断　等　給　付	2　年	一次健康診断の結果を了知し得る日の翌日

VII　保険給付と他の制度との関係

1．民法の損害賠償との関係

　(1)　事業主が行う損害賠償との調整

法附則第64条

　　　労働者またはその遺族が前払一時金を請求できる場合には，その最高限度額に相当する額まで，事業主は民事損害賠償の履行をしないことができる。

　　　また，事業主から民事損害賠償が行われた場合は，その価額の限度で保険給付は行われない。

　(2)　第三者の損害賠償との調整

法第12条の4

　　　損害賠償が先に行われたときは，労災保険はその価額の限度で保険給付を免

3年以内
VI　傷病（補償）等年金

れる（控除）。

　また，労災保険給付が先に行われたときは，被災労働者が第三者に対して有する損害賠償請求権を，その価額の限度で労災保険が＿＿＿＿＿＿する（求償）。

　求償は，同一の事由について災害発生後＿＿＿間に支給事由が生じたものについて行われる。

　なお，自動車損害賠償責任保険等との関係においては，原則として，自賠保険給付等が労災保険給付に先立って支払われることになっている。また，示談との関係については，たとえ損害賠償請求権が放棄されていても，災害発生後＿＿＿＿＿を経過したとき以降は，年金給付の全額が支給される。

２．労働基準法の災害補償との関係

　労災保険から保険給付が行われるべきものである場合には，事業主は，労働基準法の災害補償責任を免れる。

　ただし，業務災害において，＿＿＿＿＿＿（通算３日間）については労働基準法の規定による休業補償を行わなければならない。

　なお，複数業務要因災害に関する保険給付が行われる場合は，それぞれの就業先の業務上の負荷のみでは業務と疾病等との間に因果関係が認められないことから，いずれの就業先も労働基準法上の災害補償責任は負わないものとされている。

３．他の社会保険との関係

　厚生年金保険，国民年金の年金給付は，労災保険給付の支給事由と同一の事由についても給付される。

　両者は併給されるものであるが，この場合，労災保険給付については，一定率を乗じて得た額（ただし，調整限度額＝最低保障がある）とされる。

Ⅷ　受給権の保護等

　保険給付を受ける権利は，労働者の＿＿＿＿によって変更されるものではなく，また，他人に譲渡し，担保に供し，または差し押えることは認められない。 法第12条の5

　支給を受けた＿＿＿＿を標準として公課を課することも認められない。 法第12条の6

　ただし，年金の受給権は，独立行政法人福祉医療機構に担保に供し，小口資金の融資を受けることができることになっている。（令和３年度末で新規貸付申込終了）

Ⅸ　受給権者の届出等

　受給権者等は，＿＿＿＿＿（所轄労働基準監督署長）に対し，保険給付に必要な事項 法第12条の7・第47条・第47条の3

Ⅶ１．代位取得　　　５年　　　５年
　２．待期期間
Ⅷ　退職　　金品
Ⅸ　政府

78

の届出や書類の提出等が義務づけられており，未届け，未提出の場合には，保険給付が一時差し止められることがある。

ただし，届出等が行われれば，差し止められたときに遡って支給される。

第6 社会復帰促進等事業

法第29条

政府は，この保険の適用事業に係る労働者およびその遺族について，社会復帰促進等事業として，次の①から③の事業を行うことができる。

① 療養に関する施設およびリハビリテーションに関する施設の設置および運営その他業務災害，複数業務要因災害および通勤災害を被った労働者（②において「被災労働者」という。）の円滑な社会復帰を促進するために必要な事業

② 被災労働者の療養生活の援護，被災労働者の受ける介護の援護，その遺族の就学の援護，被災労働者およびその遺族が必要とする資金の貸付けによる援護その他被災労働者およびその遺族の援護を図るために必要な事業

③ 業務災害防止に関する活動に対する援助，健康診断に関する施設の設置および運営その他労働者の安全および衛生の確保，保険給付の適切な実施の確保ならびに賃金の支払の確保を図るために必要な事業

Ⅰ 社会復帰促進事業

1．外科後処置

　　　　　　　　　　　　　　　　の支給決定を受けた者で障害の軽減が見込まれるものに対して行われる。「外科後処置申請書」を，所轄労働基準監督署長を経由して所轄都道府県労働局長に提出する。

2．義肢その他の補装具

障害のため必要とする者に対し，義肢，車いす等を無料で支給する。

Ⅱ 被災労働者等援護事業

1．労災就学援護費

遺族（補償）等年金，障害等級第1級〜第3級の障害（補償）等年金，または傷病の程度が特に重篤であると認められる傷病（補償）等年金の受給権者等であ

【第6】

Ⅰ1．障害（補償）等給付

79

る在学者について，給付基礎日額が [　　　　　　　　] 以下であり，その学費の支弁が困難である場合に，1人月額14,000円（小学生等）〜39,000円（大学生等）が支給される。

2．労災就労保育援護費

一定の要件に該当する遺族（補償）等年金，障害等級第3級以上の障害（補償）等年金または傷病（補償）等年金の受給権者で，就労のため要保育児を保育所等に預けており必要と認められるものに対し，要保育児1人につき月額13,000円が支給される。ただし，給付基礎日額が [　　　　　　　　] 以下の者に限る。

3．労災保険特別支給金制度

(1) 休業特別支給金

[　　　　　　　　　　] の支給事由に該当することとなった場合に，休業の [　　　　　] から支給される。

特別支給金支給規則第3条

その額は，1日につき休業給付基礎日額の [　　　　　　　] に相当する額である。ただし，所定労働時間の一部について労働した日等の支給額は，休業給付基礎日額からその労働に対して支払われた賃金の額を差し引いた額の [　　　　　] 相当額とされる。

(2) 傷病特別支給金

[　　　　　　　　　　] の支給事由に該当することとなった場合に，その傷病等級に応じた一時金が支給される。

特支則第5条の2

       第1級……114万円
       第2級……107万円
       第3級……100万円

支給申請は，原則として，支給事由に該当することとなった日の翌日から起算して [　　　] 以内に行わなければならない。

(3) 障害特別支給金

[　　　　　　　　　　] の支給事由に該当することとなった場合に，その障害等級に応じて，第1級342万円〜第14級8万円の一時金が支給される。

特支則第4条

(4) 遺族特別支給金

[　　　　　　　　　　] を受ける権利を有する遺族に対し，300万円の一時金が支給される。

特支則第5条

(5) 特別給与を基礎とする特別支給金

ボーナス等の特別給与の額を基礎として支給額の算定を行うものである。た

特支則第19条

Ⅱ1．16,000円
2．16,000円
3．(1)　休業（補償）等給付　　第4日目　　100分の20　　100分の20
　(2)　傷病（補償）等年金　　5年　　(3)　障害（補償）等給付
　(4)　遺族（補償）等給付

80

だし，_____には支給されない。

　額の算定に用いられる算定基礎年額は，被災日以前_____に受けた特 | 特支則第6条
別給与の総額であるが，給付基礎年額（給付基礎日額×365）の_____
相当額または_____のいずれか低い方が上限とされる。

　また，算定基礎年額を365で除した額が算定基礎日額である。

① 傷病特別年金 | 特支則第11条
_____の受給権者に，傷病等級に応じて支給される。

② 障害特別年金 | 特支則第7条
_____の受給権者に，障害等級に応じて支給される。

③ 障害特別年金差額一時金 | 特支則附則第6項
_____の受給権者が死亡し，支給された障害特別年
金の合計額が障害等級ごとに定められた一定額（障害（補償）等年金前払一
時金の限度額）に満たない場合に，その一定額より既支給額を差し引いた一
時金が，_____の受給権者に支給される。

④ 障害特別一時金 | 特支則第8条
_____の受給権者に，障害等級に応じて支給される。

⑤ 遺族特別年金 | 特支則第9条
_____の受給権者に，遺族の数に応じて支給される。
遺族数に増減が生じたときは，その_____から支給額が改定される。

⑥ 遺族特別一時金 | 特支則第10条
_____の受給権者に支給され，その額は，算定基
礎日額の_____またはそれから既支給の遺族特別年金の合計額を控除
した額である。

(6) 年金たる特別支給金の通則的事項
　支給事由が_____から支給され，支給事由が_____ | 特支則第13条
で終わる。
　支払期月は，毎年2月，4月，6月，8月，10月および12月とされており，
それぞれの前2箇月分が支給される。
　保険給付の全部または一部を支給制限されている場合は，特別支給金も同様 | 特支則第20条
に支給制限される。

---

(5) 特別加入者　　1年間　　100分の20　　150万円
① 傷病（補償）等年金　　② 障害（補償）等年金
③ 障害（補償）等年金　　障害（補償）等年金差額一時金　　④ 障害（補償）等一時金
⑤ 遺族（補償）等年金　　翌月　　⑥ 遺族（補償）等一時金　　1,000日分
(6) 生じた月の翌月　　消滅した月

Ⅲ　安全衛生確保等事業

　　社会復帰促進等事業の一環として，次の助成制度が行われている。　　　　則第38条

　1．働き方改革推進支援助成金　　　　　　　　　　　　　　　　　　　　則第39条

　2．受動喫煙防止対策助成金　　　　　　　　　　　　　　　　　　　　　則第40条

第7　　　保険給付の特例

　　労災保険の保険関係が成立する前に発生した災害について，＿＿＿＿＿＿＿の規定　　失保・労災
よる療養補償を受けている者については，＿＿＿＿＿＿の申請によって保険給付を行う　保険関係法
特例的な制度がある。事業主は，労働者の過半数が希望する場合には，保険給付の特　整備法第18
例の申請をしなければならない。　　　　　　　　　　　　　　　　　　　　　　　　条・第19条

　　この場合，事業主は，一般保険料のほかに＿＿＿＿＿＿＿＿を納めなければならない。

第8　　特 別 加 入

Ⅰ　特別加入者の範囲

　1．中小事業主

　　　事業全体で常時＿＿＿＿人（金融・保険業，不動産業または小売業は＿＿＿＿人，　法第34条～
　　卸売業またはサービス業は＿＿＿人）以下の労働者を使用する事業主（法人等の　第36条
　　場合は，その代表者）　　　　　　　　　　　　　　　　　　　　　　　　　　　則第46条の
　2．労働者以外の者で中小事業主が行う事業に常態として従事する者（＿＿＿＿＿　16
　　　＿＿＿＿），事業主が法人である場合には代表者以外の役員のうち労働者性の認めら
　　れない者

　3．一人親方その他の自営業者

　4．一人親方その他の自営業者の家族従事者

　5．特定作業従事者（農業関係特定作業従事者，事業主団体等委託訓練従事者等）

　6．＿＿＿＿＿＿＿

【第7】
労働基準法　　　事業主　　　特別保険料
【第8】
Ⅰ1．300　　50　　100　　2．家族従事者　　6．海外派遣者

Ⅱ　中小事業主等の特別加入

1．特別加入の条件

(1)　その事業について労災保険の ＿＿＿＿＿＿＿＿＿＿＿＿＿ していること　　　　法第33条

(2)　＿＿＿＿＿＿＿＿＿＿＿＿＿ に労働保険事務の処理を委託していること

2．申請の手続

労働保険事務組合を通じて「特別加入申請書（中小事業主等）」を，労働保険
事務組合の主たる事務所の所在地を管轄する所轄労働基準監督署長を経由して ＿＿＿＿
＿＿＿＿＿＿＿＿＿＿＿＿＿ に提出し，承認を受ける。　　則第46条の
19

3．申請に当たっての留意点

(1)　家族従事者がいれば，包括して加入する。

※　病気療養中，高齢その他の事情により就業の実態がない事業主については，
包括加入の対象から除くことができる。

(2)　特別加入者の氏名，業務の内容，特定業務の業務歴を申請書に記載する。

(3)　特別加入者ごとに，希望する ＿＿＿＿＿＿＿＿＿＿＿（3,500円〜25,000円）を
申請書に記載する。

※　特別加入者には，休業給付基礎日額・年金給付基礎日額の年齢階層別の限度
額は適用されない（一人親方等，海外派遣者も同様）。

4．特別加入の効果

特別加入の承認を受けた中小事業主等は，その事業に使用される労働者とみな
され，労働者と同様に，＿＿＿＿＿＿＿ または ＿＿＿＿＿＿＿ に関する保険給付を受
け，＿＿＿＿＿＿＿＿＿＿ も利用できる。

5．特別加入をした場合，保険料を滞納中の事故および事業主の故意・重大過失に
よる事故については，保険給付は支給制限される。したがって，特別の費用徴収
の制度は適用されない（一人親方，海外派遣者も同様）。

Ⅲ　一人親方等の特別加入

1．申請の手続

一人親方等の団体を通じて行い，その団体が，その構成員について「特別加入　　法第35条
申請書（一人親方等）」を，その団体の主たる事務所を管轄する労働基準監督　　則第46条の
23
長を経由して ＿＿＿＿＿＿＿＿＿＿＿＿＿＿＿＿＿＿＿＿＿ へ提出する。

Ⅱ1．保険関係が成立　　労働保険事務組合
　2．所轄都道府県労働局長
　3．給付基礎日額
　4．業務災害　　通勤災害　　社会復帰促進等事業
Ⅲ1．所在地を管轄する都道府県労働局長

2．申請に当たっての留意点

⑴　業務災害の防止に関しその団体が講ずべき措置等を記載した書類を添付する。

⑵　特別加入者の氏名・業務内容・希望する給付基礎日額（3,500円～25,000円。家内労働者等は2,000円，2,500円，3,000円も可）の記載，特定業務従事者の取扱いは，中小事業主等の場合と同様である。

3．特別加入の効果

特別加入の承認を受けた団体は適用事業およびその事業主とみなされ，また，一人親方等はその団体に使用される労働者とみなされる。

労働者と同様に，業務災害または通勤災害に関する保険給付を受け，社会復帰促進等事業を利用できる。

※　個人タクシー業者，漁船による漁業者，これらの家族従事者等については，＿＿＿＿＿＿＿＿＿＿に係る保護の対象とはならない。　則第46条の22の2

IV　海外派遣者の特別加入

1．申請の手続

団体または事業主が直接申請を行う。　法第36条

「特別加入申請書（海外派遣者）」を所轄労働基準監督署長を経由して＿＿＿＿＿＿＿＿＿＿＿＿＿＿＿＿＿＿＿に提出して，承認を受ける。　則第46条の25の2

※　有期事業からの派遣者の加入は，認められない。　法第36条

2．申請に当たっての留意点

派遣元の団体または事業主が申請書に添付する名簿により特別加入者の範囲が決まるので，包括加入することが望ましい。

なお，海外派遣者の給付基礎日額は，3,500円～25,000円の範囲である。

3．特別加入の効果

特別加入の承認を受けた海外派遣者は，派遣元の団体または事業主が日本国内で行う事業に使用される労働者とみなされ，労働者と同様に，業務災害または通勤災害に関する保険給付を受け，社会復帰促進等事業を利用できる。

V　そ の 他

特別加入者の業務の範囲は，加入申請の際に記載された業務の内容によって決定し，業務災害・通勤災害の認定は，＿＿＿＿＿＿＿＿＿＿＿＿＿＿＿＿＿＿＿の定める　則第46条の26

3．※　通勤災害

IV　所在地を管轄する都道府県労働局長

V　厚生労働省労働基準局長

基準による。

第9　　費用の負担

　労災保険の保険料は，＿＿＿＿＿＿＿がその全額を負担する。

　事業の危険の大小に応じて保険料が課せられ，また，一定規模以上の事業については，災害予防の実績によって保険料率を上下させるメリット制が適用される。なお，複数業務要因災害の保険給付については，当該事業場の労災保険率に適用するメリット制の計算には含めない。

　労災保険事業に要する費用には国庫補助もあるが，その額は全体の約１％にすぎない。　　　　　　　　　　　　　　　　　　　　　　　　　　　　　　　　法第32条

第10　　不服申立て

Ⅰ　保険給付に関する不服申立て制度

　保険給付の決定（原処分）に対する審査請求（一審）と，その決定に対する再審査請求（二審）とがある。

1．審査請求

　保険給付に関する決定があったことを知った日の翌日から起算して＿＿＿＿＿＿に，＿＿＿＿＿＿＿＿＿＿＿＿＿＿＿＿＿＿＿に対して，文書または口頭で行う。　　　　　法第38条

　審査請求書を郵便または信書便で提出した場合には，送付に要した日数は，審査請求期間に＿＿＿＿＿＿＿＿＿＿。

　審査請求は，その者が委任した＿＿＿＿＿＿が行うこともできる。

法第38条
労働保険審査官及び労働保険審査会法第７条〜第９条の2

2．再審査請求

　原則として，審査請求についての決定書の謄本が送付された日の翌日から起算して＿＿＿＿＿＿に，＿＿＿＿＿＿＿＿＿＿＿＿＿に対して，文書で行う。

労働保険審査官及び労働保険審査会法第38条・第39条

【第9】
事業主
【第10】
Ⅰ1．３カ月以内　　労働者災害補償保険審査官　　算入しない　　代理人
　2．２カ月以内　　労働保険審査会

Ⅱ　保険給付以外のものに関する不服申立て制度

審査請求の方法がある。

審査請求

労働基準監督署長等の厚生労働大臣以外の機関が行う処分について行うことができる。

処分があったことを知った日の翌日から起算して＿＿＿＿＿＿＿＿＿に，原則として，処分をした行政庁等に上級行政庁がない場合には当該処分庁等に，上級行政庁がある場合には当該処分庁等の最上級行政庁に対し，原則として，文書で行う。

行政不服審査法第 2 条・第 4 条・第18条

Ⅱ　3 カ月以内

雇 用 保 険 法

（関係条文）

■ 雇用保険制度のしくみ

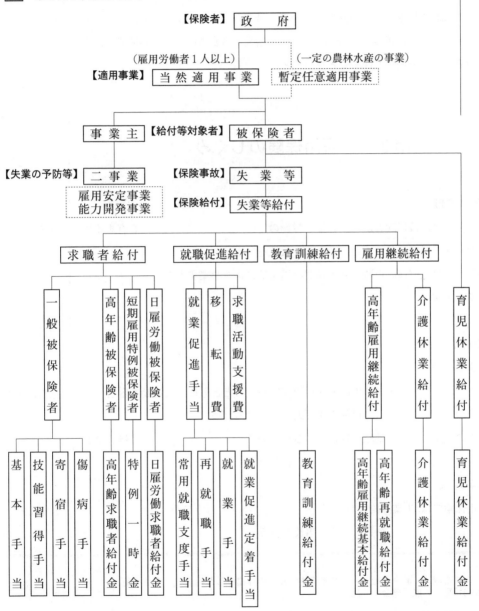

第1　　序　　　論

　　雇用保険制度は，労働者が＿＿＿＿＿した場合および労働者について＿＿＿＿＿＿＿＿＿＿＿が　　　　　　法第1条
困難となる事由が生じた場合に必要な給付を行うほか，労働者が自ら職業に関する＿＿＿
＿＿＿＿＿＿を受けた場合および労働者が＿＿＿＿＿＿＿＿＿＿＿＿＿＿＿＿に必要な
給付を行って，労働者の生活および雇用の安定を図るとともに，＿＿＿＿＿＿＿＿を容易
にする等その就職を促進し，あわせて，労働者の職業の安定に資するため，＿＿＿＿＿の
予防，＿＿＿＿＿＿＿＿の是正および＿＿＿＿＿＿＿の増大，労働者の＿＿＿＿の開発・向上
その他労働者の福祉の増進を図ることを目的としている。

第2　　　雇用保険のしくみ

I　用語の定義

　　「失業」とは，被保険者が＿＿＿＿＿し，労働の＿＿＿＿＿＿＿＿＿＿＿＿を有するに　　　法第4条
もかかわらず，職業に就くことができない状態をいう。
　　「離職」とは，解雇，退職，雇用期間の満了等により事業主との＿＿＿＿＿＿＿＿＿が
終了することをいう。

II　制度のしくみ

1．失業等給付

　　失業等給付は，失業者の生活・雇用の安定を図るとともに求職活動を容易にす　　　　法第10条
るための＿＿＿＿＿＿＿＿＿＿，再就職を援助・促進するための＿＿＿＿＿＿＿＿＿＿＿，
労働者の雇用の安定，就職の促進を図るための＿＿＿＿＿＿＿＿＿＿，労働者の雇
用の安定を図るための＿＿＿＿＿＿＿＿＿＿に分けられる。

2．二事業

　　雇用保険では，失業等給付および＿＿＿＿＿＿＿＿＿を行うほか，＿＿＿＿＿＿＿　　　法第3条
＿，＿＿＿＿＿＿＿＿＿のいわゆる二事業を行う。

【第1】
失業　　　雇用の継続　　　教育訓練　　　子を養育するための休業をした場合　　　求職活動
失業　　　雇用状態　　　雇用機会　　　能力
【第2】
I　離職　　　意思及び能力　　　雇用関係
II 1．求職者給付　　　就職促進給付　　　教育訓練給付　　　雇用継続給付
　　2．育児休業給付　　　雇用安定事業　　　能力開発事業

3．費用の負担

　失業等給付に要する費用は，保険料（労使折半負担分）と国庫負担をもって充てられる。

　二事業に要する費用は，事業主が上積み負担する保険料をもって充てられる。

Ⅲ　保険者・行政機構

　雇用保険は，政府が管掌している。被保険者等に関する事務，失業等給付を行う第一線の事務処理機関として公共職業安定所が置かれている。　　　　　　　法第2条

　このほか，行政処分に対する不服申立てを審査するために都道府県労働局に　　　　　法第69条
　　　　　　　　　　が置かれ，さらに再審査機関として厚生労働省に　　　　　　　　　
　　　　　　　が置かれている。また，雇用保険法の施行に関する重要事項の決定に当たり
厚生労働大臣が意見を聴かなければならない機関として，厚生労働省に　　　　　　　　法第72条
　　　　　　　が設けられている。

第3　　　適　　　用

Ⅰ　適用事業

　業種・規模のいかんを問わず，労働者を雇用する事業はすべて適用事業となる。　　法第5条
事業主の国籍は問わない。

　ただし，　　　　　　　　　　　の労働者を雇用する個人事業主の行う　　　　　　　法附則第2
　　　　　　　　　　　　　　の事業は，暫定任意適用事業とされており，適用事業とな　条
るには，　　　　　　　　　　　　　の認可が必要である。　　　　　　　　　　　　　令附則第2
　　条

Ⅱ　事業所の設置・廃止等の手続等

1．事業所を新たに設置したときは，設置の日の翌日から起算して　　　　　　　　に，　則第141条
　「事業所設置届」に登記事項証明書，賃金台帳，労働者名簿等（事業所の名称等
　を証明できる書類）を添えて，設置された事業所の所在地を管轄する　　　　　　　
　　　　　　　　　　に提出する。なお，年金事務所を経由して提出することができる。

2．事業主は，雇用保険に関する事務を処理させる代理人を選任することができ，　　則第145条

Ⅲ　雇用保険審査官　　　労働保険審査会　　　労働政策審議会
【第3】
Ⅰ　常時5人未満　　　農林・畜産・養蚕・水産　　　厚生労働大臣
Ⅱ1．10日以内　　　公共職業安定所の長

選任（または解任）したときは，＿＿＿＿＿＿＿＿，「代理人選任（解任）届」を提出する。

3．事業主の氏名・住所，事業所の名称・所在地，事業の種類等に変更があったときは，変更のあった日の翌日から起算して＿＿＿＿＿＿＿に「事業主事業所各種変更届」に登記事項証明書，賃金台帳，労働者名簿等（変更があったことを証明できる書類）を添えて，提出する。なお，年金事務所を経由して提出することができる。 ｜ 則第142条

　　ただし，厚生労働省職業安定局長が定めるところにより，一定の書類を添えないことができる。

4．事業所を廃止したときは，廃止の日の翌日から起算して＿＿＿＿＿＿＿に，「事業所廃止届」に設置したときと同様の書類を添えて，廃止事業所を管轄する公共職業安定所の長に提出する。なお，年金事務所を経由して提出することができる。 ｜ 則第141条

第4　　被 保 険 者

I　被保険者の範囲

1．被保険者の種類

(1)　一般被保険者

　　下記(2)～(4)の被保険者以外の被保険者をいう。

(2)　高年齢被保険者

　　＿＿＿＿＿以上の被保険者（短期雇用特例被保険者および日雇労働被保険者を除く。）をいう。 ｜ 法第37条の2

(3)　高年齢被保険者の特例（雇用保険マルチジョブホルダー制度）

　　次に掲げる要件のいずれにも該当する者が，厚生労働省令で定めるところにより，厚生労働大臣に申し出た場合には，当該申出を行った日から特例高年齢被保険者となることができる。 ｜ 法第37条の5

①　複数の事業所に雇用される65歳以上の労働者であること。

②　2つの事業所（1つの事業所における1週間の所定労働時間が＿＿＿＿＿以上20時間未満。）の労働時間を合計して1週間の所定労働時間が20時間以

2．速やかに　　3．10日以内　　4．10日以内
【第4】
I 1.（2）65歳　　（3）5時間

上であること。

 ③ ２つの事業所のそれぞれの雇用見込みが31日以上であること。

(4) 短期雇用特例被保険者

 季節的に雇用される者であって，４か月以内の期間を定めて雇用される者および１週間の所定労働時間が20時間以上30時間未満である者を除く。 法第38条

(5) 日雇労働被保険者

 日々雇用される者または＿＿＿＿＿の期間を定めて雇用される者をいう。 法第42条

 ただし，同一事業主に連続する２月の各月に＿＿＿＿＿雇用されるに至った場合には，原則として，＿＿＿＿＿から一般被保険者，高年齢被保険者または短期雇用特例被保険者となる。

 上記切替要件に該当しても，一定の事項に該当すれば，＿＿＿＿＿＿＿＿＿＿の認可を受けて，継続して日雇労働被保険者となることができる。その場合は「日雇労働被保険者資格継続認可申請書」に被保険者手帳を添えて，事業主を経由して＿＿＿＿＿または＿＿＿＿＿を管轄する公共職業安定所の長に提出する。 法第43条
則第74条

２．適用除外

 次の者は，被保険者とはならない。 法第６条

(1) １週間の所定労働時間が＿＿＿＿＿である者（特例高年齢被保険者となる者，日雇労働被保険者に該当することとなる者を除く。）

(2) 同一の事業主の適用事業に継続して＿＿＿＿＿雇用されることが見込まれない者（前２月の各月において18日以上同一の事業主の適用事業に雇用された者および日雇労働者を除く。）

(3) 季節的に雇用される者であって，＿＿＿＿＿の期間を定めて雇用される者または１週間の所定労働時間が20時間以上30時間未満である者

(4) 学校教育法の学校の学生または生徒であって，(1)～(4)に掲げる者に準ずる者として厚生労働省令で定める者

(5) 船員法の船員であって，漁船（政令で定めるものに限る。）に乗り組むため雇用される者（１年を通じて船員として適用事業に雇用される者を除く。）

(6) 国，都道府県，市町村その他これらに準ずるものの事業に雇用される者のうち，離職した場合に，他の法令，条例，規則等に基づいて支給を受けるべき諸給与の内容が，＿＿＿＿＿および＿＿＿＿＿の内容を超えると認め

---

 (5) 30日以内 18日以上 その翌月の初め 管轄公共職業安定所の長
   事業所の所在地 その者の住居所

２．(1) 20時間未満 (2) 31日以上 (3) ４箇月以内
 (6) 求職者給付 就職促進給付

られる者であって，厚生労働省令で定めるもの

3．労働者でない者

適用事業所の業務に従事する者でも，次の者は労働者と認められず，原則として，被保険者とならない。

① 取締役・役員等　　　　　⑤ 短時間就労者（パートタイマー等）
② 昼間学生　　　　　　　　⑥ 生命保険会社の外務員等
③ 家事使用人　　　　　　　⑦ 同居の親族
④ 臨時内職的に雇用される者　⑧ 国外で採用され，国外で就労する者

Ⅱ　被保険者資格の取得

1．被保険者となる日

一般には，適用事業に＿＿＿＿＿＿＿＿＿＿に被保険者となる。

ただし，次のような例外がある。

(1) 暫定任意適用事業が適用事業となった場合 ⟶ その日から

(2) 暫定任意適用事業が任意加入した場合 ⟶ 任意加入に係る＿＿＿＿＿＿＿＿
の認可のあった日から

(3) 日雇労働者が連続する2月の各月において＿＿＿＿以上同一事業主に雇用されるに至った場合 ⟶ ＿＿＿＿＿＿＿＿＿＿＿＿から一般被保険者等となる。

(4) 季節的事業に雇用される者が，その定められた期間を超えて同一事業主に雇用された場合 ⟶ 定められた期間を超えた日から

2．被保険者資格取得届の提出

被保険者となった日の属する月の＿＿＿＿＿＿＿までに，事業所の所在地を管轄する＿＿＿＿＿＿＿＿＿＿＿に「雇用保険被保険者資格取得届」を提出する。なお，年金事務所を経由して提出することができる。また，特定法人は，届出の提出に代えて電子申請で行う。　　　　　　　　　　　　　　　　則第6条

資格取得届には，労働契約に係る契約書，労働者名簿，賃金台帳その他当該適用事業に係る被保険者となったことの事実およびその事実のあった年月日を証明することができる書類を添える。

ただし，厚生労働省職業安定局長が定めるところにより，一定の書類を添えないことができる。

なお，日雇労働者の場合は，被保険者に該当することとなった日から起算して　則第71条

Ⅱ1．雇用された日　　厚生労働大臣　　18日　　その翌月の最初の日
　2．翌月10日　　公共職業安定所の長

................................に，管轄公共職業安定所の長に自らが「日雇労働被保険者資格取得届」を提出する。

3．厚生労働大臣の確認

被保険者資格の取得および喪失の確認は厚生労働大臣が行うが，その権限は................................に委任されている。　　　　　　法第9条　則第1条

一般的には事業主からの届出により確認されるが，被保険者または................................は，いつでも，文書または口頭で確認の請求ができる。また，公共職業安定所長の職権でも行われる。　　　　　　法第8条　則第8条

Ⅲ　被保険者証・日雇労働被保険者手帳

1．被保険者証

被保険者証は，公共職業安定所長が資格取得について確認を行ったときに，事業主を通じて交付される。事業主は，被保険者に確実に渡さなければならない。　　則第10条

滅失・損傷したときは，「雇用保険被保険者証再交付申請書」に運転免許証，健康保険被保険者証等（本人であることを証明できる書類）を添えて，提出する。

2．日雇労働被保険者手帳

日雇労働被保険者に交付される。滅失・損傷した場合，印紙を貼る余白がなくなったときには，再交付を受ける。　　則第73条

Ⅳ　被保険者に関する手続

1．転勤させた場合

事業主は，その事業主の他の適用事業所に被保険者を転勤させたときは，その事実のあった日の翌日から起算して................................に，「雇用保険被保険者転勤届」を転勤後の適用事業所の所在地を管轄する公共職業安定所の長に提出する。なお，年金事務所を経由して提出することができる。また，特定法人は，届出の提出に代えて電子申請で行う。　　則第13条

事業主は，転勤届受理通知書を在職中および離職した日から................................は保存しなければならない。　　則第143条

転勤届には，労働者名簿等（転勤の事実を証明できる書類）を添える。

ただし，厚生労働省職業安定局長が定めるところにより，一定の書類を添えないことができる。

　　5日以内
　3．公共職業安定所長　　被保険者であった者
Ⅳ1．10日以内　　4年間

2．個人番号が変更されたとき

事業主は，保険者の個人番号が変更されたときは，速やかに「個人番号変更届」を適用事業所の所在地を管轄する公共職業安定所の長に提出しなければならない。 則第14条

3．介護休業・育児休業を開始したとき

事業主は，被保険者（短期雇用特例被保険者・日雇労働被保険者を除く）が介護休業または育児休業を開始したときは，..に，「雇用保険被保険者休業開始時賃金証明書」を提出する。労働者名簿，賃金台帳等（休業開始日，開始日前の賃金の額，雇用期間を証明できる書類）を添える。 則第14条の
2

ただし，厚生労働省職業安定局長が定めるところにより，一定の書類を添えないことができる。

V　在籍出向に係る留意事項

在籍出向の場合は，生計を維持するのに必要な主たる賃金を受ける一の雇用関係についてのみ，被保険者となり得る。

雇用関係が終了し退職金等が支給され，出向先との雇用関係（移籍出向）について被保険者となるときは，出向元で資格喪失届を，出向先で資格取得届を，同時に公共職業安定所長に提出する。

出向元と出向先の双方から賃金が支払われていて，主たる雇用関係がいずれにあるのか判断が困難な場合は，被保険者の選択するところにより定める。

VI　被保険者資格の喪失

1．被保険者でなくなる日

被保険者が離職または死亡したときは，................................に資格喪失する。

また，次の場合には，その日に資格喪失する。

⑴　雇用保険の................................が消滅したとき

⑵　取締役に就任したとき（退職でない資格喪失）

⑶　国，都道府県，市町村等の事業に臨時職員として雇用され被保険者であった者が，正規の職員に採用され，適用除外となったとき

2．被保険者資格喪失届の提出

事業主は，被保険者が被保険者でなくなったときは，その日の翌日から起算し 則第7条

3．被保険者が支給申請を行う日まで

VI 1．その翌日　　保険関係

94

て＿＿＿＿＿＿に事業所の所在地を管轄する公共職業安定所の長に「雇用保険被保険者資格喪失届」を提出する。なお，年金事務所を経由して提出することができる。また，特定法人は，届出の提出に代えて電子申請で行う。

　資格喪失届には，労働契約に係る契約書，労働者名簿，賃金台帳その他の当該適用事業に係る被保険者でなくなったことの事実，その事実のあった年月日を証明できる書類を添える。

　また，被保険者でなくなったことの原因が離職であるときは，原則として，「雇用保険被保険者離職証明書」を添え，倒産，解雇等の理由により離職した者については，そのことを証明できる書類も添える。

　ただし，厚生労働省職業安定局長が定めるところにより，一定の書類を添えないことができる。

３．離職証明書

　資格喪失届には，原則として，「雇用保険被保険者離職証明書」を添付しなければならない。これに基づいて，失業等給付の支給を受ける場合に必要となる「雇用保険被保険者離職票」が交付される。

　離職の際に被保険者（離職日において＿＿＿歳以上である者を除く）が離職票を希望しないときは，離職証明書は作成しなくてもよいが，後日，交付の請求があったときは，いつでも作成しなければならない。

４．介護休業・育児休業後等に離職したとき

　事業主は，被保険者が対象家族の介護のための休業をした場合，小学校就学前の子の養育，または介護・養育をする被保険者に関して＿＿＿＿＿＿＿を行った場合であって，その被保険者が離職し，＿＿＿＿＿＿＿＿＿＿として受給資格の決定を受けることとなるときは，離職日の翌日から起算して＿＿＿以内に，「雇用保険被保険者休業・所定労働時間短縮開始時賃金証明書」を公共職業安定所の長に提出する。　　　　　　　　　　　　　　　　　　　　　　　　　則第14条の3

　この証明書には，介護休業申出書，育児休業申出書等（休業等を行った事実，その期間，休業等開始日前の賃金の額を証明できる書類）を添える。

　ただし，厚生労働省職業安定局長が定めるところにより，一定の書類を添えないことができる。

２．10日以内

３．59

４．所定労働時間の短縮　　特定受給資格者　　10日

第5　　失業等給付の概要

I　失業等給付の内容と受給権の保護等

　　失業等給付は，＿＿＿＿＿＿＿，＿＿＿＿＿＿＿＿＿，＿＿＿＿＿＿＿およ　｜　法第10条

び＿＿＿＿＿＿＿に大別される。

　　受給権は，一身専属的権利であり，他人に譲渡し，担保に供し，または差し押え　｜　法第11条

ることは禁止されている。

　　さらに，失業等給付として受けた金銭に対し，租税公課を課すことはできない。　｜　法第12条

II　賃金の範囲

　　賃金とは，名称のいかんを問わず，＿＿＿＿＿＿＿として事業主が労働者に支払　｜　法第4条

うものをいう。

　　ただし，賃金日額の算定基礎からは，＿＿＿＿に支払われる賃金および＿＿＿＿＿

を超える期間ごとに支払われる賃金は除外されている。

　　現物給与については，労働の対償として事業主が労働者に給与する食事，被服お

よび住居の利益その他公共職業安定所長が指定したものは，雇用保険法上の賃金と

なり，かつ，その額は，法令，労働協約等に定められた額，または公共職業安定所

長の評価した額となる。

III　激甚災害時における求職者給付の特例

　　激甚災害により事業所が被災し，事業が休廃止したため休業している被保険者に

対し，一定の期間，基本手当を支給するという特例が設けられている。

第6　　一般被保険者の求職者給付

第1節　　基 本 手 当

I　基本手当の受給要件

　　基本手当の支給を受けるためには，原則として，離職の日以前＿＿＿＿＿（算定対　｜　法第13条

【第5】

I　求職者給付　　就職促進給付　　教育訓練給付　　雇用継続給付
II　労働の対償　　臨時　　3箇月
【第6第1節】
I　2年間

96

象期間）に被保険者期間が　　　　　　　　　　　　　あることが必要である。

　ただし，離職の理由が事業の倒産・解雇等第23条第2項各号に該当する者及び特定理由離職者の場合であって，原則の規定では基本手当の支給を受ける資格を有しない者は，離職の日以前　　　　　　に被保険者期間が　　　　　　　　　　あることが必要である。

1．被保険者期間の計算方法

　被保険者でなくなった日の前日より各前月の　　　　　　　　　　までさかのぼった各期間のうち賃金支払基礎日数が　　　　　　ある月，または，賃金支払いの基礎となった労働時間数が　　　　　　ある場合には「**被保険者期間1箇月**」とする。　　　　　　　　　　　　　　　　　　　　　　　　　　　　　　　　　　法第14条

　1箇月ごとに区切ると1箇月未満の期間が生じることがあるが，その期間の日数が　　　　　　あり，かつ，賃金支払基礎日数が　　　　　　ある月，または，　　　　　　　　　　　　　が　　　　　　　　ある場合は，その期間は「**被保険者期間2分の1箇月**」とする。

　なお，次の期間は，被保険者であった期間とはされない。

⑴　最後に被保険者となった日前に取得した受給資格，高年齢受給資格または特例受給資格に係る被保険者であった期間

⑵　被保険者資格取得の確認があった日の　　　　　　の日前における被保険者であった期間

2．被保険者期間の特例

　日雇労働被保険者が，同一事業主に連続する2月の各月に　　　　　　雇用されるに至った場合は　　　　　　　　　　に切り替えられるが，切り替えられた月以後に離職した場合は，その2月を被保険者期間2箇月として計算する。　　　　法第56条

3．受給要件の緩和

　前記の算定対象期間に，次の理由により　　　　　　　　　　以上賃金を受けなかった日がある場合は，その日数を加算した期間（最大　　　　　　）が算定対象期間となる。　　　　　　　　　　　　　　　　　　　　　　　　　　　　　　　則第18条

①　疾病または負傷

②　事業所の休業

③　本人の出産

④　海外出向

⑤　公共職業安定所長がやむを得ないと認めるもの（争議行為等）

通算して12箇月以上　　1年間　　通算して6箇月以上
1．喪失応当日　　11日以上　　80時間以上　　15日以上　　11日以上
　　賃金支払基礎時間数　　80時間以上　　2年前
2．18日以上　　一般被保険者等
3．引き続き30日　　4年間

※　被保険者が離職して基本手当の受給資格を取得した後，求職活動を行わずに，または求職活動を中止して起業した者が，やむを得ず廃業に至り，改めて求職活動に入る場合には，最大4年間までは，所定給付日数の範囲で基本手当を受給できる。 ……法第20条の2

4．受給資格の決定

基本手当の支給を受けようとする者は，管轄公共職業安定所に出頭し，＿＿＿＿＿＿に運転免許証等（本人確認ができる書類等）を添えて提出して求職の申込みをしたうえで，受給資格の決定を受ける。 ……則第19条

公共職業安定所長が，＿＿＿＿＿＿を提出した者について受給資格者であると認定することであり，次の要件を満たしていることが必要である。

⑴　離職による資格喪失の確認を受けたこと

⑵　労働の＿＿＿＿＿＿＿＿＿＿を有するにもかかわらず，職業に就くことができない状態にあること

⑶　算定対象期間に被保険者期間が＿＿＿＿＿＿＿＿＿＿あること

＿＿＿＿＿＿＿＿を減失し，または損傷した場合には，申請書に運転免許証等（本人確認ができる書類）を添えて，交付した公共職業安定所長に，その再交付を申請することができる。 ……則第17条

離職票を損傷したことにより再交付を申請するときは，その損傷した離職票を添えなければならない。

Ⅱ　失業の認定

基本手当は，受給資格者が失業の認定を受けた日について支給される。 ……法第15条　則第22条

失業の認定は，＿＿＿＿＿＿に1回，＿＿＿＿＿＿の各日について行われる。指定された失業認定日に管轄公共職業安定所に出頭し，受給資格者証および失業認定申告書を提出し，＿＿＿＿＿＿を求め，失業していたかどうかの確認を受ける。

ただし，公共職業安定所長の指示した公共職業訓練等を受ける受給資格者は，＿＿＿＿＿＿に1回，直前の月に属する各日について失業の認定を受ける。 ……則第24条

Ⅲ　基本手当の日額

基本手当の日額は，賃金日額の範囲に応じて，賃金日額に100分の80～100分の50（離職時の年齢が60歳以上65歳未満の場合は100分の80～100分の45）を乗じて得た ……法第16条

4．離職票　　離職票　　意思および能力　　通算して12箇月以上　　離職票
Ⅱ　4週間　　直前の28日　　職業の紹介　　1箇月

額である。

1. 賃金日額の算定方法等

(1) 賃金日額は，算定対象期間において被保険者期間として計算された最後の＿＿＿＿＿の賃金の総額を＿＿＿＿＿＿で除して得た額である。

法第17条

ただし，上記により算定された額が次の①②に満たないときは，①②の額が賃金日額とされる。

① 賃金が日給，時間給，出来高払い等の請負制によって支払われる場合，最後の6箇月間の賃金総額をその期間の実労働日数で除して得た額の＿＿＿＿＿＿＿＿＿＿＿＿＿＿＿＿に相当する額

② 賃金の一部が月，週など一定の期間によって定められている場合には，その総額をその期間の総日数で除して得た額と上記①との合算額

なお，賃金日額を算定することが困難であるときは，厚生労働大臣が定めるところにより算定する。

(2) 賃金日額には，下限額，年齢区分（30歳未満，30歳以上45歳未満，45歳以上60歳未満，60歳以上65歳未満）に応ずる上限額が定められている。

したがって，基本手当日額も，下限額・上限額の範囲内で算定されることになる。

2. 賃金日額の範囲等の自動的変更

賃金日額の上限額および下限額ならびに賃金日額の範囲（これらを自動変更対象額という）は，年度（4月1日から翌年3月31日）の＿＿＿＿＿＿＿＿＿が，自動変更対象額の制定または変更の基礎となった年度の＿＿＿＿＿＿＿＿＿を超え，または下がるに至った場合には，その上昇し，または低下した比率に応じてその翌年度の＿＿＿＿＿＿＿＿＿から変更される。

法第18条

3. 基本手当日額の調整等

受給資格者が失業の認定を受けた期間中に自己の労働（内職等）による収入を得たときは，その額等を＿＿＿＿＿＿＿＿＿＿＿＿＿に届け出なければならない。その日の基本手当日額は，調整される。

法第19条

Ⅲ1. 6箇月間　　180　　100分の70

2. 平均給与額　　平均給与額　　8月1日

3. 公共職業安定所長

Ⅳ　基本手当の給付日数

①　一般受給資格者

法第22条・
第23条

離職時等の年齢 ＼ 被保険者であった期間	10年未満	10年以上 20年未満	20年以上
65歳未満	90日	120日	150日

②　特定受給資格者

離職時等の年齢 ＼ 被保険者であった期間	1年未満	1年以上 5年未満	5年以上 10年未満	10年以上 20年未満	20年以上
30歳未満	90日	90日	120日	180日	（－）
30歳以上35歳未満		120日	180日	210日	240日
35歳以上45歳未満		150日	180日	240日	270日
45歳以上60歳未満		180日	240日	270日	330日
60歳以上65歳未満		150日	180日	210日	240日

③　就職困難な受給資格者

離職時等の年齢 ＼ 被保険者であった期間	1年未満	1年以上
45歳未満	150日	300日
45歳以上65歳未満		360日

1．算定基礎期間

　受給資格者が離職日まで引き続いて同一事業主の適用事業に被保険者として雇用された期間をいう。

　この雇用期間に係る被保険者となった日前＿＿＿＿＿＿＿の間に，被保険者でなくなった日があるときは，その直前の被保険者であった期間と上記雇用期間は通算して算定基礎期間とされる。ただし，＿＿＿＿＿＿＿＿または特例一時金を受給していないことが要件である。

2．就職が困難な者の範囲

①　身体障害者

②　知的障害者

則第32条

Ⅳ1．1年以内　　基本手当

③　精神障害者

④　保護観察に付された者等

⑤　その他社会的事情により就職が著しく阻害されている者

3．特定受給資格者

(1)　その受給資格に係る＿＿＿＿＿が，その者を雇用していた事業主の事業について　｜法第23条

発生した＿＿＿＿＿またはその事業主の＿＿＿＿＿＿＿の＿＿＿＿＿もしくは廃止に伴う

ものである者として厚生労働省令で定めるもの

(2)　解雇（自己の責めに帰すべき＿＿＿＿＿＿＿理由によるものを除く）その他の厚

生労働省令で定める理由により離職した者

Ⅴ　基本手当の受給期間

　基本手当の受給期間は，原則として，受給資格に係る＿＿＿＿＿＿＿＿＿（基準日）の　｜法第20条

翌日から起算して次の期間である。

(1)　下記(2)(3)以外の受給資格者………＿＿＿＿＿＿＿

(2)　就職が困難な者であって，基準日において45歳以上65歳未満であり，算定基

礎期間が＿＿＿＿＿＿ある受給資格者………＿＿＿＿＿＿＿

(3)　基準日において45歳以上60歳未満であり，算定基礎期間が20年以上ある特定

受給資格者………＿＿＿＿＿＿＿

〔受給期間の延長措置〕

1．上記の期間内に，次の理由により，＿＿＿＿＿＿＿＿＿＿＿＿以上職業に就くことが

できない日がある場合には，受給資格者の申出により，上記の期間にその日数を

加えた期間（最大＿＿＿＿＿＿）が受給期間となる。

　①妊娠，②本人の出産，③育児（3歳未満の乳幼児），④疾病または負傷，⑤　｜則第30条

親族の傷病等の看護等，公共職業安定所長がやむを得ないと認めるもの。

　この延長措置を受けようとする者は，上記事由に該当するに至った日の翌日か　｜則第31条

ら起算して＿＿＿＿＿＿＿に，「受給期間延長申請書」に医師の証明書等および

受給資格者証を添えて管轄公共職業安定所の長に申し出る。

2．＿＿＿＿＿＿＿＿の定年に達したこと，または，その後の勤務延長・再雇用の期　｜則第31条の

間が終了したことによる離職の場合に，離職後一定期間（＿＿＿＿を限度）につい　2

て求職の申込みをしないことを希望するときは，受給資格者の申出により，当初

の期間にその期間を加算した期間が受給期間とされる。

3．離職　　倒産　　適用事業　　縮小　　重大な

Ⅴ　離職の日　　1年間　　1年以上　　1年＋60日　　1年＋30日

1．引き続き30日　　4年間　　1箇月以内

2．60歳以上　　1年

この延長措置を希望する者は，原則として離職日の翌日から起算して_____に，「受給期間延長申請書」に_____を添えて管轄公共職業安定所の長に申し出る。

則第31条の3

Ⅵ　所定給付日数等の延長制度

1．訓練延長給付

　　　公共職業安定所長の指示する公共職業訓練等を受講する場合に，所定給付日数分の基本手当の支給終了後も延長して基本手当を支給するものである。

法第24条
令第3条

　　　延長される給付日数は，次のとおりである。

⑴　公共職業訓練等を受けるために待期している期間（90日を限度）

令第4条

⑵　公共職業訓練等を受けている期間（2年以内の訓練期間のものに限る）

⑶　受講終了後の期間（30日を限度）

令第5条

2．広域延長給付

　　　厚生労働大臣がその地域内での就職が困難と認める地域について行う広域職業紹介活動によるあっせんを受けることが適当と認められる受給資格者に対し，期間を指定して_____を限度に基本手当の支給を延長するものである。受給期間も同日数延長される。

法第25条
令第6条

3．全国延長給付

　　　失業の状況が全国的に著しく悪化し，連続する_____（基準期間）の失業の状況が一定の基準に該当する場合に，厚生労働大臣が期間を指定し，給付日数を延長するものである。

法第27条
令第7条

　　　給付日数は_____を限度に延長され，受給期間も同日数延長される。

4．個別延長給付

　　　特定受給資格者等であって，激甚災害の被害を受けたため離職を余儀なくされた者等については原則_____を限度として給付日数および受給期間を延長し，同様の状況にある就職困難者については原則_____を限度として給付日数および受給期間が延長される。

法第24条の2

5．2以上の延長給付が行われる場合

　　　1人の受給資格者について2以上の延長給付が行われることとなった場合は，各延長制度の優先度により，_____，_____，_____，_____の順に行われる。

法第28条

2箇月以内　　　離職票
Ⅵ 2．90日
　3．4月間　　90日
　4．120日　　60日
　5．個別延長給付　　広域延長給付　　全国延長給付　　訓練延長給付

Ⅶ 待　　期

　　基本手当は，離職後最初に公共職業安定所に出頭し，＿＿＿＿＿＿＿＿＿をした 法第21条
日以後において，＿＿＿＿＿＿＿＿＿＿の失業している期間が経過するまで支給され
ない。

　　この待期には，疾病または負傷のため職業に就くことのできない日を含む。

　　待期は，一受給期間内に１回をもって足りる。

Ⅷ 給付制限

１．紹介拒否等による給付制限

　　正当な理由なく，公共職業安定所の紹介する職業に就くこと，指示した公共職 法第32条
業訓練等を受けることを拒んだときは，その拒んだ日から起算して＿＿＿＿＿＿
は，基本手当は支給されない。

　　また，正当な理由なく職業指導を拒んだときも，その拒んだ日から起算して＿＿
＿＿＿を超えない範囲内で，基本手当は支給されない。

　　なお，個別延長給付，訓練延長給付，広域延長給付，全国延長給付を受けてい 法第29条
る受給資格者が上記事由に該当した場合は，その日以後，基本手当は支給されない。

２．離職理由による給付制限

　　被保険者が自己の責めに帰すべき重大な理由により解雇されたり，または自己 法第33条
の都合によって退職した場合には，待期の満了後＿＿＿＿＿以上＿＿＿＿＿以内
の間で公共職業安定所長の定める期間，基本手当は支給されない。ただし，受給
資格者が公共職業安定所長の指示した公共職業訓練等を受講する場合は，その受
講開始日以後の期間については給付制限が解除される。

　　この給付制限により基本手当の支給をしないこととされる受給権者に対し，管 則第48条
轄公共職業安定所の長は，＿＿＿＿＿＿＿または＿＿＿＿＿＿＿を行う。

　　「給付制限期間＋21日＋所定給付日数」が１年（就職が困難な受給資格者で，
基準日において45歳以上65歳未満であり，算定基礎期間が１年以上であるものは，
＿＿＿＿＿＿＿）を超えるときは，その超える期間分，受給期間が延長される。

３．不正受給による給付制限

　　偽りその他不正の行為により求職者給付または＿＿＿＿＿＿＿＿＿の支給を受 法第34条
け，または受けようとした者は，その日以後，基本手当は支給されない。

　　なお，その日以後に新たに取得した受給資格に基づく基本手当は，支給される。

Ⅶ　求職の申込み　　通算して７日

Ⅷ１．１箇月間　　１箇月

２．１箇月　　３箇月　　職業紹介　　職業指導　　１年＋60日

３．就職促進給付

Ⅸ　不正受給金の返還および納付命令

1．不正受給金の返還

　　公共職業安定所長は，偽りその他不正の行為により失業等給付の支給を受けた者に対し，支給した失業等給付の全部または一部の返還を命じることができる。

法第10条の4

　　また，偽りその他不正の行為が事業主または職業紹介事業者等，募集情報等提供事業を行う者または指定教育訓練実施者の偽りの届出，証明等によるものであるときは，その事業主等も連帯して返還を命じられる。

　　返還を怠ったときは，強制徴収が行われる。

2．納付命令

　　返還命令とは別に，支給された失業等給付の額の＿＿＿＿＿に相当する額以下の金額の納付を命じられることもある。

Ⅹ　基本手当の支給方法

　　基本手当は，4週間に1回の＿＿＿＿＿＿＿＿に，認定を受けた日分（28日分）が一括して支給される。公共職業安定所長の指示した公共職業訓練等を受ける受給資格者については，1月に1回支給される。

法第30条
則第43条

　　原則として希望する金融機関への振込によって支給する。

則第44条

　　管轄公共職業安定所の長は，やむを得ない理由があると認めるときは，受給資格者の申出により管轄公共職業安定所において基本手当を支給することができる。受給資格者が疾病，負傷等やむを得ない理由により支給日に出頭できないときは，代理人が基本手当の支給を受けることができる。

則第45条
則第46条

Ⅺ　未支給の失業等給付の支給

　　受給資格者等が死亡した場合に，未支給の失業等給付があるときには，その遺族に請求権が認められている。

法第10条の3・第31条
則第47条

　　遺族の範囲は，受給権者の死亡当時＿＿＿＿＿を同じくしていた配偶者，子，＿＿＿＿＿，孫，祖父母，および＿＿＿＿＿＿＿である。

　　遺族は，受給資格者等の死亡した日の翌日から起算して＿＿＿＿＿＿＿＿に，死亡した受給資格者等の受給資格者証等を添え，「未支給失業等給付請求書」を死亡者に係る公共職業安定所の長に提出する。

則第17条の2

Ⅸ2．2倍

Ⅹ　失業認定日

Ⅺ　生計　　父母　　兄弟姉妹　　6箇月以内

第2節　技能習得手当および寄宿手当

法第36条

I　技能習得手当

1．受講手当

　　公共職業安定所長の指示した公共職業訓練等を受けた日であって，.......................

.....の支給の対象となる日について支給される。

則第57条

　　日額は500円であって，基本手当の対象となる日について，40日分を限度とし

て支給。

2．通所手当

　　公共職業訓練等を行う施設に通所するため交通機関等を利用する場合に支給さ

れる。

則第59条

　　最高支給限度額は42,500円である。通常，月額で支給される。

II　寄宿手当

　　公共職業訓練等を受けるため，その者により生計を維持されている同居の親族と

別居して寄宿する場合に支給される。

則第60条

　　月額は10,700円である。

III　技能習得手当等の支給

　　技能習得手当および寄宿手当は，基本手当を支給すべき日に，その前月分が支給

される。

則第61条

【第6 第2節】

I 1．基本手当

第3節　傷 病 手 当

Ⅰ　支給対象者等

　　離職後に公共職業安定所に出頭し，求職の申込みをした後において，疾病または　　法第37条
負傷のため　　　　　　　　　　　　　以上職業に就くことができない場合に，基本手当
に代えて支給される。

Ⅱ　支給日・日額等

　　職業に就くことができない理由がやんだ後の最初に基本手当を支給すべき日に支
給され，その日額は，　　　　　　　　　　の日額に相当する額である。

　　支給日数は，所定給付日数からすでに基本手当の支給を受けた日数を差し引いた
日数が限度とされる。傷病手当が支給されたときは，その日数分の　　　　　　　　　が
支給されたものとみなされる。

Ⅲ　そ の 他

1．給付制限等

　　内職収入等がある場合の減額等，待期，不正受給による給付制限，不正受給金
の返還等および未支給給付に関する規定は適用される。

2．受給期間延長制度との関係

(1)　公共職業安定所に出頭し，求職の申込みを行う以前に疾病または負傷により
　　職業に就くことができない状態にある者については，傷病手当の支給対象とは
　　ならないが，受給期間の延長申請ができる。

(2)　傷病を理由として受給期間を延長した場合でも，その後，受給資格者がその
　　傷病を理由として傷病手当の支給申請をしたときは，受給期間の延長が当初か
　　らなかったものとみなされ，傷病手当が支給される。

【第6第3節】
Ⅰ　継続して15日
Ⅱ　基本手当　　基本手当

第7　　高年齢被保険者の求職者給付

I　受給要件

受給要件は，原則として離職日以前＿＿＿＿＿に，被保険者期間が＿＿＿＿＿＿あることが必要とされる。

法第37条の3
則第65条の2

受給要件を満たし，高年齢求職者給付金の支給を受けることができる者が，その支給を受ける前に再就職し，当初の離職の日の翌日から起算して＿＿＿＿＿に再離職し新たな受給要件を満たしていないときは，前の資格に基づいて支給を受けることができる。

管轄公共職業安定所に出頭し，求職の申込みをして，高年齢受給資格の決定を受け，「雇用保険高年齢受給資格者証」の交付を受ける。

則第65条の4

II　失業の認定および高年齢求職者給付金の支給

「○年○月○日」と指定された＿＿＿＿＿＿に出頭し，認定を受ける。

法第37条の4

高年齢求職者給付金は，算定基礎期間の年数に応じた一時金である。

算 定 基 礎 期 間	1年未満	1年以上
高年齢求職者給付金の額	＿＿＿＿分	＿＿＿＿分

受給できる期間は，離職の日（みなし離職の日に高年齢受給資格が発生している場合には，その後の真の離職の日）の翌日から起算して＿＿＿＿＿である。

高年齢被保険者となった日前に基本手当，高年齢求職者給付金または特例一時金の支給を受けたことがある者については，これらの受給資格等に係る離職の日以前の被保険者であった期間は，高年齢求職者給付金に係る給付日数を算定する際の＿＿＿＿＿＿から除外される。

【第7】
I　1年間　　通算して6箇月以上　　1年以内
II　失業認定日　　30日　　50日　　1年間　　算定基礎期間

第8　　短期雇用特例被保険者の求職者給付

　短期雇用特例被保険者は，一定の期間ごとに就職と離職を繰り返すため，一般被保険者と異なり，基本手当日額の＿＿＿＿＿＿＿（当分の間，＿＿＿＿＿＿＿）に相当する額の特例一時金が支給される。

Ⅰ　特例一時金の受給要件等
1．受給要件
　　離職の日以前＿＿＿＿＿に，被保険者期間が＿＿＿＿＿＿＿＿＿＿＿＿あることが必要である。 法第39条

　　被保険者期間は，＿＿＿＿＿＿＿の属する月の初日から＿＿＿＿＿＿＿の属する月の末日までの暦月において，賃金支払基礎日数が＿＿＿＿＿ある月，または賃金支払基礎時間数が80時間以上ある月を「**被保険者期間1箇月**」として計算する。 法附則第3条

　　疾病または負傷等による受給要件の緩和は，一般被保険者と同様である。 則第67条
　　なお，特例一時金の支給を受ける前に再就職し，当初の離職日の翌日から起算して＿＿＿＿＿＿＿に再離職した場合に，新たな受給要件を満たしていないときは，当初の資格に基づいて支給を受けることができる。

2．特例受給資格の決定
　　管轄公共職業安定所に出頭し，求職の申込みをしたうえで，特例受給資格の決定を受ける。失業の認定日が決められ，「雇用保険特例受給資格者証」が交付される。

Ⅱ　失業の認定および特例一時金の支給
　　指定された失業の認定日に出頭し，認定を受ける。高年齢受給資格者と同様に，具体的な日付が定められる。
　　特例一時金は失業の認定日に支給される。なお，原則として希望する金融機関への振込みによって支給される。

Ⅲ　特例一時金の額および受給期間
　　基本手当の日額の＿＿＿＿＿（当分の間，＿＿＿＿＿＿）が支給される。 法第40条・附則第8条

【第8】
30日分　　40日分
Ⅰ1．1年間　　通算して6箇月以上　　資格取得日　　資格喪失日　　11日以上
　　　6箇月以内
Ⅲ　30日分　　40日分

108

基本手当日額の計算方法は，受給資格者と同様である。

受給期間は，離職の日の翌日から起算して＿＿＿＿＿＿＿＿である。

なお，失業の認定があった日から受給期限日までの日数が＿＿＿＿＿＿未満（当分の間＿＿＿＿＿未満）であるときは，その日数分しか支給されない。

IV　公共職業訓練等に係る特例

特例受給資格者が公共職業安定所長の指示した公共職業訓練等（期間が＿＿＿＿＿＿以上2年以内のもの）を受講する場合には，特例一時金は支給されず，受給資格者とみなされて，受講終了までの期間に限り，受給資格者に対する求職者給付が支給される。

法第41条
令第11条・
附則第4条
則第24条

第9　　　日雇労働被保険者の求職者給付

I　普通給付の日雇労働求職者給付金

1．受給要件と受給手続

失業の日の属する月の＿＿＿＿＿＿に，通算して＿＿＿＿＿＿＿＿の印紙保険料が納付されていることが必要である。

法第45条

失業の認定は，日々その日について行われ，所定の時刻に公共職業安定所に出頭し，「日雇労働被保険者手帳」を提出して求職の申込みをして認定を受ける。

法第47条
則第75条

ただし，天災その他やむを得ない理由により出頭できないときは，その理由がやんだ日の翌日から起算して＿＿＿＿＿＿＿＿に，官公署の証明書等を提出して失業の認定を受ける。

日雇労働求職者給付金は，失業の認定が行われた日に，その認定に係る日数分が支給される。ただし，各週について職業に就かなかった最初の1日については支給されない。

法第51条
則第76条

2．日額と決定方法

日額は，第1級～第3級の3段階になっている。現在は，第1級7,500円，第2級6,200円，第3級4,100円である。

法第48条

それぞれの給付金は，被保険者手帳に貼付されている前2月間の印紙の等級と

6箇月間　　30日　　40日

IV　30日

【第9】

I 1．前2月間　　26日分以上　　7日以内

枚数により，次のように決定される。

(1) 第1級給付金

　第1級印紙保険料が .... 以上納付されている場合

(2) 第2級給付金

　第1級・第2級印紙保険料が合計して .... 以上納付されている場合

　または，第1級～第3級の順に選んだ .... の印紙保険料の平均額が

　第2級印紙保険料の日額以上である場合

(3) 第3級給付金

　(1)，(2)以外の場合

3．日雇労働求職者給付金の日額等の自動的変更

日額は，平均定期給与額が改定の基礎となった平均定期給与額の .... を超えまたは .... を下るに至り，その状態が 継続すると認められる場合に，その上昇し，または低下した比率を基準として変 更される。　　　　　　　　　　　　　　　　　　　　　　　　　　　　　法第49条

4．支給日数

印紙の貼付枚数により，失業月における失業認定を受けた日について，次の日 数を限度に支給される。　　　　　　　　　　　　　　　　　　　　　　　　法第50条

印紙の貼付枚数	給付日数
28枚から 31枚まで	13日
32枚 〃 35枚 〃	14日
36枚 〃 39枚 〃	15日
40枚 〃 43枚 〃	16日
44枚以上	17日

Ⅱ　特例給付の日雇労働求職者給付金

1．受給要件と手続

(1) 継続する6月間（基礎期間）のうち，印紙保険料が各月 .... ， かつ，通算して .... 納付されていること　　　　　　　　　法第53条
則第78条

(2) 基礎期間のうち，後の5月間に普通給付による日雇労働求職者給付金を受給 していないこと

2．24日分　　24日分　　24日分
3．100分の120　　100分の83
Ⅱ 1．11日分以上　　78日分以上

110

(3)　基礎期間の最後の月の翌月以後2月間に普通給付による日雇労働求職者給付
　　金を受給していないこと
　　　上記要件のすべてを満たす者は，基礎期間の最後の月の翌月以後＿＿＿＿＿
　に，管轄公共職業安定所の長に被保険者手帳を提出して申出をする。
　　　この申出があった日から4週間に1回ずつ失業の認定を行う。　　　　　　　則第79条
2．支給日数
　　　基礎期間の最後の月の翌月以後＿＿＿＿＿の期間内の失業している日について，　法第54条
　通算して＿＿＿＿＿を限度に支給される。

第10　　就職促進給付

　就職促進給付には，就業促進手当（就業手当，再就職手当，就業促進定着手当，常
用就職支度手当），移転費および求職活動支援費がある。

I　就業促進手当

　　就業促進手当は，支給要件に該当する者に対して，公共職業安定所長が所定の基　　法第56条の
　準に従って必要があると認めたときに支給される。　　　　　　　　　　　　　　　3

　　ただし，受給資格者等が，後記2・3の安定した職業に就いた日前＿＿＿＿＿　　則第82条の
　の就職について再就職手当または常用就職支度手当の支給を受けたことがあるとき　　4
　は，就業促進手当は支給されない。

1．就業手当

　　職業に就いた受給資格者（後記2を除く。すなわち常用雇用以外の者）であっ
　て，次の要件のすべてに該当するものに支給される。

①　職業に就いた日の前日における基本手当の支給残日数が，その受給資格に基
　　づく所定給付日数の＿＿＿＿＿かつ＿＿＿＿＿である

②　離職前の事業主（関連事業主を含む）に再び雇用されたものでないこと　　　　　則第82条

③　＿＿＿＿＿の経過後に職業に就いたこと

④　受給資格に係る離職について離職理由による給付制限を受けた場合には，待

4月以内
2．4月　　60日分
【第10】
I　3年以内
1．3分の1以上　　45日以上　　待期期間

111

期期間の満了後　　　　　　　　　については，公共職業安定所または　　　　　　　　の紹介により職業に就いたこと

⑤　受給資格の決定に係る求職の申込みをした日前に雇入れをすることを約した事業主に雇用されたものでないこと

就業手当の額は，基本手当日額に　　　　　　　　を乗じて得た額である。

就業手当は，職業に就かなかったとすれば受給期間内で基本手当の支給を受けることができる日があるときに，現に　　　　　　　　　日について支給される。

就業手当の支給を受けようとするときは，原則として　　　　　　　　を受ける日に，「就業手当支給申請書」に給与明細書等（就業の事実を証明できる書類）および　　　　　　　　を添えて，管轄公共職業安定所の長に提出する。この場合，一の労働契約の期間が7日以上であるときは，労働契約に係る契約書等（期間・所定労働時間を証明できる書類）も添える。 則第82条の 5

なお，就業手当が支給されると，その日数に相当する日数分の　　　　　　　　が支給されたものとみなされる。

2．再就職手当

安定した職業に就いた受給資格者であって，上記1の①〜⑤の要件（①は「所定給付日数の3分の1以上」と，③は「職業に就き，または事業を開始した」と読み替える）のすべてに該当するものに支給される。

「安定した職業に就いた者」とは，　　　　　　を超えて引き続き雇用されることが確実であると認められる職業に就き，または受給資格者が　　　　　することができると公共職業安定所長が認めた事業を開始した受給資格者であって，就業促進手当を支給することがその者の職業の安定に資すると認められるものとされている。 則第82条の 2

再就職手当の額は，基本手当日額に，支給残日数に相当する日数に　　　　　　　を乗じて得た数を乗じて得た額であるが，当該支給残日数が所定給付日数の3分の2以上である場合には，　　　　　　　を「10分の7」に読み替える。 則第82条の 7

再就職手当の支給を受けようとするときは，原則として，安定した職業に就いた日の翌日から起算して　　　　　　　　　に，「再就職手当支給申請書」に再就職先が離職前の事業主でないことを証明できる書類，または登記事項証明書等（事業開始の事実を証明できる書類）および受給資格者証を添えて，管轄公共職

1箇月間　　職業紹介事業者等　　10分の3　　職業に就いている　　失業の認定
受給資格者証　　基本手当
2．1年　　自立　　10分の6　　10分の6　　1箇月以内

112

業安定所の長に提出する。

　なお，再就職手当が支給されると，その額を＿＿＿＿＿＿＿＿＿＿で除して得た日数に相当する日数分の基本手当が支給されたものとみなされる。

3．就業促進定着手当

法第56条の3第3項第2号

　＿＿＿＿＿＿＿の支給を受けている者が，＿＿＿＿＿＿＿の支給に係る同一の事業主の適用事業（以下「同一事業主の適用事業」という。）にその職業に就いた日から引き続いて＿＿＿＿＿以上雇用される者であって，同一の事業主の適用事業にその職業に就いた日から＿＿＿＿＿間に支払われた賃金（「みなし賃金日額」という。）が当該再就職手当に係る基本手当の日額（以下「基本手当日額」という。）の算定の基礎となった賃金日額（以下，「算定基礎賃金日額」という。）を下回った者にあっては，当該額に，基本手当日額に支給残日数に相当する額に＿＿＿＿＿（早期再就職者については＿＿＿＿＿）を乗じて得た額を限度として，算定基礎賃金日額からみなし賃金日額を減じて得た額に同一事業主の適用事業にその職業に就いた日から引き続いて雇用された＿＿＿＿＿間のうち賃金の支払の基礎となった日数を乗じて得た額を加えて得た額を就業促進定着手当として支給する。

則第83条の2・第83条の3・第83条の4

　当該受給資格者は，就業促進定着手当の支給を受けようとするときは，就業促進定着手当支給申請書に，次の各号に掲げる書類および＿＿＿＿＿＿＿＿＿を添えて管轄公共職業安定所の長に提出しなければならない。

①　賃金台帳その他の同一事業主の適用事業に雇用され，その職業に就いた日から＿＿＿＿＿間に支払われた賃金の額を証明することができる書類

②　出勤簿その他の同一事業主の適用事業に雇用され，その職業に就いた日から＿＿＿＿＿間のうち賃金の支払の基礎となった日数を証明することができる書類

4．常用就職支度手当

　安定した職業に就いた受給資格者(基本手当の支給残日数が所定給付日数の＿＿＿＿＿である者に限る。)，高年齢受給資格者(高年齢求職者給付金の支給を受けた者であって，当該高年齢受給資格に係る離職の日の翌日から起算して＿＿＿＿＿を経過していない者を含む。)，特例受給資格者(特例一時金の支給を受け，その特例受給資格に係る離職の日の翌日から起算して＿＿＿＿＿を経過していない者を含む。)または日雇受給資格者であって，身体障害者その他の就職が困難な者のうち，次の要件のすべてに該当するものに支給される。

基本手当日額
3．再就職手当　　再就職手当　　6箇月　　6箇月　　10分の4　　10分の3　　6箇月
　　　受給資格者証　　6箇月　　6箇月
4．3分の1未満　　1年　　6箇月

① 公共職業安定所または　　　　　　　　　　　　　　　の紹介により職業に就いたこと　　　　則第82条

② 離職前の事業主（関連事業主を含む）に再び雇用されたものでないこと

③ 　　　　　　　　　　の経過後に職業に就いたこと

④ 紹介拒否等または離職理由による給付制限を受けた場合には，所定の期間（紹介拒否等による場合には，公共職業訓練等を受ける日以後の期間を除く）が経過した後に職業に就いたこと

「安定した職業に就いた者」とは，　　　　　　　　　引き続き雇用されることが確実であると認められる職業に就いた受給資格者等であって，就業促進手当を支給することがその者の　　　　　　　　　　に資すると認められるものとされている。　　　則第82条の3

常用就職支度手当の額は，基本手当日額（高年齢受給資格者および特例受給資格者については，受給資格者とみなした場合にその者に支給されることとなる基本手当日額（65歳以上は30歳未満の受給資格者の上限適用），日雇受給資格者については，日雇労働求職者給付金の日額）に　　　　を乗じて得た額を限度として厚生労働省令で定める額である。

ただし，受給資格者（所定給付日数が　　　　　　　　　　の者を除く）の支給残日数が90日未満の場合は，基本手当日額に，支給残日数（その数が45を下回る場合は，45）に　　　　　　　　　を乗じて得た数を乗じて得た額とされる。　　　則第83条の6

常用就職支度手当の支給を受けようとするときは，原則として，安定した職業に就いた日の翌日から起算して　　　　　　　　　　に，「常用就職支度手当支給申請書」に再就職先が離職前の事業主でないことを証明できる書類および受給資格者証等を添えて，管轄公共職業安定所（　　　　　　　　　　　　　は，就職先の事業所の所在地を管轄する公共職業安定所）の長に提出しなければならない。　　　則第84条

II 移転費

受給資格者等が，　　　　　　　　または　　　　　　　　　　　　　　　の期間が経過した後に公共職業安定所，　　　　　　　　　　　若しくは　　　　　　　　　　　の紹介した職業に就くため，または公共職業訓練等を受けるために，その住所または居所を変更する場合に，公共職業安定所長が必要があると認めたときに支給される。　　　法第58条　　　則第86条

就職先の事業主等から就職支度金が支給されるときは，差額が支給される。　　　則第91条

職業紹介事業者等　　待期期間　　1年以上　　職業の安定　　40　　270日以上　　10分の4
1箇月以内　　日雇受給資格者
II　待期期間　　就職拒否等による給付制限　　特定地方公共団体　　職業紹介事業者

なお，移転費の支給を受けた受給資格者等が，紹介された職業に就かなかったり，公共職業訓練等を受けなかったとき等には，移転費を返還しなければならない。　則第95条

Ⅲ　求職活動支援費

求職活動支援費の受給要件

　求職活動支援費は，受給資格者等が求職活動に伴い次のいずれに該当する行為をする場合において，公共職業安定所長が厚生労働大臣の定める基準に従って必要があると認めたときに，支給する。　法第59条　則第95条の2

- 公共職業安定所の紹介による_____にわたる求職活動（広域求職活動費）
- 公共職業安定所の職業指導に従って行う職業に関する_____その他の活動（短期訓練受講費）
- 求職活動を容易にするための_____の利用（求職活動関係役務利用費）

(1)　広域求職活動費

　受給資格者等が_____または_____の期間の経過後に管轄公共職業安定所の紹介により広域求職活動をする場合において，訪問事業所から求職活動費が支給されないとき等に，支給される。支給を受けようとする者は，広域求職活動を終了した日の翌日から起算して_____以内に支給申請書に受給資格者証等を添えて管轄公共職業安定所の長に提出する。　法第59条　則第96条・第99条

(2)　短期訓練受講費

　受給資格者等が公共職業安定所の職業指導により教育訓練をうけ，当該教育訓練を修了した場合において当該教育訓練の受講のために支払った費用について教育訓練給付金の支給を受けていないときに支給される。支給対象となる短期訓練の期間は_____の訓練期間であるものとされている。　法第59条　則第100条の2

　支給額は，教育訓練の受講のために支払った費用の額の_____であり_____を上限として支給される。　則第100条の3

(3)　求職活動関係役務利用費

　受給資格者等が求人者との面接等をし，または教育訓練を受講するため，その子に関して，保育等サービス（一時預かり費用など）を利用する場合に支給するものとする。支給額は，保育等サービスの利用のために負担した費用の_____を乗じて得た額であり，1日当たり_____を限度として支給される。　法第59条　則第100条の6・第100条の7

Ⅲ　広範囲の地域　　教育訓練の受講　　役務　　待期期間　　就職拒否等による給付制限
　　10日　　1か月未満　　100分の20　　10万円　　100分の80　　8,000円

第11　教育訓練給付

Ⅰ　教育訓練給付金（一般教育訓練の場合）

1．教育訓練給付金の受給要件

次のいずれにも該当する者が，厚生労働大臣が指定する一般教育訓練を受け，修了した場合に支給される。　法第60条の2・附則第11条

①　教育訓練を開始した日（基準日）に一般被保険者である者または高年齢被保険者である者，または基準日が直前の一般被保険者または高年齢被保険者でなくなった日から……の間にある者（以下「教育訓練給付対象者」という。）。　則第101条の2の5・第101条の2の3

なお，……の期間内に妊娠，出産，負傷等により引き続き30日以上教育訓練を開始することができない者は，当該期間を最大で……まで延長することができる。　則第101条の2の5

②　支給要件期間（原則として，基準日までの間に同一の事業主の適用事業に引き続いて被保険者として雇用された期間）が……（教育訓練給付金の支給を受けたことがないものについては，……）以上ある者。

2．支給額

自ら支払った受講費用（入学料および1年以内の受講料）の額に……を乗じて得た額である。上限額は，……である。　則第101条の2の4～第101条の2の9

なお，算定された額が……を超えないときは，支給されない。

3．受給手続等

教育訓練修了日の翌日から起算して……以内に，「教育訓練給付金支給申請書」に教育訓練修了証明書，自ら支払った受講費用の額の証明書（領収書）等を添えて，管轄公共職業安定所の長に提出する。　則第101条の2の11

ただし，厚生労働省職業安定局長が定めるところにより，一定の書類を添えないことができる。

Ⅱ　教育訓練給付金（専門実践教育訓練の場合）平成26年10月1日施行

1．受給要件

教育訓練給付対象者が，中長期的なキャリア形成のために，厚生労働大臣が指定する専門実践教育訓練を受け，当該教育訓練を修了した場合（当該教育訓練を　法第60条の2

【第11】

Ⅰ1．1年以内　1年　20年　3年　1年

2．100分の20　10万円　4,000円

3．1箇月

受けている場合であって厚生労働省令で定める場合を含み，当該教育訓練に係る指定教育訓練実施者により厚生労働省令で定める証明がされた場合に限る。）において，支給要件期間が＿＿＿＿＿（当該教育訓練を受けたことがないものにおいては，＿＿＿＿＿）以上であるときに，支給する。

ただし，受講開始前に，訓練対応キャリアコンサルタントによる訓練前キャリアコンサルティングを受け，ジョブ・カードの作成・交付を受け「教育訓練給付金及び教育訓練支援給付金受給資格確認票」とジョブ・カードを管轄公共職業安定所長に，受給開始日の1か月前までに提出しておかなければ，この給付金は受けることができない。

2．支給額

当該支給額は，教育訓練給付対象者が当該教育訓練の受講のために支払った費用（厚生労働省令で定める範囲内のものに限る。）の額（当該教育訓練の受講のために支払った費用の額であることについて当該教育訓練に係る指定教育訓練実施者により証明がされたものに限る。）に①＿＿＿＿＿＿＿（資格取得等の上で，一般被保険者として職に就いている場合は，②＿＿＿＿＿＿）を乗じて得た額とする。

則第101条の2の7・第101条の2の8

なお，上限額は，①の率の場合にあっては，年＿＿＿＿＿円，②の率の場合にあっては，年＿＿＿＿＿円とし，原則＿＿＿＿＿であり，資格取得につながる等の教育訓練に限り＿＿＿＿＿とする。

Ⅲ　教育訓練給付金（特定一般教育訓練の場合）令和元年10月1日施行

1．受給要件

次の①または②のいずれかに該当し，速やかな再就職および早期のキャリア形成のために厚生労働大臣が指定する特定一般教育訓練を修了した場合に支給される。

則第101条の2の4，第101条の2の7，第101条の2の8，第101条の2の11の2

ただし，受講開始前に，訓練対応キャリアコンサルタントによる訓練前キャリアコンサルティングを受け，ジョブ・カードの作成・交付を受けたあと，「教育訓練給付金及び教育訓練支援給付金受給資格確認票」とジョブ・カードを管轄公共職業安定所長に，受講開始日の1か月前までに提出しておかなければ，この給付金は受けることができない。

① 雇用保険の被保険者で，特定一般教育訓練の受講を開始した日（受講開始日）において，支給要件期間（受講開始日までの間に同じ事業主の適用事業所に被

Ⅱ1．3年　　2年

2．100分の50　　100分の70　　40万　　56万　　2年　　3年

保険者として雇用された期間）が3年以上ある者。

② 雇用保険の被保険者であった者で，被保険者資格を喪失した日（離職日の翌日）以降，受講開始日までが1年以内（適用対象期間の延長が行われた場合は，最大20年以内）で，支給要件期間が3年以上ある者。

　　なお，①，②とも，初めて教育訓練給付の支給を受けようとする者については，当分の間，支給要件期間が1年以上あればよい。

2．支給額

特定一般教育訓練を受けて修了した場合，その受講のために受講者本人が指定教育訓練実施者に支払った教育訓練経費（入学料および受講料）の100分の40を乗じた額である。

ただし，100分の40を乗じた額が，20万円を超える場合は20万円とし，4,000円を超えない場合は支給されない。

また，受講開始前1年以内にキャリアコンサルタントが行うキャリアコンサルティングを受けた場合は，その費用で上限は2万円である。

3．受給手続き等

特定一般教育訓練の受講修了日の翌日から起算して1か月以内に，「教育訓練給付金支給申請書」，「受給資格確認通知書」，「教育訓練修了証明書」，「教育訓練経費に関する領収書」その他所定の書類を添えて管轄公共職業安定所長に提出する。

Ⅳ　教育訓練支援給付金　平成26年10月1日施行

教育訓練給付対象者（当該給付金の支給を受けたことがない者のうち，＿＿＿＿＿＿＿＿＿＿＿＿であって，専門的・実践的な教育訓練を初めて受ける者であって，教育訓練支援給付金を受けたことがない者とする）が，令和4年3月31日以前に厚生労働大臣の指定する専門的・実践的な教育訓練を開始したもののうち，当該教育訓練を開始した日における年齢が＿＿＿＿＿未満である者に対して，当該教育訓練を受けている日のうち失業している日（失業していることについての認定を受けた日に限る。）について，基本手当日額に＿＿＿＿＿を乗じて得た額を教育訓練支援給付金として支給する。

ただし，基本手当が支給される期間及び給付制限等により基本手当を支給しないこととされる期間については，支給しないものとする。

法附則第11
条の2

Ⅲ　一般被保険者であった者　　45歳　　100分の80

118

第12　　　雇用継続給付

Ⅰ　高年齢雇用継続給付

1．高年齢雇用継続基本給付金

(1)　受給要件

①　算定基礎期間が＿＿＿＿＿以上ある60歳以上65歳未満の被保険者（短期雇用特例被保険者および日雇労働被保険者を除く）であり，60歳以降＿＿＿＿＿を受給していないこと　　　　　　　　　　　　　　　　　　　　　　法第61条

②　賃金額が60歳到達時点の賃金に比べ＿＿＿＿＿＿未満に低下した状態で雇用されていること

※　60歳到達時の賃金は，原則として，60歳到達前6箇月の賃金の合計額を180で除して得た日額に30を乗じて得た額となる。

(2)　給付額

①　支給対象月の賃金額が60歳到達時の賃金月額の61％未満の場合

60歳～65歳で就労する各月の賃金の＿＿＿＿＿＿相当額

②　支給対象月の賃金額が60歳到達時の賃金月額の61％以上75％未満の場合

＿＿＿＿＿＿から一定の割合で逓減する率をその月の賃金に乗じた額

※　ただし，賃金＋給付額が支給限度額を超える場合は，支給限度額から賃金額を差し引いた額となる。

(3)　支給期間

原則として被保険者が60歳に達した月から65歳に達した日の属する月まで

※　ただし，被保険者であった期間が＿＿＿＿＿に満たないときは，その期間が＿＿＿＿＿以上となるに至った月以後65歳に達した日の属する月までとなる。

(4)　受給手続等

初めて支給を受けようとするときは，原則として支給対象月の初日から起算して＿＿＿＿＿に，事業主の証明を受けた「高年齢雇用継続給付受給資格確認票・（初回）高年齢雇用継続給付支給申請書」に雇用保険被保険者60歳到達時等賃金証明書および労働者名簿，賃金台帳等（年齢，雇用の事実，賃金支払状況，賃金の額を証明できる書類）を添えて，事業主を経由してその事業所を管轄する公共職業安定所の長に提出する。　　　　　　　　　　　　　則第101条の5

【第12】

Ⅰ 1．5年　　基本手当　　100分の75　　100分の15　　100分の15　　5年　　5年
4箇月以内

ただし，厚生労働省職業安定局長が定めるところにより，一定の書類（60歳到達時等賃金証明書を除く。）を添えないことができる。

2．高年齢再就職給付金

(1) 受給要件

① 60歳に達した後に＿＿＿＿＿＿＿＿＿の支給を受け，支給残日数が＿＿＿＿＿以上であること

② 60歳到達時点の賃金の＿＿＿＿＿＿＿＿＿未満で就労していること

※ ただし，基本手当の受給資格に係る離職の日において算定基礎期間が＿＿＿＿＿以上あることが必要。

法第61条の2

(2) 給付額

① 再就職後の賃金の額が離職前の賃金の61％未満の場合

再就職後の各月の賃金の100分の15相当額

② 離職前の賃金の61％以上75％未満の場合

100分の15から一定の割合で逓減する率をその月の賃金に乗じた額

(3) 支給期間

① 基本手当の支給残日数＿＿＿＿＿以上のときは再就職後2年間

② 基本手当の支給残日数＿＿＿＿＿以上＿＿＿＿＿未満のときは同1年間

※ ただし，65歳に達するまでの間に限られる。

(4) 受給手続等

初めて支給を受けようとするときは，原則として再就職後の支給対象月の初日から起算して＿＿＿＿＿＿＿に，支給申請書に労働者名簿，賃金台帳等を添えて，事業主を経由してその事業所の所在地を管轄する公共職業安定所の長に提出する。

ただし，厚生労働省職業安定局長が定めるところにより，一定の書類を添えないことができる。

則第101条の7

(5) 高年齢再就職給付金の支給を受けることができる者が，同一の就職につき，＿＿＿＿＿＿＿＿＿を受けることができる場合には，いずれか一方が支給される。

3．高年齢雇用継続給付の給付制限

偽りその他不正の行為により，次の失業等給付の支給を受け，または受けようとした者には，その給付の支給を受け，または受けようとした日以後，高年齢雇用継続給付は支給されない。

法第61条の3

2．基本手当　　100日　　100分の75　　5年　　200日　　100日　　200日　　4箇月以内
再就職手当

(1) 高年齢雇用継続基本給付金

(2) 高年齢再就職給付金またはその給付金に係る受給資格に基づく求職者給付もしくは就職促進給付

Ⅱ 介護休業給付（金）

(1) 受給要件

① 被保険者（短期雇用特例被保険者および日雇労働被保険者を除く）が，その対象家族を介護するために休業していること。 法第61条の4

② 介護休業開始日前の____に，みなし被保険者期間（賃金支払基礎日数が____以上，または賃金支払基礎時間数が80時間以上ある月）が____あること。

※ 介護休業給付金の支給は，同一の対象家族について3回までの介護休業または同一の対象家族についてした介護休業ごとに，休業を開始した日から休業を終了した日までの日数を合算して____に達するまで行われる。

(2) 給付額

休業開始時賃金日額に次の支給日数を乗じて得た額の____相当額であるが，当分の間，____とされる。 法附則第12条

① 30日

② 休業終了日の属する支給単位期間においては，支給単位期間の日数

ただし，支給単位期間に賃金が支払われた場合は，賃金額と上記の額との合計額が休業前賃金の____相当額に達するまで支給され，賃金額が休業前賃金の____相当額以上であるときは，支給されない。

(3) 受給手続等

原則として介護休業終了日の翌日から起算して____を経過する日の属する月の末日までに，事業主の証明を受けた「介護休業給付金支給申請書」に次の書類を添えて，事業主を経由してその事業所の所在地を管轄する公共職業安定所の長に提出する。 則第101条の19

① 雇用保険被保険者休業開始時賃金証明票

② 介護休業申出書

③ 住民票記載事項証明書等（対象家族の氏名，被保険者との続柄等を証明できる書類）

Ⅱ 2年間 11日 通算して12箇月以上 93日 100分の40 100分の67
100分の80 100分の80 2箇月

④　出勤簿等（休業開始日・終了日，休業日数を証明できる書類）

⑤　賃金台帳等（支給単位期間に支払われた賃金の額を証明できる書類）

⑥　休業終了後の雇用継続の予定を証明できる書類（期間を定めて雇用される者に限る）

　　ただし，厚生労働省職業安定局長が定めるところにより，一定の書類（休業開始時賃金証明票を除く）を添えないことができる。

第13　　育児休業給付

育児休業給付（金）

(1)　受給要件等

　　育児休業給付制度とは，一般被保険者または高年齢被保険者が事業主に申し出て，休業開始日前_____間に，賃金支払基礎日数が_____以上，または賃金支払基礎時間数が80時間以上の被保険者期間が_____以上あるときに，原則として１歳未満の子，一定の場合は_____を養育するために育児休業を取得した人を対象として，給付金を支給する制度のことをいうが，平成22年４月１日より，これまで申請方法や支給時期が異なっていた「育児休業基本給付金」と「育児休業者職場復帰給付金」が統合され，「育児休業給付金」として，全額，育児休業中に支給されることとなった。また，令和２年４月１日より，失業等給付のうち雇用継続給付から独立した制度となり，育児休業給付の保険料率（1,000分の４）が設定され，経理を明確化し，労働保険特別会計雇用勘定に育児休業給付資金が創設された。 ┃ 法第61条の6

※　平成29年１月１日より，育児休業の対象となる子に，特別養子縁組の監護期間中の子等も育児休業の対象となったため，当該子等についての育児休業期間中も支給されることとなった。

(2)　給付額等

　　支給対象は，平成22年４月１日以降に育児休業を開始した人であり，その支給額は，休業開始時賃金日額の_____相当額とされる。ただし，被保険者が当該休業を開始した日から起算して当該支給に係る休業日数が通算して_____ ┃ 法第61条の7

２年　　　11日　　　通算して12箇月　　　１歳６か月（２歳）未満の子　　　100分の50　　　180日

に達するまでの間に限り，100分の67相当額とされる。

　また，平成22年6月30日，育児・介護休業法の改正に伴い，育児休業給付制度も改正され，「パパ・ママ育休プラス制度」や「父親の育児休業再度取得」が創設された。

(3)　受給手続等

　初めて支給を受けようとするときは，原則として支給単位期間の初日から起算して＿＿＿＿＿＿＿＿＿＿日の属する月の末日までに，事業主の証明を受けた「育児休業給付受給資格確認票・（初回）育児休業給付金支給申請書」に雇用保険被保険者休業開始時賃金証明票，母子健康手帳，労働者名簿，賃金台帳等（休業に係る子があること，雇用の事実，期間を定めて雇用される者については休業終了後の雇用継続の予定，賃金支払状況，賃金の額，1歳6か月（2歳）までの休業の要件に該当することを証明できる書類）を添えて，事業主を経由してその事業所の所在地を管轄する公共職業安定所の長に提出する。

　ただし，厚生労働省職業安定局長が定めるところにより，一定の書類を添えないことができる。

《則第101条の30》

(4)　育児休業給付の給付制限

　偽りその他不正の行為により，育児休業基本給付金の支給を受け，または受けようとした日以後，育児休業給付は支給されない。

《法第61条の8》

第14　　二　事　業

　雇用安定事業および能力開発事業（いわゆる二事業）は，被保険者，＿＿＿＿＿＿＿＿＿＿＿＿＿＿＿＿＿＿＿＿＿＿に関し行われる。ただし，二事業，これに係る施設は，被保険者等の利用に支障がなく，かつ，その利用を害さない限り，被保険者等以外の者も利用できることになっている。

《法第65条》

I　雇用安定事業

　＿＿＿＿＿の予防，＿＿＿＿＿＿＿の是正，＿＿＿＿＿＿＿の増大その他雇用の安定を図るために，次の事業が行われる。

《法第62条》

(1)　事業活動縮小時の雇用の安定のための助成制度

4箇月を経過する
【第14】
被保険者であった者及び被保険者になろうとする者
I　失業　　雇用状態　　雇用機会

........................, 労働移動支援助成金

(2) 高年齢者の雇用の安定のための助成制度

....

(3) 地域における雇用の安定を図るための助成制度

........................, 通年雇用助成金

(4) その他の雇用の安定を図るための事業

........................, トライアル雇用助成金, ...

........, 人材確保等支援助成金

Ⅱ　能力開発事業

........................の全期間を通じて，その能力を開発し，および........させることを
促進するために，次の事業が行われる。

　事業主等の行う........................に対する助成・援助，公共職業訓練の充実・強化，
再就職を促進するための職業講習，訓練等の実施，........................の奨
励，職業訓練等の受講の促進等

法第63条

第15　　費用の負担

Ⅰ　国庫負担

　国庫は，求職者給付（........................を除く），雇用継続給付
（介護休業給付金に限る），育児休業給付ならびに職業訓練受講給付金の支給に要す
る費用，事務の執行に要する経費について，次のとおり負担する。なお，法附則に
より，当分の間，雇用継続給付（介護休業給付金に限る。）育児休業給付および職
業訓練受講給付金の負担額の100分の55を負担する。また，令和4年度から令和6
年度までの各年度における雇用継続給付（介護休業給付金に限る。）および育児休
業給付の負担額の100分の10に相当する額を負担する。

法第66条・
法附則第13
条、第14条
の3

1．求職者給付（高年齢求職者給付金，下記2を除く）に要する費用

　雇用情勢および雇用保険の財政状況が悪化している場合（前々年度の各月にお
ける基本手当の受給者実人員の平均が70万人以上かつ前々年度の弾力倍率が1未
満）は........................，それ以外の場合は........................を負担する。国が負担して

法第66条

雇用調整助成金　　65歳超雇用推進助成金　　地域雇用開発助成金
特定求職者雇用開発助成金　　両立支援等助成金
Ⅱ　職業生活　　向上　　職業訓練　　職業能力開発休暇
【第15】
Ⅰ　高年齢求職者給付金
1．4分の1　　40分の1

なお赤字なら，＿＿＿＿＿＿＿を限度に引き上げる。

なお，広域延長給付を受ける者に係る求職者給付に要する費用については，雇用情勢および雇用保険の財政状況が悪化している場合は＿＿＿＿＿＿＿，それ以外の場合は＿＿＿＿＿＿＿を負担する。 | 法第67条

２．日雇労働求職者給付金に要する費用

雇用情勢および雇用保険の財政状況が悪化している場合は＿＿＿＿＿＿＿，それ以外の場合は＿＿＿＿＿＿＿を負担する。国が負担して黒字なら，＿＿＿＿＿＿＿を限度として引き下げられる。 | 法第66条

３．雇用継続給付に要する費用

費用の＿＿＿＿＿＿＿を負担する。

４．育児休業給付に要する費用

費用の８分の１を負担する。

５．職業訓練受講給付金の支給に要する費用

費用の２分の１を負担する。

※また，国庫は，毎会計年度において，必要がある一定の場合は，失業等給付および職業訓練受講給付金の支給に要する費用の一部に充てるため，予算で定めるところにより，規定により負担する額を超えて，別途その費用の一部を負担する。 | 法第67条の2

６．事務の執行に要する経費

毎年度，予算の範囲内において，就職支援法事業に要する費用（職業訓練受講給付金に要する費用を除く。）及び雇用保険事業の事務の執行に要する経費を負担する。

Ⅱ　保険料

雇用保険事業に要する費用に充てるため政府が徴収する保険料には，一般保険料と印紙保険料がある（労働保険徴収法参照）。 | 法第68条

この保険料のうち，＿＿＿＿＿＿＿から当該額に＿＿＿＿＿＿＿を乗じて得た額および当該額に＿＿＿＿＿＿＿を乗じて得た額の合計額を減じた額並びに＿＿＿＿＿＿＿の額に相当する額の合計額は，失業等給付および就職支援法事業に要する費用に充てられ，一般保険料徴収額に育児休業給付率を乗じて得た額は，＿＿＿＿＿＿＿に要する費用に充てられる。一般保険料徴収額に

3分の1　　3分の1　　30分の1

2．3分の1　　30分の1　　4分の1　　3．8分の1

Ⅱ　一般保険料徴収額　　育児休業給付率　　二事業率　　印紙保険料　　育児休業給付
二事業率

125

を乗じて得た額は，雇用安定事業および能力開発事業に要する費用に充てられる。

第16　　不服申立て・訴訟

失業等給付等に関する処分についての不服申立て等

1．審査請求

原処分があったことを知った日の翌日から起算して＿＿＿＿＿＿に，都道府県労働局の＿＿＿＿＿＿＿＿に対して，文書または口頭で行う。代理人が行うこともできる。

法第69条
労働保険審
査官及び労
働保険審査
会法第8条

2．再審査請求

原則として，審査請求に係る決定書の謄本が送付された日の翌日から起算して＿＿＿＿＿＿に，＿＿＿＿＿＿＿＿に対して，文書で行う。

労働保険審
査官及び労
働保険審査
会法第38条

第17　　雑　　　則

1．時　効

失業等給付等の支給を受け，またはその返還を受ける権利および納付すべきことを命じられた金額を徴収する権利は，これらを行使することができる時から＿＿＿＿を経過したときは，時効によって消滅する。

法第74条

2．書類の保管

事業主および＿＿＿＿＿＿＿＿＿＿は，雇用保険に関する書類（二事業関係書類を除く）を，その完結の日から＿＿＿＿（被保険者に関するものは＿＿＿）は保管しなければならない。

則第143条

3．不利益取扱いの禁止

事業主は，労働者が被保険者の資格取得または喪失についての確認の請求または特例高年齢被保険者となる申出をしたことを理由として，労働者に対して＿＿＿＿その他＿＿＿＿＿＿＿＿をしてはならない。

法第73条

【第16】
1．3カ月以内　　雇用保険審査官　　2．2カ月以内　　労働保険審査会
【第17】
1．2年　　2．労働保険事務組合　　2年間　　4年間　　解雇　　不利益な取扱い

労働保険徴収法

■ 労働保険料徴収の基本的しくみ

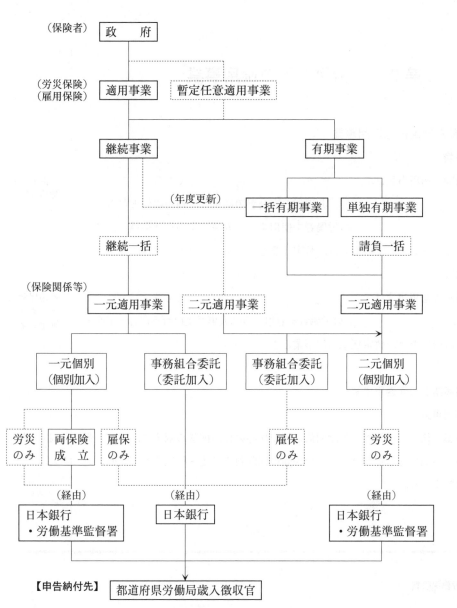

（保険者）	政　府
（労災保険）（雇用保険）	適用事業　　暫定任意適用事業
	継続事業　　　　　　　　　　有期事業
	（年度更新）　　一括有期事業　　単独有期事業
	継続一括　　　　　　　　　　　　請負一括
（保険関係等）	一元適用事業　二元適用事業　　　　二元適用事業

一元個別（個別加入）　事務組合委託（委託加入）　事務組合委託（委託加入）　二元個別（個別加入）

労災のみ　両保険成立　雇保のみ　　　　　雇保のみ　　　労災のみ

（経由）　　　　（経由）　　　　　　　　　　　（経由）

日本銀行・労働基準監督署　　日本銀行　　　　　　日本銀行・労働基準監督署

【申告納付先】　都道府県労働局歳入徴収官

第1　序　論

労働保険徴収法は，労働保険（労災保険と雇用保険）の保険料納付等の事務の一元化（いわゆる徴収一元化）を図ることを目的として制定されたものであり，労働保険の＿＿＿＿＿＿＿の成立・消滅，＿＿＿＿＿＿＿の納付の手続，労働保険事務組合等について規定している。

法第1条

第2　　労働保険の適用事業

Ⅰ　適用事業と暫定任意適用事業

1．労災保険

労災保険の適用事業は，＿＿＿＿＿＿＿＿＿＿＿である。

ただし，＿＿＿＿＿＿＿＿，非現業の官公署の職員は，適用除外となる。

また，＿＿＿＿＿＿＿の労働者を使用する個人事業主の行う農林・畜産・養蚕・水産の事業で一定のものは，暫定任意適用事業とされている。

労働者災害
補償保険法
第3条

2．雇用保険

雇用保険の適用事業は，＿＿＿＿＿＿＿＿＿＿である。

ただし，＿＿＿＿＿＿＿＿の労働者を雇用する個人事業主の行う農林・畜産・養蚕・水産の事業は，暫定任意適用事業とされている。

雇用保険法
第5条・附
則第2条

Ⅱ　一元適用事業と二元適用事業

1．一元適用事業

一の事業に係る労災保険の保険関係と雇用保険の保険関係の双方を，一つの労働保険の保険関係として取り扱い，両保険の保険料の算定・徴収等を一元的に処理する事業をいう。

則第1条

【第1】
保険関係　　労働保険料
【第2】
Ⅰ 1．労働者を使用する事業　　国の直営事業　　常時5人未満
　 2．労働者を雇用する事業　　常時5人未満

2．二元適用事業

一の事業を労災保険の保険関係と雇用保険の保険関係ごとに別個の二つの事業として取り扱い，両保険の保険料の算定・徴収等を二元的に処理する事業をいう。

法第39条
則第70条

次の事業がこれに該当する。

(1)　都道府県，市町村およびこれらに準ずるものの行う事業

(2)　港湾労働法の適用される港湾運送の事業

(3)　_____の事業

(4)　_____の事業

Ⅲ　継続事業と有期事業

継続事業とは，事業の期間が予定されていない事業をいい，一般の商店，工場，事務所等がこれに該当する。

有期事業とは，事業の期間が予定される事業，すなわち，一定の予定期間に所定の事業目的を達成して終了する事業をいい，建築工事，道路工事，立木の伐採の事業等がこれに該当する。

法第7条

ある事業が継続事業に該当するか，有期事業に該当するかによって，事業の一括のしかた，労働保険料の納付手続，メリット制の適用方法等が異なる。

第3　　　労働保険の保険関係

Ⅰ　保険関係の成立

1．適用事業の場合

労働保険の保険関係は，_____に成立する。

保険関係は，その時点で自動的に成立するが，事業主は，その日から_____に，「保険関係成立届」を提出しなければならない。

法第3条〜
第4条の2
則第4条

保険関係成立届の提出先は，次のとおりである。

(1)　一元適用事業で_____に事務処理を委託しないもの，および，二元適用事業で_____の保険関係に係るもの　→　**労働基準監督署長**

Ⅱ2．農林・畜産・養蚕・水産　　　建設

【第3】

Ⅰ1．事業が開始された日　　　10日以内　　　労働保険事務組合　　　労災保険

(2) 一元適用事業で　　　　　　　　　　　　　　に事務処理を委託するもの，および，二元適用事業で　　　　　　　　の保険関係に係るもの → **公共職業安定所長**

2．暫定任意適用事業の場合

事業主が保険加入の申請をし，　　　　　　　　　　　　（都道府県労働局長に権限委任）があった日に，保険関係が成立する。なお，雇用保険への加入申請に当たっては，使用労働者の　　　　　　　　　　の同意が必要である。 整備法第5条・第8条の2
法附則第2条

(1) 労災保険への任意加入

事業主は，使用労働者の　　　　　　　　が希望するときは，任意加入の申請書を，　　　　　　　　　　　　を経由して都道府県労働局長に提出する。

(2) 雇用保険への任意加入

事業主は，使用労働者の　　　　　　　　　　　　が希望するときは，任意加入の申請書を，　　　　　　　　　　を経由して　　　　　　　　　に提出する。 法附則第3条

労災保険または雇用保険の適用事業が暫定任意適用事業に該当するに至ったときは，その翌日に，任意加入に係る　　　　　　　　　　があったものとみなされる。

また，雇用保険の暫定任意適用事業が適用事業に該当するに至ったときは，その日に，　　　　　　　　　　　　　されたものとみなされる。

II 保険関係の消滅

1．適用事業の場合

事業が　　　　　され，または　　　　　　　　　　　　に，自動的に保険関係は消滅する。事業の一時的休止（休業）は廃止とされない。 法第5条

2．暫定任意適用事業の場合

事業の　　　　　または　　　　　によって保険関係が消滅するほか，保険関係消滅の申請に対する　　　　　　　　　　があった場合にも，その日の翌日に消滅する。 整備法第8条
法附則第4条

雇用保険の消滅申請をするには，使用労働者の　　　　　　　　　　　　　　を得る必要がある。

労災保険の消滅申請をするには次の要件のいずれにも該当しなければならない。

(1) 使用労働者の　　　　　　　　　　を得ること

(2) 保険関係成立後　　　　　を経過していること

労働保険事務組合　　雇用保険
2．厚生労働大臣の認可　　2分の1以上　　過半数　　労働基準監督署長　　2分の1以上
　　公共職業安定所長　　都道府県労働局長　　厚生労働大臣の認可　　その事業が開始
II 1．廃止　　終了した日の翌日
　2．廃止　　終了　　厚生労働大臣の認可　　4分の3以上の同意　　過半数の同意　　1年

(3) 特例による保険給付が行われることになった労働者に係る事業の場合は、..........
　　..........................の徴収期間が経過していること

◇ 保険関係の成立と消滅

	成　　　立	消　　　滅
強制適用事業	①事業を開始した日 ②適用事業に該当した日 →成立した日から10日以内に事業場管轄の労働基準監督署長または公共職業安定所長に「保険関係成立届」を提出	①事業の廃止（継続事業）}した日 ②事業の終了（有期事業）}の翌日 →自動的に消滅（届出の必要なし）
暫定任意適用事業	加入の申請に基づき都道府県労働局長の認可のあった日 労災保険　①事業主の意思 　　　　　②労働者の過半数が希望 　　　　　のどちらか 雇用保険　①事業主の意思に基づき労働者の2分の1以上の同意 　　　　　②労働者の2分の1以上の希望 　　　　　のどちらか	①事業の廃止または終了した日の翌日 ②次の条件を満たした消滅の申請に基づき都道府県労働局長の認可のあった日の翌日 労災保険…事業主の意思に基づき労働者の過半数が同意し、かつ、保険関係成立後1年経過など 雇用保険…事業主の意思に基づき労働者の4分の3以上の同意
農業関係特別加入者の行う事業	（労災保険のみ） ①加入後に労働者を使用するに至った日 ②すでに労働者を使用している場合には、農業関係特別加入の承認のあった日	労働者を使用しなくなったとき（1年以内に使用する予定がある場合を除く） ＊事業主が脱退しても、引き続き労働者を使用する限り、その労働者の保険関係は消滅しない

特別保険料

Ⅲ 継続事業の一括

本社，支社等の各事業の保険関係を一括して，一つの保険関係にまとめて労働保険事務を処理することをいう。法第9条
則第10条

事業主の申請に基づいて，次の要件をすべて満たすものについて＿＿＿＿＿＿＿＿＿＿＿（厚生労働大臣の権限委任）が認可する。

1．＿＿＿＿＿＿が同一人であること

2．＿＿＿＿＿＿＿＿が同一であること

3．一括を受けるすべての事業が，次のいずれかに該当すること

　(1) ＿＿＿＿＿＿＿＿＿＿であって，労災保険と雇用保険に係る保険関係が成立しているもの

　(2) ＿＿＿＿＿＿＿＿＿＿であって，労災保険または雇用保険に係る保険関係が成立しているもの

一括の認可があると，各事業に使用される労働者は一つの指定事業の労働者とみなされ，その指定事業以外の事業の保険関係は＿＿＿＿する。

ただし，＿＿＿＿＿＿＿＿の被保険者に関する事務，労災保険・雇用保険の＿＿＿＿＿＿＿に関する事務については，一括の効果が及ばないので，一括前の各事業ごとに行う。

一括の認可を受けようとする事業主は，指定を希望する事業に係る都道府県労働局長に，「継続事業一括申請書」を提出する。

なお，一括された個々の事業の名称・所在地を変更したときは，遅滞なく「継続被一括事業名称・所在地変更届」を提出することとされている。

Ⅳ 請負事業の一括

建設の事業が数次の請負によって行われる場合には，元請負人のみを事業主とし，下請負人による事業を一括して，労働保険事務を処理する。これを「請負事業の一括」という。法第8条
則第7条

この一括は，＿＿＿＿＿＿＿＿＿の保険関係が成立する事業についてのみ法律上当然に行われる（事業主申請は不要）。

ただし，下請負事業が請負金額（消費税等相当額を除く）で＿＿＿＿＿＿＿＿＿＿，または概算保険料で＿＿＿＿＿＿＿＿である場合に，元請負人と下請負人が共同で，下請負人を事業主とすることを申請し，認可があったときには，下請負事業則第8条・
第9条

Ⅲ　都道府県労働局長
1．事業主
2．事業の種類
3．一元適用事業　　二元適用事業　　消滅　　雇用保険　　保険給付
Ⅳ　労災保険　　　1億8,000万円以上　　　160万円以上

を元請負事業から分離し，これを独立した一つの事業として別個の保険関係が成立する。

この下請負事業の分離の申請は，保険関係成立の日の翌日から起算して＿＿＿＿＿＿に，申請書を労働基準監督署長を経由して＿＿＿＿＿＿＿＿＿＿＿＿＿＿へ提出することによって行う。

V　有期事業の一括

小規模の建設工事等を各地で行う事業主については，2以上の有期事業を一括して全体で一つの事業とみなし，一つの保険関係において処理する。これを「有期事業の一括」という。 法第7条
則第6条

次の要件をすべて満たすものについて，法律上当然に行われる。

1．＿＿＿＿＿＿＿＿＿＿であること
2．各々の事業が＿＿＿＿＿＿であること
3．建設事業にあっては，請負金額（消費税等相当額を除く）が＿＿＿＿＿＿
　　＿＿＿＿＿であり，かつ，概算保険料が＿＿＿＿＿＿であること
　　立木伐採事業にあっては，素材の見込生産量が＿＿＿＿＿＿
　　であり，かつ，概算保険料が＿＿＿＿＿＿であること
4．各々の事業が，他のいずれかの事業の全部または一部と同時に行われること
5．各々の事業が＿＿＿＿＿＿の保険関係に係る事業であること
6．各々の事業の＿＿＿＿＿＿が同じであること
7．各々の事業の労働保険料納付の事務が一括事務所で取り扱われること

第4　　労働保険料の額

労働保険料には，一般保険料，第1種特別加入保険料，第2種特別加入保険料，第3種特別加入保険料，印紙保険料および特例納付保険料の6種類がある。

I　一般保険料の額

その事業で使用する＿＿＿＿＿＿＿＿＿＿に支払われる賃金の総額（賃金総額） 法第11条

10日以内　　都道府県労働局長
V 1．事業主が同一人　　2．有期事業　　3．1億8,000万円未満　　160万円未満
　　1,000立方メートル未満　　160万円未満　　5．労災保険　　6．事業の種類
【第4】
I　すべての労働者

に一般保険料率を乗じて得た額である。

　なお，一元適用事業のうち，雇用保険の適用を受けない者を使用しているものについては，労災保険に係る賃金総額に＿＿＿＿＿を乗じて得た額と雇用保険に係る賃金総額に＿＿＿＿＿を乗じて得た額との合算額となる。

整備省令第17条

１．一般保険料率

　労災保険率は，事業の種類ごとに厚生労働大臣が定める。現在は，＿＿＿＿＿から＿＿＿＿＿の範囲内で定められている。そのうちの＿＿＿＿＿が非業務災害率である。また，石綿による健康被害の救済のための一般拠出金の率は，＿＿＿＿＿である。

法第12条
則第16条

　雇用保険率は，＿＿＿＿＿とされている（令和４年度）。

　ただし，一定の事業については，次の特例が設けられている。

(1)　建設の事業――＿＿＿＿＿

(2)　清酒製造の事業――＿＿＿＿＿

(3)　農林・畜産・養蚕・水産の事業――＿＿＿＿＿

　ただし，季節的に休業または事業規模の縮小をすることがないもので厚生労働大臣の指定する事業については，＿＿＿＿＿が適用される。

２．賃金総額

　事業主がその事業に使用する＿＿＿＿＿に支払う賃金の総額のことである。

法第11条

　ただし，次の事業については，賃金総額を正確に算定することが困難な場合には，賃金総額の算定に特例が認められる。

(1)　請負による建設の事業

　請負金額（消費税等相当額を除く）に＿＿＿＿＿を乗じて得た額を賃金総額とする。

則第13条

(2)　立木の伐採の事業

　素材１立方メートルの生産に必要な＿＿＿＿＿に，生産素材の材積を乗じて得た額を賃金総額とする。

則第14条

(3)　その他の林業と水産動植物の採捕等の事業

　厚生労働大臣の定める＿＿＿＿＿に相当する額に，それぞれの労働者の使用期間の＿＿＿＿＿を乗じて得た額の合算額を賃金総額とする。

則第15条

労災保険率　　雇用保険率

１．1,000分の2.5　　　1,000分の88　　　1,000分の0.6　　　1,000分の0.02　　　1,000分の（上期9.5・下期13.5）　　　1,000分の（上期12.5・下期16.5）　　　1,000分の（上期11.5・下期15.5）　　　1,000分の（上期11.5・下期15.5）　　　1,000分の（上期9.5・下期13.5）

２．すべての労働者　　　労務費率　　　労務費の額　　　平均賃金　　　総日数

Ⅱ　特別加入保険料の額

1．第1種特別加入保険料の額

労災保険の特別加入の承認を受けた_____に係る労災保険料であり，その額は，特別加入者ごとに定められた_____の総額に，第1種特別加入保険料率を乗じて得た額である。ただし，保険年度の中途に加入した場合は，月割計算となる。

第1種特別加入保険料率は，その事業について適用される_____から_____に係る率を減じた率である。

法第13条
則第21条・
別表第4

2．第2種特別加入保険料の額

労災保険の特別加入の承認を受けた_____等に係る労災保険料であり，その額は，特別加入者ごとに定められた_____の総額に，第2種特別加入保険料率を乗じて得た額である。

法第14条
則第22条

第2種特別加入保険料率は，_____から_____の範囲で定められている。

則第23条・
別表第5

3．第3種特別加入保険料の額

労災保険の特別加入の承認を受けた_____に係る労災保険料であり，その額は，特別加入者ごとに定められた_____の総額に，第3種特別加入保険料率を乗じて得た額である。

法第14条の
2
則第23条の
2

第3種特別加入保険料率は，_____とされている。

則第23条の
3

※　非業務災害率は，1,000分の0.8が1,000分の0.6に改正された。

Ⅲ　印紙保険料の額

_____について一般保険料のほかに納付すべき保険料であり，その者の_____に応じて次のようになっている。

法第22条

	賃　金　日　額	印紙保険料の額
第1級	11,300円以上	176円
第2級	8,200円以上11,300円未満	146円
第3級	8,200円未満	96円

厚生労働大臣は，_____を変更したとき，_____の日額を変更するときは，印紙保険料の日額も変更する。また，緊急の必要があると

Ⅱ1．中小事業主等　　保険料算定基礎額　　労災保険率　　二次健康診断等給付

　2．一人親方　　保険料算定基礎額　　1,000分の3　　1,000分の52

　3．海外派遣者　　保険料算定基礎額　　1,000分の3

Ⅲ　日雇労働被保険者　　賃金日額　　雇用保険率　　日雇労働求職者給付金

きには＿＿＿＿＿＿＿を経ずに変更できる。この場合，厚生労働大臣は，次の国会において変更の手続をとらなければならない。

IV　特例納付保険料の額

法第26条1項
則第56条
則第57条

　　特例納付保険料の額は，＿＿＿＿＿＿＿に係る雇用保険法施行規則第33条第1項に規定する最も古い日から1箇月の間に支払われた賃金の額および当該規則第33条の2各号に定める書類に基づき確認される被保険者の負担すべき額に相当する額がその者に支払われた賃金から控除されていたことが明らかである時期の直近1箇月に支払われた賃金の額の合計額を＿＿＿＿＿＿＿で除した額（当該特例対象者に係る当該書類に基づき確認される被保険者の負担すべき額に相当する額がその者に支払われた賃金から控除されていたことが明らかである時期のすべての月に係る賃金が明らかである場合は，当該賃金の合計額を当該月数で除した額）に，当該書類に基づき確認される被保険者の負担すべき額に相当する額がその者に支払われた賃金から控除されていたことが明らかである時期の直近の日の雇用保険率および当該最も古い日から被保険者の負担すべき額に相当する額がその者に支払われた賃金から控除されていたことが明らかである時期の直近の日までの期間（法第4条の2第1項の規定による届出をしていた期間および法第19条第4項の規定により決定した労働保険料の額の算定の対象となった期間を除く。）に係る月数（1月未満の端数があるときは，その端数は＿＿＿＿＿ものとする）を乗じて得た額に＿＿＿＿＿を乗じて得た額とする。

第5　　労働保険料の納付手続

第1節　概　　　説

I　概算保険料と確定保険料

　　印紙保険料以外の労働保険料は，その算定の対象となる期間の初めに概算額で申告納付し，その期間が終わってから確定額で精算するしくみになっている。

　　前者を概算保険料，後者を確定保険料という。

国会の承認

IV　特例対象者　　　2　　　切り捨てる　　　100分の10

労働保険料の算定の対象となる期間は，次のとおりである。 法第15条

1．継続事業・一括有期事業の場合

(1) 毎年＿＿＿＿＿＿から翌年＿＿＿＿＿＿（保険年度）

(2) 保険年度の中途で保険関係が成立した事業は，＿＿＿＿＿＿から3

月31日

2．有期事業（単独有期事業）の場合

(1) その事業の全期間

(2) 第1種特別加入保険料は，特別加入の保険関係に係る全期間

※ 継続事業および一括有期事業が前保険年度またはそれ以前から労働保険に加入

している場合には，その事業主は，その保険年度の6月1日から＿＿＿＿＿＿

（7月＿＿＿＿＿まで）に，新年度の＿＿＿＿＿＿の申告納付と同時に，前年度の＿＿

＿＿＿＿＿の申告納付をすることとなる。これを年度更新という。

II 労災保険率のメリット制

1．継続事業・一括有期事業に係るメリット制

(1) 適用対象

毎年3月31日（基準日）において保険関係が成立して＿＿＿＿＿＿経過し 法第12条
則第17条

ている事業であって，連続する三保険年度中の各保険年度において次のいずれ

かに該当するものに適用される。

① 使用労働者数が＿＿＿＿＿＿であるもの

② 使用労働者数が＿＿＿＿＿＿であって，その労働者数に

労災保険率（非業務災害率を除く）を乗じて得た数が0.4以上となるもの

③ 一括有期事業であって，確定保険料の額が＿＿＿＿＿＿であるもの

なお，使用労働者数は，保険年度中の各月の末日（賃金締切日がある場合は

賃金締切日）における使用労働者数の合計数を12で除して算定する。

(2) 適用の要件

次式による収支率が＿＿＿＿＿＿を超え，または＿＿＿＿＿＿で 則第17条の
2～第20条
別表第3

ある場合に，メリット制が実際に適用される。

この場合に，その事業に適用される労災保険率（非業務災害率を除く）を＿＿

＿＿＿＿＿（一括有期事業のうち，立木の伐採の事業については＿＿＿＿＿＿）の範囲内で

引き上げ，または引き下げることになっている。

【第5 第1節】

I 1．4月1日　　3月31日　　保険関係成立日

※　40日以内　　10日　　概算保険料　　確定保険料

II 1．3年以上　　100人以上　　20人以上100人未満　　40万円以上　　100分の85

　　100分の75以下　　40%　　35%

収支率の算定に用いられる第1種調整率は，事業の種類により，次のとおりである。

① 一般の事業 ── 100分の67

② 林業の事業 ── 100分の51

③ 建設の事業 ── 100分の63

④ 港湾貨物取扱事業または港湾荷役業の事業 ── 100分の63

⑤ 船舶所有者の事業 ── 100分の35

$$収支率 = \frac{\left[\begin{array}{l}基準日以前の3保\\険年度間に業務災\\害に関して支払わ\\れた保険給付・特\\別支給金の額\end{array}\right] - \left[\begin{array}{l}同期間に支払われた遺族補償一\\時金・遺族特別一時金（いずれ\\も失権差額分）の額，障害補償\\年金差額一時金・障害特別年金\\差額一時金の額，特定疾病にか\\かった者・第3種特別加入者に\\係る保険給付・特別支給金の額\end{array}\right]}{\left[\begin{array}{l}3月31日以前3年度間の労災保険率に\\応ずる額（非業務災害率に応ずる部分\\の額を除く）＋第1種特別加入保険料\\の額（特別加入非業務災害率に応ずる\\部分の額を除く）\end{array}\right] \times 第1種調整率} \times 100$$

2．継続事業に係る特例メリット制

中小事業主がその事業に使用する労働者の安全・衛生を確保するための一定の措置を講じ，その措置が講じられた保険年度の次の保険年度の初日から＿＿＿＿＿に，「労災保険率特例適用申告書」を提出しているときは，安全衛生措置が講じられた保険年度の次の次の保険年度から3年間，前記1の継続メリット制が適用される保険年度に限り，労災保険率（非業務災害率を除く）が＿＿＿＿＿の範囲内で引き上げ，または引き下げられる。 法第12条の2 則第20条の4・別表第3の2

特例適用申告書は，所轄都道府県労働局長を経由して厚生労働大臣に提出する。この場合，継続事業の一括が行われている事業においては，一括されている事業のいずれかが適用対象となる場合であっても，指定事業が特例適用申告を行うことになる。 則第20条の5

なお，特例メリット制は，企業全体で常時使用する労働者の数が300人（金融業，保険業，不動産業または小売業は50人，卸売業またはサービス業は100人）以下である事業に適用される。ただし，建設の事業，立木の伐採の事業については，適用されない。 則第20条の2

2．6箇月以内　　45%

3．有期事業に係るメリット制

(1) 適用対象

次のいずれかに該当する＿＿＿＿＿の事業および＿＿＿＿＿＿＿の事業に適用される。 法第20条
則第35条

① ＿＿＿＿＿＿＿の額が40万円以上であるもの

② 建設の事業にあっては請負金額（消費税等相当額を除く）が＿＿＿＿＿＿＿＿＿＿＿であるもの

③ 立木の伐採の事業にあっては素材の生産量が＿＿＿＿＿＿＿＿＿であるもの

(2) 適用の要件等

実際にメリット制が適用されるのは，次式による収支率が次のいずれかに該当する場合である。

① 事業が終了した日から＿＿＿＿＿＿を経過した日前において100分の85を超え，または＿＿＿＿＿＿＿＿＿である場合

② 上記に該当しない場合は，事業の終了日から＿＿＿＿＿を経過した日前において100分の85を超え，または＿＿＿＿＿＿＿＿＿である場合

この場合に，確定保険料の額（非業務災害率に応ずる額を除く）を建設の事業については，＿＿＿＿＿＿の範囲内で，立木の伐採の事業については，＿＿＿＿＿の範囲内で引き上げたり，引き下げたりすることになっている。 則別表第6

この場合の調整率は，事業終了後＿＿＿＿＿以前の収支率の算定には第1種調整率が，＿＿＿＿＿以前の算定には第2種調整率が用いられる。

第2種調整率は，次のとおりである。 則第35条の
2

① 建設の事業 — 100分の50

② 立木の伐採の事業 — 100分の43

$$収支率 = \frac{\left[\begin{array}{l}\text{業務災害に関し}\\\text{て支払われた保}\\\text{険給付・特別支}\\\text{給金の額}\end{array}\right] - \left[\begin{array}{l}\text{遺族補償一時金・遺族特別一時金}\\\text{（いずれも失権差額分）の額，障}\\\text{害補償年金差額一時金・障害特別}\\\text{年金差額一時金の額，特定疾病に}\\\text{かかった者に係る保険給付・特別}\\\text{支給金の額}\end{array}\right]}{\left[\begin{array}{l}\text{労災保険率に応ずる額（非業務災害率に応ず}\\\text{る額を除く）＋第1種特別加入保険料の額}\\\text{（特別加入非業務災害率に応ずる額を除く）}\end{array}\right] \times 調整率} \times 100$$

3．建設 立木の伐採 確定保険料 1億1,000万円以上 1,000立方メートル以上

　3箇月 100分の75以下 9箇月 100分の75以下 40％ 35％ 3箇月

　9箇月

(3) メリット制に伴う追加納付等

　メリット制が適用され，確定保険料の額が引き上げられた場合には，すでに納付された額との差額（不足分）を納付する。

　また，引き下げられた場合には，「労働保険料還付請求書」を提出して，差額の還付を受ける。

第2節　概算保険料の申告納付

Ⅰ　概算保険料の額

1．継続事業（一括有期事業を含む）の場合

(1)　一般保険料

　＿＿＿＿＿＿から翌年＿＿＿＿＿＿までの間に使用するすべての労働者に支払う賃金の総額（＿＿＿＿＿＿の端数は切捨て）の見込額に，その事業の一般保険料率を乗じて得た額である。 法第15条

　ただし，この見込額が前年度中に支払った賃金の総額の＿＿＿＿＿＿＿＿＿＿＿＿＿＿となる場合には，前年度中に支払った賃金の総額により計算する（以下同じ）。 則第24条

　保険年度の中途に保険関係が成立した場合には，保険関係成立の日から＿＿＿＿＿＿までの間における賃金総額の見込額に一般保険料率を乗じて得た額となる。

(2)　第1種特別加入保険料

　中小事業主等の特別加入者についての＿＿＿＿＿＿＿＿＿＿の総額（＿＿＿＿＿＿の端数は切捨て）の見込額に，その事業に適用される第1種特別加入保険料率を乗じて得た額である。

　保険年度の中途で特別加入した場合には，特別加入者となった月から年度末までの期間分（1箇月未満の月は，1箇月とする）に月割計算した保険料算定基礎額の見込額により計算する。下記の(3)(4)についても同様である。

(3)　第2種特別加入保険料

　一人親方等の特別加入者についての＿＿＿＿＿＿＿＿＿＿の総額の見込額に，その事業に適用される第2種特別加入保険料率を乗じて得た額である。

【第5第2節】

Ⅰ1．4月1日　　3月31日　　1,000円未満　　100分の50以上100分の200以下　　3月31日
　　保険料算定基礎額　　1,000円未満　　保険料算定基礎額

140

(4) 第3種特別加入保険料

　　海外派遣者の特別加入者についての＿＿＿＿＿＿＿＿＿＿＿＿の総額の見込

額に，第3種特別加入保険料率を乗じて得た額である。

2．有期事業（単独有期事業）の場合

　　継続事業の場合と異なり，その事業の＿＿＿＿＿＿＿から＿＿＿＿＿＿＿までの全

期間において使用するすべての労働者に支払う賃金の総額の見込額に，その事業

に適用される＿＿＿＿＿＿＿＿＿を乗じて得た額となる。

　　第1種特別加入保険料についても，同様に計算される。

Ⅱ　概算保険料の申告納付期限

1．継続事業の場合

　　その保険年度の6月1日から＿＿＿＿＿＿＿，すなわち＿＿＿＿＿＿＿までに，　　　　　法第15条

「概算保険料申告書」により申告納付する。

　　保険年度の中途で保険関係が成立した事業については，保険関係が成立した日

（事業を開始した日）から＿＿＿＿＿＿＿に納付する。

　　また，保険年度の中途に特別加入の承認があった事業に係る第1種・第3種特

別加入保険料については，承認のあった日から＿＿＿＿＿＿＿に申告納付する。

2．有期事業の場合

　　保険関係が成立した日から＿＿＿＿＿＿＿に申告納付しなければならない。

　　保険関係が成立した日の翌日以後に特別加入の承認があった事業に係る第1種

特別加入保険料については，承認のあった日から＿＿＿＿＿＿＿に納付する。

3．認定決定による概算保険料の場合

　　事業主が概算保険料の申告を所定の期限までに行わなかったり，または申告し

た額に誤りがあったときは，＿＿＿＿＿が概算保険料の額を決定し，事業主に通知す

る。これを，概算保険料の認定決定という。

　　認定決定による場合は，その額または不足額を，通知を受けた日から＿＿＿＿＿

＿＿＿に納付しなければならない。

4．増加概算保険料の場合

　　事業規模の拡大等により，すでに申告納付した概算保険料の額が大幅に増加す

ることが見込まれる場合には，増加概算保険料を申告納付する。

(1) 賃金総額または保険料算定基礎額の見込額が，その保険年度（有期事業の場　　法第16条

　　合はその事業期間）の終りまでに＿＿＿＿＿＿＿＿＿を超えて増加し，かつ，　　　則第25条

保険料算定基礎額
2．開始の日　　終了の日　　一般保険料率
Ⅱ1．40日以内　　7月10日　　50日以内　　50日以内
　2．20日以内　　20日以内
　3．政府　　15日以内
　4．100分の200

141

増加後の見込額により計算した概算保険料の額とすでに申告納付した額との差額が_____となるとき

(2) 労災保険または雇用保険の保険関係のいずれか一方だけが成立していた事業が，両保険の保険関係が成立することになったため，その事業の一般保険料率が変更となり，それに基づいて計算した概算保険料の額が，すでに納付した額の_____を超え，かつ，その差額が_____となるとき

増加概算保険料は，賃金総額等の見込額が増加した日から_____に，「増加概算保険料申告書」により申告納付する。

法附則第5条
則附則第4条

5．保険料率引上げによる追加納付

保険年度の中途において，一般保険料率，特別加入保険料率が引き上げられた場合には，それに伴う概算保険料の増加額が通知される。

法第17条
則第26条

この増加額については，通知を発する日から起算して_____を経過した日が納期限とされている。

Ⅲ　概算保険料の延納（分割納付）

概算保険料（認定決定によるものを含む）は一括納付が原則であるが，一定の要件に該当する事業は，事業主の申請に基づいて，分割して納付できる。

法第18条

1．継続事業の場合

(1) 延納の要件

次のいずれかに該当する事業に認められる。

則第27条

① 概算保険料の額が_____（労災保険または雇用保険の保険関係だけが成立する事業については_____）である事業

② _____に事務の処理を委託している事業（額は不問）

ただし，_____以降に保険関係が成立した事業は，延納できない。

(2) 延納の方法

概算保険料の額を3期に等分し，各期分の納付期限までに納付する。

期	区　　分	納付期限	
第1期	4月1日～7月31日	7月10日	※
第2期	8月1日～11月30日	10月31日	....
第3期	12月1日～翌年3月31日	1月31日	....

※は，労働保険事務組合に労働保険事務の処理を委託している場合（単独有期事業を除く）。

13万円以上　　100分の200　　13万円以上　　30日以内
5．30日

Ⅲ1．40万円以上　　20万円以上　　労働保険事務組合　　10月1日　　11月14日
　　2月14日

なお，保険年度の中途に保険関係が成立した事業の最初の期の概算保険料は，保険関係成立の日の翌日から起算して＿＿＿＿＿＿に納付する。

2．有期事業の場合

(1) 延納の要件

次のいずれかに該当する事業に認められる。

① 概算保険料の額が＿＿＿＿＿＿である事業

② ＿＿＿＿＿＿に事務の処理を委託している事業

ただし，事業の全期間が＿＿＿＿＿＿の事業は，延納することができない。

(2) 延納の方法

事業の全期間を通じて，前記1の第1期～第3期の各期に分けて納付する。

最初の期の概算保険料は保険関係成立の日の翌日から起算して＿＿＿＿＿＿に，前記1の第1期に相当する期分は＿＿＿＿＿＿までにそれぞれ納付することとされているほかは，継続事業の場合と同様である。

3．概算保険料の増加額の延納

概算保険料を延納している場合には，増加概算保険料または保険料率の引上げによる増加額についても延納することができる。

則第28条

IV 概算保険料の申告納付先

概算保険料は，原則として，所轄都道府県労働局歳入徴収官に申告納付する。

(1) 次の概算保険料・増加概算保険料は，日本銀行または＿＿＿＿＿＿を経由して申告納付することができる。

① 一元適用事業で労働保険事務組合へ労働保険事務の処理を委託しないもの（雇用保険の保険関係のみが成立する事業を除く）についての一般保険料

② 二元適用事業で＿＿＿＿＿＿の保険関係に係るものについての一般保険料，第1種・第2種・第3種特別加入保険料

(2) 次の概算保険料は，日本銀行を経由して申告納付することができる。

① 一元適用事業で労働保険事務組合に事務処理を委託するものについての一般保険料

② 一元適用事業で労働保険事務組合に事務処理を委託しないもののうち，＿＿＿＿＿＿の保険関係だけが成立する事業についての一般保険料

③ 二元適用事業で＿＿＿＿＿＿の保険関係に係るものについての一般保険料

④ 一元適用事業についての＿＿＿＿＿＿

則第1条・第38条

50日以内

2．75万円以上　労働保険事務組合　6月以内　20日以内　3月31日

IV(1)　労働基準監督署　労災保険

(2)　雇用保険　雇用保険　第1種特別加入保険料

ただし，納付について口座振替の承認を受けている場合には，＿＿＿＿＿＿
＿＿＿＿のみ経由できることになっている。

Ⅴ　口座振替による納付

　　政府は，＿＿＿＿＿＿＿＿の事業主が，預金または貯金の払出し，その払い出した金 ┃ 法第21条の
銭による労働保険料（＿＿＿＿＿＿＿＿を除く）の納付を預貯金口座のある＿＿＿＿ ┃ 2
＿＿＿＿に委託して行うことを希望する旨を申し出た場合には，その納付が＿＿＿＿と
認められ，かつ，労働保険料の徴収上有利と認められるときに限り，その申出を承
認することができる。

第3節　　確定保険料の申告納付

Ⅰ　確定保険料の額

1．継続事業の場合

⑴　一般保険料

　　前年の＿＿＿＿＿＿＿から＿＿＿＿＿＿＿＿までの間に使用したすべての労働者に ┃ 法第19条
支払った賃金の総額（＿＿＿＿＿＿＿＿の端数は切捨て。以下同じ）に，その
事業に適用される一般保険料率を乗じた額である。

⑵　特別加入保険料

　　前保険年度が算定対象となるが，保険料算定基礎額の総額が算定の基礎とな
るので，特別加入者の数に変動がない限り，確定保険料の額は前年度の＿＿＿＿
＿＿＿＿＿＿の額と同額となる。

2．有期事業の場合

　　その事業の全期間において使用したすべての労働者に支払った賃金の総額に， ┃ 法第19条
その事業に適用される一般保険料率を乗じて得た額となる。第1種特別加入保険
料である確定保険料の額も同様に計算される。

Ⅱ　確定保険料の申告納付期限

1．継続事業の場合 ┃ 法第19条

　　毎年，翌保険年度の6月1日から＿＿＿＿＿＿＿（7月10日まで）に，「確定保
険料申告書」により申告納付する。翌保険年度の概算保険料の申告納付と同時に

労働基準監督署
Ⅴ　継続事業　　　印紙保険料　　金融機関　　確実
【第5第3節】
Ⅰ1．4月1日　　　3月31日　　1,000円未満　　概算保険料
Ⅱ1．40日以内

行うことになる。

　すでに納付した概算保険料の額が確定保険料に満たないときはその不足額を，また，概算保険料を納付していないときは確定保険料の全額を，それぞれ納付しなければならない。この不足額等については，＿＿＿＿＿＿＿は認められない。

　保険年度の中途で保険関係が消滅した事業については，保険関係が消滅した日から＿＿＿＿＿＿＿＿に，また，保険年度の中途で特別加入の承認が取り消された事業に係る第1種・第3種特別加入保険料については，承認が取り消された日から＿＿＿＿＿＿＿＿に申告納付する。

2．有期事業の場合

　保険関係が消滅した日から＿＿＿＿＿＿＿＿に，申告納付する。

　不足額等の取扱いは継続事業の場合と同様である。

3．認定決定による確定保険料

　事業主が確定保険料の申告を所定の期限までに行わなかったとき，または申告した額に誤りがあったときは，＿＿＿＿＿がその額を決定し，事業主に通知する。

　この場合の不足額等については，通知を受けた日から＿＿＿＿＿＿＿＿に納付しなければならない。＿＿＿＿＿は認められない。

　また，この不足額等を納付しなければならない場合には，納付すべき額（＿＿＿＿＿＿＿＿＿＿の端数は切捨て）の＿＿＿＿＿＿＿＿＿に相当する額が追徴金として徴収される。

法第21条

Ⅲ　労働保険料の還付等

　納入した概算保険料が過納となった場合には，事業主からの還付の請求があったときは還付する。還付の請求がないときは，納付すべき翌保険年度の概算保険料等に充当される。

則第36条・第37条

Ⅳ　確定保険料の申告納付先

　概算保険料の場合と同様であるが，日本銀行または労働基準監督署を経由できる場合に，確定精算の結果，納付すべき労働保険料がない場合および納付について口座振替の承認を受けている場合には，経由できるのは＿＿＿＿＿＿＿＿＿＿＿のみである。

則第38条

延納　　50日以内　　50日以内
2．50日以内
3．政府　　15日以内　　延納　　1,000円未満　　100分の10
Ⅳ　労働基準監督署

第4節　印紙保険料の納付

Ⅰ　印紙保険料の納付方法

　　賃金支払のつど，_____に使用日数に相当する枚数の
雇用保険印紙を貼り，これに事業主が認印により消印するという方法で納付する。

　　また，_____の承認を受けて，印紙保険料納付計器により，_____
_____に納付金額を表示して納付印を押すことによって納付す
ることもできる。

法第23条

Ⅱ　雇用保険印紙

　　その者の賃金日額に応じ，第1級（176円）～第3級（96円）の3種類がある。

　　公共職業安定所で雇用保険印紙購入通帳の交付を受けておき，通帳の雇用保険印
紙購入申込書に必要とする印紙の種類別枚数等を記入し，その申込書を郵便事業株
式会社の営業所または郵便局に提出して購入する。

　　雇用保険印紙は，譲り受けたり，譲り渡したりすることはできないので，次のい
ずれかに該当する場合は，その買戻しを受けることができる。

1．保険関係が_____したとき
2．日雇労働被保険者を使用しなくなったとき，保有印紙の等級に該当する者がい
　　なくなったとき
3．雇用保険印紙が変更されたとき（変更日から_____に限る）
　　なお，1・2については，_____の事前確認を要する。

則第41条
～第43条

Ⅲ　報 告 等

　　事業主は，日雇労働被保険者を使用した場合には，帳簿を備えて印紙保険料の納
付状況を記入し，毎月における雇用保険印紙の受払状況を_____までに，政
府に報告する。また，印紙保険料納付計器による場合には，その使用状況を管轄公
共職業安定所を経由して納付計器に係る都道府県労働局歳入徴収官に報告する。

法第24条
則第55条

【第5第4節】

Ⅰ　日雇労働被保険者手帳　　厚生労働大臣　　日雇労働被保険者手帳
Ⅱ　消滅　　6月間　　所轄公共職業安定所長
Ⅲ　翌月末日

IV　追　徴　金

印紙保険料の納付を怠った場合は，政府が納付すべき額を決定し，事業主に通知する。この場合には，原則として，決定された印紙保険料の額（1,000円未満の端数は切捨て）の................................に相当する額の追徴金が徴収される。 法第25条

第5節　督促・滞納処分・延滞金

I　督促・滞納処分

労働保険料その他の徴収金を所定の納期限までに納付しない者には，期限を指定した督促状が出され，その指定期限までに納めない場合には，国税滞納処分の例により，財産差押えの処分が行われる。 法第27条

督促状による指定期限は，督促状を発する日から起算して................................経過した日とされている。

労働保険料その他の徴収金の先取特権の順位は，国税・地方税に次ぐものとされており，その徴収方法は，国税徴収の例によるものとされている。 法第29条

II　延　滞　金

督促状が発せられた場合には，督促に係る労働保険料の額（1,000円未満の端数は切捨て）につき年14.6％（納期限の翌日から2月を経過する日までは年7.3％）の割合で延滞金が徴収される。 法第28条

延滞金の額（................................の端数は切捨て）は，法定納期限の翌日からその労働保険料の................................または財産差押えの日の前日までの日数により計算される。

ただし，労働保険料の額が................................であるとき，延滞金の額が................................であるとき等には，延滞金は徴収されない。

また，延滞金は次の場合にも徴収されない。

① 督促状の指定期限までに労働保険料等を完納したとき

② ....によって督促したとき

③ ....を停止または猶予したとき（停止・猶予期間分に限る）

④ 未納につきやむを得ない理由があると認められるとき

IV　100分の25

【第5第5節】

I　10日以上

II　100円未満　　完納　　1,000円未満　　100円未満　　公示送達の方法　　滞納処分の執行

I　労使の負担割合等

　労働保険料の納付義務は事業主が負う。

　一般保険料のうち労災保険率に応ずる部分の額および第1種・第2種・第3種特別加入保険料は，その全額を_____が負担する。 法第30条

　一般保険料のうち雇用保険率に応ずる部分の額は，事業主，被保険者がそれぞれ次の率に応ずる部分を負担する（令和4年度）。

雇 用 保 険 率	被保険者負担分	事業主負担分
令和4年4月～9月		
1,000分の 9.5	1,000分の 3	1,000分の6.5
1,000分の11.5	1,000分の 4	1,000分の7.5
1,000分の12.5	1,000分の 4	1,000分の8.5
令和4年10月～令和5年3月		
1,000分の13.5	1,000分の 5	1,000分の 8.5
1,000分の15.5	1,000分の 6	1,000分の 9.5
1,000分の16.5	1,000分の 6	1,000分の10.5

　被保険者の負担すべき一般保険料の額は，_____，その賃金額に被保険者負担率を乗じることにより計算される。

　印紙保険料の額については，事業主と日雇労働被保険者とが，それぞれ_____ずつ負担する。

　したがって，日雇労働被保険者の負担額は，賃金の1,000分の3（または1,000分の4）に相当する額の_____と印紙保険料の_____に相当する額との合算額となる。

II　賃金からの控除

　雇用保険に係る保険料の被保険者負担分は，被保険者に_____，支払った賃金に応ずる額だけ賃金から控除できる。 法第31条・
第32条
則第60条

　この場合は，計算書を作成し，控除額を被保険者に知らせる。

【第5第6節】
I　事業主　　賃金支払いのつど　　2分の1　　一般保険料　　2分の1
II　賃金を支払うつど

第6　　労働保険事務組合

I　認可の手続等

　　事務組合の認可を受けられる団体は，法人であるか否かは問わないが，法人でな
い団体の場合には，＿＿＿＿＿＿が決められていなければならない。　　　　　　　　法第33条

　　事務組合の認可を受けようとする事業主の団体等は，「労働保険事務組合認可申　　則第63条・
請書」を，その団体の所在地を管轄する＿＿＿＿＿＿＿＿＿＿を経由して，厚　　第76条
生労働大臣（＿＿＿＿＿＿＿＿＿＿に権限委任）に提出する。

　　ただし，二元適用事業で＿＿＿＿＿＿の保険関係に係るもののみから事務処理委　　則第69条
託を受ける場合，または，特別加入の承認を受けた一人親方等の団体のみから事務
処理委託を受ける場合は，＿＿＿＿＿＿＿＿＿＿を経由して＿＿＿＿＿＿
＿＿＿＿＿＿＿に提出し，認可を受ける。

II　業務廃止の手続

　　事務組合が，労働保険事務の委託処理の業務を廃止しようとするときは，その＿＿　　則第66条
＿＿＿＿＿までに，届書を＿＿＿＿＿＿＿＿＿（都道府県労働局長に委任）に提出しな
ければならない。

　　なお，業務廃止の場合には，各委託事業主は，改めて個別に保険関係成立届を提
出することとなる。

III　委託事業主の範囲

　　事業全体の使用労働者が＿＿＿＿＿＿（金融業，保険業，不動産業または小売　　則第62条
業の場合は＿＿＿＿＿＿，卸売業またはサービス業の場合は＿＿＿＿＿＿）の
中小事業主で，次に該当するものである。

　1．事務組合の母体団体等の構成員である事業主

　2．構成員以外の事業主のうち，委託することが必要と認められるもの

　　事務組合は，事業主から事務処理の委託があったときは，「労働保険事務等処理　　則第64条
委託届」を＿＿＿＿＿＿＿＿＿＿＿に提出する。

【第6】
I　代表者　　公共職業安定所長　　都道府県労働局長　　労災保険　　労働基準監督署長
　　都道府県労働局長
II　60日前　　厚生労働大臣
III　300人以下　　50人以下　　100人以下　　都道府県労働局長

149

IV　委託事務の範囲等

　　事務組合に委託できる事務は，労働保険料の納付に関する事務その他事業主が行うべきいっさいの事務である。

　　ただし，＿＿＿＿＿＿＿＿に関する事務や＿＿＿＿＿＿＿＿の保険給付について事業主がする証明の事務等は除かれる。

　　事務組合が委託を受けて処理できる事務は，おおむね次のとおりである。

　１．概算保険料，確定保険料等の申告納付

　２．雇用保険の被保険者に関する届等の提出

　３．任意加入の申請および保険関係成立届の提出

　４．労災保険の特別加入等の申請

　５．その他労働保険に関する諸手続

　　なお，政府が事務組合に対して行った通知等は，＿＿＿＿＿＿＿＿に対して行ったものとみなされる。

法第34条

V　事務組合の責任

　　委託事業主の代理人として事務処理を行うので，政府との間に，次のような特別の責任を負うことになっている。

法第35条

　１．委託事業主が労働保険料その他の徴収金を納付するために金銭を事務組合に交付したときは，事務組合は，その金額の限度で政府に納付する責任を負う。

　２．政府が追徴金または延滞金を徴収する場合，その徴収について事務組合の責めに帰すべき事由があるときは，事務組合は，政府にその徴収金を納付する責任を負う。

　３．事務組合の虚偽の届出等により保険給付を不正に受けた者がある場合は，事務組合は，不正受給者と連帯して不正受給金の全部または一部を政府に返還する。

　　なお，上記１・２の場合において，事務組合に対し滞納処分をしてもなお徴収すべき残余があるときに限り，政府は，その残余の額を＿＿＿＿＿＿＿から徴収できることになっている。

VI　事務組合に対する報奨金の交付等

　　政府は，前年度の労働保険料の納付状況が著しく良好な事務組合に対し，予算の範囲内で報奨金を交付することができる。

整備法第23
条

IV　印紙保険料　　労災保険　　委託事業主

V　事業主

第7 不服申立て・雑則

I 不服申立て

概算保険料または確定保険料の額を政府が認定決定した場合に，その決定に不服のある者は，処分庁に対し，処分のあったことを知った日の翌日から起算して＿＿＿＿＿＿に，＿＿＿＿＿＿＿に対して審査請求をすることができる。

なお，不服申立ての前置規定はないので，直ちに，行政事件訴訟法により処分取消しの訴えを提起することができる。

行政不服審査法第 2 条，第 4 条，第 5 条，第18条

II 時　効

政府が労働保険料・徴収金を徴収する権利，または事業主がその還付を受ける権利は，これらを行使することができる時から＿＿＿＿を経過したときは時効によって消滅する。

法第41条

III 書類の保存義務

事業主，事務組合は，法令に基づく書類を，その完結の日から＿＿＿＿＿＿保存しなければならない。

ただし，事務組合が備えるべき雇用保険被保険者関係届出事務等処理簿の保存年限は，＿＿＿＿＿＿とされている。

則第72条

【第7】

I　3カ月以内　　厚生労働大臣

II　2年

III　3年間　　4年間

健 康 保 険 法

（関係条文）

■ 健康保険制度のしくみ

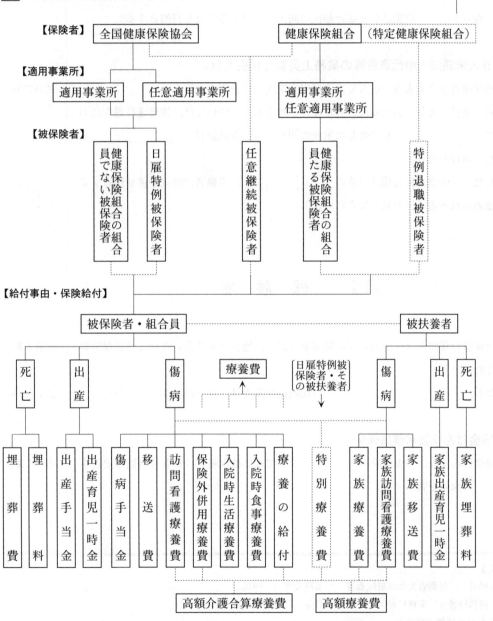

【保険者】全国健康保険協会　健康保険組合（特定健康保険組合）

【適用事業所】適用事業所　任意適用事業所　適用事業所 任意適用事業所

【被保険者】健康保険組合の組合員でない被保険者　日雇特例被保険者　任意継続被保険者　健康保険組合の組合員たる被保険者　特例退職被保険者

【給付事由・保険給付】

被保険者・組合員　被扶養者

死亡　出産　傷病　療養費　日雇特例被保険者・その被扶養者　傷病　出産　死亡

埋葬費　埋葬料　出産手当金　出産育児一時金　傷病手当金　移送費　訪問看護療養費　保険外併用療養費　入院時生活療養費　入院時食事療養費　療養の給付　特別療養費　家族療養費　家族訪問看護療養費　家族移送費　家族出産育児一時金　家族埋葬料

高額介護合算療養費　高額療養費

153

第1　序　論

I　目 的 等

　　健康保険制度は，原則として適用事業所に使用される＿＿＿＿＿＿を被保険者とし，
＿＿＿＿＿＿＿＿＿の＿＿＿＿＿＿（労働者災害補償保険法第7条第1項第1号に規
定する災害をいう）以外の疾病，負傷若しくは死亡又は出産に関して保険給付を行
い，もって＿＿＿＿の生活の安定と福祉の向上に寄与することを目的とする。

法第1条

II　5人未満法人の代表者等の業務上災害の特例取扱い

　　被保険者が5人未満の法人である適用事業所の代表者または＿＿＿＿＿＿＿＿で，
一般従業員と著しく異ならない労務に従事するものについては，業務遂行過程にお
いて＿＿＿＿＿＿＿＿して生じた傷病に関しても，保険給付（＿＿＿＿＿＿＿＿を
含む）が行われる。

　　ただし，労働者災害補償保険の＿＿＿＿＿＿＿＿＿，労働者の地位を併せ保有する
と認められる者は，対象とならない。

法第53条の
2

第2　保 険 者

　　健康保険の保険者は，全国健康保険協会（以下，協会けんぽという）と健康保険組
合とされている。

法第4条

　　ただし，＿＿＿＿＿＿＿＿＿＿＿＿＿の保険の保険者は，協会けんぽのみである。

法第123条

I　協会けんぽ管掌健康保険

　　協会けんぽは，健康保険組合の＿＿＿＿＿＿＿でない被保険者（日雇特例被保険者を
除く）の保険を管掌する。

法第5条

【第1】
I　労働者　　労働者または被扶養者　　業務災害　　国民
II　業務執行者　　業務に起因　　傷病手当金　　特別加入者
【第2】日雇特例被保険者
I　組合員

Ⅱ 組合管掌健康保険

　健康保険組合は，その＿＿＿＿＿＿である被保険者の保険を管掌する。　｜法第6条

　組合は，法人とされる。　｜法第9条

　健康保険組合は，＿＿＿＿＿＿の事業主，その適用事業所に使用される被保険者および＿＿＿＿＿＿（特定健康保険組合にあっては，特例退職被保険者を含む）をもって組織される。　｜法第8条

1．任意設立

(1)　1または2以上の適用事業所について＿＿＿＿＿＿の被保険者を使用する事業主は，その適用事業所について，健康保険組合を設立することができる。　｜法第11条 令第1条の2

　事業主は，共同して組合を設立することができるが，被保険者数は，合算して＿＿＿＿＿＿でなければならない。

(2)　設立しようとするときは，被保険者の＿＿＿＿＿＿の同意を得て，規約を作り，＿＿＿＿＿＿の認可を受けなければならない。共同設立の場合には，この同意はそれぞれの適用事業所について得る必要がある。　｜法第12条

　認可の申請は，組合の主たる事務所の設置予定地を管轄する＿＿＿＿＿＿＿＿＿＿＿＿を経由して行う。

2．強制設立

　＿＿＿＿＿＿は，1または2以上の適用事業所（任意適用事業所を除く）について常時政令で定める数以上の被保険者を使用する事業主に対し，健康保険組合の設立を命ずることができる。　｜法第14条

3．健康保険組合は，設立の認可を受けた時に成立し，＿＿＿＿＿＿の事業主，その事業所に使用される被保険者は，すべてその組合員とされる。　｜法第15条・第17条

　組合設立後，理事長が選任されるまでの間は，認可申請をした＿＿＿＿＿＿＿＿＿＿＿＿が理事長の職務を行う。　｜令第5条

4．健康保険組合には，議決機関として＿＿＿＿＿＿が，執行機関として役員が置かれる。　｜法第18条・第21条

　＿＿＿＿＿＿は，＿＿＿＿＿＿をもって組織され，①規約の変更，②収支予算，③事業報告・決算等について議決する。　｜法第19条

　規約の変更（一定の事項を除く）の議事は，組合会議員の＿＿＿＿の＿＿＿＿の多数で決する。組合の合併，分割，解散については，＿＿＿＿　｜法第23条・第24条・第26条

Ⅱ　組合員　　適用事業所　　任意継続被保険者
1．常時700人以上　　常時3,000人以上　　2分の1以上　　厚生労働大臣
　　地方厚生（支）局長　　2．厚生労働大臣　　3．設立事業所　　適用事業所の事業主
4．組合会　　組合会　　組合会議員　　定数　　3分の2以上　　4分の3以上

　　　　とされている。いずれの事項についても，　　　　　　　　　の認可を受け
なければならない。

　　なお，組合が設立事業所を増加させ，または減少させるときは，事業主の　　　　　｜法第25条
　　の同意，被保険者の　　　　　　　　　　　　の同意を得なければならない。

5．解散により消滅した健康保険組合の権利義務は，　　　　　が承継する。　　　　　｜法第26条

6．　　　　　　　　　　　　　　は，厚生労働大臣の　　　　　を受けた健全化計画に従っ｜法第28条
　　て事業を行わなければならない。

7．健康保険組合連合会は，健康保険組合の医療給付，　　　　　　　　　　　　・　｜法附則第2
　　　　　　　　　　　　　　　　　　　・日雇拠出金若しくは介護納付金の納　｜条
　　付に要する費用の財源の不均衡を調整するため，会員である健康保険組合に対し
　　　　　　　　　の交付の事業を行う。

　　健康保険組合は，この事業に要する費用に充てるために拠出する拠出金に充て
　　るため，被保険者から　　　　　　　　　　　を徴収する。

8．健康保険組合は，　　　　　　　　　　　の認可を受けて，国民健康保険法に規定す｜法附則第3
　　る退職被保険者となるべき退職組合員を被保険者とすることができる。この認可｜条
　　を受けた組合を　　　　　　　　　　　　　　という。

　　この認可を受けようとするときは，組合会で，組合会議員の定数の　　　　　　　
　　　　　　　　の多数をもって議決しなければならない。

Ⅲ　保険者の選択

　　被保険者（日雇特例被保険者を除く）が同時に2以上の事業所に使用される場合｜法第7条
　　において保険者が2以上あるときは，その　　　　　　　　　　　　　　　　　　　｜則第1条の
　　保険者を選択しなければならない。　　　　　　　　　　　　　　　　　　　　　　｜2

　　この選択は，同時に2以上の適用事業所に使用されるに至った日から　　　　　｜則第2条
　　　　　に，届書を全国健康保険協会を選択しようとするときは厚生労働大臣に，健康保
　　険組合を選択しようとするときは健康保険組合に提出することによって行うものと
　　する。

厚生労働大臣　　　全部　　　2分の1以上　　　5．協会　　　6．指定健康保険組合　　　承認

7．保健事業および福祉事業の実施　　　前期高齢者納付金等，後期高齢者支援金等　　　交付金
　　調整保険料

8．厚生労働大臣　　　特定健康保険組合　　　3分の2以上

Ⅲ　被保険者の保険を管掌する　　　10日以内

156

第3　　適用事業所

I　適用事業所

1. 適用事業所とは，次のいずれかに該当する事業所をいう。　　　　　　　　　法第3条

    ① 国，地方公共団体または＿＿＿＿＿の事業所で＿＿＿＿＿従業員を使用するもの

    ② 適用業種（農林・水産業等以外の業種）に属する＿＿＿＿＿＿＿の事業所で，
    ＿＿＿＿＿＿＿＿＿＿の従業員を使用するもの

2. ＿＿＿＿＿＿＿＿＿の算定に当たっては，被保険者となるべき者はもちろん，
適用除外者をも含める。

3. 初めて適用事業所となった事業所の事業主は，その事実があった日から＿＿＿＿　　則第19条
＿＿＿＿＿に，新規適用届を，＿＿＿＿＿＿＿＿＿＿＿＿＿＿＿＿＿に提出しな
ければならない。

II　任意適用事業所

1. 次のいずれかに該当する事業所の事業主は，＿＿＿＿＿＿＿＿＿＿の認可を受け　　法第31条
て，その事業所を適用事業所とすることができる。

    (1) 適用業種（(2)以外の業種）に属する＿＿＿＿＿＿＿の事業所で，常時使用する
    従業員が＿＿＿＿＿＿＿であるもの

    (2) 次の非適用業種のいずれかに属する＿＿＿＿＿＿＿の事業所
    ＿＿＿＿＿の事業，畜産，養蚕または水産の事業，＿＿＿＿＿，＿＿＿＿＿の事業，映画
    の製作または映写，演劇その他＿＿＿＿＿の事業，旅館，料理店，飲食店，＿＿＿＿＿
    ＿＿＿＿＿または娯楽場の事業，弁護士，公認会計士，社会保険労務士等の事業。

2. この認可を受けようとするときは，事業主がその事業所に使用される＿＿＿＿＿　　則第21条
＿＿＿＿＿となるべき者の＿＿＿＿＿＿＿以上の同意を得て申請する。

    なお，個人経営の適用事業所が適用業種に該当しなくなったとき，または常時　　法第32条
使用する従業員が＿＿＿＿＿＿＿になったときは，任意適用の認可があったものと
みなされる。

3. 任意適用事業所の事業主は，その事業所の被保険者の＿＿＿＿＿＿＿＿＿＿＿の同　　法第33条
意を得て申請し，厚生労働大臣の＿＿＿＿＿を受けて，その事業所を適用事業所でな

【第3】

I 1. 法人　　常時　　個人経営　　常時5人以上　　2. 常時5人以上　　3. 5日以内
厚生労働大臣または健康保険組合

II 1. 厚生労働大臣　　個人経営　　5人未満　　個人経営　　農林　　理容　　美容　　興行
接客業　　2. 被保険者　　2分の1　　5人未満　　3. 4分の3以上　　認可

157

くすることができる。

Ⅲ　適用事業所の一括

　　2以上の適用事業所の事業主が同一である場合には，事業主は，厚生労働大臣の

　　............を受けて，その2以上の事業所を一の適用事業所とすることができる。

法第34条

Ⅳ　適用事業所等に係る事務

　　事業主の氏名，名称または住所，事業所の名称または所在地に変更があったとき

は............に，事業主に変更があったときは，原則として............

............が連署をもって............に，届書を提出する。

則第30条・
第31条

第4　　被 保 険 者

Ⅰ　被保険者の種類

　　健康保険の被保険者とは，適用事業所に使用される者および任意継続被保険者を

いう。

法第3条

　　このほか，一定の者は，日雇特例被保険者，特例退職被保険者として，健康保険

が適用される。

1．適用事業所に使用される者

　　適用事業所に使用される者は，法律上当然に被保険者とされる。法人の代表機

関（理事，取締役等）のうち，法人から............として報酬を受けてい

る者も，被保険者となる。

　　ただし，次の者は，............となる場合を除き，被保険者と

なることはできない（**適用除外者**）。

　⑴　............の被保険者

　　　ただし，疾病部門の任意継続被保険者を除く。

　⑵　臨時に使用される者で，次に該当するもの

　　①　日々雇い入れられる者

　　　　ただし，............を超えて引き続き使用されるようになったときを除く。

Ⅲ　承認
Ⅳ　5日以内　　前事業主と新事業主　　5日以内
【第4】
Ⅰ1．労働の対償　　日雇特例被保険者　　船員保険　　1月

158

②　　　　　　　　　　　の期間を定めて使用される者

　　　ただし，所定の期間を超えて引き続き使用されるようになったときを除く。

(3)　所在地が一定しない事業所または事務所に使用される者

(4)　　　　　　　　　　に使用される者

　　　ただし，継続して　　　　を超えて使用されるべき場合を除く。

(5)　　　　　　　　　　の事業所に使用される者

　　　ただし，継続して　　　　を超えて使用されるべき場合を除く。

(6)　　　　　　　　　　　　　　の事業所に使用される者

(7)　　　　　　　　　　　　　の被保険者等

(8)　　　　　　　　または共済組合等の承認を受けた者

　　　ただし，健康保険の被保険者でないことにより国民健康保険の被保険者であ
るべき期間に限られる。

　　共済組合等の組合員等である者に対しては，健康保険法による保険給付は行わ
れず，また，保険料も徴収されない。 法第200条
～第202条

※　短時間労働者に係る被保険者資格の取扱いについて

　　平成28年10月1日（以下施行日という。）以降，1週間の所定労働時間および
1月間の所定労働日数が，同一の事業所に使用される通常の労働者の1週間の所
定労働時間および1月間の所定労働日数の4分の3以上（以下「4分の3基準」
という。）である者を，健康保険・厚生年金保険の被保険者として取り扱う。な
お，施行日前に健康保険・厚生年金保険の被保険者資格を取得して，施行日まで
引き続き被保険者資格を有するものは，引き続き健康保険・厚生年金保険の被保
険者として取り扱う。

※　短時間労働者の健康保険・厚生年金保険の被保険者資格の取得基準

　　平成28年10月1日以降，4分の3基準を満たさない者で，次の①から⑤までの
5つの要件（以下「5要件」という。）を満たすものは，健康保険・厚生年金保
険の被保険者として取り扱うこととする。

①　　1週間の所定労働時間が20時間以上であること

②　　同一の事業所に継続して1年以上使用されることが見込まれること

③　　報酬（最低賃金法で賃金に算入しないものに相当するものを除く。）の月額
　　が88,000円以上であること

④　　学生でないこと

2月以内　　　季節的業務　　　4月　　　臨時的事業　　　6月　　　国民健康保険組合
後期高齢者医療　　　保険者

⑤　年金機能強化法附則第17条第1項および第46条第1項に規定する特定適用事業所（以下「特定適用事業所」という。）に使用されていること

※　年金機能強化法附則第17条第1項および第46条第1項に規定する特定適用事業所とは，事業主が同一である1または2以上の適用事業所であって，当該1または2以上の適用事業所に使用される通常の労働者およびこれに準ずる者の総数が常時 500人を超えるものの各適用事業所とされる。 平成24年法律62号

2．任意継続被保険者

任意継続被保険者とは，次のいずれにも該当する者のうち，＿＿＿＿＿＿＿に申し出て，継続して被保険者になった者をいう。 法第3条

①　被保険者（日雇特例被保険者を除く）の資格を喪失した者であること

②　資格喪失の＿＿＿＿＿＿＿まで継続して＿＿＿＿＿＿＿，被保険者（日雇特例被保険者，＿＿＿＿＿＿＿，共済組合等の組合員等である被保険者を除く）であった者であること

ただし，＿＿＿＿＿＿＿の被保険者または，＿＿＿＿＿＿＿の被保険者等である者は，任意継続被保険者になることはできない。

なお，任意適用事業所が任意脱退したことにより被保険者資格を喪失した者は，任意継続被保険者になることはできない。

3．日雇特例被保険者

日雇特例被保険者とは，適用事業所に使用される日雇労働者をいう。 法第3条

日雇労働者とは，次のいずれかに該当する者をいう。

(1)　臨時に使用される者であって，次のいずれかに該当するもの

①　日々雇い入れられる者

ただし，＿＿＿＿の事業所において，＿＿＿＿を超えて引き続き使用されるに至った場合を除く。

②　＿＿＿＿＿＿＿の期間を定めて使用される者

ただし，＿＿＿＿の事業所において，所定の期間を超えて引き続き使用されるに至った場合を除く。

(2)　＿＿＿＿＿＿＿に使用される者

ただし，継続して＿＿＿＿を超えて使用されるべき場合を除く。

(3)　臨時的事業の事業所に使用される者

ただし，継続して＿＿＿＿を超えて使用されるべき場合を除く。

2．保険者　　日の前日　　2月以上　　任意継続被保険者　　船員保険　　後期高齢者医療
3．同一　　1月　　2月以内　　同一　　季節的業務　　4月　　6月

（適用除外）

①　適用事業所において，引き続く＿＿＿＿＿＿＿に通算して＿＿＿＿＿＿＿使用される見込みのないことが明らかであるとき

②　＿＿＿＿＿＿＿＿＿＿＿＿＿であるとき

③　その他特別の理由があるとき

4．特例退職被保険者

特例退職被保険者とは，＿＿＿＿＿＿＿＿＿＿＿＿＿の組合員であった者で，＿＿＿＿＿＿＿＿＿＿＿＿＿に規定する退職被保険者となるべきもののうち，規約で定める者が，申し出て被保険者となったときの呼称である。 ｜ 法附則第3条

特例退職被保険者となるための要件は，次のとおりである。

①　被用者年金制度の＿＿＿＿＿＿＿＿＿＿＿＿＿の受給権者であって，被保険者（組合員等）期間が，原則として＿＿＿＿＿＿＿＿あるもの，または＿＿＿＿＿＿10年以上あるもの

②　＿＿＿＿＿＿＿＿＿＿＿でないもの

特例退職被保険者は，同時に2以上の保険者（共済組合等を含む）の被保険者となることはできない。

Ⅱ　資格取得の時期等

1．被保険者（任意継続被保険者を除く）の場合

＿＿＿＿＿＿＿＿＿＿に使用されるに至った日，使用される事業所が適用事業所となった日，または適用除外者に該当しなくなった日から，資格を取得する。 ｜ 法第35条

適用事業所の事業主は，使用する者が被保険者の資格を取得したときは，＿＿＿＿＿＿＿＿＿に，被保険者資格取得届（保険者が支障がないと認めた場合には，届書記載事項を記録した光ディスクおよび届出件数等を記載した書類）を，日本年金機構または健康保険組合に提出しなければならない。 ｜ 則第24条

2．任意継続被保険者の場合

被保険者の資格を＿＿＿＿＿＿＿＿日から，その資格を取得する。 ｜ 法第37条　則第42条

任意継続被保険者になろうとする者は，被保険者の資格を喪失した日から＿＿＿＿＿＿＿＿＿＿＿に，保険者に申し出なければならない。この申出は，保険者に申出書を提出して行う。

健康保険組合の組合員であった者は，保険者であった健康保険組合に提出する。

2月間　　26日以上　　任意継続被保険者
4．特定健康保険組合　　国民健康保険法　　老齢（退職）年金　　20年以上　　40歳以後
　任意継続被保険者
Ⅱ1．適用事業所　　5日以内
　2．喪失した　　20日以内

3．特例退職被保険者の場合

特定健康保険組合に対する申出が受理された日から，その資格を取得する。

特例退職被保険者になろうとする者は，年金証書等が到達した日の翌日から起算して＿＿＿＿＿＿＿＿＿に，特定健康保険組合に申し出る。

〈法附則第3条〉
〈則第168条〉

Ⅲ　資格喪失の時期等

1．被保険者（任意継続被保険者を除く）の場合

次のいずれかに該当するに至った＿＿＿＿＿＿＿＿から，資格を喪失する。

〈法第36条〉

① 死亡したとき

② その事業所に使用されなくなったとき

③ 適用除外者に該当するに至ったとき

④ 任意適用事業所について適用事業所でなくすることの認可があったとき

ただし，その事実があった日に，さらに被保険者の資格を取得したときは，＿＿＿＿＿＿に喪失する。

適用事業所の事業主は，被保険者の資格を喪失した者があるときは，＿＿＿＿＿＿に，被保険者資格喪失届（光ディスク）を，日本年金機構または健康保険組合に提出しなければならない。

〈則第29条〉

この場合，原則として，被保険者であった者から被保険者証，高齢受給者証を回収（死亡による資格喪失の場合を除く）し，添付する。

〈則第51条・第52条〉

2．任意継続被保険者の場合

次のいずれかに該当するに至った＿＿＿＿＿＿＿（④⑤⑥に該当するに至ったときは，その日）から，その資格を喪失する。

〈法第38条〉

① 任意継続被保険者となった日から起算して＿＿＿＿を経過したとき

② 死亡したとき

③ 正当な理由なく，保険料（初めて納付すべき保険料を除く）を納付期日までに納付しなかったとき

④ ＿＿＿＿＿＿＿となったとき

⑤ ＿＿＿＿＿＿の被保険者となったとき

⑥ ＿＿＿＿＿＿＿＿＿＿の被保険者等となったとき

⑦ 任意継続被保険者でなくなることを＿＿＿＿＿＿旨を保険者に申し出て，その申出が受理された日の属する＿＿＿＿＿＿が到来したとき

任意継続被保険者は，その資格を喪失したとき（死亡による場合を除く）は，

〈則第51条・第52条〉

3．3月以内
Ⅲ 1．日の翌日　　その日　　5日以内
　2．日の翌日　　2年　　被保険者　　船員保険　　後期高齢者医療　　希望する
　月の末日

自ら，＿＿＿＿＿＿＿に，被保険者証，高齢受給者証を返納しなければならない。

3．特例退職被保険者の場合

次のいずれかに該当するに至った＿＿＿＿＿＿＿から，その資格を喪失する。

① 後期高齢者による医療を受けることができるに至ったとき

② 旧国民健康保険法に規定する＿＿＿＿＿＿＿であるべき者に該当しなくなったとき

なお，②に該当した場合には，遅滞なく，＿＿＿＿＿＿＿に届け出る。

被保険者証等の返納は，任意継続被保険者の場合と同様である。

法附則第3
条
則第169条
則第170条

Ⅳ　資格の得喪の確認

被保険者の資格の取得および喪失は，＿＿＿＿＿＿＿の確認によって，その効力を生ずる。

この確認は，事業主の届出，被保険者または被保険者であった者の＿＿＿＿，または保険者の＿＿＿＿で行うものとされている。

適用事業所でなくすることの＿＿＿＿があったことによる資格の＿＿＿＿，任意継続被保険者・特例退職被保険者の資格の得喪については，確認制度の適用はない。

法第39条

Ⅴ　日雇特例被保険者となったときの手続

日雇特例被保険者となった日雇労働者は，その日から起算して＿＿＿＿＿＿＿に，日本年金機構または＿＿＿＿＿＿＿に対し，健康保険被保険者手帳の交付を申請しなければならない。住民票の写しを添付する。ただし，機構または指定市町村長が申請者に係る機構保存本人確認情報の提供を受けることができるときはこの限りでない。

日雇特例被保険者は，その氏名，住所もしくは居所，またはその被扶養者の氏名に変更があったときは，遅滞なく，被保険者手帳を厚生労働大臣または指定市町村長に提出し，その＿＿＿＿を申請しなければならない。

手帳は，日雇特例被保険者となる見込みのないことが明らかになったとき，または適用除外の＿＿＿＿を受けたときは，保険者に返納しなければならない。

手帳は，＿＿＿＿＿＿＿である日雇特例被保険者とそれ以外の者とでは，その様式が異なる。

日雇特例被保険者が死亡したときは，その＿＿＿＿＿＿＿または埋葬に要した費用に相当する金額の支給を受けた者が返納するものとされている。

法第126条
則第114条
則第117条
則第118条

　5日以内
3．日の翌日　　退職被保険者　　特定健康保険組合
Ⅳ　保険者等　　請求　　職権　　認可　　喪失
Ⅴ　5日以内　　指定市町村長　　訂正　　承認　　介護保険第2号被保険者　　被扶養者

第5　被扶養者

I　被扶養者の範囲

　被扶養者とは，次に掲げる者で，日本国内に住所を有するものまたは外国におい て留学する学生その他日本国内に生活の基礎があると認められるものとして厚生労働省令で定めるものをいう。ただし，後期高齢者医療の被保険者等である者は除かれる。

法第3条
則第37条の2

　⑴　被保険者の＿＿＿＿＿＿＿，配偶者（届出をしていないが事実上婚姻関係と同様の事情にある者を含む），子，孫および＿＿＿＿＿＿であって，主としてその被保険者により＿＿＿＿＿＿＿するもの

　⑵　被保険者の＿＿＿＿＿＿＿の親族で⑴以外のものであって，その被保険者と＿＿＿＿＿＿＿に属し，主としてその被保険者により＿＿＿＿＿＿＿するもの

　⑶　被保険者の配偶者で届出はしていないが事実上婚姻関係と同様の事情にあるものの＿＿＿＿＿＿および子であって，その被保険者と同一の世帯に属し，主としてその被保険者により生計を維持するもの

　⑷　上記⑶の配偶者の死亡後における父母および子であって，引き続きその被保険者と同一の世帯に属し，主としてその被保険者により生計を維持するもの

II　被扶養者に関する手続

　被保険者は，被扶養者を有するとき，被扶養者を有するに至ったときは，＿＿＿＿＿＿＿＿＿＿に，「被扶養者届」を＿＿＿＿＿＿＿を経由して厚生労働大臣または健康保険組合に提出する。

則第38条

　被扶養者届は，資格取得時には，資格取得届に添付して提出する。

則第24条

　また，被扶養者届に記載した事項に変更（被扶養者の増減，氏名の変更等）があった場合には，被保険者は，そのつど，事業主を経由して「被扶養者異動届」を保険者に提出する。

則第48条

　※　任意継続被保険者，日雇特例被保険者および特例退職被保険者は，自ら直接，この届出をしなければならない。

則第120条

【第5】

I　直系尊属　　兄弟姉妹　　生計を維持　　三親等内　　同一の世帯　　生計を維持
　　父母

II　5日以内　　事業主

164

第6　標準報酬月額，標準賞与額および標準賃金日額

I　標準報酬月額

標準報酬月額は，現在，第1級58,000円から第_____級1,390,000円までに等級区分 法第40条
されている。

最高等級該当者が3月31日において全被保険者の_____を超え，その状
態が継続すると認められるときは，厚生労働大臣は，_____の意
見を聴いて，その年の_____から，政令によって上限の改定を行うことがで
きる。ただし，改定後の最高等級該当者が同年3月31日において全被保険者数の_____
_____とならないようにしなければならない。

II　報酬の範囲

1．報酬となるもの

標準報酬月額を決定するための基礎となる報酬とは，_____として事 法第3条
業主から受ける賃金，給料，俸給，手当，賞与等をいい，金銭によって受けるも
ののほか，通勤定期券，衣服，食券，社宅等，現物で給与されるものも含まれる。

2．報酬から除かれるもの

① 臨時に受けるもの

② _____期間ごとに支給されるもの

　　年間を通して_____以下しか支給されないものをいう。

③ 労働の対償とは考えられないもの

3．現物給与の標準価額等

報酬の全部または一部が_____以外のもので支払われる場合には，その価額は， 法第46条
その地方の_____によって，厚生労働大臣が定める。

食事の給与については，その必要経費の一部を被保険者から徴収しているもの
は，標準価額から本人負担分を差し引いた額が現物給与の額とされる。ただし，
標準価額の_____を本人が負担している場合には，現物給与の価額
はゼロとして取り扱われる。

なお，健康保険組合の場合は，標準価額について，規約をもって別段の定めを

【第6】

I　50　　100分の1.5　　社会保障審議会　　9月1日　　100分の0.5未満

II 1．労働の対償

　2．3月を超える　　3回

　3．通貨　　時価　　3分の2以上

165

することができる。

Ⅲ　標準報酬月額の決定・改定

標準報酬月額は，被保険者の＿＿＿＿＿＿＿＿を算定し，それを標準報酬月額等級表の等級区分にあてはめて，保険者等が決定する。

1．資格取得時の決定

(1)　被保険者（任意継続被保険者を除く）が資格を取得した際には，次の額を報酬月額として，標準報酬月額を決定する。　　　　　　　　　　　　　　　　　　　法第42条

①　月，週その他一定期間によって報酬が定められる場合

資格取得日における報酬の額をその期間の＿＿＿＿＿＿＿＿で除して得た額を＿＿＿＿した額とする。

なお，月給の場合には，その額を報酬月額としてさしつかえない。

②　日，時間，出来高または請負によって報酬が定められる場合

資格取得月の＿＿＿＿＿＿＿＿に，その事業所においてその被保険者と同様の業務に従事し，かつ，同様の報酬を受ける者の報酬額を平均した額とする。

③　上記①および②によって算定できない場合

資格取得月の前1月間に，その地方において同様の業務に従事し，かつ，同様の報酬を受ける者が受けた報酬の額とする。

④　上記①〜③のうち2以上に該当する報酬を受ける場合

それぞれの方法で算定した額を合算した額とする。

以上の方法により算定した報酬月額に基づいて決定された標準報酬月額は，資格取得月から＿＿＿＿＿＿＿＿までの各月のものとされる。ただし，＿＿＿＿＿＿＿＿から＿＿＿＿＿＿＿＿までの間に資格を取得した者については，＿＿＿＿＿＿＿＿までの各月のものとされる。

(2)　任意継続被保険者については，①②のうちいずれか＿＿＿＿＿＿＿＿をもって，標準報酬月額とする。ただし，保険者が健康保険組合の場合は，規約で定めるところにより，③の方法で定めた額とすることができる。　　　　　　　　　　法第47条

①　被保険者の資格を喪失したときの標準報酬月額

②　その者の属する保険者の管掌する前年（1月〜3月の標準報酬月額については，前々年）の＿＿＿＿＿＿＿＿における全被保険者の同月の標準報酬月額を平均した額を＿＿＿＿＿＿＿＿とみなしたときの標準報酬月額

協会管掌健康保険における，この平均額は，現在，月額＿＿＿＿＿＿＿＿，

Ⅲ　報酬月額

1．(1)　総日数　　30倍　　前1月間　　その年の8月　　6月1日　　12月31日
翌年の8月

(2)　少ない額　　9月30日　　報酬月額　　300,000円

166

日額10,000円である。

　　③　①の額が②の額を超える被保険者については，規約の定めがあれば①の標準報酬月額

　(3)　特例退職被保険者の標準報酬月額については，特定健康保険組合が管掌する前年（1月から3月までの標準報酬月額については，前々年）の＿＿＿＿＿における特例退職被保険者以外の全被保険者の同月の標準報酬月額を平均した額の範囲内においてその規約で定めた額を標準報酬月額の基礎となる＿＿＿＿＿とみなしたときの標準報酬月額とする。

　　　　　　　　　　　　　　　　　　　　　　　　　　　　　［法附則第3条］

2．定時決定

　　保険者等は，被保険者が毎年＿＿＿＿＿現に使用される事業所において同日前3月間（その事業所で継続して使用された期間に限るものとし，かつ，報酬支払の基礎となった日数が＿＿＿＿＿（特定適用事業所に勤務する短時間労働者にあっては，＿＿＿＿＿。）未満である月があるときは，その月を除く。）に受けた報酬の総額をその期間の月数で除して得た額を報酬月額として，標準報酬月額を決定する。

　　定時決定により決定された標準報酬月額は，その年の＿＿＿＿＿から＿＿＿＿＿までの各月のものとされる。

　　なお，次の者については，その年に限り，定時決定は行われない。

　①　その年の＿＿＿＿＿から＿＿＿＿＿までの間に被保険者資格を取得した者

　②　＿＿＿＿＿のいずれかの月から改定（随時改定，育児休業等終了時の改定）される者

　　　　　　　　　　　　　　　　　　　　　　　　　　　　　［法第41条］

3．随時改定

　　保険者等は，被保険者が現に使用される事業所において継続した3月間に受けた＿＿＿＿＿を3で除して得た額が，その者の標準報酬月額の基礎となった＿＿＿＿＿に比べて，著しく高低が生じた場合において，必要があると認めるときは，その額を報酬月額として，著しく高低を生じた月の翌月から，標準報酬月額を改定することができる。

　　随時改定は，次の条件を満たしたときに行われる。

　①　＿＿＿＿＿に増減が生じたとき

　②　変動月以後の継続した＿＿＿＿＿に受けた報酬の総額（非固定的賃金を含む）をその月数で除して得た額に基づく標準報酬月額と従前の標準報酬月額との間

　　　　　　　　　　　　　　　　　　　　　　　　　　　　　［法第43条］

---

(3)　9月30日　　報酬月額
2．7月1日　　17日　　11日　　9月　　翌年の8月　　6月1日　　7月1日
　　7月～9月
3．報酬の総額　　報酬月額　　固定的賃金　　3月間

に＿＿＿＿＿＿＿の差がでたとき

ただし，この 3 月間に報酬支払基礎日数が＿＿＿＿＿＿＿＿＿＿＿＿＿＿＿

＿＿＿＿＿＿＿＿＿の月のある場合には，随時改定は行われない。

随時改定により改定された標準報酬月額は，その年の＿＿＿＿（7 月から12月まで
でに改定されたものは＿＿＿＿＿＿＿＿＿）までのものとされる。

4．産前産後休業を終了した際及び育児休業等終了時の改定

この改定は，産前産後休業・育児休業等を終了した被保険者が，産前産後休業・
育児休業等終了日において産前産後休業・育児休業等に係る＿＿＿＿＿＿＿＿の子を
養育する場合に，事業主を経由して保険者等に申出をしたときに行われる。

保険者等は，産前産後休業・育児休業等終了日の翌日が属する月以後の継続し
た＿＿＿＿＿＿（報酬支払基礎日数が＿＿＿＿＿＿＿＿＿＿＿＿＿＿＿＿＿＿＿＿＿

＿＿＿＿＿＿の月を除く）に受けた報酬の総額をその期間の月数で除して得た額を報
酬月額として，標準報酬月額を改定する。

改定された標準報酬月額は，産前産後休業・育児休業等終了日の翌日から起算
して＿＿＿＿を経過した日の属する月の翌月からその年の＿＿＿＿（その翌月が 7 月
〜12月のいずれかの月である場合は，＿＿＿＿＿＿＿＿＿）までの各月の標準報酬月
額とされる。

法第43条の
2・3

5．報酬月額の算定の特例

(1) 保険者算定

報酬月額を前記 1・2・4 により算定することが困難であるとき，または前
記 1〜4 によって算定した額が著しく不当であると認められるときは，保険者
等が算定する。

法第44条

健康保険組合は，この算定方法を＿＿＿＿で定めなければならない。

保険者算定は，定時決定の際には，次の場合に行われる。

① 4 月，5 月，6 月の 3 月とも＿＿＿＿を受けていないとき

② この 3 月とも報酬支払基礎日数が＿＿＿＿＿＿＿＿＿＿＿＿＿＿＿＿＿＿＿

＿＿＿＿＿＿のとき

③ この 3 月のいずれかの月に＿＿＿＿以前の報酬遅配分の支給を受けたとき，
または，この 3 月のいずれかの月の報酬が遅配のため＿＿＿＿以降に支給され
たとき

④ 昇給がさかのぼって行われたため，この 3 月のいずれかの月に＿＿＿＿以前

---

2 等級以上　　17日（特定適用事業所に勤務する短時間労働者にあっては11日）未満
8 月　　翌年の 8 月
4．3 歳未満　　3 月間
　　17日（特定適用事業所に勤務する短時間労働者にあっては11日）未満　　2 月　　8 月
　　翌年の 8 月
5．規約　　報酬　　17日（特定適用事業所に勤務する短時間労働者にあっては11日）未満
　　3 月　　7 月　　3 月

分の昇給額の支給を受けたとき

　⑤　この3月のいずれかの月に，低額の休職給を受けたとき，またはストライキによる賃金カットがあったとき

　また，随時改定の際には，昇給がさかのぼって行われ，それに伴う差額支給を受けたことによって報酬月額に変動が生じた場合に行われる。

(2)　2以上事業所勤務の場合

　同時に2以上の適用事業所から報酬を受ける被保険者については，各事業所について上記1～5(1)によって算定した額の　　　　　　が報酬月額とされる。

6．標準報酬月額に関する手続

　標準報酬月額は，　　　　　から届け出られた報酬月額に基づいて保険者等が決定または改定し，事業主に通知する。 | 法第48条

　事業主は，速やかに，この通知の内容を　　　　　に通知しなければならない。 | 法第49条

　報酬月額の届出は，定時決定の場合は，　　　　　までに「報酬月額算定基礎届」により行う。随時改定の場合は，　　　　　「報酬月額変更届」によることとされている。 | 則第25条・第26条

IV　標準賞与額

　標準賞与額は，保険料賦課の算定基礎となるものである。

1．賞　与

　賞与とは，賃金，給料，俸給，手当，賞与その他名称のいかんを問わず，労働者が　　　　　として受けるすべてのもののうち，　　　　　ごとに受けるものをいう。 | 法第3条

　賞与の全部または一部が，　　　　　のもので支払われる場合には，その価額は，その地方の　　　　によって　　　　　　が定める。ただし，　　　　　　は，規約で別段の定めをすることができる。 | 法第46条

　事業主は，賞与を支払ったときは，　　　　　に，賞与額を記載した届書を日本年金機構または健康保険組合に提出しなければならない。 | 則第27条

2．標準賞与額の決定

　標準賞与額は，被保険者が賞与を受けた月において，その賞与額の　　　　　　の端数を切り捨てて，保険者等が決定する。 | 法第45条

　保険者算定，2以上事業所勤務の場合の取扱いは，報酬月額の場合と同様である。

合算額

6．事業主　　被保険者　　7月10日　　速やかに

IV 1．労働の対償　　3月を超える期間　　通貨以外　　時価　　厚生労働大臣
　　　健康保険組合　　5日以内

　2．1,000円未満

年度（毎年4月1日から翌年3月31日）における標準賞与額の累計額は，＿＿＿＿＿＿＿＿＿＿を上限とされている。

Ⅴ　標準賃金日額

標準賃金日額は，日雇特例被保険者に係る保険料の賦課や傷病手当金等の現金給付の算定基礎となるものである。

現在，第1級3,000円〜第＿＿級24,750円に区分されている。 法第124条

＿＿＿＿＿＿＿＿＿＿＿＿＿＿は，一の年度における次式による割合が＿＿＿＿＿＿＿＿を超える場合に，その状態が継続すると認められるときは，社会保障審議会の意見を聴いて，＿＿＿＿＿＿の9月1日から上限の改定を行うことができる。ただし，その一の年度において，改定後の上記の割合が＿＿＿＿＿＿＿未満とならないようにしなければならない。

$$\frac{標準賃金日額の最高等級に対応する保険料の延納付日数}{日雇特例被保険者に関する保険料の総延納付日数}$$

1. 賃金の範囲

賃金とは，名称のいかんを問わず，日雇労働者が＿＿＿＿＿＿＿＿として受けるすべてのものをいう。ただし，＿＿＿＿＿＿＿＿＿ごとに受けるものを除く。 法第3条
報酬の範囲と同様である。

2. 標準賃金日額の決定

標準賃金日額は，次のように算定される賃金日額を標準賃金日額等級表の等級区分にあてはめて決定される。 法第125条

賃金のうち通貨以外のものの価額は，その地方の時価により，＿＿＿＿＿＿＿＿＿＿＿＿が定める。

①　賃金が日，時間，1日における出来高によって定められている場合等，使用された日の賃金を算出することができる場合は，その額

②　賃金が2日以上の期間における出来高によって定められている場合等，使用された日の賃金を算出することができない場合は，その事業所において同様の業務に従事し同様の賃金を受ける者のその前日における賃金日額の平均額等

③　賃金が2日以上の期間によって定められている場合は，その額をその期間の総日数で除して得た額（1月＝30日）

④　上記①〜③の方法により算定することができないものについては，その地方

573万円

Ⅴ　11　厚生労働大臣　　100分の3　　翌年度　　100分の1
　1. 労働の対償　　　　3月を超える期間
　2. 厚生労働大臣

において同様の業務に従事し同様の賃金を受ける者が1日に受ける賃金の額

⑤　上記のうち2以上に該当する賃金を受ける場合は，それぞれの方法により算定した額の合算額

⑥　1日において2以上の事業所に使用される場合は，初めに使用される事業所から受ける賃金について，上記の方法により算定した額

第7　　被保険者に係る保険給付

I　保険給付の種類等

法第52条

1．被保険者の給付事由に対する保険給付には，次の12種類がある。

①　療養の給付	⑤　療養費	⑨　埋葬料
②　入院時食事療養費	⑥　訪問看護療養費	⑩　埋葬費（埋葬に要する費用に相当する金額）
③　入院時生活療養費	⑦　移送費	⑪　出産育児一時金
④　保険外併用療養費	⑧　傷病手当金	⑫　出産手当金

2．被扶養者の給付事由に対する保険給付には，次の5種類がある。

①　家族療養費	③　家族移送費	⑤　家族出産育児一時金
②　家族訪問看護療養費	④　家族埋葬料	

このほか，被保険者および被扶養者の両者に共通する，高額療養費および高額介護合算療養費がある。

※　健康保険組合は，上記の給付に合わせて，＿＿＿＿＿で定めるところにより，＿＿＿＿＿としてその他の給付（付加給付）を行うことができる。

法第53条

※　同一の給付事由（疾病，負傷，死亡または出産）について

(1)　被扶養者に対する保険給付は，日雇特例被保険者としての保険給付を受けたときは，その限度において行われない。

法第54条

(2)　被保険者に係る保険給付は，＿＿＿＿＿＿＿＿＿＿＿＿＿＿＿＿＿，国家公務員災害補償法または地方公務員災害補償法等の規定により相当する給付を受けられるときは，行われない。

法第55条

(3)　被保険者に係る保険給付は，＿＿＿＿＿＿＿＿＿＿の規定により相当する給付を受けることができる場合には，行われない。

【第7】

I　規約　　保険給付　　労働者災害補償保険法　　介護保険法

(4) 被保険者に係る保険給付，移送費・家族移送費の支給は，いわゆる〔   〕〔   〕で療養等を受けたときは，その限度において，行われない。また，高齢者の医療の確保に関する法律の規定による〔   〕を受けることができる者に対しては，行われない。

(5) 療養の給付（厚生労働大臣が定めるものを除く）は，介護保険法に規定する指定介護療養施設サービスを行う療養病床等に入院中の者に対しては，行われない。 法第63条

Ⅱ　療養の給付

1．給付の内容

被保険者の〔   〕に関しては，療養の給付が行われる。療養の給付の内容としては，次のものがある。 法第63条

① 〔   〕
② 〔   〕または治療材料の支給
③ 処置，〔   〕その他の治療
④ 〔   〕における療養上の管理およびその療養に伴う世話その他の看護
⑤ 病院または診療所への〔   〕およびその療養に伴う世話その他の看護

食事療養，生活療養，評価療養，患者申出療養，選定療養，指定訪問看護は，含まれない。

※ 保険医療機関のうち医療法に規定する〔   〕その他の病院であって厚生労働省令で定めるものは，患者の病状その他の患者の事情に応じた適切な他の保険医療機関を当該患者に紹介することその他の保険医療機関相互間の機能の分担および業務の連携のための措置として厚生労働省令で定める措置を講ずるものとする。 法第70条
療養担当規
則第5条

　（病院の機能分化の観点から紹介状なしの大病院（一般病床数〔   〕以上）での外来受診について定額負担を求めることとなった。）

2．受給方法

療養の給付は，被保険者が自ら選定した〔   〕等において受けるものとされている。

この給付を受けるには，保険医療機関等に〔   〕（一定の者は，高齢受給者証も）を提出し，また，保険薬局等より薬剤の支給を受けるときは，保 則第53条・
第54条

国または地方公共団体の負担　　医療
Ⅱ1．疾病または負傷　　診察　　薬剤　　手術　　居宅　　入院　　特定機能病院　　200
　2．保険医療機関　　被保険者証

険医等の処方箋を提出しなければならない。

3．一部負担金

療養の給付を受ける者は，その給付を受ける際，療養の給付に要する費用の額に次の割合を乗じて得た額を，一部負担金として，その保険医療機関または保険薬局に支払わなければならない。

① 70歳到達月の以前である場合 _____

② 70歳到達月の翌月以後の場合 _____（平成26年3月31日以前に70歳に達した被保険者については，100分の10）

③ 上記の場合で，療養の給付を受ける月の_____が28万円以上であるとき _____

一部負担金の額に_____未満の端数があるときは切り捨て，_____以上未満の端数があるときは_____に切り上げられる。

保険者は，災害その他特別の事情がある被保険者であって，一部負担金を支払うことが困難と認められる者に対し，一部負担金を_____し，一部負担金の支払いを免除し，また保険医療機関または保険薬局に対する支払いに代えて，一部負担金を直接に徴収することとし，その徴収を_____することができる。

_____の組合員たる被保険者は，その直営の医療機関において療養の給付を受ける場合には，一部負担金の支払いは不要とすることができる。ただし，その規約の定めにより，上記一部負担金の額の範囲内で一部負担金を徴収することができる。

高齢受給者証（一部負担金の割合を記載したもの）は，被保険者が上記②または③に該当するときに，_____を定めて交付される。被扶養者の場合も同様である。高齢者の医療の確保に関する法律に規定する医療を受けることができることとなったとき等には，_____が回収し，保険者に返納する。

4．給付期間

療養の給付は，被保険者の資格を有する限り，傷病が治るまで行われる。

5．療養の給付に要する費用の支払い

療養の給付に要する費用，すなわち診療報酬は，保険医療機関等（健康保険組合が開設するものを除く）の請求により，_____がその保険医療機関等に支払う。

保険者の行うべき診療報酬の審査・支払いの事務は，社会保険診療報酬支払基

	法第74条
	則第55条・第56条
	法第75条
	法第75条の2
	法第84条
	則第52条
	法第76条

3．100分の30　100分の20　標準報酬月額　100分の30　5円　5円　10円
10円　減額　猶予　健康保険組合　有効期限　事業主

5．保険者

金または，国民健康保険団体連合会に委託することができることとされている。

　保険医療機関等が診療報酬として請求することのできる額は，療養に要する費用の額から＿＿＿＿＿＿＿＿相当額を控除した額である。

Ⅲ　入院時食事療養費

1．入院時食事療養費は，被保険者（特定長期入院被保険者を除く）が保険医療機関等のうち，自己の選定するものに入院し，その際，食事療養を受けた場合に支給される。　　　　　　　　　　　　　　　　　　　　　　　　　　　　　法第85条

2．入院時食事療養費の額は，食事療養に要する＿＿＿＿＿＿＿＿＿費用の額を勘案して厚生労働大臣が定める基準により算定した費用の額から，食事療養標準負担額を控除した額である。ただし，実際には，現物給付が行われている。

　食事療養標準負担額は，1食につき＿＿＿＿＿＿＿である。ただし，次に該当する者として保険者の認定を受けた者については，減額される。　　　　　　　則第58条

　①　市町村民税非課税者等で，食事療養標準負担額減額申請を行った月以前の＿＿
　　　＿＿＿＿＿＿の入院日数が，＿＿＿＿以下の者は210円，＿＿＿＿を超える者は160円

　②　所得がない者等は，100円

　　1日の食事療養標準負担額は，3食に相当する額を限度とする。

　なお，保険医療機関等は，被保険者に対し，食事療養標準負担額とその他の費用の額とを区分して記載した領収証を交付しなければならない。　　　　　　則第62条

Ⅳ　入院時生活療養費

1．入院時生活療養費は，特定長期入院被保険者が保険医療機関等のうち，自己の選定するものについて，入院療養と併せて受けた生活療養に要した費用について支給される。　　　　　　　　　　　　　　　　　　　　　　　　　　　　法第85条の2

2．入院時生活療養費の額は，＿＿＿＿＿＿＿に要する平均的な費用の額を勘案して厚生労働大臣が定める基準により算定した費用の額から，生活療養標準負担額を控除した額である。ただし，実際には現物給付が行われている。

　生活療養費標準負担額は，平均的な家計における食費・光熱水費の状況，病院等における＿＿＿＿＿＿＿に要する費用（食費・居住費）の額を勘案して厚生労働大臣が定めることとなっている。

一部負担金
Ⅲ　平均的な　　460円　　12月以内　　90日　　90日
Ⅳ2．生活療養　　生活療養

174

なお，保険医療機関等は，特定長期入院被保険者に対し，生活療養標準負担額とその他の費用の額とを区分して記載した領収証を交付しなければならない。

V　保険外併用療養費

1．保険外併用療養費は，被保険者が保険医療機関等のうち自己の選定するものから＿＿＿＿＿＿＿＿，患者申出療養または＿＿＿＿＿＿＿＿を受けたときに，その療養に要した費用について支給される。 ……法第86条

2．保険外併用療養費の額は，その療養（食事療養・生活療養を除く）につき療養の給付に関する療養に要する費用の算定方法を勘案して厚生労働大臣が定めるところにより算定した費用の額（現にその療養に要した額を限度）から，一部負担相当額控除した額とされる。

　ただし，実際には現物給付が行われている。 ……則第63条

　なお，保険医療機関等は，自己負担額，生活療養標準負担額，その他の費用の額を区分して記載した領収証を交付しなければならない。 ……則第64条

VI　療　養　費

1．支給要件

　療養費は，次の場合に，療養の給付，入院時食事療養費，入院時生活療養費，保険外併用療養費の支給に代えて支給される。 ……法第87条

⑴　療養の給付を行うことが困難であると＿＿＿＿＿＿が認めるとき

⑵　被保険者が保険医療機関等以外の病院等から診療等を受けた場合に，＿＿＿＿＿＿＿＿＿がやむを得ないと認めるとき

　海外滞在中に療養等を受けたときも，これに該当する。

2．支給金額

　療養費の額は，療養（食事療養・生活療養を除く）について算定した費用の額から一部負担金相当額を控除した額および食事療養または生活療養について算定した費用の額から食事療養標準負担額または生活療養標準負担額を控除した額を基準として，保険者が定めることになっている。

3．受給手続等

　療養費の支給を受けようとする者は，「療養費支給申請書」に療養に要した費用の額に関する証拠書類（領収書）を添付して，保険者に提出する。 ……則第66条

V 1．評価療養　　選定療養
VI 1．保険者　　保険者

175

なお，証拠書類が外国語で記載されている場合には，日本語の翻訳文を添付する。

Ⅶ　訪問看護療養費

1．支給要件

訪問看護療養費は，疾病または負傷により_____において継続して療養を受ける状態にあり，その病状が安定している等の被保険者が_____の指示により，指定訪問看護事業者から，指定訪問看護を受け，保険者が必要と認める場合に支給される。　　　　　　　　　　　　　　　　　　　　　　　　　法第88条

2．訪問看護療養費の額

訪問看護療養費の額は，厚生労働大臣が定めるところにより算定した費用の額から，一部負担金相当額を控除した額である。

ただし，自己負担額を基本利用料として指定訪問看護事業者に支払って，指定訪問看護を受けることができる（現物給付）。この場合には，指定訪問看護事業者は，その基本利用料およびその他の利用料を区分した領収証を被保険者に交付する。

Ⅷ　移　送　費

1．支給要件

移送費は，被保険者が病院等に移送されたときに，移送の目的である療養が保険診療として適切であって，患者が移動困難であり，かつ，緊急その他やむを得ないと保険者が認める場合に支給される。　　　　　　　　　　　　　　　　法第97条

2．支給額

移送費の額は，最も経済的な通常の_____により移送された場合の費用により算定された額（現に要した費用の額を限度）とされる。　　則第80条

Ⅸ　傷病手当金

1．支給要件

傷病手当金は，被保険者が_____のため労務に服することができないときに，その日から起算して_____を経過した日から_____ことができない期間，支給される。　　　　　　　　　　　　　　　　　　　　　　　　　　　法第99条

Ⅶ1．居宅　　主治の医師
Ⅷ2．経路および方法
Ⅸ1．療養　　　3日　　労務に服する

2．支給金額

傷病手当金の額は，１日につき，支給開始日の属する月以前の直近の継続した............の各月の標準報酬月額を平均した額の............に相当する額の............に相当する額である。

3．報酬との調整

報酬の全部または一部を受けることのできる者に対しては，これを受けることのできる期間，傷病手当金は支給されない。

ただし，その受けることのできる報酬の額が，傷病手当金の額より少ないときは，その差額が支給される。

この場合，受けることができるはずであった報酬の全部または一部を受けることができなかったときは，傷病手当金の............または............（上記により一部を受けたときは，その額を控除）が支給される。なお，支給された金額は，............から徴収することになっている。

法第108条

法第109条

4．他制度との調整

⑴　同一の傷病およびその傷病に起因する疾病につき，厚生年金保険法による............の支給を受けることができるときは，傷病手当金は支給されない。

法第108条

ただし，受けることのできる............の額を............で除して得た額（１円未満は切捨て）が傷病手当金の額より少ないときは，その差額が支給される。

則第89条

⑵　同一の傷病およびその傷病に起因する疾病につき，厚生年金保険法による............の支給が受けられるときは，傷病手当金の日々の合計額が............の額に達するまでは，傷病手当金は支給されない。

⑶　資格喪失後の............として傷病手当金を受けるべき者で日雇特例被保険者でないものが，公的年金各法に基づく老齢または退職を支給事由とする一定の年金給付を受けることができるときは，傷病手当金は支給されない。

ただし，受けることができる老齢退職年金給付の額（２以上あるときは，その合算額）を............で除して得た額（１円未満は切捨て）が傷病手当金の額より少ないときは，その差額が支給される。

5．出産手当金との関係

同一の日について傷病手当金と出産手当金との両方を受け得る状態となったと

法第103条

2．12カ月間　　30分の1　　3分の2

3．全額　　差額　　事業主

4．障害厚生年金　　障害厚生年金　　360　　障害手当金　　障害手当金　　継続給付
　　360

きは，その期間，_____は支給されず，_____のみが支給される。

6．支給期間

傷病手当金の支給期間は，同一の傷病およびその傷病に起因する疾病に関しては，支給開始日から通算して_____を超えないものとされている。

ただし，支給を始めた日が令和２年７月１日以前の場合は，暦日数で_____を経過すれば，その日から支給されなくなる。

法第99条

7．受給手続

傷病手当金の支給を受けようとする者は，「傷病手当金支給申請書」に労務不能の期間等に関する医師または歯科医師の意見書，その間における報酬の額等に関する事業主の証明書を添付して，保険者に提出する。

則第84条

X　埋葬料及び埋葬費

1．支給要件

埋葬料は，被保険者が死亡したときに，その被保険者により_____していた者であって，_____を行うものに対し，支給される。

埋葬料の支給を受けるべき者がない場合には，実際に埋葬を行った者に対し，埋葬に要した費用に相当する金額（埋葬費）が支給される。

法第100条

2．支給金額

埋葬料の額は，_____である。

埋葬に要した費用に相当する金額（埋葬費）は，_____の金額の範囲内で実際に埋葬に要した費用に相当する金額である。

令第35条

3．受給手続

埋葬料の支給を受けようとする者は，「埋葬料支給申請書」に，被保険者証のほか，市町村長の火（埋）葬許可証の写し，死亡診断書等の写し，被保険者の死亡に関する事業主の証明書等のいずれかを添付して，保険者に提出する。

また，埋葬に要した費用に相当する金額（埋葬費）の支給を受けようとする者は，上記の書類のほか，埋葬に要した費用に関する証拠書類を添付して提出する。

則第85条

5．傷病手当金　　出産手当金
6．1年6月　　1年6月
X 1．生計を維持　　埋葬
　2．50,000円　　埋葬料

XI　出産育児一時金

1．支給要件・支給金額

　　出産育児一時金は，被保険者が出産したときに支給され，その額は_____
円である。ただし，産科医療補償制度に加入する医療機関等（加入分娩機関）に
おいて出産したときは当該制度に係る費用が上乗せされ42万円が支給される。双
児等の場合には，胎児数に応じて支給される。

　　※　「出産」とは，妊娠4カ月以上（85日以上）の場合をいい，生産，死産，流
　　　産または早産を問わない。

法第101条
令第36条

2．受給手続

　　出産育児一時金の支給を受けようとする者は，「出産育児一時金支給申請書」
に，医師もしくは助産師の出産の事実を証明した書類，または市町村長の出生に
関して戸籍もしくは出生届に記載した事項を証明した書類を添付して，保険者に
提出する。

　　また，被保険者が医療機関等を受取代理人とする申請を事前に保険者へ行い，
医療機関が被保険者に代わって出産育児一時金を受け取ることにより，被保険者
の医療機関等での窓口において出産費用を支払う負担を軽減させることができる。
これを直接支払制度という。

則第86条

XII　出産手当金

1．支給要件

　　出産手当金は，出産の日（出産の日が出産の予定日後であるときは出産の予定
日）以前_____（多胎妊娠の場合は_____）から出産の日後_____までの間にお
いて労務に服さなかった期間，支給される。

　　出産の日は，_____の期間に含まれる。公休日についても，労務に服さない状
態であれば支給される。

法第102条

2．支給金額

　　出産手当金の額は，1日につき，支給開始月の属する月以前の直近の継続した
12カ月間の各月の標準報酬月額を平均した額の_____の_____
_____相当額である。

　　※　報酬の全部または一部について支払いがあった場合における支給調整につい
　　　ては，傷病手当金の場合と同様である。

XI 1．408,000
XII 1．42日　　98日　　56日　　産前
　 2．30分の1　　3分の2

179

なお，出産手当金の支給対象となっている日について，傷病手当金がすでに支給されている場合は，すでに支給された傷病手当金は出産手当金の内払いとみなされる。 法第103条

3．受給手続

出産手当金の支給を受けようとする者は，「出産手当金支給申請書」に，出産予定日に関する医師または助産師の意見書，多胎妊娠の場合はその旨の医師の証明書，労務に服さなかった期間に関する事業主の証明書を添付して，保険者に提出する。 則第87条

XⅢ　被扶養者の給付事由に対する保険給付

1．家族療養費

(1)　家族療養費は，被保険者の＿＿＿＿＿＿＿＿が保険医療機関等のうち自己の選定するものから療養を受けたときに支給される。 法第110条

(2)　家族療養費の額は，その療養（＿＿＿＿＿＿＿・生活療養を除く）につき算定した費用の額（現に要した費用の額を限度）に＿＿＿＿＿＿＿を乗じて得た額である。

ただし，

①　被扶養者が＿＿＿＿に達する日以後の最初の3月31日以前である場合は，100分の80

②　被扶養者が70歳到達月の翌月以後である場合は，＿＿＿＿＿＿＿＿（凍結期間中は100分の90）

③　被扶養者が70歳到達月の翌月以後である場合であって，70歳到達月の翌月以後である被保険者の＿＿＿＿＿＿＿＿＿が＿＿＿＿＿＿以上であるときは，＿＿＿＿＿＿＿＿

とされている。

その療養に食事療養・生活療養が含まれるときは，算定した費用の額（現に要した費用の額を限度）から食事療養・＿＿＿＿＿＿＿＿＿＿＿＿＿＿＿＿を控除した額との合算額とされる。

家族療養費は，建前は現金給付であるが，実際には，自己負担額を支払って療養を受けるという，現物給付となっている。

なお，保険者は，一部負担金の減免等を受ける被保険者の被扶養者に係る家 法第110条
の2

XⅢ1．被扶養者　　食事療養　　100分の70　　6歳　　100分の80　　標準報酬月額
28万円　　100分の70　　生活療養標準負担額

族療養費については，支給割合を100分の100までの範囲内で引き上げる措置をとることができる。

2．家族訪問看護療養費

(1) 被扶養者が疾病または負傷により居宅において継続して療養を受ける状態にあり，その病状が安定している場合に，主治の医師の指示により指定訪問看護事業者から指定訪問看護を受けたときに，保険者が必要と認める場合に支給される。　　法第111条

(2) 家族訪問看護療養費の額は，指定訪問看護について算定された費用の額に上記1(2)の割合を乗じて得た額である。実際には，現物給付化されている。

3．家族移送費

被扶養者が病院等に移送されたときに，保険者が必要と認める場合に支給される。支給要件および支給額は，被保険者の場合と同じである。　　法第112条

4．家族埋葬料

被扶養者が死亡したときに，被保険者に対し，＿＿＿＿＿＿が支給される。　　法第113条　令第35条

5．家族出産育児一時金

被扶養者が出産したときに，被保険者に対し，胎児1人につき＿＿＿＿＿＿が支給される。ただし，加入分娩機関において出産したときは，42万円が支給される。　　法第114条　令第36条

XIV　高額療養費

高額療養費は，＿＿＿＿＿＿について支払われた一部負担金の額，または療養（＿＿＿＿＿＿・生活療養を除く）に要した費用の額からその療養に要した費用相当額を控除した額が著しく高額であるときに，支給される。　　法第115条

支給要件，支給額は，療養に必要な費用の負担が＿＿＿に与える影響，療養に要した費用の額を考慮して，定められている。

被保険者またはその被扶養者が，＿＿＿＿＿＿にそれぞれ＿＿＿＿＿＿等から受けた療養に係る一部負担金の額または自己負担額が次のいずれかに該当するときに，高額療養費算定基準額を控除した額が，支給される。　　令第41条～第43条

(1) 一部負担金等世帯合算額（次の①②の額の合算額から(2)(3)により支給される高額療養費の額を控除した額）が，算定基準額を超えるとき

① 特定給付対象療養以外の療養（食事療養，(5)の療養を除く）に係る一部負担

4．50,000円

5．408,000円

XIV　療養の給付　　食事療養　　家計　　同一の月　　一の病院

金の額，自己負担額の合算額

② 特定給付対象療養（原爆一般疾病医療費の支給等が行われるべき療養，(6)の療養）について，なお負担すべき額の合算額

※ 70歳到達月以前の療養，特定給付対象療養に係る一部負担金の額等については，_____ のものが合算対象とされる。

(2) 70歳以上一部負担金等世帯合算額（70歳到達月の翌月以後に受けた療養に係る(1)の①②の額の合算額から(3)により支給される高額療養費の額を控除した額）が，高額療養費算定基準額を超えるとき

(3) 外来療養に係る一部負担金の額等（上記(1)の①②）の被保険者，被扶養者ごとの合算額が，それぞれ高額療養費算定基準額を超えるとき（個人ごと）

(4) 特定給付対象療養に係る一部負担金の額または自己負担額が，高額療養費算定基準額を超えるとき

(5) 被保険者または被扶養者が生活保護法に規定する被保護者である場合に受けた療養（食事療養，特定給付対象療養を除く）に係る一部負担金の額または自己負担額が，高額療養費算定基準額を超えるとき

(6) 厚生労働大臣が定める疾病（費用が著しく高額であり，かつ，著しく長期間にわたる継続治療を要するもの）に係る療養を受け，保険者の認定を受けた場合に，その療養に係る一部負担金の額または自己負担額が，高額療養費算定基準額を超えるとき

高額療養費算定基準額は，おおむね別表のとおりである。また，「多数回該当」とは，その療養があった月以前の_____ に，すでに_____ 高額療養費（外来に係る70歳以上の高額療養費と長期高額特定疾病患者を除く）が支給されている場合をいう。

21,000円以上　　12月以内　　3回以上

【高額療養費算定基準額】（自己負担限度額）

所得区分	高額療養費算定基準額	多数回該当
標準報酬月額 83万円以上	252,600円＋（医療費－842,000円）×1％	140,100円
標準報酬月額 53万円以上83万円未満	167,400円＋（医療費－558,000円）×1％	93,000円
標準報酬月額 28万円以上53万円未満	80,100円＋（医療費－267,000円）×1％	44,400円
標準報酬月額 28万円未満	57,600円	44,400円
低所得者 （市町村税非課税者等）	35,400円	24,600円

70歳以上	高額療養費算定基準額	
所得区分	外来特例（個人）	限度額（世帯）
標準報酬月額 83万円以上		252,600円＋（医療費－842,000円）×1％ <多数回該当：140,100円>
標準報酬月額 53万円以上83万円未満		167,400円＋（医療費－558,000円）×1％ <多数回該当：93,000円>
標準報酬月額 28万円以上53万円未満		80,100円＋（医療費－267,000円）×1％ <多数回該当：44,400円>
標準報酬月額 28万円未満	18,000円	57,600円 <多数回該当：44,400円>
低所得者1 （市区町村民税非課税者等）	8,000円	24,600円
低所得者2 （無収入者等）		15,000円

　人工透析を要する70歳未満の長期高額特定疾病患者については，自己負担額は，10,000円（標準報酬月額が53万円以上の者は，20,000円）。

　高額療養費の支給を受けようとする者は，「高額療養費支給申請書」を，保険者に提出しなければならない。　　　　則第109条

183

XV　高額介護合算療養費

　高額介護合算療養費は，療養の給付について支払われた一部負担金の額，または療養（食事療養・＿＿＿＿＿＿を除く）に要した費用の額から支給された保険外併用療養費等相当額を控除した額ならびに介護保険法に規定する＿＿＿＿＿＿利用者負担額および＿＿＿＿＿＿＿＿＿＿利用者負担額の合計額が著しく高額であるときは，高額介護合算療養費を支給する。 法第115条の2

　支給要件・支給額は，療養に必要な費用の負担が＿＿＿＿＿に与える影響，療養に要した費用の額を考慮して，定められている。

　高額介護合算療養費は，介護合算一部負担金等世帯合算額が介護合算算定基準額（70歳未満で標準報酬月額が28万円以上53万円未満の被保険者の場合には，＿＿＿＿＿＿＿＿円）に支給基準額（＿＿＿＿＿＿＿＿）を加えた額を超える場合に支給される。 令43条の2・3

　なお，介護合算一部負担金等世帯合算額とは，＿＿＿＿＿＿＿＿までの期間（以下，「計算期間」という。）において，当該保険者の被保険者（計算期間の末日（以下「基準日」という。）において被保険者（日雇特例被保険者，国家公務員共済組合法及び地方公務員等共済組合法に基づく共済組合の組合員並びに私立学校教職員共済法の規定による私立学校教職員共済制度の加入者を除く。）である者に限る。以下「基準日被保険者」という。）又はその被扶養者がそれぞれ当該保険者の被保険者又はその被扶養者として受けた療養に係る次の(1)と(2)の合算額（＿＿＿＿＿＿＿＿が支給される場合にあっては，当該支給額を控除した額とする。）をいう。

(1)　被保険者であって期間に行われた療養に係る一部負担金等（食事療養標準負担額，生活療養標準負担額及び差額ベッド代など保険外併用療養費における自己負担額等は含まない）の額（70歳に達する被保険者の属する月以前の当該療養については，21,000円以上のものに限る）

(2)　介護保険法の規定による居宅サービス等及び介護予防サービス等に係る利用者負担世帯合算額から高額介護サービス費として支給される額及び高額介護予防サービス費として支給される額を合算した額に相当する額を控除した額

XV　生活療養　　介護サービス　　介護予防サービス　　家計　　67万　　500円
　　前年8月1日から7月31日　　高額療養費

第8　　資格喪失後の保険給付

　資格喪失後の保険給付は，①給付事由が資格喪失前に生じ，それが資格喪失後まで継続するものと，②給付事由が資格喪失後に生じたものとに大別される。

　ただし，被保険者であった者が＿＿＿＿＿＿＿＿の被保険者となったときは，＿＿＿＿＿＿＿＿＿＿＿，出産手当金，埋葬料（埋葬費）および出産育児一時金は，支給されない。

　また，特例退職被保険者には，＿＿＿＿＿＿＿＿＿＿は支給されない。

法第107条

I　傷病手当金・出産手当金の継続給付

　被保険者の資格を喪失した日（＿＿＿＿＿＿＿＿＿＿＿＿＿の資格を喪失した者にあっては，その資格を取得した日）の前日まで，引き続き＿＿＿＿＿＿被保険者（＿＿＿＿＿＿＿＿＿＿＿，共済組合の組合員または私立学校教職員共済制度の加入者である被保険者を除く）であった者で，その資格を喪失した際に傷病手当金または出産手当金の支給を受けているものは，被保険者として受けることができるはずであった期間，継続して＿＿＿＿＿＿＿＿＿からその給付を受けることができる。

　なお，報酬との調整により，資格喪失の際にその支給が停止されていた者も，支給を受けている者とされる。

法第104条

II　資格喪失後の死亡に関する給付

　被保険者であった者が次のいずれかに該当する場合には，その者により＿＿＿＿＿＿していた者で，＿＿＿＿を行うものは，その被保険者の＿＿＿＿＿＿＿＿＿から埋葬料の支給を受けることができる。

① 傷病手当金または＿＿＿＿＿＿＿＿＿の継続給付を受ける者が死亡したとき

② ①の継続給付を受けなくなった日後＿＿＿＿＿＿＿に死亡したとき

③ 被保険者の資格を喪失した日後＿＿＿＿＿に死亡したとき

　埋葬料の支給を受けるべき者がない場合には，埋葬を行った者に，埋葬に要した費用に相当する金額が支給される。

法第105条

【第8】

船員保険　　傷病手当金　　傷病手当金

I　任意継続被保険者　　1年以上　　任意継続被保険者　　同一の保険者

II　生計を維持　　埋葬　　最後の保険者　　出産手当金　　3月以内　　3月以内

Ⅲ　資格喪失後の出産に関する給付

法第106条

　　　　　　　　被保険者であった者が資格喪失日後　　　　　　　に出産したときは，出産につき　　　　　　として受けることができるはずであった　　　　　　　　の支給を，最後の保険者から受けることができる。

Ⅳ　特別療養給付

法第98条

　被保険者が資格を喪失し，かつ，　　　　　　　　　　　　またはその被扶養者となった場合に，資格喪失した際に療養の給付等，　　　　　　　　の規定による医療等または指定居宅サービス等で　　　　に相当するものを受けているときは，その傷病およびこれにより発した疾病につき，原則として資格喪失日から起算して　　　　　，その保険者から療養の給付等を受けることができる。

第9　　日雇特例被保険者に係る保険給付

Ⅰ　保険給付の種類等

1．日雇特例被保険者およびその被扶養者の給付事由に対する保険給付には，被保険者に係る保険給付と同一のもののほか，特別療養費がある。

法第127条

2．同一の給付事由について，

　(1)　日雇特例被保険者に対する保険給付は，被保険者に係る保険給付，他の　　　　　　　　　　　　　（国民健康保険法を除く），労働者災害補償保険法，国家公務員災害補償法，地方公務員災害補償法または　　　　　　　　の規定による相当する給付を受けることができる場合には，行われない。

法第128条

　　　また，他の医療保険各法の規定により，被扶養者に対する保険給付に相当する給付を受けたときは，その限度において行われない。

　(2)　被扶養者に対する保険給付は，被保険者に係る保険給付，他の医療保険各法または　　　　　　　　の規定による相当する給付を受けることができる場合には，行われない。

　(3)　他の法令の規定により，いわゆる公費負担で療養等を受けたときは，その限度において行われない。

Ⅲ　1年以上　　6月以内　　被保険者　　出産育児一時金
Ⅳ　日雇特例被保険者　　介護保険法　　療養　　6月間
【第9】
Ⅰ　医療保険各法　　介護保険法　　介護保険法

Ⅱ　療養の給付等

1．受給要件

　　療養の給付，入院時食事療養費・入院時生活療養費・保険外併用療養費・療養費・訪問看護療養費に係る療養を受けるには，これを受ける日において，次のいずれかに該当していなければならない。

法第129条〜第133条

　①　療養を受ける日の属する月の＿＿＿＿＿＿＿に通算して＿＿＿＿＿以上，またはその月の＿＿＿＿＿に通算して＿＿＿＿＿以上の保険料を納付していること

　②　療養を受けようとする疾病（その原因となった疾病または負傷を含む）または負傷についての療養の給付等開始日から＿＿＿＿，厚生労働大臣の定める疾病（結核性疾病）に関しては＿＿＿＿を経過していないこと

2．給付期間

　　療養の給付等の給付期間は，同一の傷病およびこれにより発生した疾病について，療養の給付等開始日から＿＿＿＿＿（結核性疾病の場合は＿＿＿＿＿）である。

　　ただし，1年または5年が経過しても，経過後の日の属する月の前2月間または前6月間に保険料の納付要件を満たしていれば，その月は給付される。

3．受給手続

　　療養の給付等を受けようとするときは，自己の選定する保険医療機関等または指定訪問看護事業者に受給資格者票を提出する。

　　受給資格者票は，日雇特例被保険者が受給要件を満たしていることを保険者が確認し，その表示をして発行される。

則第119条

　　なお，療養費の支給を受けようとするときは，＿＿＿＿＿＿＿等を添付する。

則第123条

Ⅲ　移　送　費

法第134条

　移送費は，日雇特例被保険者が療養の給付（保険外併用療養費・＿＿＿＿＿＿＿＿＿に係る療養を含む）を受けるため，病院または診療所に移送されたときに，保険者が必要であると認める場合に，支給される。

Ⅱ1．前2月間　　26日分　　前6月間　　78日分　　1年　　5年
　2．1年間　　5年間
　3．被保険者手帳
Ⅲ　特別療養費

Ⅳ　傷病手当金

1．傷病手当金は，日雇特例被保険者が療養の給付等を受けている場合に，その療養のため労務に服することができないときに，その日から起算して＿＿＿＿＿＿＿＿から労務に服することができない期間，支給される。　法第135条

2．傷病手当金の額は，初めて療養の給付等を受けた日の属する月の＿＿＿＿＿＿（または＿＿＿＿＿＿）の各月ごとの＿＿＿＿＿＿＿＿の合算額のうち最大のものの＿＿＿＿＿に相当する額である。いずれでも計算できるときは，いずれか＿＿＿＿とされる。

3．傷病手当金の支給期間は，支給を始めた日から起算して＿＿＿＿（結核性疾病は＿＿＿＿＿＿）を超えないものとされている。

　　なお，＿＿＿＿＿＿が支給される場合には，その期間，傷病手当金は支給されない。ただし，傷病手当金の額がその額を超えるときは，差額が支給される。　法第139条

Ⅴ　埋葬料等

1．埋葬料は，日雇特例被保険者が死亡した場合に，次のいずれかの要件に該当するときに，その者により＿＿＿＿＿＿していた者であって埋葬を行う者に，支給される。　法第136条　令第35条

　⑴　死亡日の属する月の＿＿＿＿＿＿に通算して＿＿＿＿＿以上，またはその月の＿＿＿＿＿に通算して＿＿＿＿以上の保険料を納付しているとき

　⑵　死亡の際に，療養の給付等を受けていたとき

　⑶　その死亡が療養の給付等を受けなくなった日後＿＿＿＿＿＿であったとき

2．埋葬料の額は，＿＿＿＿＿＿である。

3．埋葬料を受けるべき者がいないときは，実際に埋葬を行った者に対して，埋葬料の額の範囲内で＿＿＿＿＿＿＿＿が支給される。

Ⅵ　出産育児一時金

　出産育児一時金は，日雇特例被保険者が出産した場合に，出産日の属する月の＿＿＿に通算して＿＿＿＿＿＿の保険料を納付しているときに，支給される。その額は＿＿＿＿＿であり，＿＿＿＿＿に応じて支給される。　法第137条　令第36条

　ただし，加入分娩機関において出産したときは，42万円が支給される。

Ⅳ1．3日を経過した日　　2．前2月間　　前6月間　　標準賃金日額　　45分の1
　高い額　　3．6月　　1年6月　　出産手当金
Ⅴ1．生計を維持　　前2月間　　26日分　　前6月間　　78日分　　3月以内
　2．50,000円　　3．埋葬に要した費用（埋葬費）
Ⅵ　前4月間　　26日分以上　　408,000円　　胎児数

188

Ⅶ 出産手当金

　　出産手当金は，_____の支給を受けることができる日雇特例被保険者に，出産の日（出産の日が出産の予定日後であるときは出産の予定日）以前_____（多胎妊娠の場合は_____）から出産の日後_____までの間において労務に服さなかった期間支給される。

　　出産手当金の額は，１日につき，出産の日の属する月の前４月間の各月ごとの標準賃金日額の合算額のうち最大のものの_____に相当する額である。

法第138条

Ⅷ 日雇特例被保険者の被扶養者の給付事由に対する保険給付

　　保険給付の内容は，被保険者の被扶養者に対するものと同様である。また，支給要件も，日雇特例被保険者の場合とほぼ同様である。

１．家族療養費・家族訪問看護療養費

　　被扶養者が，_____を_____（健康保険組合直営の病院等を除く）または指定訪問看護事業者のうち自己の選定するものに提出して，療養または指定訪問看護を受けたときに，それに要した費用について支給される。実際は，現物給付である。

法第140条・第141条

２．家族移送費

　　家族移送費は，被扶養者が家族療養費（_____を含む）に係る療養を受けるため，病院または診療所に移送されたときに，保険者が必要と認める場合に支給される。

法第142条

３．家族埋葬料

　　被扶養者が死亡したときに，死亡日の属する月の_____に通算して_____以上，またはその月の_____に通算して_____以上の保険料が，日雇特例被保険者について納付されている場合に支給される。

　　家族埋葬料の額は，_____である。

法第143条
令第35条

４．家族出産育児一時金

　　被扶養者が出産したときに，出産日の属する月前に上記３と同様に保険料が納付されている場合に支給される。

　　家族出産育児一時金の額は，胎児１人につき_____である。

　　ただし，加入分娩機関において出産したときは，42万円が支給される。

法第144条
令第36条

Ⅶ　出産育児一時金　　42日　　98日　　56日　　45分の１
Ⅷ１．受給資格者票　　保険医療機関等
　２．特別療養費
　３．前２月間　　26日分　　前６月間　　78日分　　50,000円
　４．408,000円

IX 特別療養費

1. 特別療養費は，日雇特例被保険者が次のいずれかに該当する場合に，日雇特例被保険者またはその被扶養者が，特別療養費受給票を保険医療機関等（健康保険組合直営の病院等を除く）または指定訪問看護事業者に提出して，療養または指定訪問看護を受けたときに支給される。

　① 初めて＿＿＿＿＿＿＿＿＿＿＿＿＿＿＿＿の交付を受けた者

　② 受給要件を満たした月に手帳に健康保険印紙をはり付けるべき余白がなくなり，その後初めて手帳の交付を受けた者

　③ 受給要件を満たした月の翌月中に手帳を返納した後，初めて手帳の交付を受けた者

　④ 前に交付を受けた手帳に余白がなくなった日から起算して1年以上経過して手帳の交付を受けた者

　⑤ 前に交付を受けた手帳を返納してから＿＿＿＿＿＿＿経過して手帳の交付を受けた者

2. 特別療養費の額は，その療養（食事療養・生活療養を除く）につき算定された費用の額（現に要した費用の額を限度）から一部負担金相当額を控除した額である。

　　食事療養・生活療養が含まれるときは，食事療養・生活療養につき算定した費用の額から標準負担額を控除した額が加算される。実際は，現物給付である。

3. 特別療養費の給付期間は，手帳の交付を受けた日の属する月の初日から起算して＿＿＿＿＿（月の初日に交付を受けた場合には＿＿＿＿＿）である。

X 高額療養費

高額療養費は，特別療養費に係る自己負担額も含め，被保険者の場合と同様の要件により支給される。ただし，高額療養費算定基準額には，上位所得者，一定以上所得者および市町村民税非課税者等の区分はない。

XI 高額介護合算療養費

高額介護合算療養費は，被保険者の場合と同様の要件により支給される。

法第145条

法第147条

IX 1. 日雇特例被保険者手帳　　1年以上
　 3. 3月間　　2月間

第10　保険給付に関する通則的事項

I　給付制限

1．被保険者または被保険者であった者が，自己の　　　　　　　　　　　　　により，
   または　　　　　　に給付事由を生じさせたときは，保険給付は行われない。　　　　　法第116条
   ・第122条
   ・第149条

2．被保険者が闘争，泥酔または著しい　　　　　　　　によって給付事由を生じさせた　法第117条
   ときは，保険給付の　　　　　　　　　　　　　が制限されることがある。

3．　　　　　　　　は，被保険者または被保険者であった者が，正当な理由なしに，　　法第119条
   　　　　　に関する指示に従わないときは，保険給付の一部を行わないことができる。

4．偽りその他　　　　　　　　　　によって保険給付を受け，または受けようとした　　法第120条
   者は，　　　　　　　　　　の期間において保険者が定める間，　　　　　　　　　　または
   出産手当金の全部または一部の支給が制限されることがある。
   　　ただし，この給付制限は，不正の行為があった日から　　　　　　を経過したときは
   行われない。

5．保険給付を受ける者（被扶養者を含む）が，正当な理由なしに，文書の提出・　　　　法第121条
   提示命令に従わないとき，職員の質問，診断に対し答弁，受診を拒否したときは，
   保険者は，保険給付の　　　　　　　　　　　　　を行わないことができる。

6．被保険者または被保険者であった者が，次のいずれかに該当する場合には，そ　　　　法第118条
   の期間，疾病，負傷または出産に関する保険給付は行われない。
   (1)　少年院等の施設に収容されたとき
   (2)　刑事施設，労役場等の施設に拘禁されたとき
   　　ただし，傷病手当金・出産手当金は，未決拘留の場合には支給される。　　　　　　則第32条の
   　　また，(1)(2)の場合でも　　　　　　　　　に係る保険給付は行われる。　　　　　2
   　　なお，前月から引き続き被保険者（任意継続被保険者を除く）である者が上記　　　法第158条
   事由に該当したときは，その月（　　　　　　　　　　　に該当した場合には，その翌
   月）以後，該当しなくなった月の前月までの間，　　　　　　　　は徴収されない。

【第10】
I 1．故意の犯罪行為　　　故意　　　2．不行跡　　全部または一部　　　3．保険者　　　療養
　4．不正の行為　　　6月以内　　　傷病手当金　　　1年　　　5．全部または一部
　6．被扶養者　　　資格取得月　　　保険料

Ⅱ　損害賠償請求権の代位取得等

1．給付事由が＿＿＿＿＿＿＿の行為により生じた場合において保険給付が行われたときは，その＿＿＿＿＿＿＿＿＿の限度で，保険給付を受ける権利を有する者が＿＿＿＿＿＿に対して有する損害賠償請求権を，保険者が取得する。　　　　法第57条

この場合において，保険給付を受ける権利を有する者が第三者から同一事由について＿＿＿＿＿＿＿を受けたときは，保険者は，その価額の限度で，保険給付を免責される。

※　精神的損害に対する賠償である慰謝料は，代位取得の対象にはならない。

2．代位取得は，当事者の意思いかんにかかわらず，法律上当然に行われる。

なお，自動車事故の場合には，保険者は＿＿＿＿＿＿に対して求償することができる。

Ⅲ　不正利得の徴収

1．保険者は，偽りその他不正の行為により保険給付を受けた者から，その給付の価額（療養の給付のときは，＿＿＿＿＿＿＿＿＿＿相当額を控除）の全部または一部を徴収することができる。　　　　法第58条

2．不正利得が，事業主の虚偽の報告または証明，保険医等の虚偽の診断書が原因で行われたものであるときは，保険者は，事業主または保険医等に対して，保険給付を受けた者と連帯してその徴収金の納付を命ずることができる。

3．保険医療機関等または指定訪問看護事業者が偽りその他不正の行為により診療報酬の支払いを受けたときは，保険者は，その者に，その支払額を返還させるほか，その額の＿＿＿＿＿＿＿相当額を支払わせることができる。

Ⅳ　受給権の保護

保険給付を受ける権利は，これを保護するため，譲り渡し，＿＿＿＿＿に供し，または差し押さえることはできない。　　　　法第61条

また，＿＿＿＿＿その他の公課は課すことはできない。　　　　法第62条

Ⅴ　保険給付の支給方法

現金給付である保険給付は，請求のつど支給される。　　　　法第56条

ただし，傷病手当金・出産手当金については，毎月＿＿＿＿＿＿＿＿＿に支給することができる。

Ⅱ 1．第三者　　給付の価額　　第三者　　損害賠償　　2．保険会社

Ⅲ 1．一部負担金　　3．100分の40

Ⅳ　担保　　租税

Ⅴ　一定の期日

Ⅵ　時　　効

　　保険給付を受ける権利は，これらを行使することができる時から............を経過し

たときは，時効によって消滅する。

　　保険給付請求権の消滅時効の起算日は，次のとおりである。

⑴　療養費は，療養に要した費用を支払った日の翌日

⑵　傷病手当金・出産手当金は，

　①　労務不能であった日，労務に服さなかった日ごとにその翌日

　②　本人が行方不明となった場合は，支給決定通知が到達したと認められる日の

　　　翌日

⑶　出産育児一時金・埋葬料は，支給事由発生日の翌日

　　埋葬費は，埋葬を行った日の翌日

⑷　高額療養費は，診療月の翌月1日

　　ただし，自己負担分を診療月の翌月以後に支払ったときは，支払った日の翌日

　　から起算する。

⑸　移送費は，移送に要した費用を支払った日の翌日

法第193条

第11　　保健事業・福祉事業

1．保険者は，高齢者の医療の確保に関する法律の規定による.....................および同

　法の規定による.....................（特定健康診査等という）を行うものとするほか，特

　定健康診査等以外の事業であって，健康教育，健康相談および健康診査並びに健康

　管理および疾病の予防に係る被保険者およびその被扶養者の...............についての支

　援その他の被保険者等の健康の保持増進のために必要な事業を行うように努めなけ

　ればならない。

2．保険者は，療養費用に係る資金または療養用具の貸付け等，被保険者等の療養・

　.....................の向上，または出産費用に係る資金の貸付け等，被保険者等の

　.....................のために必要な事業を行うことができる。

3．保険者は，上記の事業に支障がない場合に限り，有料で，被保険者等でない者に

　利用させることができる。

法第150条

Ⅵ　2年

【第11】

1．特定健康診査　　特定保健指導　　自助努力

2．療養環境　　福祉の増進

第12　　費用の負担

健康保険事業に要する費用の財源には，主として保険料が充てられるが，国庫も一定の負担または補助をする。 — 法第155条

I　国庫負担・補助

1．国庫負担

国庫は，毎年度，＿＿＿＿＿＿＿＿＿＿＿＿において，健康保険事業の事務，前期高齢者納付金等・後期高齢者支援金等・日雇拠出金・介護納付金の納付に関する事務の執行に要する費用を負担する。 — 法第151条

健康保険組合に対して交付する国庫負担金は，各健康保険組合における被保険者数を基準として＿＿＿＿＿＿＿＿＿＿＿が算定し，概算払いで行われている。 — 法第152条

※　前期高齢者納付金等・後期高齢者支援金等・介護納付金とは，高齢者医療，介護保険を行う市町村への交付金に充てるため，社会保険診療報酬支払基金が，保険者または被用者保険等保険者から徴収する拠出金をいう。

※　日雇拠出金とは，日雇特例被保険者に係る健康保険事業に要する費用（前期高齢者納付金等・後期高齢者支援金等・介護納付金の納付に要する費用を含む）に充てるため，厚生労働大臣が，保険料のほかに，日雇特例被保険者を使用する事業主が設立する＿＿＿＿＿＿＿＿＿から，毎年度徴収する拠出金をいう。 — 法第173条

2．国庫補助

⑴　協会が管掌する健康保険事業の執行に要する費用のうち，被保険者に係る保険給付に要する費用について，その額の1,000分の130から1,000分の200の範囲内で国庫補助が行われる。 — 法第153条

ただし，当分の間は，＿＿＿＿＿＿＿＿＿＿＿とされている。 — 法附則第5条

⑵　協会が拠出すべき前期高齢者納付金，高齢者の医療の確保に関する法律の規定による＿＿＿＿＿＿＿＿＿＿＿，介護納付金（いずれも，日雇特例被保険者に係るものを除く）の納付に要する費用について，＿＿＿＿＿＿＿＿＿＿＿の国庫補助が行われる。

⑶　日雇特例被保険者に係る⑴，⑵の費用に所定の率を乗じて得た額について， — 法第154条

【第12】
I 1．予算の範囲内　　厚生労働大臣　　健康保険組合
　 2．1,000分の164　　後期高齢者支援金　　1,000分の164

〜〜〜〜〜〜〜〜〜〜〜〜〜〜〜〜〜〜〜〜の国庫補助が行われる。

Ⅱ　被保険者に関する保険料

1．保険料額

保険料額は，各月につき，次の額とされている。　　　　　　法第156条

(1)　介護保険第2号被保険者である被保険者は，次の①，②の額の合算額

① 　一般保険料額（被保険者の標準報酬月額・標準賞与額にそれぞれ一般保険料率（基本保険料率と特定保険料率を合算した率）を乗じて得た額）

② 　介護保険料額（被保険者の標準報酬月額・標準賞与額にそれぞれ介護保険料率を乗じて得た額）

(2)　上記以外の被保険者は，一般保険料額

介護保険第2号被保険者である被保険者が介護保険第2号被保険者に該当しなくなった場合には，その月分の保険料額は，〜〜〜〜〜〜〜〜〜〜〜〜とされる。ただし，その月に再び該当した場合，該当した月に該当しなくなった場合を除く。

資格を喪失した月分の保険料（標準報酬月額・標準賞与額に係るもの）は算定されないが，資格を取得した月において資格を喪失した場合，すなわち，〜〜〜〜〜〜〜〜〜〜〜〜の場合には，その月分の保険料は算定される。

2．協会けんぽの一般保険料率

協会けんぽが管掌する健康保険の一般保険料率（「都道府県単位保険料率」という。）は，1,000分の〜〜〜から1,000分の〜〜〜の範囲内において，〜〜〜〜〜〜〜〜を単位として協会が決定する。協会が保険料率を変更しようとするときは，あらかじめ理事長は，運営委員会の議を経て〜〜〜〜〜〜〜〜〜〜の認可を受けなければならない。　　　　　　法第160条

3．組合健保の一般保険料率

健康保険組合が管掌する健康保険の一般保険料率は，〜〜〜〜〜〜〜〜〜の認可を受けて，1,000分の〜〜〜から1,000分の〜〜〜の範囲内において，決定する。

4．介護保険料率

協会管掌健康保険の介護保険料率は，〜〜〜〜〜〜〜〜〜〜〜である（令和4年度）。

5．保険料の負担割合

保険料は，事業主と被保険者が，それぞれ保険料額の〜〜〜〜〜〜〜を負担する。　　　　　　法第161条

1,000分の164

Ⅱ1．一般保険料額　　同月得喪　　2．30　　130　　支部被保険者　　厚生労働大臣

3．厚生労働大臣　　30　　130　　4．1,000分の16.4

5．2分の1

※　被保険者は，その資格を有する限り保険料を負担しなければならないので，休職中で無給であっても，使用関係が存続していれば保険料を負担しなければならない。

※　被保険者（日雇特例被保険者を除く）が同時に2以上の事業所に使用される場合に各事業主が負担すべき保険料の額は，被保険者の＿＿＿＿＿＿に，各事業所について算定した＿＿＿＿＿をその被保険者の＿＿＿＿＿で除して得た数を乗じて得た額とされる。

健康保険組合は，その規約で，＿＿＿＿＿の負担すべき一般保険料額または介護保険料額の負担割合を増加することができる。　｜　法第162条

＿＿＿＿＿＿は，保険料の全額を負担する。

6．保険料の納付義務等

保険料は，＿＿＿＿＿が，その使用する被保険者の負担分もあわせて納付する。　｜　法第161条

事業主は，報酬を＿＿＿で支払う場合には，被保険者の負担すべき＿＿＿の標準報酬月額に係る保険料を控除することができ，被保険者が使用されなくなった（月末退職）場合には，＿＿＿と＿＿＿の標準報酬月額に係る保険料をあわせて控除することができる。　｜　法第167条

また，賞与を通貨で支払う場合には，被保険者の負担すべき＿＿＿＿＿＿に係る保険料相当額を賞与から控除することができる。

任意継続被保険者は，自らが保険料の納付義務を負う。

7．保険料の納付期日

毎月の保険料は，保険者からの納入告知書により，＿＿＿＿＿までに納付しなければならない。　｜　法第164条

任意継続被保険者は，初めて納付すべき保険料は＿＿＿＿＿が指定する日までに，その後の各月分はそれぞれ＿＿＿＿＿までに納付する。なお，将来の一定期間分を前納することもできる。

8．産前産後休業・育児休業期間中の保険料の免除

被保険者（＿＿＿＿＿＿を除く）が，使用されている事業所において育児休業等をし，その事業主が保険者等に申出をしたときは，産前産後休業・育児休業等を開始した日の属する月から産前産後休業・育児休業等が終了する日の翌日が属する＿＿＿＿＿までの期間，その被保険者に関する保険料は徴収されない。　｜　法第159条　法第159条の3

保険料の半額　　報酬月額　　報酬月額　　事業主　　任意継続被保険者
6．事業主　　通貨　　前月　　前月　　当月　　標準賞与額
7．翌月末日　　保険者　　その月の10日
8．任意継続被保険者　　月の前月

9. 保険料の納付手続

　　事業主は，保険者からの＿＿＿＿＿＿＿＿＿＿に保険料を添えて納付する。

　　任意継続被保険者は，申告書に保険料を添え，＿＿＿＿＿＿＿により納付する。

　　なお，任意継続被保険者は，原則として，4月〜9月，10月〜翌年3月の各6月間，または4月〜翌年3月の12月間を単位として，保険料を前納することができる。前納保険料は，前納期間の各月の＿＿＿＿＿が到来したときに，それぞれその月分が納付されたものとみなされる。

則第138条

法第165条

10. 口座振替による納付

　　厚生労働大臣は，納付義務者が申し出た場合に，その＿＿＿＿＿が確実と認められ，かつ，保険料の徴収上＿＿＿＿＿と認められるときに限り，口座振替による納付を＿＿＿＿＿する。

法第166条

11. 保険料の繰上げ徴収

　　保険料は，次の場合には，納期前であっても，すべて徴収することができる。

法第172条

(1)　納付義務者が，次のいずれかに該当する場合

　①　国税，地方税その他の公課（保険料等）を滞納し，滞納処分を受けるとき

　②　強制執行を受けるとき

　③　破産手続開始の決定を受けたとき

　④　企業担保権の実行手続の開始があったとき

　⑤　競売の開始があったとき

(2)　法人である納付義務者が，解散をした場合

(3)　被保険者の使用される事業所が，廃止された場合（事業所の譲渡による事業主の変更を含む）

Ⅲ　日雇特例被保険者に関する保険料

1. 保険料額・負担割合

　　介護保険第2号被保険者である日雇特例被保険者に関する保険料額は，1日につき，次の(1)(2)の額の合算額である。

法第168条

(1)　次の①②の額の合算額を基準として算定した額（10円未満は，切捨て）

　①　＿＿＿＿＿＿＿＿＿＿に協会管掌健康保険の平均保険料率と＿＿＿＿＿＿＿＿とを合算した率を乗じて得た額

　②　①の額に100分の31を乗じて得た額

9. 納入告知書　　納付書　　初日
10. 納付　　有利　　承認
Ⅲ1. 標準賃金日額　　介護保険料率

(2)　賞与額（＿＿＿＿＿＿＿＿＿は切捨て。上限は＿＿＿＿＿＿＿）に，上記①の率を
乗じて得た額

　　介護保険第2号被保険者である日雇特例被保険者以外の日雇特例被保険者については，＿＿＿＿＿＿＿＿＿＿を乗じて算定される。

　　日雇特例被保険者は，上記(1)①の額の2分の1相当額と(2)の額の＿＿＿＿＿＿＿相当額との合算額を負担し，事業主は，この合算額と(1)②に相当する額を負担する（＿＿＿＿＿＿＿は，切捨て）。　｜　法第169条

2．保険料の納付義務者・納付方法等

　　保険料は，日雇特例被保険者の負担額も含めて，事業主（日雇特例被保険者が1日において2以上の事業所に使用される場合には，＿＿＿＿＿＿使用する事業主）が納付する。

(1)　事業主は，日雇特例被保険者を使用する日ごとに，日雇特例被保険者手帳に　｜　則第147条
健康保険印紙をはり，印影の届出をしてある印章で消印して，その日の＿＿＿＿＿
＿＿＿＿＿＿＿＿に係る保険料を納付する。

　　健康保険印紙は，厚生労働大臣が交付する健康保険印紙購入通帳を，健康保　｜　則第145条
険印紙を販売する郵便局に提出して購入する。　｜　・第146条

　　事業主は，次のいずれかに該当する場合には，健康保険印紙の買戻しを請求
できる。

①　事業所を廃止したとき（厚生労働大臣の事前確認を要する）

②　日雇特例被保険者を使用しなくなったとき，または，保有印紙の等級に相
　　当する賃金日額に該当する者がいなくなったとき（同上）

③　健康保険印紙の形式が変更されたとき（変更日から6月以内に）

(2)　事業主は，日雇特例被保険者に賞与を支払った日の属する月の＿＿＿＿＿＿＿
までに，その日の＿＿＿＿＿＿＿に係る保険料を納付する。厚生労働大臣が承認し
たときは，＿＿＿＿＿＿＿により納付することができる。

　　　＿＿＿＿＿＿をもって賞与を支払う場合には，日雇特例被保険者の負担すべき＿＿＿＿
＿＿＿＿＿に係る保険料相当額を賞与から控除することができる。

3．報告等

　　事業主は，事業所ごとに健康保険印紙の受払等に関する帳簿を備え付け，受払　｜　法第171条
等のつど，その状況を記載するとともに，毎月の状況を＿＿＿＿＿＿＿までに，　｜　則第149条
「健康保険印紙受払等報告書」により厚生労働大臣に報告しなければならない。

1,000円未満　　40万円　　　平均保険料率　　2分の1　　　10円未満
2．初めに　　　標準賃金日額　　翌月末日　　賞与額　　口座振替　　通貨　　賞与額
3．翌月末日

健康保険組合を設立する事業主は，その健康保険組合にもあわせて報告しなければならない。また，報告を受けた健康保険組合は，毎年度＿＿＿＿＿＿＿＿＿までに，前年度の受払等の報告を厚生労働大臣にしなければならない。

4．追徴金

　事業主が，正当な理由なしに，＿＿＿＿＿＿＿＿＿＿＿＿に係る保険料の納付を怠ったときは，保険者により決定された保険料額（1,000円未満の端数は切捨て）の＿＿＿＿＿＿＿＿＿＿に相当する額の追徴金が徴収される。ただし，保険料額が＿＿＿＿＿＿であるときには，追徴金は徴収されない。 ・・・ 法第170条

　追徴金は，決定された日から＿＿＿＿＿＿＿＿に，納付しなければならない。

IV　督促・延滞金・滞納処分等

1．督促等

　保険料その他徴収金を滞納する者があるときは，＿＿＿＿＿＿＿＿＿に対し，期限を指定した督促状が出される（繰上げ徴収の場合を除く）。 ・・・ 法第180条

　指定期限は，督促状を発する日から起算して＿＿＿＿＿＿＿を経過した日でなければならない。

2．延滞金

　督促を受けた場合には，徴収金額（1,000円未満の端数は切捨て）につき年14.6％の割合で延滞金が徴収されるが，当該督促が保険料に係るものであるときは，当該納期限の翌日から3月を経過する日までの期間については，年7.3％の割合で延滞金が徴収される。 ・・・ 法第181条

　延滞金の額は，＿＿＿＿＿＿＿の翌日から，徴収金完納または財産差押えの日の＿＿＿＿までの日数により計算される（100円未満の端数は切捨て）。

　延滞金は，次の場合には徴収されない。

①　納入告知書1通の徴収金額が＿＿＿＿＿＿＿＿＿であるとき

②　納期を繰り上げて徴収するとき

③　公示送達の方法によって督促をしたとき

④　滞納についてやむを得ない事情があると認められるとき

⑤　督促状の指定期限までに徴収金を完納したとき

⑥　延滞金の額が＿＿＿＿＿＿＿＿であるとき

5月末日

4．標準賃金日額　　100分の25　　1,000円未満　　14日以内

IV 1．納付義務者　　10日以上

　2．納期限　　前日　　1,000円未満　　100円未満

3．滞納処分

督促を受けた者，繰上げ徴収に係る納入の告知を受けた者が，指定期限までに徴収金を納付しないときは，国税滞納処分の例により，財産差押え等の処分が行われる。 [法第180条]

滞納処分は，保険者等または保険者等から請求を受けた＿＿＿＿＿が行う。協会又は健康保険組合については，厚生労働大臣の＿＿＿＿を受けたときに限り，自ら滞納処分をすることができる。

保険料その他徴収金の先取特権の順位は，国税および地方税に次ぐものとされている。 [法第182条]

※　厚生労働大臣は，納付義務者が滞納処分等その他の処分の執行を免れる目的でその財産について隠ぺいしているおそれがあることその他の政令で定める事情があるため，保険料その他この法律の規定による徴収金の効果的な徴収を行う上で必要があると認めるときは，政令で定めるところにより，＿＿＿＿に，当該納付義務者に関する情報その他必要な情報を提供するとともに，当該納付義務者に係る滞納処分等その他の処分の権限の全部または一部を委任することができる。 [法第204条の2　令第63条]

政令で定める事情とは，納付義務者が＿＿＿＿以上の保険料を滞納していること，納付義務者が滞納している保険料等の額が＿＿＿＿以上であること等である。

V　時　　効

保険料その他の徴収金を徴収し，またはその還付を受ける権利は，これらを行使することができる時から＿＿＿＿を経過したときは，時効により消滅する。 [法第193条]

第13　　不服申立て・雑則等

I　不服申立て

1．保険給付等に係る不服申立て

被保険者の資格（取得・喪失），標準報酬または保険給付に関する処分に不服 [法第189条]

３．市町村　　認可　　財務大臣　　24か月分　　5,000万円
V　　2年

200

がある者は，_____に対して審査請求をし，その決定に不服のある者は，_____に対して再審査請求をすることができる。

なお，審査請求または再審査請求は，時効の完成猶予および更新に関しては，裁判上の請求とみなす。

(1) 審査請求

審査請求は，原則として，原処分があったことを知った日の翌日から起算して_____に，文書または口頭で行わなければならない。

ただし，被保険者の資格または標準報酬については，原処分があった日の翌日から起算して_____を経過したときは，審査請求をすることはできない。

審査請求は，審査請求人のほか，その代理人も行うことができる。

(2) 再審査請求

再審査請求は，原則として，審査請求に係る決定書の謄本が送付された日の翌日から起算して_____に，文書または口頭で行わなければならない。

ただし，審査請求をした日から_____に決定がないときは，再審査請求をすることができる。

2．保険料等に係る不服申立て

保険料その他徴収金の賦課，徴収の処分または滞納処分に不服のある者は，_____に対して審査請求をすることができる。 法第190条

この場合も，処分があったことを知った日の翌日から起算して_____に，文書または口頭で行わなければならない。

3．訴　訟

保険給付等または保険料等に関する処分の取消しの訴えは，その処分についての_____の_____を経た後でなければ，提起することができない。 法第192条

II　雑　　則

1．書類の保存

事業主は，健康保険に関する書類を，その完結の日から_____は保存しなければならない。 則第34条

【第13】
I 1．社会保険審査官　　社会保険審査会　　3カ月以内　　2年　　2カ月以内
　　2カ月以内
　2．社会保険審査会　　3カ月以内　　3．社会保険審査官　　決定
II 1．2年間

2．戸籍事項の無料証明

........................は，保険者，保険給付を受けるべき者に対して，被保険者または 法第196条
被扶養者等の戸籍に関し，無料で証明を行うことができる。

3．電子情報処理組織による手続

健康保険組合は，事業主または被保険者に関する手続のうち省令の規定により 則第160条
書面等により行うこととしているものについては，電子情報処理組織を使用して
行うことができる。

2．市町村長

202

国 民 年 金 法

（関係条文）

■ 国民年金制度のしくみ

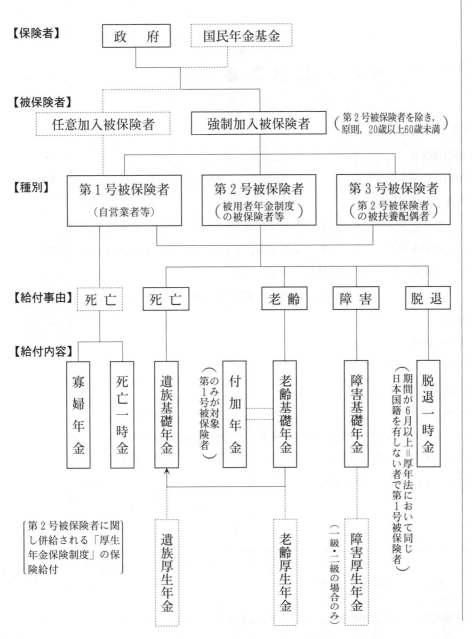

【保険者】政　府　国民年金基金

【被保険者】任意加入被保険者　強制加入被保険者（第2号被保険者を除き，原則，20歳以上60歳未満）

【種別】第1号被保険者（自営業者等）　第2号被保険者（被用者年金制度の被保険者等）　第3号被保険者（第2号被保険者の被扶養配偶者）

【給付事由】死亡　死亡　老齢　障害　脱退

【給付内容】寡婦年金　死亡一時金　遺族基礎年金　付加年金（第1号被保険者のみが対象）　老齢基礎年金　障害基礎年金（一級・二級の場合のみ）　脱退一時金（期間が6月以上＝厚年法において同じ日本国籍を有しない者で第1号被保険者）

第2号被保険者に関し併給される「厚生年金保険制度」の保険給付

遺族厚生年金　老齢厚生年金　障害厚生年金

第1　序　　論

国民年金制度は，＿＿＿＿，＿＿＿＿または＿＿＿＿によって国民生活の安定が損なわれる 法第1条
ことを国民の＿＿＿＿＿＿によって防止し，健全な国民生活の維持・向上に寄与する
ことを目的とする。

国民年金事業は，＿＿＿＿が管掌する。 法第3条

第2　被 保 険 者

I　強制加入被保険者

1．第1号被保険者

日本国内に住所を有する＿＿＿＿＿＿＿＿＿＿＿＿＿の者であって，下記2・3 ....法第7条
に該当しないもの

ただし，厚生年金保険法の老齢給付等の受給権者，その他この法律の適用を除
外すべき特別の理由があるものとして厚生労働省令で定めるもの（日本国籍を有 則第1条の
しない者で一定のもの）は，適用除外となっている。 2

なお，＿＿＿＿＿＿＿＿＿＿＿の強制適用被保険者は，国民年金の第1号被保
険者である。

2．第2号被保険者

厚生年金保険の被保険者

3．第3号被保険者

第2号被保険者の＿＿＿＿＿＿＿＿＿＿（日本国内に住所を有する者，または外
国において留学をする学生その他の事情を考慮して日本国内に生活の基礎がある
と認められる者として厚生労働省令で定める者に限る）であって主として第2号
被保険者の収入により生計を維持するもののうち＿＿＿＿＿＿＿＿＿＿＿＿＿＿のもの

【第1】
老齢　　障害　　死亡　　共同連帯　　政府
【第2】
I 1．20歳以上60歳未満　　農業者年金制度　　3．被扶養配偶者　　20歳以上60歳未満

Ⅱ　任意加入被保険者

1．65歳未満の任意加入

強制加入被保険者の対象外となっている者のうち，次のいずれかに該当するものは，厚生労働大臣に申し出て，国民年金に任意加入できる。法附則第5条・第9条の2

ただし，老齢基礎年金の＿＿＿＿＿＿＿＿＿＿を受けている場合を除く。

(1)　日本国内に住所を有する＿＿＿＿＿＿＿＿＿＿＿＿＿の者であって厚生年金保険法の老齢給付等の＿＿＿＿＿＿＿＿

(2)　日本国内に住所を有する＿＿＿＿＿＿＿＿＿＿＿の者

(3)　日本国内に住所を有しない＿＿＿＿＿＿＿＿＿＿＿＿＿の日本国民

※　第1号被保険者が厚生年金保険法の老齢給付等の受給権者となった場合に，その月以降の期間（任意加入できる期間）について保険料を＿＿＿＿＿＿しているとき，また，その月後の最初の＿＿＿＿＿＿＿＿＿までに保険料の納付があったときは，受給権者となった日において，任意加入の申出があったものとみなされる。法附則第6条

なお，任意加入被保険者は，いつでも厚生労働大臣に申し出て，被保険者資格を喪失することができる。資格喪失申出書・基礎年金番号通知書を提出する。法附則第5条
則第6条

		20歳未満	20歳以上 60歳未満	60歳以上 65歳未満
日本国内に住所を有する者	① 自営業者，従業員5人未満の個人経営事業所に使用される者等	―	1	(1)
	② 厚生年金保険法の老齢厚生年金の受給権者	―	(1)	(1)
	③ 厚生年金保険法の老齢厚生年金の受給資格期間満了者	―	1	(1)
	④ 厚生年金保険法の障害厚生年金の受給権者	―	1	(1)
	⑤ 国会議員・地方議会議員	―	1	(1)
	⑥ 上記②～⑤の配偶者	―	1	(1)
	⑦ 厚生年金保険法の遺族厚生年金の受給権者	―	1	(1)
	⑧ 学生等	―	1	(1)
	厚生年金保険法の被保険者	2	2	2
	その被扶養配偶者	―	3	(1)
日本国内に住所を有しない日本国民		―	(1)	(1)

※　1…第1号被保険者（強制加入）　　(1)…任意加入被保険者
　　2…第2号被保険者　　　　　　　　　　　　　（第1号被保険者とみなす）
　　3…第3号被保険者

Ⅱ1．繰上げ支給　　20歳以上60歳未満　　受給権者　　60歳以上65歳未満
　　20歳以上65歳未満　　　前納　　4月末日

2．65歳以上70歳未満の任意加入

昭和40年４月１日以前に生まれた者で，老齢給付等の受給権を有しないもののうち，次のいずれかに該当するもの（第２号被保険者を除く）は，厚生労働大臣に申し出て，65歳〜70歳の期間において老齢給付等の受給権を取得するまでの間，国民年金に任意に加入できる。

① 日本国内に住所を有する65歳以上70歳未満の者

② 日本国内に住所を有しない65歳以上70歳未満の日本国民

65歳未満の任意加入被保険者（昭和40年４月１日以前に生まれた者に限る）が65歳に達した場合に，老齢給付等の受給権を有しないときは，65歳に達した日にこの申出があったものとみなされる。

法（平６）附則第11条・（平16）附則第23条

Ⅲ　被保険者資格の取得の時期

1．強制加入被保険者

次のいずれかに該当するに至った日に，被保険者資格を取得する。

(1) 第１号被保険者について

① ....に達したとき

② 日本国内に住所を有するに至ったとき

③ 厚生年金保険法の老齢給付等の受給権者でなくなったとき，その他厚生労働省令で定める適用除外者でなくなったとき

(2) 20歳未満の者または60歳以上の者について

厚生年金保険法の被保険者の............................したとき

(3) その他の者について

① 上記(2)の資格を取得したとき

② ....となったとき

法第８条

2．任意加入被保険者

加入の申出をした日に，資格を取得する。

Ⅳ　被保険者資格の喪失の時期（原則）

1．強制加入被保険者

(1) 次のいずれかに該当した日の翌日に喪失

① ....したとき

法第９条

Ⅲ 1．20歳　　資格を取得　　被扶養配偶者

Ⅳ 1．死亡

②　日本国内に住所を有しなくなったとき

③　＿＿＿＿＿＿＿＿＿＿＿＿でなくなったとき

④　任意脱退に係る承認を受けたとき

(2)　次のいずれかに該当した日に喪失

①　＿＿＿＿に達したとき

②　厚生年金保険法の老齢給付等の＿＿＿＿＿＿＿になったとき，その他厚生労働省令で定める適用除外者となったとき

③　厚生年金保険法の被保険者の＿＿＿＿＿＿＿したとき，または＿＿＿＿に達したとき

２．65歳未満の任意加入被保険者

(1)　資格喪失日

①　＿＿＿＿した日の翌日

②　＿＿＿＿に達した日

③　厚生年金保険法の被保険者の＿＿＿＿＿＿＿した日

④　資格喪失の＿＿＿＿＿＿＿された日

⑤　保険料納付済期間，保険料免除期間（学生等の保険料納付特例期間・納付猶予期間を除く）の月数を合算した月数が480に達したとき

(2)　日本国内に住所を有する20歳以上60歳未満の老齢給付等の受給権者である被保険者

①　次のいずれかに該当した日の翌日に喪失

イ．日本国内に住所を有しなくなったとき

ロ．保険料を滞納し，指定期限までに保険料を納付しないとき

②　次のいずれかに該当した日に喪失

イ．厚生年金保険法の老齢給付等の受給権者でなくなったとき

ロ．＿＿＿＿＿＿＿となったとき

(3)　日本国内に住所を有する60歳以上65歳未満の被保険者は，次のいずれかに該当した日の翌日に喪失

①　日本国内に住所を有しなくなったとき

②　保険料を滞納し，指定期限までに保険料を納付しないとき

(4)　日本国内に住所を有しない20歳以上65歳未満の日本国民である被保険者は，次のいずれかに該当した日の翌日に喪失

法附則第5条

被扶養配偶者　　60歳　　受給権者　　資格を喪失　　65歳

２．(1)　死亡　　65歳　　資格を取得　　申出が受理

(2)　被扶養配偶者

207

① 日本国内に住所を有するに至ったとき

② 日本国民でなくなったとき

③ ＿＿＿＿＿＿＿＿＿＿になったとき（60歳未満の者）

④ 保険料を納めなくなって＿＿＿＿＿＿＿が経過したとき

　なお，任意加入被保険者が資格喪失事由に該当する日に，さらに被保険者の資格を取得するときは，喪失日は，その事実のあった日である。

3．65歳以上70歳未満の任意加入被保険者

(1) 資格喪失日

① ＿＿＿＿＿した日の翌日

② 厚生年金保険法の被保険者の＿＿＿＿＿＿＿した日

③ ＿＿＿＿＿＿＿＿や＿＿＿＿＿＿＿＿等の受給権を取得した日の翌日

④ ＿＿＿＿＿に達した日

⑤ 資格喪失の＿＿＿＿＿＿＿された日

(2) 日本国内に住所を有する65歳以上70歳未満の者

① 次のいずれかに該当した日の翌日に喪失

　イ．日本国内に住所を有しなくなったとき

　ロ．保険料を滞納し，督促状の指定期限までに保険料を納付しないとき

② ただし，上記①イの場合，その日にさらに被保険者の資格を取得したときは，その日に喪失

(3) 日本国内に住所を有しない65歳以上70歳未満の日本国民

　次のいずれかに該当した日の翌日に喪失

① 日本国内に住所を有するに至ったとき

② ＿＿＿＿＿＿を有しなくなったとき

③ 保険料を納めなくなって＿＿＿＿＿が経過したとき

Ⅴ　事務手続

1．第1号被保険者は，資格の取得および喪失並びに＿＿＿＿＿＿＿＿に関する事項，氏名および＿＿＿＿＿の変更に関する事項について，＿＿＿＿＿＿＿に届け出なければならない。　　　　　　　　　　　　　　　　　　　　　　　　　　　　　　法第12条

　被保険者の属する世帯の＿＿＿＿＿＿＿は，被保険者に代わって上記の届出をする

---

(4) 被扶養配偶者　　2年間

3．(1)　死亡　　資格を取得　　老齢基礎年金　　老齢厚生年金　　70歳　　申出が受理

(3) 日本国籍　　2年間

Ⅴ1．種別の変更　　住所　　市町村長　　世帯主

ことができる。また，＿＿＿＿＿＿＿＿＿＿の規定により＿＿＿＿＿・転居・転出の届出があったとき（国民年金の被保険者資格を証する事項等が付記されたときに限る）は，同一の事由に基づくこれらの届出があったものとみなされる。

厚生労働大臣の認可を受けた＿＿＿＿＿＿＿＿＿＿＿は，その構成員である被保険者の＿＿＿＿を受けて，これらの届出をすることができる。 法第109条

第3号被保険者に係るこれらの届出は，その配偶者である＿＿＿＿＿＿＿＿＿＿を使用する事業主，または実施機関を経由して，＿＿＿＿＿＿＿＿＿＿に対して行うものとされている。

第1号被保険者が死亡したときは市町村長に，第3号被保険者が死亡したときは厚生労働大臣に，＿＿＿＿＿＿＿＿＿＿（同居の親族，その他の同居者，家主，地主，家屋・土地の管理人，別居の親族）が届書を提出して届け出るものとされている。

これらの届出の提出期限は，その事実があった日から＿＿＿＿＿＿＿となっている。

〔第3号被保険者の届出に係る留意事項〕

第3号被保険者が，第3号被保険者に該当した旨の届出，その配偶者（第2号被保険者）の保険者の変更に関する届出を遅れて行った場合には，第3号被保険者としての被保険者期間のうち，＿＿＿＿＿＿＿＿＿＿までの2年間については遡及して保険料納付済期間に算入されるが，それ以前の期間については算入されない。 法附則第7条の3

ただし，届出を遅滞したことについてやむを得ない事由があると認められるときは，厚生労働大臣にその旨の届出をすることができ，その届出が行われた日以後，不算入期間についても保険料納付済期間に算入されることになっている。老齢基礎年金の受給権者がこの届出を行ったときは，＿＿＿＿＿＿＿＿＿から，年金額が改定される。

2．市町村長は，前記1の届出を受理したときは，氏名および住所の変更に関する一定のものを除き，受理した日から＿＿＿＿＿＿＿に＿＿＿＿＿＿＿＿＿＿に報告しなければならない。 法第12条

この届出で初めて被保険者の資格を取得した者には，＿＿＿＿＿＿＿＿＿＿が交付される。 則第10条

住民基本台帳法　　転入　　国民年金事務組合　　委託　　第2号被保険者　　厚生労働大臣
死亡の届出義務者　　14日以内　　届出月の前々月　　届出月の翌月
2．14日以内　　厚生労働大臣　　基礎年金番号通知書

3．国民年金事務組合

国民年金事務組合は，同種の＿＿＿＿＿または＿＿＿＿＿に従事する被保険者（2,000
人以上）を構成員とし，その被保険者の＿＿＿＿＿を受けて国民年金事務を行うこと
について，＿＿＿＿＿＿＿＿＿＿の認可を受けた団体である。

法第109条

Ⅵ　国民年金原簿

＿＿＿＿＿＿＿＿＿＿は，国民年金原簿を備え，被保険者の＿＿＿＿＿，資格の取得
および喪失，＿＿＿＿＿＿＿，保険料の納付状況，基礎年金番号その他厚生労働省
令で定める事項を記録しなければならない。

法第14条

被保険者または被保険者であった者は，国民年金原簿に記録された自己に係る特
定国民年金原簿記録（被保険者の資格の取得および喪失，種別の変更，保険料の納
付状況その他厚生労働省令で定める事項の内容をいう。）が＿＿＿＿＿でない，または
国民年金原簿に自己に係る特定国民年金原簿記録が記録されていないと思料すると
きは，厚生労働省令で定めるところにより，＿＿＿＿＿＿＿に対し，国民年金原簿の
＿＿＿＿＿の請求をすることができる。

法第14条の
2

※　なお，国民年金原簿に記載される第2号被保険者については，当分の間，第1
号厚生年金被保険者のみに限られている。

Ⅶ　被保険者に対する情報の提供

厚生労働大臣は，国民年金制度に対する国民の理解を増進させ，その信頼を向上
させるため，被保険者に対し，保険料＿＿＿＿＿＿＿＿および＿＿＿＿＿＿＿＿＿に
関する必要な情報を分かりやすい形で通知する。

法第14条の
5

Ⅷ　被保険者期間

1．被保険者期間の計算は＿＿＿＿によるものとされており，被保険者の＿＿＿＿＿＿
＿＿＿＿＿＿＿＿からら＿＿＿＿＿＿
＿＿＿＿＿までが被保険者期間に算入される。

法第11条

2．被保険者資格を取得した月においてその資格を＿＿＿＿＿したときは，その月を
＿＿＿＿＿として算入する。ただし，さらにその月において資格を＿＿＿＿＿したとき
は，この計算をしない。

3．事業　　業務　　委託　　厚生労働大臣
Ⅵ　厚生労働大臣　　氏名　　種別の変更　　事実　　厚生労働大臣　　訂正
Ⅶ　納付の実績　　将来の給付
Ⅷ 1．月　　資格を取得した日の属する月　　資格を喪失した日の属する月の前月
　 2．喪失　　1箇月　　取得

3．被保険者資格を喪失した後，再度資格を取得したときは，前後の被保険者期間
　　は_____される。

4．被保険者の_____があった月は，変更後の種別の被保険者であった月
　　とみなされ，2回以上変更があった場合には，_____の被保険者であっ
　　た月とみなされる。

法第11条の
2

5．被保険者期間の特例として，次のものがある。

　(1)　昭和35年10月1日から昭和36年3月31日の間は，給付に関しては，被保険者
　　　でなかったものとされる。

　(2)　沖縄の国民年金制度の被保険者期間のうち一定のものは，本土の被保険者期
　　　間とみなされる。

　(3)　厚生年金保険の第3種被保険者（坑内員と船員）であった期間について被保
　　　険者期間を計算するときは，昭和61年3月までの期間は実期間を_____
　　　し，昭和61年4月から平成3年3月までの期間は実期間を_____する。

第3　　　給　　　付

第1節　　給付の種類等

1．国民年金は，国民の老齢，障害または死亡に関し必要な給付を行う。
　　給付の種類は，次のとおりである。

法第2条

　①　老齢基礎年金 ⎫
　②　障害基礎年金 ⎬ 全被保険者に共通
　③　遺族基礎年金 ⎭
　④　付加年金
　⑤　寡婦年金
　⑥　死亡一時金
　⑦　脱退一時金（短期在留外国人）
　⎬ 第1号被保険者に対する独自給付

　　ただし，_____に生まれた者等には，旧国民年金法

法（昭60）附
則第31条

3．合算
4．種別の変更　　最後の種別
5．3分の4倍　　5分の6倍
【第3第1節】
1．大正15年4月1日以前

の規定により，老齢年金，障害年金等が支給される。

2．受給権は，受給権者の＿＿＿＿＿に基づいて，＿＿＿＿＿＿＿＿＿＿＿が裁定する。 　法第16条

請求権者は，受給権者本人に限られるが，民法上の法定代理人もなし得る。ま 　法第19条

た，未支給の年金は，死亡した受給権者の＿＿＿＿＿＿＿＿＿＿＿＿＿＿＿＿＿

＿＿＿＿＿＿＿が自己の名で裁定請求をすることができる。

受給権があると裁定されたときは，年金の場合には裁定通知書とともに＿＿＿＿

＿＿＿＿＿が交付され，死亡一時金の場合には支給決定通知書が送付される。

第2節　老齢基礎年金・付加年金

老齢基礎年金は，原則として＿＿＿＿＿＿＿＿＿の受給資格期間を満たし，＿＿＿＿＿に達し 　法第26条

たときに支給される。

付加年金は，＿＿＿＿＿＿＿＿＿＿＿＿＿に対し，老齢基礎年金に上乗せして支給される。 　法第43条

I　老齢基礎年金の受給要件

1．受給資格期間

保険料を実際に納付した＿＿＿＿＿＿＿＿＿＿＿＿＿＿＿＿＿と，保険料の納付を要しな 　法第5条・

いとされた＿＿＿＿＿＿＿＿＿＿＿＿＿＿とを合算した期間が＿＿＿＿＿＿＿＿あること 　第26条

（学生等の保険料納付特例期間・納付猶予期間のみの場合を除く）が必要である。

ただし，保険料納付済期間，保険料免除期間および＿＿＿＿＿＿＿＿＿＿＿＿＿＿ 　法附則第9

を合算した期間が10年以上あれば，受給資格期間を満たしたものとみなされる。 　条

〔保険料納付済期間〕

(1)　次の被保険者期間のうち，保険料を納付した期間 　法第5条・

①＿＿＿＿＿＿＿＿＿＿＿＿＿＿（任意加入被保険者を含む）としての被保険者期間 　附則第5条

（半額納付期間を除く） 　・（昭60）附

則第8条

②　昭和＿＿＿年4月1日前の＿＿＿＿＿＿＿の被保険者期間

(2)　次の期間のうち，＿＿＿＿＿＿＿＿＿＿＿＿＿＿＿＿＿の期間

①＿＿＿＿＿＿＿＿＿＿＿＿＿としての被保険者期間

②　昭和＿＿＿年4月1日〜同＿＿＿年3月31日の間の＿＿＿＿＿＿＿＿＿＿＿

＿＿＿＿＿＿＿＿＿＿＿の被保険者期間

2．請求　　厚生労働大臣　　死亡の当時その者と生計を同じくしていた遺族　　年金証書

【第3第2節】10年以上　　65歳　　付加保険料納付済期間を有する者

I　1．保険料納付済期間　　保険料免除期間　　10年以上　　合算対象期間

〔保険料納付済期間〕　第1号被保険者　　61　　国民年金　　20歳以上60歳未満

第2号被保険者　　36　　61　　第1号から第4号の厚生年金被保険者として

(3) ＿＿＿＿＿＿＿＿＿＿＿＿＿＿としての被保険者期間

〔保険料免除期間〕 （保険料を追納した期間を除く）

(1) ＿＿＿＿＿＿＿＿＿＿＿＿としての被保険者期間のうち，保険料の全額につき納付を要しないものとされた期間

(2) ＿＿＿＿＿＿＿＿＿＿＿＿としての被保険者期間のうち，保険料の4分の3の額につき納付を要しないとされた期間（残りの4分の1の額が納付されたものに限る）

(3) ＿＿＿＿＿＿＿＿＿＿＿＿としての被保険者期間のうち，保険料の半額につき納付を要しないものとされた期間（残りの半額が納付されたものに限る）

(4) ＿＿＿＿＿＿＿＿＿＿＿＿としての被保険者期間のうち，保険料の4分の1の額につき納付を要しないとされた期間（残りの4分の3の額が納付されたものに限る）

(5) 昭和＿＿＿年4月1日前の＿＿＿＿＿＿＿＿＿の被保険者期間のうち，保険料の納付を要しないものとされた期間

〔合算対象期間〕 （主なもの）

(1) ＿＿＿＿＿＿＿ができた者が＿＿＿＿＿＿しなかった期間のうち，昭和＿＿＿年4月1日以後の期間（＿＿＿＿＿＿であった期間に限る）および同日前の期間

(2) 任意加入をしたが保険料を納付しなかった期間

(3) 昭和＿＿＿年4月1日前に＿＿＿＿＿＿を任意脱退した期間

(4) 次の期間のうち，＿＿＿＿＿＿および＿＿＿＿＿＿＿の期間

① ＿＿＿＿＿＿＿＿＿＿＿＿としての被保険者期間

② 昭和＿＿＿年4月〜同＿＿＿年3月の間の第1号厚生年金被保険者期間，第2号厚生年金被保険者期間，第3号厚生年金被保険者期間，第4号厚生年金被保険者期間

(5) 昭和61年3月31日において55歳未満の者が同日に受けていた退職年金等の年金額の計算基礎となった共済組合員期間のうち，昭和36年4月1日以後の期間

(6) 昭和61年4月1日前に厚生年金保険・船員保険の＿＿＿＿＿＿＿を受けた者の，計算基礎となった期間のうち，昭和36年4月以後の期間（昭和61年4月1日〜65歳到達日の前日の間に国民年金の保険料納付済期間等を有する場合に限る）

(7) 一定の退職一時金の計算基礎となった共済組合員期間のうち，昭和36年4月〜同61年3月の期間

法第5条・（昭60）附則第8条

法（昭60）附則第8条

第3号被保険者

〔保険料免除期間〕　第1号被保険者　第1号被保険者　第1号被保険者

第1号被保険者　61　国民年金

〔合算対象期間〕　任意加入　任意加入　61　60歳未満　61　国民年金

20歳前　60歳以後　第2号被保険者　36　61　脱退手当金

(8) 国会議員であった期間のうち，昭和36年4月～同55年3月の期間（＿＿＿＿＿＿
＿＿＿の期間に限る）

(9) 在外邦人であった期間のうち，昭和36年4月～同61年3月の期間（＿＿＿＿＿＿
＿＿＿＿＿＿＿＿＿＿の期間に限る）

2．受給資格期間の短縮の特例

次のいずれかに該当するときは，遺族基礎年金の支給の対象となる死亡した者 法（昭60）附
則第12条
の範囲に含まれている，老齢基礎年金の受給権者またはその受給資格期間を満た
した者の要件である25年以上の受給資格期間を満たしたものとみなされる。

(1) 昭和5年4月1日以前に生まれた者

国民年金の保険料納付済期間，保険料免除期間および合算対象期間を合算し
た期間が，生年月日に応じて＿＿＿＿＿から＿＿＿＿＿ある場合

(2) 昭和31年4月1日以前に生まれた者

① 厚生年金保険の第1号～第4号厚生年金被保険者期間が生年月日に応じて
＿＿＿＿＿から＿＿＿＿＿ある場合

② 厚生年金保険の第1号～第4号厚生年金被保険者期間および一定の＿＿＿＿＿
＿＿＿＿＿＿＿＿＿を合算した期間が，生年月日に応じて＿＿＿＿＿から＿＿＿＿＿ある
場合

(3) 昭和26年4月1日以前に生まれた者

① 40歳（女子は＿＿＿＿＿）以後の第1号厚生年金被保険者期間が，生年月日に
応じて＿＿＿＿＿から＿＿＿＿＿ある場合

② ＿＿＿＿＿以後の厚生年金保険の＿＿＿＿＿＿＿＿＿＿＿＿＿＿＿または船員任意継続被保
険者としての厚生年金保険被保険者期間が，生年月日に応じて＿＿＿＿＿から＿＿＿
＿＿＿ある場合

3．支給開始年齢

老齢基礎年金は，原則として＿＿＿＿＿に達したときから支給される。 法第26条
ただし，本人の希望により，支給開始年齢の変更が認められている。

(1) 支給の繰下げ

老齢基礎年金の受給権を有する者が，＿＿＿＿＿に達した日以後に裁定請求をす 法第28条・
（昭60）附則
第18条
れば，申出のあった月の＿＿＿＿＿から，繰り下げた月数に応じて増額した老齢基
礎年金が支給される。65歳に達した日以後に受給資格期間を満たした者につい
ては，受給権を取得した日から起算して＿＿＿＿＿＿＿＿＿＿＿＿＿＿＿前に裁定請

60歳未満　　20歳以上60歳未満

2．21年　　24年　　20年　　24年　　合算対象期間　　20年　　24年　　35歳　　15年
　　19年　　35歳　　第3種被保険者　　15年　　19年

3．65歳

(1) 66歳　　翌月　　1年を経過した日

214

求をしていなければ，この申出ができる。

　ただし，＿＿＿＿＿に達したとき（受給権を取得したとき）に他の年金給付の受給権者であったとき，または65歳に達した日～66歳に達した（1年を経過した）日の間において他の年金給付等の受給権者となったときは，支給繰下げの申出は認められない。

　なお，繰下げ受給の上限年齢は75歳である。66歳に達した（1年を経過した）日後に他の年金給付等の受給権者となった者（75歳に達した日後にある者）が，受給権者となった日（75歳に達した日）以後に申出をしたときは，受給権者となった日（75歳に達した日）に申出があったものとみなされる。

　なお，平成17年4月1日前において他の年金給付または被用者年金各法による年金たる保険給付等の受給権を有する者については，支給繰下げ制度は適用されない。 法（平16）附則第17条

　支給繰下げにより加算される額は，老齢基礎年金の額（Ⅲ2の加算額も含む）に，増額率を乗じて得た額とされている。 令第4条の5

　増加率は，＿＿＿＿＿＿＿＿＿＿＿に，受給権を取得した日の属する月から支給繰下げの申出をした日の属する月の前月までの月数（＿＿＿＿＿を限度）を乗じて算定される。

　ただし，昭和16年4月1日以前に生まれた者については，老齢基礎年金の額に，受給権を取得した日から起算して支給繰下げの申出をした日までの期間に応じて，次の率を乗じて計算される。

申出をした日までの期間	率
1年を超え2年に達するまでの期間	＿＿＿＿＿
2年を超え3年に達するまでの期間	0.26
3年を超え4年に達するまでの期間	0.43
4年を超え5年に達するまでの期間	0.64
5年を超える期間	＿＿＿＿＿

(2)　支給の繰上げ（全額繰上げ）

　老齢基礎年金の受給資格期間を充足している者（昭和16年4月1日以前に生まれた被保険者を除く）で＿＿＿＿＿＿＿＿＿＿＿＿のもの（任意加入被保険者，支給の一部繰上げを請求できる者を除く）は，＿＿＿＿＿に達する前に支給繰 法附則第9条の2・（平6）附則第7条

65歳　　1,000分の7　　120月　　0.12　　0.88

(2)　60歳以上65歳未満　　65歳

上げの請求を行うことができ，繰り上げた月数に応じて減額した老齢基礎年金が，＿＿＿＿＿＿＿＿＿＿＿＿から支給される。

　この請求をする者が，＿＿＿＿＿＿＿＿＿＿＿＿の支給繰上げの請求をすることができる場合には，同時に行わなければならない。

　繰上げ支給の老齢基礎年金の受給権者（昭和16年 4 月 1 日以前に生まれた者に限る）が厚生年金保険法の被保険者となり，国民年金の＿＿＿＿＿＿＿となったときは，その間は，老齢基礎年金は支給停止となる。

　また，繰上げ受給権者には，＿＿＿＿＿＿＿＿＿＿＿，＿＿＿＿＿＿＿は支給されず，任意加入もできない。さらに，付加年金も減額される。

　繰上げ支給の申請に当たっては，次のことに注意を要する。

① 　年金は減額支給されるが，その減額率は，65歳に達しても変わらない。

② 　保険料免除期間については，追納ができなくなる。

③ 　他の年金との調整が行われることがある。

　支給繰上げにより減じられる額は，老齢基礎年金の額（Ⅲ 2 の加算額を含む）に，減額率を乗じて得た額とされている。 ｜令第12条

　減額率は，＿＿＿＿＿＿＿＿＿に，支給繰上げの請求をした日の属する月から＿＿＿＿＿に達する日の属する月の前月までの月数を乗じて算定される。

(3) 　支給の繰上げの特例（一部繰上げ）

　生年月日により，①「報酬比例部分のみ」の特例支給の老齢厚生年金等が支給される者，または②その支給開始年齢に達していない60歳以上の者（いずれも任意加入被保険者でない者に限る）は，老齢基礎年金の一部の支給繰上げを請求できる。 ｜法（平 6 ）附則第27条　法附則第 9 条の 2 の 2

Ⅱ　年 金 額

1. 　老齢基礎年金の本来額は，780,900円に改定率を乗じて得た額（50円未満の端数は切捨て，50円以上100円未満の端数は100円に切上げ。以下同じ）である。 ｜法第27条

　ただし，保険料納付済期間が＿＿＿＿＿＿＿に満たない場合には，次の算式により算出される。

$$老齢基礎年金の額 \times \frac{保険料納付済期間の月数等を合算した月数（480を限度）}{480}$$

請求があった日　　老齢厚生年金　　被保険者　　障害基礎年金　　寡婦年金　　1,000分の 4
65歳
Ⅱ 1 ．480月

合算対象となるのは次のとおりである。

①　保険料納付済期間の月数

②　保険料4分の1免除期間の月数（「480－保険料納付済期間の月数」を限度）の_____に相当する月数

③　保険料4分の1免除期間の月数から②の月数を控除して得た月数の8分の3に相当する月数

④　保険料半額免除期間の月数（「480－（保険料納付済期間の月数＋保険料4分の1免除期間の月数）」を限度）の_____に相当する月数

⑤　保険料半額免除期間の月数から④の月数を控除して得た月数の4分の1に相当する月数

⑥　保険料4分の3免除期間の月数（「480－（保険料納付済期間の月数＋保険料4分の1免除期間の月数＋保険料半額免除期間の月数」を限度）の_____に相当する月数

⑦　保険料4分の3免除期間の月数から⑥の月数を控除して得た月数の8分の1に相当する月数

⑧　保険料全額免除期間（学生等の保険料納付特例期間・納付猶予期間を除く）の月数（「480－（保険料納付済期間の月数＋保険料4分の1免除期間の月数＋保険料半額免除期間の月数＋保険料4分の3免除期間の月数）」を限度）の_____に相当する月数

2．大正15年4月2日〜昭和16年4月1日に生まれた者については，生年月日に応じた_____（468月〜300月）を満たしていれば，満額が支給される。また，保険料納付済期間が_____に満たない場合には，上記1の算式により算出する。ただし，分母は「加入可能期間」となる。　法（昭60）附則第13条

3．大正15年4月2日〜昭和41年4月1日に生まれた者で，振替加算の要件に該当するものについては，_____と学生等の保険料納付特例期間・納付猶予期間を合算した期間だけで受給資格期間を満たすときは，振替加算額に相当する額の老齢基礎年金が支給される。　法（昭60）附則第15条

Ⅲ　振替加算等

1．振替加算

　　旧国民年金法においては，被用者年金各法の被保険者・組合員・加入者の配偶

8分の7　　4分の3　　8分の5　　2分の1
2．加入可能期間　　加入可能期間
3．合算対象期間

者については任意加入対象者であったため，昭和61年4月1日以後に第3号被保険者となっても国民年金の加入期間が短く，老齢基礎年金が低額となることがあるので，そのような者に対しては，生年月日に応じて振替加算が行われる。

すなわち，大正15年4月2日から昭和41年4月1日までの間に生まれた老齢基礎年金の受給権者が65歳に達した日において，加入月数が＿＿＿＿＿以上であるもしくは退職共済年金，または1級もしくは2級の＿＿＿＿＿＿＿＿＿＿もしくは障害共済年金の受給権者である配偶者（大正15年4月2日以後に生まれた者に限る）によって生計を維持し，かつ，＿＿＿＿＿＿＿の対象となっている場合には，その受給権者の生年月日に応じた額（224,700円×改定率を限度）が老齢基礎年金に加算される。

法(昭60)附則第14条

2．70歳未満の障害者等に対する加算

大正15年4月2日〜昭和5年4月1日に生まれた者で，＿＿＿＿＿＿＿としての被保険者期間が25年未満で，かつ，その被保険者期間に係る保険料納付済期間と保険料免除期間が生年月日に応じて21年から24年以上であるものの老齢基礎年金の額が，旧法による老齢福祉年金の額より低い場合には，＿＿＿＿＿＿＿で1級または2級の障害等級に該当する程度の障害の状態にあるとき，または＿＿＿＿＿＿＿であるときに限り，老齢基礎年金の額に一定の加算が行われる。

法(昭60)附則第17条

IV　旧令共済組合員期間に基づく老齢年金

旧令共済組合員期間を有する者で，老齢基礎年金の受給資格期間を満たしていないものは，旧令共済組合員期間と，第1号被保険者期間に係る保険料納付済期間または保険料免除期間（＿＿＿＿＿＿＿ある場合に限る）とを合算した期間が＿＿＿＿＿ある場合には，65歳から老齢年金が支給される。

法附則第9条の3

V　支給停止・失権

1．繰上げ支給による老齢基礎年金（前記 I 3⑵）は，その受給権者（昭和16年4月1日以前に生まれた者に限る）が国民年金の＿＿＿＿＿＿＿である間は，その支給が停止される。

法(平6)附則第7条

また，＿＿＿＿＿＿＿と学生等の保険料納付特例期間，納付猶予期間だけで支給される老齢基礎年金および振替加算額は，受給権者が＿＿＿＿＿＿＿，

法(昭60)附則第16条

III 1．240月　　老齢厚生年金　　障害厚生年金　　加給年金額
　2．第1号被保険者　　65歳以上70歳未満　　70歳以上
IV　1年以上　　10年以上
V 1．被保険者　　合算対象期間　　障害基礎年金

障害厚生年金，障害共済年金等を受けることができるときは，その間，その支給が停止される。

2．老齢基礎年金および老齢年金は，受給権者が＿＿＿＿したときは失権する。

法第29条

VI　付加年金

1．付加年金は，＿＿＿＿＿＿＿＿＿に対する独自給付で，老齢基礎年金の上乗せ給付である。

法第43条

＿＿＿＿＿＿＿＿に係る保険料納付済期間を有する者が，老齢基礎年金の受給権を取得したときに支給される。増額繰下げ，減額繰上げの対象にもなる。

また，国民年金基金または国民年金基金連合会が解散した場合には，その加入員であった期間は＿＿＿＿＿＿＿を納付した期間とみなされ，付加年金が支給される。

法第45条

2．付加年金の額は，＿＿＿＿＿＿に付加保険料に係る保険料納付済期間の月数を乗じて得た額である。

法第44条

3．付加年金は，＿＿＿＿＿＿＿＿＿が支給停止されているときは，その間，同様に支給停止される。また，受給権者が＿＿＿＿したときは，失権する。

法第47条・
第48条

VII　裁定請求

老齢基礎年金の裁定を受けようとするときは，裁定請求書を，住所地の市町村長を経由して日本年金機構に提出する。

則第16条

裁定請求書には，＿＿＿＿＿＿＿＿＿その他の基礎年金番号を明らかにできる書類，生年月日に関する＿＿＿＿＿＿の証明書または戸籍の抄本等，一定の書類等を添付する。

第3節　　障害基礎年金

I　受給要件

1．一般的な受給要件

障害基礎年金は，傷病についての＿＿＿＿＿＿の前日において保険料納付要件を満たした①被保険者である者，または②被保険者であった者で日本国内に住所を

法第30条

2．死亡
VI 1．第1号被保険者　　付加保険料　　付加保険料　　2．200円　　3．老齢基礎年金
死亡
VII　基礎年金番号通知書　　市町村長
【第3第3節】
I 1．初診日

有する＿＿＿＿＿＿＿＿＿＿のものが，障害認定日において＿＿＿＿＿＿に該当する程度の障害の状態にあるときに支給される。

(1)　障害認定日

　　①　初診日から起算して＿＿＿＿＿＿＿＿＿＿を経過した日

　　②　＿＿＿＿＿＿＿＿＿以内に傷病が治った場合は，その治った日（症状が固定し，治療の効果が期待できなくなった日を含む）

(2)　障害基礎年金が支給される障害の状態とは，障害等級の＿＿＿＿＿または＿＿＿＿＿に該当する程度の障害である。 令第 4 条の 6

(3)　保険料納付要件

　　①　初診日の前日において，その初診日の属する月の＿＿＿＿＿＿＿までに被保険者期間があること

　　②　上記の被保険者期間に係る保険料納付済期間と保険料免除期間とを合算した期間が，その被保険者期間の＿＿＿＿＿＿＿＿＿＿＿あること

　　　　ただし，初診日が令和 8 年 4 月 1 日前にある傷病による障害については，初診日において65歳未満であるときは，初診日の前日において，初診日の属する月の前々月までの＿＿＿＿＿が保険料納付済期間または保険料免除期間で満たされていればよい。 法(昭60)附則第20条

　　※　20歳到達月に初診日があるとき等，初診月の前々月までに被保険者期間がない場合には，保険料納付要件は不要である。

2．事後重症による障害基礎年金

　　保険料納付要件は満たしているが，＿＿＿＿＿＿＿＿において障害等級に該当しなかった者が，その後＿＿＿＿＿に達する日の前日までの間に＿＿＿＿＿＿により重症となり，障害等級に該当する程度の状態に至ったときは，その期間内に，事後重症による障害基礎年金を請求することができる。 法第30条の 2

　　受給権の発生時期は，＿＿＿＿＿のあったときであり，支給はその＿＿＿＿＿からである。

　　また，同一障害について＿＿＿＿＿＿＿＿＿または＿＿＿＿＿＿＿＿＿の障害等級が 3 級から 2 級に等級改定された場合においても，事後重症による障害基礎年金が支給される。

3．基準傷病による障害基礎年金

　　すでに障害の状態（障害等級には該当しない）にある者が，新たな傷病（＿＿＿＿ 法第30条の 3

60歳以上65歳未満　　障害等級　　1 年 6 月　　1 年 6 月　　1 級　　2 級　　前々月
3 分の 2 以上　　1 年間

2．障害認定日　　65歳　　同一の傷病　　請求　　翌月　　障害厚生年金　　障害共済年金

3．基準傷病

　　　　　　　　　）にかかり，その傷病による障害（　　　　　　　　　）と従前の障害とを併合して初めて障害等級に該当する程度の障害の状態になったときは，その等級の障害基礎年金が支給される。

　　ただし，次の要件を満たす必要がある。

(1)　　　　　　　　　　に係る初診日において被保険者である者または被保険者であった者で日本国内に住所を有する　　　　　　　　　　　　　　　のものであること

(2)　基準傷病に係る　　　　　　　　　以後65歳に達する日の前日までの間において，併合により初めて障害等級に該当するに至ったものであること

　　基準傷病による障害基礎年金は，請求があった月の　　　　　からその支給が開始される。

4．20歳前障害による障害基礎年金

　　傷病に係る　　　　　　　　において20歳未満であった者が，障害認定日以後に　　　　に達した日，または20歳に達した日以後の　　　　　　　　　　　　のいずれかにおいて障害等級に該当する程度の障害の状態にあるときは，その者に障害基礎年金が支給される。　　｜　法第30条の4

　　また，この20歳前障害が，　　　　　　に達する日の前日までの間に障害等級に該当する程度の障害の状態になったときは，20歳前障害に係る事後重症の障害基礎年金の支給を請求することができる。

　　この場合も，請求があった月の翌月から支給が開始される。

Ⅱ　併給の調整

1．障害基礎年金の受給権者に対して，さらに障害基礎年金を支給すべき事由が生じたときは，前後の障害を　　　　　した障害の程度によって新たな障害基礎年金の受給権が発生し，旧受給権は　　　　　する。　　｜　法第31条

　　この場合，前の受給権が　　　　　　　　　の期間中であるときは，併合認定後の新たな障害基礎年金の支給を　　　　　し，後発の障害のみの程度による障害基礎年金が支給される。　　｜　法第32条

2．障害基礎年金の受給権者に，障害等級に該当しない程度の障害（その他障害）が発生し，　　　　　　に達する日の前日までの間に，前後の障害をすべて併合した障害の程度が受給中の障害基礎年金に係る障害の程度より　　　　　したときは，その期間内に年金額の改定を請求できる。　　｜　法第34条

基準障害　　基準傷病　　60歳以上65歳未満　　障害認定日　　翌月
　4．初診日　　20歳　　障害認定日　　65歳
Ⅱ1．併合　　消滅　　支給停止　　停止
　2．65歳　　増進

3．旧国民年金法等の障害年金の受給権者に，新たな障害により障害基礎年金の受 法（昭60）附則第26条

給権が生じた場合には，併合された障害等級の＿＿＿＿＿＿＿＿＿＿が支給される

が，この場合は，前発の障害に係る障害年金は失権しない。

Ⅲ　障害基礎年金の額

1．障害基礎年金の額は，780,900円×改定率とされている。 法第33条

ただし，障害等級1級の障害の程度に該当する者については，この額の＿＿＿＿

＿＿＿＿＿＿＿＿相当額とされている。

2．障害基礎年金の受給権者に子がある場合は，子の数に応じて加算が行われる。 法第33条の2

加算の対象となる子は，受給権者によって生計を維持している18歳に達する日

以後の最初の3月31日までの間にある子，または障害等級に該当する20歳未満の

子である。

加算額は，第一子，第二子についてはそれぞれ224,700円×改定率，第三子以

降は1人につき74,900円×改定率とされている。

Ⅳ　年金額の改定

1．＿＿＿＿＿＿＿＿＿は，受給権者について＿＿＿＿＿＿＿＿を診査し，従前の 法第34条

等級に該当しないと認めるときは，年金額を改定することができる。

また，受給権者の障害の程度が増進したことが明らかである場合として一定の

場合を除き，受給権の取得日または診査日から起算して＿＿＿＿を経過した日後で

あれば，障害の程度の増進を理由に，年金額の改定の請求をすることができる。

2．受給権者がその権利を取得した当時に＿＿＿＿であった子が生まれたときは，生 法第33条の2

まれた日の属する月の＿＿＿＿から年金額が増額改定される。

3．加算の対象となっている子の1人または2人以上が次のいずれかに該当したと

きは，その日の属する月の＿＿＿＿から，その該当した子の数に応じて年金額が減

額改定される。

①　＿＿＿＿したとき

②　受給権者による生計維持の状態がやんだとき

③　＿＿＿＿をしたとき

④　受給権者の配偶者以外の者の養子となったとき

3．障害基礎年金

Ⅲ1．100分の125

Ⅳ1．厚生労働大臣　　障害の程度　　1年

2．胎児　　翌月

3．翌月　　死亡　　婚姻

222

⑤　離縁によって受給権者の子でなくなったとき

⑥　18歳に達した日以後の最初の3月31日が終了したとき（障害等級に該当するときを除く）

⑦　＿＿＿＿＿＿＿に該当しなくなったとき（18歳に達する日以後の最初の3月31日までの間にあるときを除く）

⑧　障害等級に該当する子が＿＿＿＿に達したとき

Ⅴ　支給停止

1. 障害基礎年金は，受給権者が，同一傷病による障害について＿＿＿＿＿＿＿の規定による障害補償を受けることができるときは，＿＿＿＿＿＿，その支給が停止される。

    また，受給権者の障害の状態が＿＿＿＿＿に該当しなくなったときも，支給が停止される。

2. ＿＿＿＿＿＿＿に係る障害基礎年金は，①一定の公的年金給付を受けるとき，②刑事施設，労役場等に拘禁されているとき，③少年院等に収容されているとき，または④前年の所得が政令で定める額を超えるとき等には，その支給が停止される。

    ただし，②，③に該当しても，未決拘留の場合には，支給停止されない。

法第36条

法第36条の
2・第36条
の3

Ⅵ　失　　権

障害基礎年金の受給権は，＿＿＿＿＿＿＿，受給権者の＿＿＿＿により失権する。また，受給権者の障害の程度が＿＿＿＿＿＿＿に規定する障害等級の3級に該当することとなった場合には，失権しない（支給停止）が，3級に該当することなく＿＿＿＿に達したときは失権する。ただし，＿＿＿＿を経過するまでは，＿＿＿以上となっても失権しない。

法第35条

Ⅶ　裁定請求

障害基礎年金の裁定を受けようとするときは，裁定請求書を，＿＿＿＿＿＿＿に提出する。

    裁定請求書には，＿＿＿＿＿＿＿＿等，障害の状態の程度に関する医師または歯科医師の＿＿＿＿＿その他一定の書類等を添付する。

則第31条

障害等級　　20歳
Ⅴ1．労働基準法　　6年間　　障害等級
　2．20歳前障害
Ⅵ　併給の調整　　死亡　　厚生年金保険法　　65歳　　3年　　65歳
Ⅶ　日本年金機構　　基礎年金番号通知書　　診断書

第4節　遺族基礎年金

I　受給要件

1．死亡した者の範囲

遺族基礎年金の支給の対象となる死亡した者の範囲は，次のとおりである。 法第37条

(1)　被保険者

(2)　被保険者であった者で，日本国内に住所を有する＿＿＿＿＿＿＿＿＿＿＿＿＿の者

(3)　＿＿＿＿＿＿＿＿＿＿＿の受給権者またはその受給資格期間を満たした者（保険料納付済期間，保険料免除期間および合算対象期間とを合算した期間が＿＿＿＿＿以上である者）

2．保険料納付要件

前記1の(1)または(2)に該当する者が死亡した場合の保険料納付要件は，障害基礎年金のそれと同様である。

すなわち，死亡日の前日において，死亡日の属する月の＿＿＿＿＿＿＿＿までに被保険者期間があるときは，その被保険者期間に係る保険料納付済期間と保険料免除期間とを合算した期間が，その被保険者期間の＿＿＿＿＿＿＿＿＿であることが必要である。

ただし，死亡日が令和8年4月1日前の場合は，死亡日において65歳未満であるときは，死亡日の属する月の前々月までの＿＿＿＿＿＿＿が保険料納付済期間または保険料免除期間で満たされていればよい。 法（昭60）附則第20条

3．遺族の範囲

遺族基礎年金は，被保険者等の死亡の当時，一定の要件に該当する「子のある配偶者」または「子」に支給される。 法第37条の2

(1)　子については，死亡した者によって生計を維持していた，18歳に達する日以後の最初の3月31日までの間にある子であるか，または＿＿＿＿＿＿＿であって＿＿＿＿＿＿＿＿＿に該当する障害の状態にあり，かつ，現に婚姻していないこと

(2)　配偶者については，死亡した者によって生計を維持し，かつ，(1)に該当する子と生計を同じくすること

※　「生計維持」の要件 令第6条の4

【第3第4節】

I 1．60歳以上65歳未満　　老齢基礎年金　　25年

2．前々月　　3分の2以上　　1年間

3．20歳未満　　障害等級

① 被保険者等の死亡の当時その者と生計を同じくしていること

② 850万円以上の年収を将来にわたって有すると認められないこと

II 死亡の推定

船舶，航空機等が遭難し，行方不明となり，被保険者等の生死が＿＿＿＿＿＿＿＿わからないとき，または＿＿＿＿＿＿＿に死亡が明らかになったがその死亡時期がわからないときは，その遭難した日または行方不明となった日に，その者は死亡したと推定される。

また，戸籍法による認定死亡，民法による失踪宣告も，同様に取り扱われる。

法第18条の2

III 年金額および加算額

遺族基礎年金の本来額は，780,900円×改定率である。

法第38条

ただし，配偶者に支給される年金額は，子の数に応じて加算され，その加算額は，第一子，第二子についてはそれぞれ224,700円×改定率，第三子以降は1人につき74,900円×改定率とされている。

法第39条

また，子に支給される加算額は，子が2人いる場合は224,700円×改定率，子が3人以上いる場合は224,700円×改定率＋第三子以降の1人につき74,900円×改定率である。

法第39条の2

IV 年金額の改定

年金額は，次のいずれかに該当した日の属する月の＿＿＿＿＿から改定される。

法第39条・第39条の2

1．配偶者が遺族基礎年金の受給権を取得した当時に＿＿＿＿＿＿＿＿＿＿＿が出生したとき

2．配偶者に支給される遺族基礎年金の年金額は，加算の対象となった子が2人以上いる場合に，そのうちの1人を除いた1人または2人以上が，次の要件に該当したとき

⑴ ＿＿＿＿＿したとき

⑵ ＿＿＿＿＿したとき

⑶ 配偶者以外の者の養子となったとき

⑷ 離縁したとき

II 3箇月間　　3箇月以内

IV 翌月

1．胎児であった子

2．死亡　　婚姻

(5)　配偶者と生計を同じくしなくなったとき

(6)　18歳に達した日以後の最初の3月31日が終了したとき（_____に該当するときを除く）

(7)　_____に該当しなくなったとき（18歳に達する日以後の最初の3月31日までの間にあるときを除く）

(8)　障害等級に該当する子が_____に達したとき

3．子に支給される遺族基礎年金の年金額は，受給権を有する子の数に増減を生じたとき

Ⅴ　支給停止

遺族基礎年金は，次の場合にその支給が停止される。

(1)　被保険者等の死亡を理由に_____の規定による遺族補償を受けられるときは，死亡日から_____，支給停止。　　　　　　法第41条

(2)　子に対する遺族基礎年金は，それが_____に支給されている間（配偶者の申出，所在不明により支給停止されているときを除く），また，生計を同じくするその子の父または母がある間，支給停止。

(3)　受給権者である配偶者または子が_____所在不明の場合は，その不明となったときにさかのぼって支給停止。　　　　　　法第41条の2

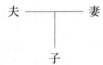

　〔生計を同じくする父があるとき〕
　　①　妻が死亡
　　②　子に受給権が発生
　　③　子が父と生計を同じくしている間，支給停止

〔生計を同じくする母があるとき〕
　　①　夫が死亡
　　②　妻が年額850万円以上の収入を将来にわたって有すると認められた
　　　→生計維持関係なし
　　③　子に受給権が発生
　　④　子が母と生計を同じくしている間，支給停止

障害等級　　障害等級　　20歳
Ⅴ　労働基準法　　6年間　　配偶者　　1年以上

VI 失　権

1．遺族基礎年金の受給権は，次の場合に消滅する。　　　　　　　　　　　　法第40条

　　①　　………　したとき

　　②　　………　したとき

　　③　直系血族または直系姻族以外の者の養子となったとき

2．配偶者の遺族基礎年金の受給権は，上記①～③のほか，加算の対象となった子のすべてが次の④～⑪のいずれかに該当するに至ったときに消滅する。

　　④　　………　したとき

　　⑤　　………　したとき

　　⑥　配偶者以外の者の養子となったとき

　　⑦　離縁したとき

　　⑧　配偶者と生計を同じくしなくなったとき

　　⑨　18歳に達した日以後の最初の3月31日が終了したとき（障害等級に該当するときを除く）

　　⑩　　　　　　　　　　に該当しなくなったとき（18歳に達する日以後の最初の3月31日までの間にあるときを除く）

　　⑪　障害等級に該当する子が　　　　　に達したとき

3．子の遺族基礎年金の受給権は，上記①～③，⑦，⑨～⑪のいずれかに該当するに至ったときに，消滅する。

VII その他

　昭和61年3月31日において旧法による母子福祉年金または準母子福祉年金の受給権を有する者については，昭和61年4月1日に遺族基礎年金に裁定替えされた。　　　　法（昭60）附則第28条

VIII 裁定請求

　遺族基礎年金の裁定を受けようとするときは，裁定請求書を日本年金機構に提出する。　　　　　　　　　　　　　　　　　　　　　　　　　　　　　　　　則第39条

　裁定請求書には，死亡した被保険者等の　　　　　　　　　　　　等，受給権者の基礎年金番号通知書等，受給権者の生年月日に関する市町村長の証明書または戸籍の抄本，受給権者が死亡した被保険者等によって　　　　　　　　していたことを明らかにできる書類その他一定の書類等を添付する。

VI 1．死亡　　婚姻

　2．死亡　　婚姻　　障害等級　　20歳

VIII　基礎年金番号通知書　　生計を維持

第5節　寡婦年金

I　受給要件

　寡婦年金は，死亡日の前日において，死亡日の属する月の前月までの＿＿＿＿＿＿　法第49条

＿＿＿＿＿＿＿としての被保険者期間に係る保険料納付済期間と保険料免除期間とを合

算した期間が＿＿＿＿＿＿＿（学生等の保険料納付特例期間・納付猶予期間のみの場

合を除く）である夫が死亡した場合において，夫の死亡の当時夫によって＿＿＿＿＿

＿＿＿＿し，かつ，夫との婚姻関係が＿＿＿以上継続した＿＿＿＿＿の妻があるとき

に，その者に支給する。

　ただし，死亡した夫が＿＿＿＿＿＿＿＿または＿＿＿＿＿＿＿＿＿の支給を受

けたことがあるときは，寡婦年金は支給されない。

　寡婦年金は，夫の死亡月の＿＿＿から支給される。ただし，妻が＿＿＿未満の場

合は，妻が＿＿＿に達した日の属する月の翌月から支給される。

II　寡婦年金の額

　死亡した夫の第1号被保険者期間を基礎として＿＿＿＿＿＿＿＿＿＿と同様に計算　法第50条

した額の＿＿＿＿＿＿＿に相当する額である。

III　支給停止・失権

　1．寡婦年金は，夫の死亡について＿＿＿＿＿＿＿＿＿の規定による遺族補償が行われ　法第52条

るべきものであるときは，死亡日から＿＿＿＿＿＿＿，その支給が停止される。

　2．寡婦年金の受給権は，受給権者が次のいずれかに該当するに至ったときは，消　法第51条

滅する。

　　(1)　＿＿＿に達したとき

　　(2)　＿＿＿したとき

　　(3)　婚姻をしたとき

　　(4)　養子となったとき

　　なお，繰上げ支給による＿＿＿＿＿＿＿＿＿＿＿の受給権者には，寡婦年金は支給　法附則第9
条の2・第
9条の2の
3

されない。

【第3第5節】

I　第1号被保険者　　10年以上　　生計を維持　　10年　　65歳未満　　老齢基礎年金

　障害基礎年金　　翌月　　60歳　　60歳

II　老齢基礎年金　　4分の3

III 1．労働基準法　　6年間　　2．65歳　　死亡　　老齢基礎年金

228

IV　裁定請求

　寡婦年金の裁定を受けようとするときは，裁定請求書を，日本年金機構に提出する。則第60条の2

　裁定請求書には，夫の基礎年金番号通知書その他の基礎年金番号を明らかにすることができる書類その他一定の書類等を添付する。

第6節　死亡一時金

I　受給要件

　死亡一時金は，死亡日の前日において，死亡日の属する月の前月までの＿＿＿＿＿法第52条の2

＿＿＿＿＿＿としての被保険者期間に係る①保険料納付済期間の月数と②保険料4分の1免除期間の月数の4分の3に相当する月数と③保険料半額免除期間の月数の＿＿＿＿＿に相当する月数と④保険料4分の3免除期間の4分の1に相当する月数を合算した月数が＿＿＿＿＿ある者が死亡した場合において，その者の遺族に支給する。

　ただし，次のいずれかに該当するときは，支給されない。

1．死亡した者が＿＿＿＿＿＿または＿＿＿＿＿＿の支給を受けたことがある場合

2．その者の死亡により＿＿＿＿＿＿を受けることができる者があるとき

　なお，遺族基礎年金の受給権者が死亡した者の子であって，その子と生計を同法第52条の2

じくするその子の父または母がいる場合には，遺族基礎年金は支給停止されるので，死亡者の＿＿＿＿＿に死亡一時金が支給される。

II　遺族の範囲

　死亡一時金を受けることができる遺族は，死亡した者の＿＿＿＿＿，＿＿＿＿，父母，法第52条の3

孫，祖父母または＿＿＿＿＿であって，その者の死亡の当時その者と生計を同じくしていたものとされている。

III　死亡一時金の額

　死亡一時金の額は，死亡日の属する月の前月までの第1号被保険者としての被保法第52条の4

険者期間に係る死亡日の前日における保険料納付要件月数に応じて，次表のように定められている。

【第3第6節】

I　第1号被保険者　　2分の1　　36月以上

1．老齢基礎年金　　障害基礎年金　　2．遺族基礎年金　　配偶者

II　配偶者　　子　　兄弟姉妹

なお，付加保険料を .... 以上納付している場合には，8,500円が加算される。

保険料納付要件月数	金　　額
36月以上180月未満	120,000 円
180月以上240月未満	145,000 円
240月以上300月未満	170,000 円
300月以上360月未満	220,000 円
360月以上420月未満	270,000 円
420月以上	320,000 円

Ⅳ　支給の調整・裁定請求

1．死亡一時金の支給を受ける者が，同一人の死亡により .... を受けることができるときは，その者の選択により，その一方を支給し，他は支給しない。　　　法第52条の6

2．死亡一時金の裁定を受けようとするときは，裁定請求書を， ....
.... に提出しなければならない。裁定請求書には，死亡者の基礎年金番号通知書その他の基礎年金番号を明らかにすることができる書類その他一定の書類等を添付する。　　　則第61条

第7節　　脱退一時金

Ⅰ　受給要件

　日本国籍を有しない者（ .... に限る）が請求月の前月までの第1号被保険者期間に係る①保険料納付済期間の月数と②保険料4分の1免除期間の月数の4分の3に相当する月数と③保険料半額免除期間の月数の2分の1に相当する月数と④保険料4分の3免除期間の月数の4分の1に相当する月数を合算した月数を6月以上有し，かつ，次のすべてを満たす場合に支給される。　　　法附則第9条の3の2

①　老齢基礎年金等の受給資格期間を満たしていないこと

②　障害基礎年金等の受給権を有したことがないこと

③　日本国内に住所を有していないこと

※　最後に国民年金の被保険者資格を喪失した日（その日に日本国内に住所を有していた場合は，その後初めて日本国内に住所を有しなくなった日）から ....
.... に請求することを要する。

Ⅲ　3年
Ⅳ1．寡婦年金
　2．日本年金機構
【第3第7節】
Ⅰ　被保険者でない者　　※　2年以内

※　国民年金法の年金たる保険給付に相当する外国の法令の適用を受けているか，
または受けたことがある場合には，支給されない。

Ⅱ　脱退一時金の額

　　基準月（保険料納付月のうち直近の月）が令和2年度にある場合の脱退一時金
の額は，請求月の前月までの第1号被保険者期間に係る保険料納付済期間等（対
象月数）に応じて，次表のとおりである。

対　象　月　数	支　給　額
6月以上12月未満	49,620 円
12月以上18月未満	99,240 円
18月以上24月未満	148,860 円
24月以上30月未満	198,480 円
30月以上36月未満	248,100 円
36月以上	297,720 円

　　最後に保険料を納付した月が令和3年4月以降の場合は，基準月（保険料納付
月のうち直近の月）の属する年度における保険料の額に2分の1を乗じて得た額
に保険料納付済期間等（60月が限度）に応じて，次の表の数を乗じて得た額とさ
れる。

保険料納付済期間等	支給額計算に用いる数
6月以上12月未満	6
12月以上18月未満	12
18月以上24月未満	18
24月以上30月未満	24
30月以上36月未満	30
36月以上42月未満	36
42月以上48月未満	42
48月以上54月未満	48
54月以上60月未満	54
60月以上	60

Ⅲ 支給の効果および裁定請求

① 脱退一時金の額の計算の基礎となった第1号被保険者としての被保険者であった期間は，被保険者ではなかったものとみなされる。

② 裁定を受けるときは，裁定請求書を日本年金機構に提出する。 則第63条

第8節 特別一時金

1．旧国民年金法等の障害年金等の受給権者であって，昭和61年4月1日前に国民年金に＿＿＿＿＿＿した者または法定免除された保険料を＿＿＿＿＿した者については，保険料の納付期間に応じて特別一時金が支給される。 法（昭60）附則第94条 経過措置令第136条

2．特別一時金の支給を受けた場合には，その支給の対象となった期間は，＿＿＿＿＿＿＿＿＿＿＿＿＿＿＿＿でないものとみなされる。したがって，将来，老齢給付を受けようとするときには年金額の計算の基礎とはされない。

第9節 年金受給権者の事務

受給権者は，＿＿＿＿＿＿＿＿＿＿＿＿に対し，一定の事項を届け出，かつ，一定の書類その他の物件を提出しなければならない。 法第105条第3項

Ⅰ 共通の事務

1．年金受給権者の確認

厚生労働大臣は，＿＿＿＿，住民基本台帳法の規定による受給権者に係る＿＿＿＿＿＿＿＿＿＿＿＿の提供を受け，必要な事項について＿＿＿＿を行うものとする。 則第18条・第36条・第51条

2．＿＿＿＿＿の届出（14日以内） 則第19条〜第22条等

3．＿＿＿＿＿の届出（14日以内）

4．年金証書の再交付の申請（破損，紛失等した場合）

5．死亡の届出（14日以内） 則第24条等

ただし，2．3．の届出については，厚生労働大臣が住民基本台帳法の規定により，機構保存本人確認情報の提供を受けることができる者を除く。

【第3第8節】
任意加入　追納　保険料納付済期間
【第3第9節】
厚生労働大臣
Ⅰ1．毎月　機構保存本人確認情報　確認　2．氏名変更　3．住所変更

232

Ⅱ　その他の主な事務

1．老齢基礎年金の受給権者

(1)　加算事由該当の届出等（すみやかに）　　　　　　　　　　則第17条の3

　　受給権者が_____に達した日以後に_____の要件に該当したとき

(2)　加算の支給停止事由該当の届出等（すみやかに）　　　　　則第17条の5

(3)　支給停止事由該当の届出等（すみやかに）　　　　　　　　則第17条の6

2．障害基礎年金の受給権者

(1)　胎児出生の届出（14日以内）　　　　　　　　　　　　　　則第33条の3

(2)　加算額対象者の障害状態該当の届出（すみやかに）　　　　則第33条の5

　　18歳に達する日以後の最初の3月31日までの間にある子が障害状態になった

　　とき

(3)　加算額対象者の不該当の届出（14日以内）　　　　　　　　則第33条の6

　　加算額対象者が死亡したとき

(4)　障害状態不該当の届出（すみやかに）　　　　　　　　　　則第33条の7

　　受給権者の障害の状態が，_____に係る障害の状

　　態にも該当しなくなったとき

(5)　支給停止事由該当の届出等（すみやかに）　　　　　　　　則第34条

　　_____の規定による障害補償を受けられるとき

　　ただし，同一事由に基づく_____に関してこの届出を行った場

　　合は，不要である。

(6)　障害の程度の確認　　　　　　　　　　　　　　　　　　　則第36条の4

　　障害の程度の審査が必要であると厚生労働大臣が指定したものは，指定日ま

　　でに，障害の現状に関する_____を提出しなければならない。

3．遺族基礎年金の受給権者

(1)　胎児の出生による改定請求（14日以内）　　　　　　　　　則第42条

(2)　加算額対象者の不該当の届出（14日以内）　　　　　　　　則第43条

　　加算額対象者が死亡したとき

(3)　障害状態該当の届出（すみやかに）　　　　　　　　　　　則第44条

　　受給権者または加算額対象者である18歳に達する日以後の最初の3月31日ま

　　での間にある子が障害の状態になったとき

(4)　支給停止事由該当の届出（すみやかに）　　　　　　　　　則第45条

　　受給権者である子に，生計を同じくするその子の____または____があるとき

Ⅱ 1．65歳　　振替加算
　2．3級の障害厚生年金　労働基準法　障害厚生年金　診断書
　3．父　　母

233

(5) 支給停止事由消滅の届出（すみやかに）

　　　　　　　　　の規定による遺族補償が受けられなくなったとき

則第48条

(6) 所在不明による支給停止の申請等

所在不明者の所在が　　　　　　　明らかでないとき

則第49条

(7) 失権の届出（14日以内）

受給権の消滅事由に該当したとき

則第52条

4．寡婦年金の受給権者

(1) 支給停止事由該当の届出（すみやかに）

　　　　　　　　　の規定による遺族補償が受けられるとき

則第60条の4

(2) 失権の届出（14日以内）

受給権者が　　　　をしたとき，直系血族または直系姻族以外の者の養子となったとき

則第60条の7

第4　　給付に関する通則的事項

第1節　　年金の支払い等

I　受給権の取得日

老齢基礎年金は65歳に達したときに支給されるが，この「達した日」とは，誕生日の前日をいう。

II　年金の支給期間・支払期月

1．年金給付の支給は，支給すべき事由が生じた日の　　　　　　　　　　から始め，権利が消滅した日の　　　　　　　　　で終わる。

法第18条

2．年金給付は，毎年　　　　，　　　　，　　　　，　　　　，　　　　　および　　　　の6期に，それぞれ　　　　　　　　を支払う。

ただし，前支払期月に支払われるべきであった年金，または権利が消滅した場合や支給停止された場合のその期の年金は，支払期月でない月であっても支払われることになっている。

労働基準法　　　1年以上

4．労働基準法　　　婚姻

【第4第1節】

II 1．属する月の翌月　　　属する月　　2．2月　　4月　　6月　　8月　　10月　　12月

前月までの分

Ⅲ 端数処理

1. 年金額に＿＿＿＿＿＿の端数を生じたときは，これを切り捨て，＿＿＿＿＿＿＿＿の端数が生じたときは，これを＿＿＿＿＿＿に切り上げる。

法第17条

2. 年金額の計算過程において生じる＿＿＿＿＿＿の端数は，これを切り捨て，＿＿＿＿＿＿はこれを1円に切り上げる。

令第4条の3

3. 各期の支払額または1カ月分の支払額に＿＿＿＿＿＿の端数が生じたときは，これを切り捨てることとされている。

毎年3月から翌年2月までの間において上記の規定により切り捨てた金額の合計額（＿＿＿＿＿＿の端数が生じたときは，これを切り捨てた額）については，これを当該＿＿＿＿の支払期月の年金額に加算するものとする。

法第18条の2

Ⅳ 第三者行為と損害賠償請求権

政府は，障害もしくは死亡またはこれらの直接の原因となった事故が第三者の行為によって生じた場合に，給付をしたときは，その＿＿＿＿＿＿＿＿の限度で，受給権者が第三者に対して有する損害賠償請求権を取得する。

法第22条

また，受給権者が第三者から損害賠償を受けたときは，＿＿＿＿は，その価額の限度で，給付を行う責を免れる。

Ⅴ 不正利得の徴収

偽りその他＿＿＿＿＿＿により給付を受けた者があるときは，＿＿＿＿＿＿＿＿は，受給額に相当する金額の全部または一部をその者から徴収できる。

法第23条

Ⅵ 受給権の保護

給付を受ける権利は，譲渡し，担保に供し，または差し押えることができない。また，給付として支給を受けた金銭を標準として，租税その他の公課を課することはできない。

法第24条・第25条

ただし，＿＿＿＿＿＿＿，＿＿＿＿＿＿＿＿および脱退一時金については課税の対象とされる。

Ⅶ 消滅時効

年金給付を受ける権利は，その支給事由が生じた日から＿＿＿＿を経過したときに，

法第102条

Ⅲ 1. 50銭未満　　50銭以上1円未満　　　1円　　2. 50銭未満　　50銭以上1円未満
　　3. 1円未満　　1円未満　　2月
Ⅳ　給付の価額　　政府
Ⅴ　不正の手段　　厚生労働大臣
Ⅵ　老齢基礎年金　　付加年金
Ⅶ　5年

また，死亡一時金を受ける権利はこれを行使することができる時から▢を経過
したときに，時効によって消滅する。

　ただし，年金給付の場合，その全額につき▢されているときは，時効
は進行しない。

Ⅷ　年金額の改定

　国民年金の年金額は，国民の生活水準その他の諸事情に著しい変動が生じた場合
には，変動後の諸事情に応ずるために，速やかに改定の措置が講じられる。

法第4条

Ⅸ　財政の均衡等

　国民年金事業の財政は，長期的にその均衡が保たれたものでなければならず，著
しくその均衡を失すると見込まれる場合には，速やかに所要の措置が講じられる。

法第4条の
2

　政府は，少なくとも5年ごとに，保険料・国庫負担の額，給付に要する費用の額
等，国民年金事業の財政に係る収支について，その現況，財政均衡期間（おおむね
100年）における見通しを作成し，遅滞なく，公表する。

法第4条の
3

　この場合，国民年金事業の財政が，財政均衡期間の終了時に給付の支給に支障が
生じないようにするために必要な年金特別会計の国民年金勘定に係る積立金を保有
しつつ財政均衡期間にわたってその均衡を保つことができないと見込まれる場合に
は，年金たる給付（▢を除く）の額を調整する。調整期間の開始年度は，
平成17年度とされている。

法第16条の
2
令第4条の
2

第2節　　併給の調整等

Ⅰ　併給の調整（厚生年金保険法第6第2節を参照のこと）
1．原　則

　　2以上の年金給付が発生すると，いったん全ての年金給付が支給停止となり，
受給権者は，自分の希望する一の年金給付につき▢の申請を
することによりその支給を受ける。

法第20条

2．特　例

　⑴　同一の支給事由に基づく年金給付は併給される。

法第20条

2年　　支給停止
Ⅸ　付加年金
【第4第2節】
Ⅰ1．支給停止の解除

① _____と老齢厚生年金（または退職共済年金）

② _____と障害厚生（共済）年金

③ _____と遺族厚生（共済）年金

(2) _____と遺族厚生（共済）年金は，受給権者が_____であるときは併給される。

  ① 老齢基礎年金＋老齢厚生年金または退職共済年金

  ② 老齢基礎年金＋遺族厚生（共済）年金

  ③ 老齢厚生年金の $\frac{1}{2}$ ＋遺族厚生（共済）年金の $\frac{2}{3}$ ＋老齢基礎年金

(3) _____と厚生年金保険による年金たる給付とは，受給権者が_____であるときは，併給される。

(4) _____と改正前の厚生年金保険・船員保険の遺族年金，通算遺族年金，共済組合等の退職年金・遺族年金等は，受給権者が_____であるときは併給される。

(5) 改正前の国民年金の老齢年金，通算老齢年金と遺族厚生年金，遺族共済年金は，受給権者が_____であるときは併給される。

Ⅱ　申出による支給停止

年金給付は，受給権者の_____により，その全額の支給を停止する。ただし，年金額の一部につき支給を停止されているときは，停止されていない部分の額の支給を停止する。

一部につき支給を停止されている年金給付について，支給停止が解除されたときは，年金給付の全額の支給を停止する。

支給停止の申出は，いつでも_____撤回することができる。

法第20条の2

Ⅲ　年金支払いの調整

1．2以上の年金間の調整

甲年金の受給権を得たために乙年金の受給権が消滅したにもかかわらず，乙年金がその後も支払われていたときは，乙年金は甲年金の_____とみなす。

法第21条

2．同一年金についての調整

年金の_____の期間中に，その年金が支払われたときは，その分は，支給停止解除後に支払うべき年金の_____とみなす。

2．(1) 老齢基礎年金　　障害基礎年金　　遺族基礎年金　　(2) 老齢基礎年金　　65歳以上
   (3) 障害基礎年金　　65歳以上　　(4) 老齢基礎年金　　65歳以上　　(5) 65歳以上
Ⅱ　申出　　将来に向かって
Ⅲ1．内払　　2．支給停止　　内払

3．他制度の年金との調整

厚生年金保険の年金から国民年金の年金へ選択替えを行ったにもかかわらず，支給停止すべき年金がすでに支払われているときは，厚生年金保険の年金は，本来支払われるべき国民年金の年金の内払いとみなす。

Ⅳ　過払い年金の調整

受給権者の＿＿＿＿により失権した年金が過誤払いとなった場合において，返還義務者に支払われる年金給付があるときは，これを返還金債権の金額に＿＿＿＿することができる。

法第21条の2

第3節　　未支給年金

受給権者が死亡した場合には，その者と生計を同じくしていた＿＿＿＿，子，＿＿＿，孫，祖父母または＿＿＿＿又はこれら以外の3親等内の親族は，自己の名で未支給年金を請求できる。

また，受給権者が生前に＿＿＿をしていなかった場合でも，上記の遺族は自己の名で＿＿＿をすることができ，＿＿＿＿＿＿までの年金を受領することができる。

法第19条

未支給年金を受けるには，「未支給年金支給請求書」に必要書類を添付して＿＿＿＿＿＿＿＿＿に提出する。

則第25条

第4節　　給付の制限

Ⅰ　保険事故に関連する制限

1．故意に障害またはその直接の原因となった事故を生じさせた者には，これを支給事由とする＿＿＿＿＿＿は支給しない。

法第69条

2．故意の犯罪行為もしくは＿＿＿＿＿＿により，または正当な理由がなくて療養に関する指示に従わないことにより，障害・死亡もしくはその原因となった事故を生じさせ，または障害の程度を増進させた者には，これを支給事由とする給付の全部または一部が行われないことがある。

法第70条

Ⅳ　死亡　充当
【第4第3節】
配偶者　父母　兄弟姉妹　請求　請求　死亡した月　日本年金機構
【第4第4節】
Ⅰ1．障害基礎年金　　2．重大な過失

238

3．遺族基礎年金，寡婦年金または死亡一時金は，被保険者または被保険者であった者を＿＿＿＿＿＿死亡させた者には，支給しない。 | 法第71条

II　協力義務違反者に対する制限

1．支給停止

受給権者が，＿＿＿＿＿＿＿＿＿＿がなくて，必要な書類の提出命令等に従わなかった場合等には，年金給付の額の全部または一部につき，その支給が停止される。 | 法第72条

2．支給差止め

受給権者が，正当な理由もなく，提出すべき届書・書類を提出しないときは，年金給付の支払いが一時差し止められることがある。 | 法第73条 則第69条

なお，支給を差し止められた年金給付は，その処分が＿＿＿＿＿＿されたときは，＿＿＿＿＿＿支給されるが，支給停止された年金給付は，その処分が＿＿＿＿＿＿されても，その期間相当分が支給されることはない。

第5　　費用の負担

第1節　　国 庫 負 担

1．基礎年金給付費に対する国庫負担

(1)　第1号被保険者の負担分の＿＿＿＿＿＿＿＿＿＿＿＿＿＿＿＿＿＿＿＿ | 法第85条 法(平16)附則第13条

(2)　老齢基礎年金の給付費のうち，保険料一部免除期間と＿＿＿＿＿＿＿＿＿＿＿（学生等の保険料納付特例期間・納付猶予期間を除く）に係る分の額

(3)　＿＿＿＿＿＿＿＿＿による障害基礎年金の給付費の100分の20

2．第1号被保険者の独自給付等に対する国庫負担

(1)　＿＿＿＿＿＿＿＿＿および死亡一時金の付加部分の給付費の4分の1 | 法（昭60）附則第34条

(2)　旧法による老齢年金・通算老齢年金の給付費のうち，付加部分の4分の1

(3)　旧法による老齢福祉年金の給付費の全額

3．故意に

II 1．正当な理由　　解除　　遡って　　解除

【第5第1節】

1．2分の1に相当する額　　保険料全額免除期間　　20歳前障害　　2．付加年金

3．事務費

国民年金事業の事務に要する費用は，毎年度，予算の範囲内で，全額を国庫が負担する。このうち，市町村が法令に基づいて行う事務の処理に必要な費用は，基礎年金等事務費交付金として市町村に交付される。 法第85条・第86条

第2節　基礎年金拠出金

厚生年金保険の管掌者たる＿＿＿＿は，毎年度，基礎年金の＿＿＿＿に要する費用に充てるため，基礎年金拠出金を＿＿＿＿する。また，実施機関たる＿＿＿＿は，毎年度，基礎年金の＿＿＿＿に要する費用に充てるため，基礎年金拠出金を＿＿＿＿する。 法第94条の2

したがって，＿＿＿＿および＿＿＿＿は，その被保険者期間について国民年金の保険料を個別に納付する必要はない。 法第94条の6

第3節　保　険　料

Ⅰ　保険料の額

1．本来の保険料の額

保険料は，＿＿＿＿としての被保険者期間の計算の基礎となる各月について徴収される。 法第87条

保険料の額は定額制であり，令和4年度の月額は，17,000円に保険料改定率（令和4年度は，0.976）を乗じて得た額（5円未満の端数は切捨て，5円以上10円未満の端数は10円に切上げ）となり，16,590円とされた。

2．付加保険料

第1号被保険者（＿＿＿＿の任意加入被保険者を含み，保険料の一部免除者，＿＿＿＿の加入員を除く）は，厚生労働大臣に申し出て，本来の保険料のほかに，月額＿＿＿＿の保険料を納付することができる。 法第87条の2

また，いつでも納付する者でなくなること（脱退）もできる。

なお，＿＿＿＿の被保険者は，当然に付加保険料を納付する者と

【第5第2節】
政府　　給付　　負担　　共済組合等　　給付　　納付　　第2号被保険者
第3号被保険者
【第5第3節】
Ⅰ1．第1号被保険者　　2．65歳未満　　国民年金基金　　400円　　農業者年金

240

なり，脱退の自由はない。

Ⅱ　保険料の納付義務

保険料の納付義務者は，＿＿＿＿＿＿＿＿である。　｜ 法第88条

ただし，＿＿＿＿＿＿および＿＿＿＿も連帯して納付する義務を負う。

毎月の保険料は，＿＿＿＿＿＿＿までに納付しなければならない。　｜ 法第91条

被保険者は，出産の予定日の属する月の前月（多胎妊娠の場合は 3 月前）から出産予定日の翌々月までの期間に係る保険料を納付することを要しない。　｜ 法第88条の 2

Ⅲ　保険料の通知および納付

厚生労働大臣は，＿＿＿＿＿＿＿，各年度の各月に係る保険料について，原則として納付書を添付して，その額，納期限等を被保険者に通知するものとされている。　｜ 法第92条

被保険者は，保険料を納付しようとするときは，原則として，厚生労働大臣が交付する＿＿＿＿＿＿を添付しなければならない。

1．口座振替による納付

＿＿＿＿＿＿＿＿が申し出た場合に，その＿＿＿＿＿が確実と認められ，かつ，保険料の徴収上＿＿＿＿と認められるときに限り，口座振替による納付が＿＿＿＿される。　｜ 法第92条の 2

2．保険料の納付委託

次の者は，被保険者の委託を受けて，保険料の納付に関する事務を行うことができる。　｜ 法第92条の 3

① 　国民年金基金または国民年金基金連合会（基金の加入員の委託に限る）

② 　厚生労働大臣が指定する者

③ 　厚生労働大臣に対し，納付事務を行う旨の申出をした市町村

3．保険料の前納

被保険者は，＿＿＿＿＿＿＿＿＿＿＿が定める期間について，原則として，6 カ月または年を単位として，保険料を前納することができる。この場合は，一定の利率による保険料の割引が認められる。　｜ 法第93条 令第 7 条・第 8 条

前納に係る各月が経過した際にそれぞれの保険料が納付されたものとみなされ，＿＿＿＿＿＿＿＿＿＿＿＿または，保険料一部免除期間となる。

前納期間中に第 1 号被保険者でなくなったときは，未経過分は還付される。　｜ 令第 9 条

なお，口座振替のみ限定で，2 年前納が認められる。

Ⅱ 　被保険者　　世帯主　　配偶者　　翌月末日

Ⅲ 　毎年度　　納付書

1．被保険者　　納付　　有利　　承認

3．厚生労働大臣　　保険料納付済期間

IV　保険料の免除・追納

保険料の免除は，強制加入の第１号被保険者に限り認められる。

1．法定免除

被保険者（保険料の＿＿＿＿＿＿＿＿＿＿を受ける被保険者を除く）が次のいずれかに | 法第89条
該当するときは，その該当するに至った日の属する＿＿＿＿＿＿＿＿＿から該当しなく
なる日の属する月までの保険料は，すでに納付されていない限り，免除される。
ただし，当該被保険者等から保険料を納付する旨の申出があった期間に係る保険
料については，法定免除は適用しない。

① ＿＿＿＿＿＿＿＿＿＿＿＿＿＿＿，１級または２級の障害厚生年金等の障害給付の受給権
者であるとき

② 生活保護法による生活扶助，ハンセン病問題の解決の促進に関する法律によ
る援護を受けるとき

③ 国立ハンセン病療養所，国立保養所，国立以外のハンセン病療養所等の施設 | 則第74条・
に入所しているとき | 第74条の２

2．申請による全額免除

(1) 厚生労働大臣は，次のいずれかに該当する被保険者または被保険者であった | 法第90条
者から申請があったときは，＿＿＿＿＿＿＿＿＿＿＿＿＿＿＿＿＿＿（保険料一部免除期間，
学生等である期間または学生等であった期間または納付猶予期間を除く）に係
る保険料（すでに納付されたものを除く）について，納付することを要しない
ものとすることができ，申請日以後，その保険料に係る期間を保険料全額免除
期間（追納に係る期間を除く）に算入することができる。

① 当該保険料を納付することを要しないものとすべき月の属する年の前年の
所得（＿＿＿＿から＿＿＿＿までの月分の保険料については前々年の所得）が政
令で定める額以下であるとき

② 被保険者または被保険者の属する世帯の一員が，生活保護法による生活扶
助以外の扶助を受けるとき

③ 地方税法に定める＿＿＿＿＿＿，または＿＿＿＿＿＿＿＿＿＿＿＿であって，当
該保険料を納付することを要しないものとすべき月の属する年の前年の所得
が＿＿＿＿＿＿＿以下であるとき

④ 保険料を納付することが著しく困難である場合として＿＿＿＿＿その他の事由
があるとき

IV 1．一部免除　　月の前月　　障害基礎年金
　2．その指定する期間　　1月　　6月　　障害者　　寡婦およびひとり親　　135万円
　　天災

242

(2)　申請全額免除および納付猶予に関する事務を適正かつ確実に実施することができると認められる者であって，＿＿＿＿＿＿が当該者からの申請に基づき指定するもの（以下「指定全額免除申請事務取扱者」という。）は，免除事由のいずれかに該当する被保険者または被保険者であった者（厚生労働省令で定める者に限る。以下「全額免除要件該当被保険者等」という。）の委託を受けて，全額免除要件該当被保険者等に係る全額免除申請をすることができる。

法第109条の2
法（平16）附則第19条の2

　　全額免除要件該当被保険者等が指定全額免除申請事務取扱者に全額免除申請の委託をしたときは，＿＿＿＿日に，全額免除申請があったものとみなす。

　　指定全額免除申請事務取扱者は，全額免除要件該当被保険者等から全額免除申請の委託を受けたときは，遅滞なく，厚生労働省令で定めるところにより，当該全額免除申請をしなければならない。

　※　納付猶予の特例についても同様に委託ができる。

3．申請による4分の3免除

厚生労働大臣は，次のいずれかに該当する被保険者から申請があったときは，＿＿＿＿＿＿＿＿＿＿（保険料全額・半額・4分の1免除期間，学生等である期間または学生等であった期間，納付猶予期間を除く）に係る保険料（すでに納付されたものを除く）について，その4分の3を納付することを要しないものとすることができ，申請日以後，その保険料に係る期間を保険料4分の3免除期間（追納に係る期間を除く）に算入することができる。

法第90条の2

①　当該保険料を納付することを要しないものとすべき月の属する年の前年の所得（1月から厚生労働省令で定める月までの月分の保険料については，前々年の所得）が，政令で定める額以下であるとき

②　前記②～④のいずれかに該当するとき

4．申請による半額免除

厚生労働大臣は，次のいずれかに該当する被保険者等から申請があったときは，＿＿＿＿＿＿＿＿＿＿（保険料全額・4分の3・4分の1免除期間，学生等である期間または学生等であった期間，納付猶予期間を除く）に係る保険料（すでに納付されたものを除く）について，その半額を納付することを要しないものとすることができ，申請日以後，その保険料に係る期間を保険料半額免除期間（追納に係る期間を除く）に算入することができる。

法第90条の2

①　当該保険料を納付することを要しないものとすべき月の属する年の前年の所

厚生労働大臣　　委託した
3．その指定する期間
4．その指定する期間

得（1月から厚生労働省令で定める月までの月分の保険料については，前々年の所得）が，政令で定める額以下であるとき

② 前記2の②～④のいずれかに該当するとき

5．申請による4分の1免除

法第90条の2

厚生労働大臣は，次のいずれかに該当する被保険者から申請があったときは，........................（保険料全額・4分の3・半額免除期間，学生等である期間または学生等であった期間，納付猶予期間を除く）に係る保険料（すでに納付・前納されたものを除く）について，その4分の1を納付することを要しないものとすることができ，申請日以後，その保険料に係る期間を保険料4分の1免除期間（追納に係る期間を除く）に算入することができる。

① 当該保険料を納付することを要しないものとすべき月の属する年の前年の所得（1月から厚生労働省令で定める月までの月分の保険料については，前々年の所得）が，政令で定める額以下であるとき

② 前記②～④のいずれかに該当するとき

6．学生等の保険料納付の特例

法第90条の3

厚生労働大臣は，次のいずれかに該当する学生等である被保険者または学生等であった被保険者等から申請があったときは，........................（学生等である期間，学生等であった期間に限る）に係る保険料（すでに納付・前納されたものを除く）について，納付することを要しないものとすることができ，申請日以後，その保険料に係る期間を保険料全額免除期間（追納に係る期間を除く）に算入することができる。

① 当該保険料を納付することを要しないものとすべき月の属する年の前年の所得（1月から厚生労働省令で定める月までの月分の保険料については，前々年の所得）が，政令で定める額以下であるとき

② 前記2の②～④のいずれかに該当するとき

7．保険料納付猶予の特例

法（平26）附則第14条

厚生労働大臣は，平成28年7月～令和12年6月の期間において，........................の前月までの被保険者期間（30歳に達した日の属する月以後の期間に限る）がある第1号被保険者または第1号被保険者であった者であって次のいずれかに該当するものから申請があったときは，........................（保険料全額・半額免除期間，学生等である期間または学生等であった期間を除

5．その指定する期間

6．その指定する期間

7．50歳に達する日の属する月　　その指定する期間

244

く）に係る保険料（すでに納付・前納されたものを除く）について，納付することを要しないものとすることができ，申請日以後，その保険料に係る期間を保険料全額免除期間（追納に係る期間を除く）に算入することができる。

① 当該保険料を納付することを要しないものとすべき月の属する年の前年の所得（1月から厚生労働省令で定める月までの月分の保険料については，前々年の所得）が，同一生計配偶者および扶養親族の有無・数に応じて，政令で定める額（全額免除に同じ）以下であるとき

② 前記2の②〜④のいずれかに該当するとき

ただし，配偶者が上記①②のいずれにも該当しないときは，保険料は免除されない。

8．保険料の追納

保険料納付の免除を受けている被保険者または被保険者であった者で＿＿＿＿＿＿＿＿＿＿＿＿＿＿＿＿＿の受給権者となっていない者は，厚生労働大臣の承認を受け，その承認月前＿＿＿＿＿以内の期間内の免除保険料の全部または一部を追納できる。

一部追納の場合には，まず，学生等の保険料納付特例または納付猶予に係る保険料について，次いで，法定免除もしくは全額免除または一部免除に係る保険料について行い，また，それぞれ先に経過した月分から順次に行う。

ただし，学生等である被保険者等・若年者につき免除された保険料より前に納付義務が生じ，免除された保険料については，先に経過した月の分の保険料から追納することができる。

追納が行われたときは，＿＿＿＿＿＿＿＿に，追納に係る月分の保険料が納付されたものとみなされ，その時以降，その月は保険料納付済期間に算入される。

法第94条

9．第3号被保険者に係る不整合期間の特例

⑴ 第3号被保険者としての被保険者期間の特例

被保険者または被保険者であった者は，第3号被保険者としての被保険者期間（昭和61年4月から平成25年6月までの間にある＿＿＿＿＿＿＿＿＿＿＿（政令で定める期間を除く。）に限る。）のうち，＿＿＿＿＿＿＿＿＿としての被保険者期間として国民年金原簿の規定により記録した事項の訂正がなされた期間（以下，「不整合期間」という。）であって，当該訂正がなされたときにおいて保険料を徴収する権利が時効によって消滅しているもの（以下「時効消滅不整合期間」という。）について，厚生労働大臣に届出をすることができる。

法附則第9条の4の2第1項，第2項

8．老齢基礎年金　10年　その日
9．⑴　保険料納付済期間　第1号被保険者

当該届出が行われたときは，当該届出に係る時効消滅不整合期間（以下，「特定期間」という。）については，この法律その他の政令で定める法令の規定を適用する場合においては，当該届出が行われた日以後，学生納付特例の規定により納付することを要しないものとされた保険料に係る期間とみなすほか，これらの規定の適用に関し必要な事項は，政令で定める。

(2) 特定保険料の納付

平成30年3月31日（以下「特定保険料納付期限日」という。）までの間において，被保険者または被保険者であった者（特定期間を有する者に限る。）は，厚生労働大臣の承認を受け，特定期間のうち，保険料納付済期間以外の期間であって，その者が＿＿＿＿＿＿＿＿であった期間（その者が60歳未満である場合にあっては，承認の日の属する月前10年以内の期間）の各月につき，承認の日の属する月前10年以内の期間の各月の保険料に相当する額に政令で定める額を加算した額のうち最も＿＿＿＿額（承認の日の属する月前10年以内の期間にあっては，当該加算した額）の保険料（以下この条において「特定保険料」という。）を納付することができる。

当該特定保険料の納付は，＿＿＿＿＿＿＿＿＿＿の保険料に係る特定保険料から順次に行うものとする。特定保険料の納付が行われたときは，＿＿＿＿＿＿＿＿＿日に，納付に係る月の保険料が納付されたものとみなす。

老齢基礎年金の受給権者が特定保険料の納付を行ったときは，納付が行われた日の属する＿＿＿＿＿＿＿から，年金額を改定する。

ただし，次に規定する特定受給者については，特定保険料納付期限日の属する月の翌月から，年金額を改定する。

法附則第9条の4の3第1項

(3) 特定受給者の老齢基礎年金等の特例

平成25年7月1日以後に国民年金原簿の規定により記録した事項の訂正がなされたことにより時効消滅不整合期間となった期間を有する者であって，平成25年7月1日において当該時効消滅不整合期間となった期間が＿＿＿＿＿＿＿＿であるものとして老齢基礎年金または厚生年金保険法に基づく老齢給付等を受けているもの（これらの給付の全部につき支給が停止されている者を含む。以下，「特定受給者」という。）が有する当該時効消滅不整合期間となった期間については，この法律その他の政令で定める法令の規定（老齢基礎年金または厚生年金保険法に基づく老齢給付等に係るものに限る。）を適用する場合におい

法附則第9条の4の4

(2) 50歳以上60歳未満　　高い　　先に経過した月　　納付が行われた　　月の翌月
(3) 保険料納付済期間

ては，特定保険料納付期限日までの間，＿＿＿＿＿＿＿＿＿＿＿とみなす。

(4) 特定保険料納付期限日の属する月の翌月以後の特定受給者の老齢基礎年金の額

法附則第9条の4の5

　　　特定受給者に支給する特定保険料納付期限日の属する月の翌月以後の月分の老齢基礎年金の額については，訂正後年金額が訂正前年金額に＿＿＿＿＿を乗じて得た額（以下，「減額下限額」という。）に満たないときは，減額下限額に相当する額とする。

(5) 不整合期間を有する者の障害基礎年金等に係る特例

法附則第9条の4の6

　　　平成25年7月1日以後に国民年金原簿の規定より記録した事項の訂正がなされたことにより不整合期間となった期間を有する者であって，当該不整合期間となった期間が保険料納付済期間であるものとして障害基礎年金または厚生年金保険法その他の政令で定める法令に基づく障害を支給事由とする年金たる給付を受けているもの（これらの給付の＿＿＿につき支給が停止されている者を含む。）の当該不整合期間となった期間については，この法律その他の政令で定める法令の規定（これらの給付に係るものに限る。）を適用する場合においては，保険料納付済期間とみなす。

　　　平成25年7月1日以後に国民年金原簿の規定により記録した事項の訂正がなされたことにより不整合期間となった期間を有する者の死亡に係る遺族基礎年金または厚生年金保険法その他の政令で定める法令に基づく死亡を支給事由とする年金たる給付であって，当該不整合期間となった期間が保険料納付済期間であるものとして支給されているもの（これらの給付の＿＿＿につき支給が停止されているものを含む。）の受給資格要件たる期間の計算の基礎となる当該不整合期間となった期間については，この法律その他の政令で定める法令の規定（これらの給付に係るものに限る。）を適用する場合においては，保険料納付済期間とみなす。

10. 特定事由に係る申出および特例保険料の納付等の特例

(1) 特定事由に係る申出等の特例

法附則第9条の4の7

　　　被保険者または被保険者であった者は，次のいずれかに該当するときは，厚生労働大臣にその旨の申出をすることができる。厚生労働大臣は，当該申出に理由があると認めるときは，その申出を承認するものとする。

　① 特定事由（この法律その他の政令で定める法令の規定に基づいて行われるべき事務の処理が行われなかったことまたはその処理が＿＿＿＿＿であること

保険料納付済期間

(4) 100分の90

(5) 全部　　全部

10. (1) 著しく不当

をいう。）により特定手続をすることができなくなったとき。

② 特定事由により特定手続を遅滞したとき。

(2) 特定被保険者期間等

申出をした者が承認を受けた場合において，特定事由がなければ特定手続が行われていたと認められるときに当該特定手続が行われていたとしたならば当該特定手続に係る規定により当該申出をした者が被保険者となる期間があるときは，当該期間は，この法律その他の政令で定める法令の規定（保険料の徴収および保険料の納付義務の規定その他政令で定める規定を除く。）を適用する場合においては，当該＿＿＿＿＿＿＿＿＿以後，当該特定手続に係る規定による被保険者としての被保険者期間（特定被保険者期間）とみなす。その他，特定事由による申出により，特定手続が行われていたとしたならばその一部の額につき保険料を納付することを要しないものとされる期間（特定一部免除期間），特定手続が行われていたとしたならば保険料を納付することを要しない期間について申出が承認された期間（特定全額免除期間）とみなされる。特定全額免除期間とみなされたときは，申出のあった日の属する月の翌月から年金額が改定される。

法附則第9条の4の7第3項

(3) 特例保険料の納付

被保険者または被保険者であった者は，次のいずれかに該当する期間（保険料納付済期間を除く。以下＿＿＿＿＿＿という）を有するときは，厚生労働大臣にその旨の申出をすることができる。厚生労働大臣は，申出（①に係るものに限る）に理由があると認めるとき，または申出（②または③に係るものに限る）があったときは，その申出を承認するものとする。当該申出をした者は，承認を受けたときは，当該承認に係る＿＿＿＿＿＿の各月につき，当該各月の保険料に相当する額の保険料（特例保険料）を納付することができる。

法附則第9条の4の7
法附則第9条の4の9

① 特定事由により保険料（保険料の一部免除の規定によりその一部の額につき納付することを要しないものとされた保険料にあってはその一部の額以外の残余の額とし，＿＿＿＿＿＿を除く。）を納付することができなくなったと認められる期間

② 特定被保険者期間とみなされた期間

③ 特定一部免除期間とみなされた期間

---

(2) 申出のあった日

(3) 対象期間　　対象期間　　付加保険料

11. 特定事由に係る付加保険料の納付の特例

(1) 特定事由により特定手続をすることができなくなったとき等の申出をした者が承認を受けた場合において，特定事由がなければ特定手続が行われていたと認められるときに当該特定手続が行われていたとしたならば当該特定手続に係る規定により当該申出をした者が付加保険料を納付する者となる期間があるときは，当該期間は，この法律その他の政令で定める法令の規定（政令で定める規定を除く。）を適用する場合においては，当該申出のあった日以後，当該特定手続に係る規定により付加保険料を納付する者である期間（.................................という）とみなす。

法附則第9条の4の7

(2) 被保険者または被保険者であった者は，次のいずれかに該当する期間（付加保険料に係る保険料納付済期間を除く。「付加対象期間」という。）を有するときは，厚生労働大臣にその旨の申出をすることができる。

① 特定事由により付加保険料を納付することができなくなったと認められる期間

② ....とみなされた期間

厚生労働大臣は，申出（①に係るものに限る。）に理由があると認めるとき，または同項の申出（②に係るものに限る。）があったときは，その申出を承認するものとする。

申出をした者は，承認を受けたときは，当該承認に係る付加対象期間の各月につき，当該各月の付加保険料に相当する額の保険料（.................................という。）を納付することができる。

法附則第9条の4の10

12. 特定事由に係る保険料の追納の特例

被保険者または.................................は，次のいずれかに該当する期間（保険料納付済期間を除く。「追納対象期間」という。）を有するときは，厚生労働大臣にその旨の申出をすることができる。

① 特定事由により追納をすることができなくなったと認められる期間

② 特定一部免除期間とみなされた期間

③ 特定全額免除期間とみなされた期間

厚生労働大臣は，申出（①に係るものに限る。）に理由があると認めるとき，または申出（②または③に係るものに限る。）があったときは，その申出を承認するものとする。

法附則第9条の4の11

---

11. (1) 特定付加納付期間
    (2) 特定付加納付期間　特例付加保険料
12. 被保険者であった者

上記の申出をした者は，承認を受けたときは，当該承認に係る追納対象期間の各月の保険料（保険料全額免除の規定により納付することを要しないものとされた保険料および保険料一部免除の規定によりその一部の額につき納付することを要しないものとされた保険料に限る。）の全部または一部につき追納をすることができる。ただし，保険料一部免除の規定によりその一部の額につき納付することを要しないものとされた保険料については，その＿＿＿の額につき納付されたときに限る。

13. 特定付加保険料の納付

　　平成31年3月31日（特定付加保険料納付期限日）までの間において，国民年金の被保険者または被保険者であった者（付加保険料を納付する者となった期間を有する者であって，付加保険料を納期限までに納付しなかったことにより改正前国民年金法の規定により納付辞退の申し出をしたとみなされた期間を有するものに限る。）は，厚生労働大臣の承認を受け，その者の第1号被保険者としての被保険者期間（政令で定める期間を除く。）であって，付加保険料に係る保険料納付済期間以外の保険料納付済期間のうち，付加保険料を納期限までに納付しなかったことによる改正前国民年金法の規定の適用をしなかったとしたならば付加保険料を納付する者となった期間（承認の日の属する月前＿＿＿年以内の期間に限る。特定付加対象期間という）の各月につき，当該各月の付加保険料に相当する額の国民年金の保険料（＿＿＿＿＿＿＿＿という）を納付することができる。

法（平26）附則第12条

第4節　督促・延滞金・滞納処分等

1. 保険料は，国税徴収の例によって徴収され，滞納者があるときは，期限を指定して督促される。この場合，督促状による指定期限は，＿＿＿＿＿＿から起算して＿＿＿＿＿＿経過した日とされている。

　　また，その指定期限までに納付されないときは，国税滞納処分の例により処分される。

2. 督促を受けた場合，徴収金額（＿＿＿＿＿＿は切捨て）につき＿＿＿＿＿の割合で延滞金が徴収されるが，当該督促が保険料に係るものであるときは，当該納期限の翌日から3月を経過する日までの期間については，年7.3％の割合を

法第95条・第96条・第97条

残余
13.10　　特定付加保険料
【第5第4節】
1. 督促状を発する日　　10日以上
2. 500円未満の端数　　年14.6％

乗じて計算した延滞金を徴収する。延滞金の額は，納期限の翌日から徴収金完納または＿＿＿＿＿＿＿＿＿＿までの日数により計算される（＿＿＿＿＿＿＿は切捨て）。

また，一定の場合には，徴収されない。

3．滞納処分は，厚生労働大臣が自ら行うか，滞納者の住居地等の市町村に請求して行わせるかいずれかであるが，後者の場合，市町村は＿＿＿＿＿＿＿によって滞納処分ができる。 法第96条

4．保険料その他の徴収金を徴収する権利，またはその還付を受ける権利は，＿＿＿＿＿を経過したときは，時効により消滅する。 法第102条

※　厚生労働大臣は，納付義務者が滞納処分等その他の処分の執行を免れる目的でその財産について隠ぺいしているおそれがあることその他の政令で定める事情があるため，保険料その他この法律の規定による徴収金の効果的な徴収を行う上で必要があると認めるときは，政令で定めるところにより，財務大臣に，当該納付義務者に関する情報その他必要な情報を提供するとともに，当該納付義務者に係る滞納処分等その他の処分の権限の全部または一部を委任することができる。 法第109条の5
令第11条の10

政令で定める事情とは，納付義務者が＿＿＿＿＿以上の保険料を滞納していること，納付義務者の前年の所得（１月から６月までにおいては，前々年の所得）が＿＿＿＿＿以上であること等である。

第6　　不服申立て

被保険者の資格，給付または保険料等に関する処分に不服がある者は，＿＿＿＿＿に対して審査請求をし，その決定に不服がある者は，＿＿＿＿＿に対して再審査請求をすることができる。 法第101条

なお，審査請求および再審査請求は，時効の完成猶予および更新に関しては，裁判上の請求とみなす。

1．審査請求は，原処分があったことを知った日の翌日から起算して＿＿＿＿＿に，文書または口頭で行わなければならない。

2．再審査請求は，＿＿＿＿＿に係る決定書の謄本が送付された日の翌日から起算

財産差押えの日の前日　　50円未満の端数
3．市町村税の例　　4．2年　　13か月　　1,000万円
【第6】　社会保険審査官　　社会保険審査会
1．3カ月以内　　2．審査請求

して＿＿＿＿＿に，文書または口頭で行わなければならない。

　裁判所への提起は，審査請求に対する＿＿＿＿＿＿＿＿＿の決定を経た後でなければ行うことはできない。

法第101条の2

第7　　国民年金基金

I　設立・加入

　国民年金基金は，＿＿＿＿＿＿＿＿によって組織される公法人で，各都道府県ごとに設立される＿＿＿＿＿＿＿と，同種の事業または業務に従事する者によって設立される＿＿＿＿＿の2種類がある。

法第115条の2・第116条・第118条の2

　設立に当たっては，地域型基金は＿＿＿＿＿＿，職能型基金は＿＿＿＿＿の加入員がなければ設立することができない。設立委員（地域型）または＿＿＿（職能型）が規約の作成を行い，＿＿＿＿＿の認可を受けなければならない。

法第119条〜第119条の4

　＿＿＿＿＿＿＿＿＿（保険料の納付免除者・一部免除者，＿＿＿の被保険者を除く）は，その者が＿＿＿を有する地区に係る地域型基金またはその従事する事業・業務に係る職能型基金に申し出て，加入員となれる。

法第127条

　なお，日本国内に住所を有する＿＿＿＿＿＿の任意加入被保険者および日本国籍を有する者であって，日本国内に住所を有しない＿＿＿＿＿の任意加入被保険者は，加入員となることができる。

　加入員の資格は，法定事由に該当すれば喪失するが，基金から任意に脱退することは認められない。

II　業　務

　基金は，加入員または加入員であった者の＿＿＿に関しての年金給付と，＿＿＿に関しての一時金給付を行う。

法第115条・第128条

　基金年金は，＿＿＿＿＿＿が支給されているときは必ず支給されなければならず，その額は，200円に加入員であった期間の月数を乗じて得た額を超えなければならない。

法第129条・第130条

　また，基金が支給する一時金の額は，8,500円を超えるものでなければならない。

2カ月以内　　社会保険審査官
【第7】
I　第1号被保険者　　地域型基金　　職能型基金　　1,000人以上　　3,000人以上
　　発起人　　厚生労働大臣　　第1号被保険者　　農業者年金　　住所
　　60歳以上65歳未満　　20歳以上65歳未満
II　老齢　　死亡　　老齢基礎年金

Ⅲ　合併・分割

1．合併

　　基金は，_____の認可を受けて，他の基金と吸収合併（基金が他の基金とする合併であって，合併により消滅する基金の権利義務の全部を合併後存続する基金に承継させるものをいう。）をすることができる。ただし，地域型基金と職能型基金との吸収合併については，その地区が全国である地域型基金が吸収合併存続基金となる場合を除き，これをすることができない。

法第137条
の3

2．分割

　　基金は，_____が，その事業に関して有する権利義務であって吸収分割承継基金となる地域型基金の地区に係るものを当該地域型基金に承継させる場合に限り，厚生労働大臣の認可を受けて，吸収分割（基金がその事業に関して有する権利義務の全部または一部を分割後他の基金に承継させることをいう。）をすることができる。

法第137条
の3の7

Ⅳ　国民年金基金連合会

　　基金の加入員が中途脱退した場合や基金が解散した場合等においても，年金・一時金の支給ができるように，2以上の基金が発起人となって国民年金基金連合会を設立することができる。

法第137条
の4・第137
条の5

Ⅲ　厚生労働大臣　　職能型基金

厚生年金保険法

（関係条文）

■ 厚生年金保険制度のしくみ

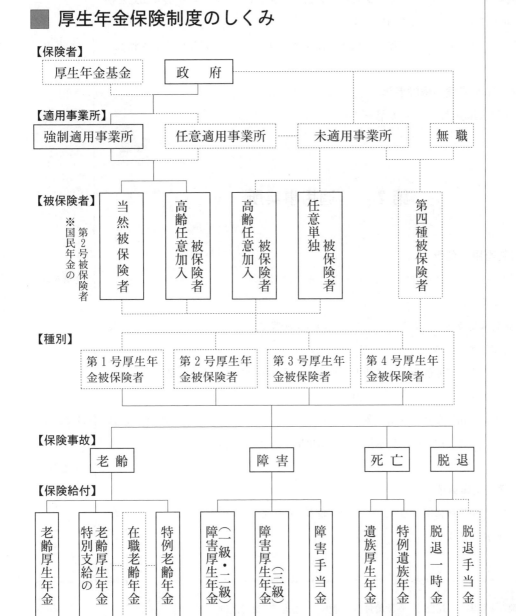

【保険者】
厚生年金基金　政　府

【適用事業所】
強制適用事業所　任意適用事業所　未適用事業所　無　職

【被保険者】
※国民年金の第2号被保険者
当然被保険者　高齢任意加入被保険者　高齢任意加入被保険者　任意単独被保険者　第四種被保険者

【種別】
第1号厚生年金被保険者　第2号厚生年金被保険者　第3号厚生年金被保険者　第4号厚生年金被保険者

【保険事故】
老　齢　障　害　死　亡　脱　退

【保険給付】
老齢厚生年金　特別支給の老齢厚生年金　在職老齢年金　特例老齢年金　障害厚生年金（一級・二級）　障害厚生年金（三級）　障害手当金　遺族厚生年金　特例遺族年金　脱退一時金（＝国年法に同じ）　脱退手当金

255

第1　　序　　論

I　厚生年金保険制度の目的

　　厚生年金保険制度は，一定の事業所に使用される労働者の＿＿＿＿＿，＿＿＿＿＿，また 　法第1条
は＿＿＿＿＿について＿＿＿＿＿＿を行い，労働者およびその＿＿＿＿の生活の安定と福
祉の向上に寄与することを目的とする。

　　なお，一定の者については，厚生年金保険からの＿＿＿＿＿も，保険事故とされる。

II　厚生年金保険の保険者等

　　厚生年金保険は，＿＿＿＿＿が管掌する。　法第2条

第2　　適用事業所

I　強制適用事業所

① 　国，地方公共団体または法人の事業所または事務所で，＿＿＿＿＿＿＿＿＿＿＿＿＿＿　法第6条
＿＿＿＿するもの

② 　強制適用業種に属する＿＿＿＿＿＿＿＿の事業所等で，＿＿＿＿＿＿＿＿＿＿の従業
員を使用するもの

③ 　＿＿＿＿として船舶所有者に使用される者が乗り組む船舶（総トン数＿＿＿＿＿＿
＿＿＿＿の船舶，＿＿＿＿＿＿＿＿＿＿の漁船）

　　事業主は，初めて強制適用事業所となった日から＿＿＿＿＿＿＿に，船舶所有者は　則第13条
＿＿＿＿＿＿＿に，届書を，日本年金機構に提出しなければならない。

II　任意適用事業所

① 　強制適用業種に属する＿＿＿＿＿＿＿＿の事業所等で，＿＿＿＿＿＿＿＿＿＿＿の従業
員を使用するもの

【第1】
I 　老齢　　障害　　死亡　　保険給付　　遺族　　脱退　　II 　政府
【第2】
I 　常時従業員を使用　　個人経営　　常時5人以上　　船員　　5トン以上　　30トン以上
　　5日以内　　10日以内
II 　個人経営　　常時5人未満

② 非強制適用業種（農林・畜産・養蚕・水産の事業，理容・美容の事業，興行の事業，飲食店等の事業，社会保険労務士等の事業）に属する＿＿＿＿＿＿＿の事業所等

これらの事業所等は，事業主がその事業所に使用される者（＿＿＿＿＿＿を除く）の＿＿＿＿＿＿＿の同意を得て申請し，厚生労働大臣の＿＿＿＿があったときは，適用事業所となる。

任意適用事業所は，事業主が使用される者の＿＿＿＿＿＿の同意を得て申請し，厚生労働大臣の＿＿＿＿を受けて，適用事業所でなくすることができる。　法第8条

なお，強制適用事業所である個人経営の事業所は，常時使用される者が＿＿＿＿＿＿になったとき等には，任意適用の＿＿＿＿があったものとみなされる。　法第7条

Ⅲ　適用事業所の一括

2以上の適用事業所（＿＿＿＿を除く）の＿＿＿＿＿が同一であって一定の条件を満たす場合には，＿＿＿＿＿＿＿の承認を受けて，これらを一の適用事業所とすることができる。　法第8条の2・第8条の3

また，2以上の船舶の＿＿＿＿＿＿が同一である場合には，これらは一の適用事業所とされる。

Ⅳ　適用事業所に係る事務

事業主の氏名等の変更については＿＿＿＿＿＿に，船舶所有者の氏名等の変更についてはすみやかに，事業主の変更については＿＿＿＿＿＿に前事業主および新事業主が連署をもって，それぞれ届書を提出する。　則第23条・第24条

また，適用事業所に該当しなくなったときは，それを証する書類を添えて，その事実があった日から＿＿＿＿＿＿に，届書を提出する（任意適用の取消申請をするときを除く）。船舶所有者は，＿＿＿＿＿＿に提出する。　則第13条の2

個人経営　適用除外者　2分の1以上　認可
4分の3以上　認可　5人未満　認可
Ⅲ　船舶　事業主　厚生労働大臣　船舶所有者
Ⅳ　5日以内　5日以内　5日以内　10日以内

第3　被保険者

第1節　被保険者の範囲

Ⅰ　当然被保険者

　　適用事業所に使用される＿＿＿＿＿＿の者は，被保険者とされる。　　　　　　　法第9条

　※　個人事業主，その家族従業者で報酬が定められていない者は被保険者とならない。

Ⅱ　任意単独被保険者

　　適用事業所以外の事業所に使用される＿＿＿＿＿＿の者は，＿＿＿＿の同意を得　　法第10条
て申請し，厚生労働大臣の認可を受けて，被保険者となることができる。

　　この認可がなされると，その事業所は，任意単独被保険者に関する限りにおいて，
適用事業所となる。

　※　任意単独被保険者は，＿＿＿＿＿＿に申し出たうえで申請し，厚生労働大臣の　　法第11条
認可を受けて，資格喪失することができる。

Ⅲ　高齢任意加入被保険者

　1．適用事業所に使用される＿＿＿＿＿＿の者で老齢給付の＿＿＿＿を有しないも　　法附則第4
のは，実施機関に申し出て，被保険者になることができる。　　　　　　　　　　　条の3

　　※　この者は，いつでも実施機関に申し出て，資格喪失することができる。

　2．適用事業所以外の事業所に使用される＿＿＿＿＿＿の者も，老齢給付の＿＿＿　　法附則第4
＿＿＿を有していないときは，＿＿＿＿の同意を得て申請し，厚生労働大臣の認可　　条の5
を受けて，被保険者になることができる。

　　この認可がなされると，その事業所は，その高齢任意加入被保険者に関する限
りにおいて，適用事業所となる。

　　※　この者は，事業主に申し出たうえで申請し，厚生労働大臣の認可を受けて，
資格喪失することができる。

【第3第1節】
Ⅰ　70歳未満
Ⅱ　70歳未満　　事業主　　事業主
Ⅲ1．70歳以上　　受給権
　2．70歳以上　　受給権　　事業主

IV 第4種被保険者

　　昭和16年4月1日以前に生まれた者で，昭和61年4月1日において厚生年金保険の被保険者であったもの等のうち，厚生年金保険の被保険者期間が............ある者は，資格喪失した場合に被保険者期間が............（中高齢者の特例が適用される者は............～............）に達しないときは，厚生労働大臣に申し出て，その期間に達するまで被保険者になることができる。

　　第4種被保険者になろうとするときは，原則として，............から起算して............に，基礎年金番号通知書その他の基礎年金番号を明らかにすることができる書類を添えて申し出ることとされている。

　　※　第4種被保険者は，いつでも，厚生労働大臣に申し出て，資格喪失することができる。

法（昭60）附則第43条

則第7条

V 船員任意継続被保険者

　　昭和61年3月31日に船員保険の年金任意継続被保険者であった者で，同年4月1日に厚生年金保険の任意加入の被保険者とされたものをいう。現在，この該当者はいない。

法（昭60）附則第44条

VI 被保険者の種別

　①　第1号厚生年金被保険者……以下②～④以外の被保険者（以下，「第1号」）
　②　第2号厚生年金被保険者……国家公務員共済組合の組合員たる厚生年金保険の被保険者（以下，「第2号」）
　③　第3号厚生年金被保険者……地方公務員共済組合の組合員たる厚生年金保険の被保険者（以下，「第3号」）
　④　第4号厚生年金被保険者……私立学校教職員共済法の規定による私立学校教職員共済制度の加入者たる厚生年金保険の被保険者（以下，「第4号」）

法第2条の5

VII 適用除外（被保険者とされない者）

(1)　臨時に使用される者（船舶所有者に使用される船員を除く）
　①　日々雇い入れられる者
　　　ただし，............を超えて引き続き使用されたときは，その超えた日に被保険者となる。

法第12条

IV　10年以上　　20年　　15年　　19年　　資格を喪失した日　　6月以内
VII　1月

② ＿＿＿＿＿＿の期間を定めて使用される者

　　ただし，その期間を超えて引き続き使用されたときは，その超えた日から被

保険者となる。

(2)　所在地が一定しない事業所に使用される者

(3)　＿＿＿＿＿＿に使用される者（同(1)）

　　ただし，継続して＿＿＿＿＿＿を超えて使用されるべきときは，最初から被保

険者となる。

(4)　臨時的事業の事業所に使用される者

　　ただし，継続して＿＿＿＿＿＿を超えて使用されるべきときは，最初から被保

険者となる。

　　※短時間労働者については，健康保険法参照。

第2節　　被保険者資格の取得・喪失

Ⅰ　資格取得の時期

1．当然被保険者

次のいずれかに該当した日に，被保険者の資格を取得する。　　　　　　　法第13条

①　＿＿＿＿＿＿に使用されるに至った日

②　使用される事業所が＿＿＿＿＿＿となった日

③　＿＿＿＿＿＿でなくなった日

2．任意単独被保険者等

それぞれ次の日に，被保険者の資格を取得する。

(1)　任意単独被保険者は，加入について厚生労働大臣の＿＿＿＿＿＿　　　　法第13条

(2)　適用事業所の高齢任意加入被保険者は，資格取得の＿＿＿＿が実施機関に　法附則第4
　　　　　　　　　　　　　　　　　　　　　　　　　　　　　　　　　　　　条の3
　　　＿＿＿＿＿＿

(3)　適用事業所以外の事業所の高齢任意加入被保険者は，加入について厚生労働　法附則第4
　　大臣の＿＿＿＿＿＿　　　　　　　　　　　　　　　　　　　　　　　　条の5

(4)　第4種被保険者は，最後に被保険者（組合員，加入者）資格を＿＿＿＿＿＿　法（昭60）附
　　＿＿か，資格取得の申出が＿＿＿＿＿＿のうち，本人が選択した日　　　　則第43条

──

2月以内　　季節的業務　　4月　　6月

【第3第2節】

Ⅰ 1．適用事業所　　適用事業所　　適用除外者

　2．認可があった日　　申出　　受理された日　　認可があった日　　喪失した日
　　受理された日

Ⅱ　資格喪失の時期

1．当然被保険者・任意単独被保険者

原則として，次のいずれかに該当した日の＿＿＿＿＿（⑤は，その日）に，被保険 | 法第14条
者の資格を喪失する。

① 死亡したとき

② その＿＿＿＿＿または＿＿＿＿＿に使用されなくなったとき

③ ＿＿＿＿＿＿＿＿＿＿＿＿または任意単独被保険者でなくなることについて，厚
　生労働大臣の認可があったとき

④ 適用除外者になったとき

⑤ ＿＿＿＿＿に達したとき

2．高齢任意加入被保険者

原則として，次のいずれかに該当した日の＿＿＿＿＿に，被保険者の資格を喪失す | 法附則第4
る。 | 条の3

① 死亡したとき

② その事業所または船舶に使用されなくなったとき

③ 適用除外者になったとき

④ 任意適用事業所でなくなることについて，＿＿＿＿＿＿＿＿＿＿＿＿＿の認可が
　あったとき

⑤ 老齢または退職を支給事由とする＿＿＿＿＿＿＿＿＿＿の受給権を取得したとき

⑥ 実施機関に資格喪失の申出をし，受理されたときまたは厚生労働大臣に資格
　喪失の申請が認可されたとき

また，保険料（初めて納付すべき保険料を除く）を滞納し，督促状の指定期限
までに納付しないときは，保険料の折半負担・納付義務負担について＿＿＿＿＿の同
意がなければ，納期月の＿＿＿＿＿＿＿＿＿に，被保険者の資格を喪失する。

なお，適用事業所以外の事業所の高齢任意加入被保険者は，①～③，⑤のほか， | 法附則第4
資格喪失について厚生労働大臣の＿＿＿＿＿＿＿＿＿＿＿＿＿の翌日に，その資格を喪 | 条の5
失する。

3．第4種被保険者

次のいずれかに該当した日の＿＿＿＿＿（③④は，その日）に，被保険者の資格を | 法（昭60）附
喪失する。 | 則第43条

① 死亡したとき

Ⅱ 1．翌日　　事業所　　船舶　　任意適用事業所　　70歳
　2．翌日　　厚生労働大臣　　年金給付　　事業主　　前月の末日　　認可があった日
　3．翌日

② 被保険者期間が＿＿＿＿＿（中高齢者の特例＿＿＿＿＿～＿＿＿＿＿）に達したとき

③ 当然被保険者・任意単独被保険者となったとき

④ 組合員または加入者となったとき

⑤ 厚生労働大臣に資格喪失の申出をし，受理されたとき

⑥ 保険料（初めて納付すべき保険料を除く）を滞納し，督促状の指定期限までに納付しないとき

Ⅲ 資格の得喪の確認

被保険者の資格の取得および喪失（任意単独被保険者の資格の得喪，任意適用事業所をそうでなくすることについての厚生労働大臣の認可があったことによる資格喪失を除く），被保険者の＿＿＿＿＿＿＿＿＿は，厚生労働大臣の確認によって，その効力を生ずる。

この確認は，事業主の届出（次項参照）によって行われるほか，＿＿＿＿＿＿＿＿または被保険者であった者の＿＿＿＿＿（文書または口頭）により，または厚生労働大臣の＿＿＿＿＿で行うものとされている。

なお，厚生労働大臣の確認が行われるのは，第1号厚生年金被保険者に限られている。

法第18条・（昭60）附則第46条

Ⅳ 資格の得喪等に関する手続

適用事業所の事業主または＿＿＿＿＿＿＿＿＿＿＿になることに同意した事業主は，被保険者の資格の取得および喪失，ならびに＿＿＿＿＿＿および＿＿＿＿＿＿に関する事項を，実施機関（※）に届け出なければならない。

法第27条

※ 「実施機関」は下記の通りとなる。

第1号厚生年金被保険者の資格，標準報酬等に係る運用に関する事務：厚生労働大臣

第2号厚生年金被保険者の資格，標準報酬等に係る運用に関する事務：国家公務員共済組合および国家公務員共済組合連合会

第3号厚生年金被保険者の資格，標準報酬等に係る運用に関する事務：地方公務員共済組合，全国市町村職員共済組合連合会および地方公務員共済組合連合会

第4号厚生年金被保険者の資格，標準報酬等に係る運用に関する事務：日本私立学校振興・共済事業団

20年　15年　19年

Ⅲ　種別の変更　被保険者　請求　職権

Ⅳ　任意単独被保険者　報酬月額　賞与額

1．資格取得の届出

　　当然被保険者の資格取得の届出は，その事実があった日から＿＿＿＿＿＿＿に，被保険者資格取得届（または届書記載事項を記録した光ディスク）を日本年金機構に提出して行う。被保険者から基礎年金番号通知書の提出を受けたときは，＿＿＿＿＿＿した後，被保険者に返付しなければならない。

則第15条

則第16条

　　また，船員被保険者に係る届出は，＿＿＿＿＿＿＿に，届書を提出して行う。

2．資格喪失の届出

　　当然被保険者，任意単独被保険者または高齢任意加入被保険者の資格喪失の届出は，その事実があった日から＿＿＿＿＿＿＿に，被保険者資格喪失届（または光ディスク）を日本年金機構に提出して行う。

則第22条

　　申請，申出等の事由による資格喪失については，この届出は不要である。

　　また，船員被保険者に係る届出は，＿＿＿＿＿＿＿に，届書を提出して行う。

3．事業主等のその他の届出事務

　　被保険者（適用事業所の高齢任意加入被保険者，第4種被保険者を除く）の各種変更に関し，実施機関に次の届出が必要となる。

法第98条

① 被保険者の種別等の変更の届出

則第20条

　　事業主は＿＿＿＿＿＿に，船舶所有者は＿＿＿＿＿＿に，日本年金機構に届け出る。

② 被保険者の氏名変更の届出

則第21条

　　事業主は，すみやかに，日本年金機構に氏名変更届を提出する。

　　船舶所有者は，すみやかに，日本年金機構に氏名変更届を提出しなければならない。

③ 被保険者の住所変更の届出

則第21条の2

　　事業主は住所変更届（または光ディスク）を，船舶所有者は届書を，すみやかに提出する。

④ 被保険者への通知等

⑤ 基礎年金番号通知書の交付等

4．被保険者の届出事務

則第2条

① 2以上の事業所勤務の届出……10日以内に行う。

則第2条の2

② 選択基金等の届出……直ちに，日本年金機構に行う。

③ 基金の加入員とならない旨の届出……直ちに，日本年金機構に行う。

1．5日以内　　確認　　10日以内
2．5日以内　　10日以内
3．5日以内　　10日以内

④　基礎年金番号通知書の新事業主への提出等……＿＿＿＿＿＿＿。　　　　則第3条

⑤　氏名を変更したときの事業主への申出……すみやかに（上記3②関連）。　則第6条

⑥　住所を変更したときの事業主への申出（上記3③関連）。　　　　　　　　則第6条の2

⑦　高齢任意加入被保険者等の氏名・住所変更の届出　　　　　　　　　　　則第5条の4・第9条

　　適用事業所に使用される高齢任意加入被保険者，第4種被保険者は，氏名を

　変更したときは，基礎年金番号通知書その他の基礎年金番号を明らかにするこ

　とができる書類を添えて，自らが10日以内に，日本年金機構に届け出る。　　則第5条の5・第9条の2

　　また，住所を変更したときは，10日以内に届け出る。

⑧　個人番号を変更したとき……すみやかに，事業主に申し出る　　　　　　則第6条の3

第4　　標準報酬・被保険者期間

Ⅰ　標準報酬

　標準報酬（標準報酬月額・標準賞与額）は，保険給付の額，保険料の額を算定す
る基礎となるものである。

1．標準報酬月額

　標準報酬月額は，現在，第1級88,000円（報酬月額93,000円未満）から第＿＿＿　法第20条
級650,000円（同635,000円以上）までに等級区分されているが，＿＿＿＿＿＿＿＿　改定等政令
＿＿＿＿における全被保険者の標準報酬月額を平均した額の＿＿＿＿＿＿＿相当額　第1条
が最高等級の標準報酬月額を超える場合に，その状態が継続すると認められると
きは，その年の＿＿＿＿＿＿＿から，健康保険の等級区分を参酌して，政令で，最
高等級の上にさらに等級を加える等級区分の改定を行うことができることになっ
ている。

　各被保険者の標準報酬月額は，それぞれが実際に受けた報酬により「報酬月額」
を算定し，これに基づいて＿＿＿＿＿＿＿＿＿＿＿が決定する。

　なお，船員被保険者については，船員保険法の規定により決定・改定される。

※　標準報酬月額の決定・改定方法には，資格取得時の決定，定時決定，随時改　法第21条
　定，産前産後休業等終了時，育児休業等終了時の改定がある（健康保険法を参　〜第23条の3
　照のこと）。

4．直ちに

【第4】

Ⅰ1．32　　毎年3月31日　　100分の200　　9月1日　　実施機関

2．標準賞与額

標準賞与額は，被保険者が賞与を受けた月において，その受けた賞与額に基づき，＿＿＿＿＿＿＿＿＿の端数を切り捨てて，実施機関が決定する。＿＿＿＿＿＿＿が上限とされているが，標準報酬月額の等級区分の改定が行われたときは，改定される。

被保険者の賞与額に関する届出は，賞与を支払った日から＿＿＿＿以内に，賞与支払届（または光ディスク）を提出して行う。

なお，船員被保険者に関しては，＿＿＿＿以内に，届書を提出する。

	法第24条の4

Ⅱ　被保険者期間の計算方法

1．被保険者期間は，＿＿＿＿を単位として計算され，被保険者の＿＿＿＿＿＿＿＿＿＿＿＿＿＿からその＿＿＿＿＿＿＿＿＿＿＿＿＿＿＿までを算入する。　　　法第19条

2．被保険者の資格を取得した月にその資格を喪失したときは，その月を＿＿＿＿として被保険者期間に算入する。ただし，その月に更に被保険者または国民年金の被保険者（第2号被保険者を除く。）の資格を取得したときは，この限りでない。

3．被保険者が＿＿＿＿＿＿＿＿＿＿の加入員となった月は加入員であった月と，加入員であった者が加入員でなくなった月は加入員でなかった月とみなされる。

また，同一の月に，2回以上にわたり加入員であるか否かの区別に変更があったときは，その月は，最後に加入員であったか否かによって判断される。種別の変更があった月についても，同様である。

4．被保険者の資格を喪失した後，さらにその資格を取得した者については，前後の被保険者期間を＿＿＿＿する。

〔第3種被保険者に係る計算方法の特例〕

昭和61年3月までの期間は，実期間を＿＿＿＿＿＿＿＿＿＿し，昭和61年4月から平成3年3月までの期間は，実期間を＿＿＿＿＿＿＿する。（平成3年4月以後は実期間）　　　法（昭60）附則第47条

昭和19年1月1日から昭和20年8月31日の間に坑内員であった者は，＿＿＿＿＿＿＿＿した期間に＿＿＿＿＿＿＿＿を乗じた期間が加算される。また，昭和16年12月8日から昭和18年12月31日までの間に，太平洋・インド洋を航行する船舶に乗り組

法附則第24条
船員保険法（昭20）附則第2条・

2．1,000円未満　　150万円　　5日　　10日
Ⅱ1．月　　資格を取得した月　　資格を喪失した月の前月
　2．1箇月　　3．厚生年金基金
　4．合算
　　　3分の4倍　　5分の6倍　　3分の4倍　　3分の1

んだ者はその期間に＿＿＿＿＿を乗じた期間が加算され，昭和19年1月1日から昭和21年3月31日までの間に，日本海・渤海を航行する船舶に乗り組んだ者は被保険者期間1月につき1月，太平洋・インド洋を航行する船舶に乗り組んだ者は1月につき2月の期間が加算される。（戦時加算）

（昭22）附則第3条

〔被保険者期間に算入されないもの〕

次の期間は，被保険者期間に算入されない。

① 昭和17年1月1日～昭和17年5月31日

② 昭和19年6月1日～昭和19年9月30日

昭和19年の改正で新たに被保険者とされた者に限る。

③ 昭和28年9月1日～昭和28年10月31日

昭和28年の改正で新たに強制適用業種とされた事業に使用されていた者に限る。

④ 脱退手当金を受けた場合の計算の基礎となった期間

⑤ 徴収権が時効消滅した保険料に係る被保険者であった期間

第5　保険給付

第1節　保険給付の種類等

I　保険給付の種類

法第32条

1．基礎年金の上乗せ給付

① 老齢厚生年金

② 1級または2級の障害厚生年金

③ 遺族厚生年金

2．独自給付

① 特別支給の老齢厚生年金

② 特例老齢年金

③ 3級の障害厚生年金および障害手当金

④ 子なし寡婦等の遺族厚生年金

3分の1

⑤　特例遺族年金

⑥　脱退一時金

⑦　脱退手当金

3．大正15年4月1日以前に生まれた者等の老齢年金，同日前に受給権が生じた障害年金・遺族年金については，旧法に基づき支給されている。

法（昭60）附則第63条・第78条・第87条

Ⅱ　給付の基本的しくみ

厚生年金保険は，国民年金から支給される基礎年金の上乗せとしての　　　　　　　　の給付を行う。

Ⅲ　受給権の裁定

受給権者は，受給権の裁定請求を，　　　　　　　　に対して行うこととされている。

法第33条

受給権があると裁定されたときは，年金の場合は　　　　　　　が交付され，一時金の場合は支給決定通知書兼支払通知書が送られてくる。

第2節　老齢厚生年金

Ⅰ　受給要件

老齢厚生年金は，被保険者期間を有する者が　　　　　　であり，受給資格期間を満たしたときに支給される。

法第42条

1．受給資格期間

原則として，国民年金の保険料納付済期間と　　　　　　　とを合算した期間が　　　　　　なければならない。

国民年金法第26条

ただし，保険料納付済期間，　　　　　　および　　　　　　を合算した期間が　　　　　　であれば，受給資格期間を満たしたものとみなされる。

法附則第14条

※　それぞれの期間の詳細については，国民年金を参照のこと。なお，二以上の種別の被保険者であった期間を有する者については，上記の規定を適用する場

法附則第20条

【第5第1節】
Ⅱ　報酬比例
Ⅲ　実施機関　　年金証書
【第5第2節】
Ⅰ　65歳以上
　1．保険料免除期間　　10年以上　　保険料免除期間　　合算対象期間　　10年以上

合においては，各号の厚生年金被保険者期間に係る被保険者期間ごとに適用する。（各号の被保険者期間ごとに計算し，各実施機関ごとに支給される。）

2．受給資格期間の短縮の特例

厚生年金保険の被保険者期間（昭和61年4月1日前の＿＿＿＿＿＿＿＿の被保険者期間を含む）を有し，次のいずれかに該当するときは，遺族厚生年金の支給の対象となる死亡した者の範囲に含まれている。老齢厚生年金の受給権者またはその受給資格期間を満たした者の要件である25年以上の受給資格期間を満たしたものとみなされる。

法（昭60）附
則第57条・
第12条

(1) 昭和5年4月1日以前に生まれた者

国民年金の保険料納付済期間，保険料免除期間，合算対象期間を合算した期間が，生年月日に応じて＿＿＿＿から24年あること

(2) 昭和31年4月1日以前に生まれた者

① 厚生年金保険の第1号〜第4号厚生年金被保険者期間が，生年月日に応じて＿＿＿＿から24年あること

② 厚生年金保険の第1号〜第4号厚生年金被保険者期間および一定の合算対象期間を合算した期間が，生年月日に応じて＿＿＿＿から＿＿＿＿あること

(3) 昭和26年4月1日以前に生まれた者

① 40歳（女子については＿＿＿＿）以後の＿＿＿＿＿＿＿＿＿＿＿期間が，生年月日に応じて＿＿＿＿から19年あること

② ＿＿＿＿以後の厚生年金保険の第3種被保険者または船員任意継続被保険者としての厚生年金保険被保険者期間が，生年月日に応じて＿＿＿＿から＿＿＿＿あること

3．支給開始年齢・支給の繰下げ・繰上げ

老齢厚生年金は，原則として65歳以上であるときに支給されるものであるが，次の特例がある。

(1) 支給の繰下げ

老齢厚生年金の受給権を有する者（平成19年4月1日前に有する者を除く）で，受給権を取得した日から起算して1年を経過した日前に老齢厚生年金の請求をしていなかったものは，＿＿＿＿＿＿＿に老齢厚生年金の支給繰下げの申出をすることができる。この場合には，その申出があった月の翌月から，一定額を加算した老齢厚生年金が支給される。なお，繰下げ受給の上限年数は10年で

法第44条の
3
法（平16）附
則第42条

2．船員保険　　21年　　20年　　20年　　24年　　35歳　　第1号厚生年金保険被保険者
15年　　35歳　　15年　　19年

3．(1) 実施機関

268

ある。

　ただし，受給権を取得したときに，下記の者には繰下げの申出は認められない。

① 他の年金たる給付，国民年金法による年金たる給付（老齢基礎年金・付加年金・障害基礎年金を除く）または他の被用者年金各法による年金たる給付（退職を支給事由とするものを除く）の受給権者であったとき。

② 受給権を取得した日から1年を経過した日までの間において①の年金たる給付の受給権者となったとき。

　なお，1年を経過した日後にこれらの年金たる給付の受給権者となった者が，その受給権者となった日以後に支給繰下げの申出をしたときは，受給権者になった日において，この申出があったものとみなされる。

(2) 支給の繰上げ

　当分の間，下記の者のうち，被保険者期間を有し，受給資格期間を満たしている60歳以上65歳未満の者（国民年金の＿＿＿＿＿＿＿＿＿＿＿＿でない者に限る）は，＿＿＿＿＿に達する前に，老齢厚生年金の支給繰上げの請求をすることができる。

法附則第7条の3

① 男子または女子（第2号厚生年金被保険者であり，若しくは第2号厚生年金被保険者期間を有する者，第3号厚生年金被保険者であり，若しくは第3号厚生年金被保険者期間を有する者または第4号厚生年金被保険者であり，若しくは第4号厚生年金被保険者期間を有する者に限る。）であって昭和36年4月2日以後に生まれた者（③および④を除く）

② 女子（第1号厚生年金被保険者であり，または第1号厚生年金被保険者期間を有する者に限る。）であって昭和41年4月2日以後に生まれた者（③および④を除く。）

③ 坑内員たる被保険者であった期間，船員たる被保険者であった期間を合算した期間が15年以上ある者で，昭和41年4月2日以後に生まれた者

　この請求は，＿＿＿＿＿＿＿＿＿＿＿＿の支給繰上げの請求を行うことができる者にあっては，同時に行わなければならない。この請求があったときは，請求日の属する月から，政令で定める額を減じた老齢厚生年金が支給される。

④ 特定警察職員等(警察官若しくは皇宮護衛官または消防吏員若しくは常勤の消防団員（これらの者のうち政令で定める階級以下の階級である者に限る。）である被保険者または被保険者であった者のうち，特別支給の老齢厚生年金

---

(2) 任意加入被保険者　　65歳　　老齢基礎年金

支給要件のいずれにも該当するに至ったとき（そのときにおいて既に被保険者の資格を喪失している者にあっては，当該被保険者の資格を喪失した日の前日）において，引き続き20年以上警察官若しくは皇宮護衛官または消防吏員若しくは常勤の消防団員として在職していた者その他これらに準ずる者として政令で定める者をいう。以下同じ。）である者で昭和42年4月2日以後に生まれたもの

II　老齢厚生年金の額

年金額は，報酬比例の年金額に加給年金額を加算した額である。 法第43条

1．報酬比例の年金額

報酬比例の年金額は，次式により算出される額の合算額である。

① 　平均標準報酬月額$\times \dfrac{7.125}{1,000} \times$平成15年4月1日前の被保険者期間の月数

② 　平均標準報酬額$\times \dfrac{5.481}{1,000} \times$平成15年4月1日以後の被保険者期間の月数

この場合，受給権者が毎年9月1日（基準日）において被保険者である場合（基準日に被保険者の資格を取得した場合を除く。）の老齢厚生年金の額は，基準日の属する月前の被保険者であった期間をその計算の基礎とするものとし，基準日の属する月の翌月から，年金の額を改定する。ただし，基準日が被保険者の資格を喪失した日から再び被保険者の資格を取得した日までの間に到来し，かつ，当該被保険者の資格を喪失した日から再び被保険者の資格を取得した日までの期間が1月以内である場合は，基準日の属する月前の被保険者であった期間を老齢厚生年金の額の計算の基礎とするものとし，基準日の属する月の翌月から，年金の額を改定する。被保険者である受給権者がその被保険者の資格を喪失し，かつ，被保険者となることなくして被保険者の資格を喪失した日から起算して_____を経過したときは，その被保険者の資格を喪失した月前における被保険者であった期間を老齢厚生年金の額の計算の基礎とするものとし，資格を喪失した日（事業所または船舶に使用されなくなったとき，適用事業所でなくすることまたは被保険者の資格を喪失することの認可があったとき，適用除外に該当するに至ったときまでのいずれかに該当するに至った日にあっては，_____）から起算して_____を経過した日の属する月から，年金の額を改定する。（在職定時改定）

繰上げ支給を受けている者については，65歳に達したときに，請求月以後65歳 法附則第7条の3・第15条の2

II 1．1月　その日　1月

到達月前の被保険者であった期間を計算の基礎に算入し，65歳到達月の翌月から年金額が改定される。また，資格喪失後の取扱いは，＿＿＿＿に達している者に限り行われる。

「**平均標準報酬月額**」とは，被保険者期間（昭和61年4月1日前の船員保険の被保険者期間を含む）の計算の基礎となる各月の標準報酬月額に再評価率を乗じて得た額を平均した額をいい，「**平均標準報酬額**」とは，被保険者期間の計算の基礎となる各月の標準報酬月額と＿＿＿＿＿＿＿＿＿に再評価率を乗じて得た額の総額を，被保険者期間の月数で除して得た額をいう。

法附則第17条の4

なお，年金額計算の際の1,000分の7.125，1,000分の5.481という乗率は，昭和21年4月1日以前に生まれた者については，生年月日に応じた率とされる。

法（昭60）附則第59条

2．経過的加算

当分の間，次の①の額から②の額を差し引いた額が加算される。

法（昭60）附則第59条

① $\overbrace{1,628円 \times 改定率 \times 政令で定める率}$ × 被保険者期間の月数

　（3,053円×改定率〜1,628円×改定率）

② 老齢基礎年金の額 × $\dfrac{昭36.4以後の20歳以上60歳未満の被保険者期間の月数}{加入可能月数}$

※　①の「1,628円×改定率」「1,628円×改定率×政令で定める率」の1円未満の端数は，四捨五入。「被保険者期間の月数」は，480を超えるときは480。

※　②の「加入可能月数」は，生年月日に応じて300〜480とされる。

3．加給年金額

(1)　受給要件

老齢厚生年金の受給権者であって厚生年金保険の被保険者期間の月数を＿＿＿＿有し，受給権取得当時に生計を維持していたその者の＿＿＿＿＿の配偶者，18歳に達する日以後の最初の3月31日までの間にある子，＿＿＿＿＿＿＿＿＿の障害の状態にある20歳未満の子があるときは，加給年金額が加算される。中高齢者の受給資格期間短縮の特例に該当する者については，＿＿＿に満たなくても，＿＿＿あるものとみなされる。

法第44条
令第3条の5

なお，加給年金額の算定対象である子が，国民年金法による＿＿＿＿＿＿の加算対象となっているとき（全額支給停止の場合を除く）は，その間，加給年金額は支給停止となる。

法（昭60）附則第61条

また，生計維持の要件は，その者と生計を同じくしていること，および，厚

65歳　　標準賞与額

3．240以上　　65歳未満　　1級または2級　　240　　240　　障害基礎年金

生労働大臣が定める金額（年収　　　　　　　　）以上の収入を将来にわたって有すると認められないこととされている。

※　二以上の被保険者の種別に係る被保険者であった期間を有する者に係る加給年金額の支給要件である　　　　　以上の月数の判定においては，二以上の期間をすべて合算して判定する。ただし，一の期間に基づく老齢厚生年金が繰上げ支給の老齢厚生年金であった場合は，生年月日により定額部分が支給される年齢または65歳到達時までは，その繰上げ支給の老齢厚生年金の算定基礎となった期間は合算しない。 令第3条の13

(2)　加給年金額

加給年金額は，次の額に改定率を乗じて得た額（50円未満の端数は切捨て，50円以上100円未満の端数は100円に切上げ）である。 法第44条

①　配偶者，第一子・第二子については，それぞれ　　　　　　円×改定率

②　第三子以降については，1人につき74,900円×改定率

ただし，昭和9年4月2日以後に生まれた受給権者については，配偶者加給年金額に，その受給権者の生年月日に応じて特別加算が行われる。 法（昭60）附則第60条

(3)　二以上の種別の被保険者であった期間を有する者の加給年金額の加算

二以上の種別の被保険者であった期間を有する者の受給する老齢厚生年金について，加給年金額の加算は以下となる。 令第3条の13

①　老齢厚生年金のうち　　　　　　　において受給権を取得した一の期間に基づく老齢厚生年金

②　　　　　　　　において受給権を取得した老齢厚生年金が二以上あるときは，各号の厚生年金被保険者期間のうち最も長い一の期間（当該一の期間が二以上ある場合は，次に掲げる順序による。）に基づく老齢厚生年金

③　最も長い一の期間が二以上ある場合は，第1号厚生年金被保険者期間，第2号厚生年金被保険者期間，第3号厚生年金被保険者期間，第4号厚生年金被保険者期間の順番で優先順位の高いもの

④　加給年金額が加算されていた一の期間に基づく特別支給の老齢厚生年金の受給権者であった者が　　　　　　に達したときに支給する老齢厚生年金については，引き続き支給される当該一の期間に基づく老齢厚生年金

⑤　加給年金額が加算されていた一の期間に基づく老齢厚生年金がその全額につき支給停止されている場合に，他の期間に基づく老齢厚生年金が支給され

850万円　　240　　224,700　　最も早い日　　最も早い日　　65歳

272

るときは，当該他の期間に基づく老齢厚生年金（なお，この場合，加給年金額が他の期間に基づく老齢厚生年金に加算されるときに，最初に加給年金額が加算された老齢厚生年金の生計維持要件を判定した時から生計維持が引き続いていないといけない。）

4．支給繰上げによる減額

支給繰上げにより減じられる額は，＿＿＿＿＿＿＿＿＿＿＿＿＿＿（支給繰上げの請求日の属する月の前月までの厚生年金保険の被保険者期間）を基礎として計算した年金額（経過的加算を含む）に，減額率（＿＿＿＿＿＿＿＿に，請求月から65歳到達月の前月までの月数を乗じて得た率）を乗じて計算される。

令第6条の3

5．老齢厚生年金の加給年金額の改定

(1)　受給権取得当時に胎児であった子が出生したときは，＿＿＿＿＿＿＿から年金額が改定される。

法第44条

(2)　加給年金額の対象とされた配偶者または子が次のいずれかに該当したときは，その翌月から算定対象から除外される。

①　＿＿＿＿＿したとき

②　受給権者による生計維持の状態がやんだとき

③　配偶者が離婚または婚姻の取消しをしたとき

④　配偶者が＿＿＿＿＿に達したとき

⑤　子が，受給権者の配偶者以外の者の養子となったとき

⑥　養子縁組による子が，離縁をしたとき

⑦　子が婚姻をしたとき

⑧　18歳に達した日以後の最初の3月31日が終了したとき（障害等級の1級または2級に該当するときを除く）

⑨　障害等級の1級または2級に該当しなくなったとき（18歳に達する日以後の最初の3月31日までの間にあるときを除く）

⑩　子が＿＿＿＿＿に達したとき

Ⅲ　支給停止・失権

1．支給停止

(1)　老齢厚生年金の権利を取得した受給権者が前月以前の月から引き続き被保険者である月（この者がその資格を喪失した月を含む）において，その者の総報

法第46条

4．請求日前被保険者期間　　1,000分の4
5．出生の月の翌月　　死亡　　65歳　　20歳

酬月額相当額と老齢厚生年金の額（加給年金額，繰下げ加算額および経過的加算額を除く）を12で除して得た額（基本月額）との合計額が支給停止調整額（　　　　　　）を超えるときは，その月分の老齢厚生年金の額について，次式により算定される額（支給停止基準額）に相当する部分の支給が停止される。

法第46条
第3項

　また，老齢厚生年金の受給権者が前月以前の月から引き続き一定要件に該当する70歳以上の使用される者である月等においても，同様である。ただし，その者の総報酬月額相当額は，標準報酬月額相当額と，その月以前1年間の標準賞与額および標準賞与相当額の総額を12で除して得た額との合算額とされる。

$$（総報酬月額相当額＋基本月額－\underline{\qquad}）×\frac{1}{2}×12$$

(2)　配偶者についての加給年金額は，次のいずれかに該当する間は，その支給を停止する。

令第3条の7

①　配偶者が厚生年金保険から自分自身の年金を受けられる間

②　配偶者が　　　　　　　　，共済組合等の退職共済年金または障害共済年金等を受けられる間

(3)　繰上げ支給の受給権者が雇用保険法に規定する受給資格を有する場合に，公共職業安定所において　　　　　　　　をしたときは，その月の翌月から①受給期間が経過した月，または②所定給付日数に相当する日数分の基本手当の支給を受け終わった月もしくは延長給付が終わった月までの各月について，繰上げ支給は停止される。

法附則第7条の4

(4)　繰上げ支給の受給権者で上記(1)の適用を受けるものが被保険者である月において，高年齢雇用継続基本給付金の支給を受けることができるときは，上記(1)の支給停止基準額と在職支給停止調整額（標準報酬月額の6％相当額を限度）との合計額（調整後の支給停止基準額）に相当する部分の支給が停止される。

法附則第7条の5

2．失権

老齢厚生年金の受給権は，受給権者が　　　　したときは，消滅する。

法第45条

Ⅳ　裁定請求

老齢厚生年金の裁定を受けようとするときは，裁定請求書を　　　　　　　　に提出する。

則第30条

　裁定請求書には，　　　　　　　　，　　　　　　　　，　　　　，生年月日に関する　　　　　　　の証明書等一定の書類等を添付する。

Ⅲ1．47万円（令和4年度）　　47万円（令和4年度）　　障害基礎年金　　求職の申込み
　2．死亡
Ⅳ　日本年金機構
　　基礎年金番号通知書その他の基礎年金番号を明らかにすることができる書類
　　雇用保険被保険者証　　市町村長

274

第3節　65歳未満の者に対する老齢厚生年金の特別支給

老齢厚生年金は，当分の間，次の要件を満たす65歳未満の者（支給繰上げの請求をすることができる者を除く）にも，特例として支給される。

① 60歳以上であること

② ＿＿＿＿＿＿の被保険者期間を有すること

③ 保険料納付済期間と保険料免除期間とを合算した期間が＿＿＿＿＿であること

法附則第8条

Ⅰ　特別支給の受給資格期間

特別支給による老齢厚生年金の受給資格期間は，本来の老齢厚生年金と全く同じである。ただし，上記②に注意。

Ⅱ　特別支給の支給開始年齢

特別支給による老齢厚生年金は，原則として，60歳以上65歳未満の間で受給資格期間を満たしたときから支給されるが，受給権者の生年月日に応じて，61歳〜64歳に引き上げられている（277頁図参照）。

また，次の特例が設けられている。

法（平6）附則第18条〜第20条
法附則第8条の2

1．女子（第1号）の特例

厚生年金保険の被保険者期間等が＿＿＿＿（中高齢者の特例・＿＿＿＿以後15年〜19年）ある女子で，昭和15年4月1日以前に生まれた者は，生年月日に応じて，支給開始年齢は55歳〜59歳とされている（次表参照）。

法（昭60）附則第58条

生　年　月　日	支給開始年齢
昭和7年4月1日以前	55 歳
昭和7年4月2日〜昭和9年4月1日	56 歳
昭和9年4月2日〜昭和11年4月1日	57 歳
昭和11年4月2日〜昭和13年4月1日	58 歳
昭和13年4月2日〜昭和15年4月1日	59 歳

2．第3種被保険者期間を有する者（坑内員・船員）の特例

坑内員たる被保険者であった期間と船員たる被保険者であった期間とを合算した期間が＿＿＿＿＿ある者で，昭和29年4月1日以前に生まれたものは，生年

法（平6）附則第15条

【第5第3節】

1年以上　　10年以上

Ⅱ1．20年　　35歳

　2．15年以上

月日に応じ，支給開始年齢は55歳～59歳とされている（次表参照）。

　　ただし，中高齢者の特例（昭和26年4月1日以前生れで，35歳以後15年～19年）に該当する場合には，＿＿＿＿＿から支給される。

法（昭60）附
則第58条

生　年　月　日	支給開始年齢
昭和21年4月1日以前	55 歳
昭和21年4月2日～昭和23年4月1日	56 歳
昭和23年4月2日～昭和25年4月1日	57 歳
昭和25年4月2日～昭和27年4月1日	58 歳
昭和27年4月2日～昭和29年4月1日	59 歳

　　また，上記の合算した期間が15年以上ある者で，昭和29年4月2日～同41年4月1日に生まれたものは，生年月日に応じて，60歳～64歳とされる。

法附則第8
条の2

生　年　月　日	支給開始年齢
昭和29年4月2日～昭和33年4月1日	60 歳
昭和33年4月2日～昭和35年4月1日	61 歳
昭和35年4月2日～昭和37年4月1日	62 歳
昭和37年4月2日～昭和39年4月1日	63 歳
昭和39年4月2日～昭和41年4月1日	64 歳

3．特別支給の支給繰上げの特例

　　次の者（国民年金の＿＿＿＿＿＿＿＿＿＿＿＿でないものに限る）は，それぞれの支給開始年齢に達する前に，特別支給の支給繰上げの請求をすることができる。

法附則第13
条の4

①　昭和28年4月2日～同36年4月1日の間に生まれた男子および第2号から第4号の厚生年金被保険者期間を有する女子（③を除く）

②　昭和33年4月2日～同41年4月1日までの間に生まれた第1号厚生年金被保険者期間を有する女子（③を除く）

③　坑内員たる被保険者であった期間，船員たる被保険者であった期間を合算した期間が＿＿＿＿＿＿ある者で，昭和33年4月2日～同41年4月1日の間に生まれたもの

55歳

3．任意加入被保険者　　　15年以上

Ⅲ　特別支給の年金額

　特別支給による老齢厚生年金の額は，受給権者の生年月日に応じて，次図のとおりである。

1．定額部分と報酬比例部分の年金額を受ける場合

　男子であって昭和24年4月1日以前に生まれた者，女子であって昭和29年4月1日以前に生まれた者，および第3種被保険者であった期間が15年以上である者には，支給開始年齢は異なるが，定額部分の額と報酬比例部分の額との合算額が支給される。また，これらの者には，加給年金額が加算される。

⑴　**定額部分の額**は，次式により計算される。

　　1,628円 × 改定率 × 政令で定める率 × 被保険者期間の月数

法（平6）附則第18条〜第20条
法附則第9条の4・第9条の2

【特別支給の支給開始年齢・支給額】

男子又は女子（第2号〜第4号）（生年月日）	支給開始年齢・支給額	女子（第1号）（生年月日）
昭16.4.1以前	60歳〜　報酬比例部分　〜65歳／＋定額部分	昭21.4.1以前
昭16.4.2〜18.4.1	61歳〜	昭21.4.2〜23.4.1
昭18.4.2〜20.4.1	62歳〜	昭23.4.2〜25.4.1
昭20.4.2〜22.4.1	63歳〜	昭25.4.2〜27.4.1
昭22.4.2〜24.4.1	64歳〜	昭27.4.2〜29.4.1
昭24.4.2〜28.4.1		昭29.4.2〜33.4.1
昭28.4.2〜30.4.1	61歳〜	昭33.4.2〜35.4.1
昭30.4.2〜32.4.1	62歳〜	昭35.4.2〜37.4.1
昭32.4.2〜34.4.1	63歳〜	昭37.4.2〜39.4.1
昭34.4.2〜36.4.1	64歳〜	昭39.4.2〜41.4.1

被保険者期間の月数は，480を超えるときは480とされる。ただし，受給権者 法（平6）附則第17条・第18条
の生年月日に応じて，昭和9年4月1日以前生れは432が，昭和9年4月2日
〜同19年4月1日生れは444が，昭和19年4月2日〜同20年4月1日生れは456
が，昭和20年4月2日〜同21年4月1日生れは468が，それぞれ限度とされる。

また，中高齢者の特例に該当する者は，240に満たないときは240とされる。 法（昭60）附則第61条

(2)　**報酬比例部分の額，加給年金額**は，いずれも，本来の老齢厚生年金の年金額，
加給年金額と同様である。

2．報酬比例部分のみの年金額を受ける場合

男子または第2号から第4号の厚生年金被保険者期間を有する女子であって昭 法附則第8条・第8条の2等
和16年4月2日〜同24年4月1日生まれの者，第1号厚生年金被保険者期間を有
する女子であって昭和21年4月2日〜同29年4月1日生まれの者，およびそれぞ
れ同日後に生まれた者には，一定期間，報酬比例部分の額のみが支給される。

報酬比例部分の額は，本来の老齢厚生年金の年金額と同様である。ただし，……… 法附則第9条
………………………………は，加算されない。

(1)　障害者に対する特例計算

上記の受給権者が，被保険者でなく，かつ，傷病により障害等級に該当する 法附則第9条の2
程度の障害の状態にあるときは，年金額の特例計算を請求することができる。

特例計算による年金額は当該要件を満たしたときから，定額部分の額と報酬比
例部分の額との合算とされ，加給年金額も加算される。

なお，二以上の種別の被保険者であった期間を有する者の適用においては，
各号の厚生年金被保険者期間に係る被保険者期間ごとに適用する。（例えば，
第1号から第4号に種別が変更になっても，被保険者であるため定額部分は加
算されない。）

(2)　長期加入者の特例

前記の受給権者が，その権利を取得した当時，被保険者でなく，かつ，被保 法附則第9条の3
険者期間が………………………あるときは，年金額は上記(1)と同様に計算される。

なお，二以上の種別の被保険者であった期間を有する者の適用においては，
各号の厚生年金被保険者期間に係る被保険者期間ごとに適用する。（被保険者
期間の判定において二以上の種別は合算しない。）

(3)　第3種被保険者期間を有する者の特例

前記の受給権者が，その権利を取得した当時，坑内員たる被保険者であった 法附則第9条の4

Ⅲ2．加給年金額　　44年以上

期間と船員たる被保険者であった期間とを合算した期間が＿＿＿＿＿＿あるときは，年金額は上記(1)と同様に計算される。

3．支給繰上げの特例による減額

支給繰上げの特例により減じられる額は，原則として，請求日前被保険者期間を基礎として計算した年金額に，減額率（1,000分の4に，請求月から＿＿＿＿＿＿＿＿＿＿＿＿＿＿＿到達月の前月までの月数を乗じて得た率）を乗じて計算される。

IV　特別支給の支給停止・失権等

1．被保険者（在職者）に対する支給停止

特別支給による老齢厚生年金の受給権者が，前月以前の月から引き続き被保険者である日が属する月（この者がその資格を喪失した月を含む）において，総報酬月額相当額と基本月額との合計額が支給停止調整額（＿＿＿＿＿＿＿＿）を超えるときは，その月分の老齢厚生年金の額について，次式により計算される額（支給停止基準額）に相当する部分の支給が停止される。ただし，支給停止基準額が老齢厚生年金の額以上であるときは，＿＿＿＿＿＿＿の支給が停止される。 法（平6）附則第21条　法附則第11条〜第11条の3・第13条の6

なお，その者の「総報酬月額相当額」は，標準報酬月額相当額と，その月以前1年間の標準賞与額および標準賞与相当額の総額を12で除して得た額との合算額とされる。「基本月額」とは，老齢厚生年金の額（加給年金額を除く。）を12で除して得た額をいう。

$$（総報酬月額相当額＋基本月額－\text{_____}）\frac{1}{2}×12$$

障害者・長期加入者である受給権者が被保険者である月においては，定額部分の額，上記の計算方法による額および加給年金額に相当する部分の支給が停止される。 法附則第11条の2

※　支給停止調整額は，現在，＿＿＿＿＿＿＿とされているが，各年度の4月以降，この額に物価変動率および実質賃金上昇率を乗じて得た額（1万円未満は四捨五入）に改定される。

2．特別支給と雇用保険の保険給付との併給調整

平成＿＿＿＿＿＿以後に受給権を取得した特別支給の受給権者が雇用保険法に規定する受給資格を有する場合に，公共職業安定所において＿＿＿＿＿の申込みをしたときは，一定期間の各月について，特別支給は停止される。 法附則第11条の5　法（平6）附則第25条

15年以上

3．特例支給開始年齢

IV1．47万円（令和4年度）　　全額　　47万円（令和4年度）　　47万円（令和4年度）

　2．10年4月　　求職

特別支給の受給権者が被保険者である月において，_____ _____ の支給を受けることができるとき，高年齢再就職給付金の支給を受けることができるときは，上記1による額のほか，所定の方法により算定される額の支給が停止される。所定の方法のしくみは，おおむね，繰上げ支給による老齢厚生年金の場合と同様である。

法附則第11条の6

3. 繰上げ支給の老齢基礎年金との併給調整

(1) 昭和16年4月1日以前に生まれた特別支給による老齢厚生年金の受給権者が，繰上げ支給の老齢基礎年金の支給を受けることができるときは，その間，特別支給は停止される。

法（平6）附則第24条

(2) 下記①～③に該当する特別支給の受給権者が，繰上げ支給の老齢基礎年金の支給を受けることができる月（受給権取得月，被保険者である月を除く）においては，定額部分に相当する額の支給が停止される。

① 女子であって昭和16年4月2日～同21年4月1日の間に生まれた者

② 女子であって昭和21年4月2日～同29年4月1日の間に生まれた者

③ 男子であって昭和16年4月2日～同24年4月1日の間に生まれた者

4. 失 権

特別支給による老齢厚生年金の受給権は，受給権者が① _____ したとき，または② _____ ときに消滅する。

法附則第10条

V 特別支給の裁定請求

特別支給による老齢厚生年金の裁定を受けようとするときの手続は，本来の老齢厚生年金の場合と同様である。

第4節 特例老齢年金

旧令共済組合に加入していた軍属・工員等には，老齢厚生年金の受給資格期間を満たせない者がいるが，次のいずれにも該当する者には，特例老齢年金が支給される。

法附則第28条の3

1. 厚生年金保険の被保険者期間が _____ あるが，老齢厚生年金の受給資格期間を満たしていないこと

高年齢雇用継続基本給付金
4. 死亡 65歳に達した
【第5第4節】
1. 1年以上

２．厚生年金保険の被保険者期間と旧令共済組合員期間とを合算した期間が............

.... であること

３．............ に達していること

特例老齢年金の額は，............ ，............ の額で構成される。

特例老齢年金は，在職支給（前節参照）も行われる。なお，............ の

受給権を取得したときは失権する。

第5節　　障害厚生年金および障害手当金

Ⅰ　障害厚生年金の受給要件

障害厚生年金の受給要件は，①一般の障害による場合，②事後重症による場合，

③基準傷病による場合の三つに大別される。

1．一般の障害による障害厚生年金

(1)　障害の原因となった傷病の初診日において，............ であること｜法第47条

(2)　障害認定日に，............ の１級，２級または３級の状態にあること

障害認定日とは，初診日から起算して............ を経過した日である。

ただし，その期間内に傷病が治ったときは，その日が障害認定日となる。

(3)　初診日の前日において，初診日の属する月の前々月までに国民年金の被保険

者期間があるときは，保険料納付済期間と保険料免除期間を合算した期間が，

被保険者期間の............ であること（「障害基礎年金」の項参照）

ただし，初診日が令和８年４月１日前にある傷病による障害については，初｜法（昭60）附

診日において65歳未満であるときは，初診日の属する月の前々月までの............｜則第64条

.... に保険料未納期間がなければよい。

１級，２級の障害厚生年金の受給権を取得した場合には，原則として１級，２

級の............ の受給権も併せて取得し，両方が併給される。ただし，

３級については，厚生年金保険の独自給付である。

2．事後重症による障害厚生年金

.... において障害等級に該当する程度の障害の状態になく，その後｜法第47条の

.... に達するまでの間に症状が悪化し，障害等級に該当する程度の障害の状態｜2

になったときは，請求があった月の翌月から障害厚生年金が支給される。

２．20年以上

３．60歳　　定額部分　　報酬比例部分　　老齢厚生年金

【第5第5節】

Ⅰ1．被保険者　　障害等級　　１年６月　　３分の２以上　　１年間　　障害基礎年金

　2．障害認定日　　65歳

他の受給要件は，一般の障害による場合と同様である。

3．基準傷病による障害厚生年金

被保険者であった間に＿＿＿＿＿のある傷病（基準傷病）による障害と，その 法第47条の3
初診日以前に初診日のある傷病による他の障害とを併合して，基準傷病に係る障
害認定日以後＿＿＿に達するまでの間に初めて障害等級の＿＿＿または＿＿＿の
障害の状態に該当することとなった場合にも，障害厚生年金が支給される。

保険料納付要件は，基準傷病に係る初診日の前日において，一般の障害の場合
と同様に確認される。

Ⅱ　併給の調整

1．障害厚生年金どうしの併合等

1級または2級の障害厚生年金の受給権者（3級以下に軽快した者を含む）が， 法第48条
別の傷病による障害により1級または2級の障害厚生年金を支給すべき場合に該
当したときには，2つの年金は別々に支給されず，前後の障害を併合した障害の
程度による障害厚生年金が支給される。

なお，上記の受給権者に「その他障害」が発生した場合にも併合が行われる。

2．自営業者等期間中の障害との併合

1級または2級の障害厚生年金の受給権者（3級以下に軽快した者を含む）が， 法第52条の2
自営業者等であった間の障害によりさらに＿＿＿＿＿＿＿＿＿＿の受給権を有する
こととなった場合は，前後の障害を併合した障害の程度に応じた＿＿＿＿＿＿＿
＿＿＿＿が支給されるが，障害厚生年金についても同様に額の改定が行われる。

Ⅲ　障害厚生年金の額

1．障害厚生年金の額は，老齢厚生年金と同様に計算した額とされており，次の① 法第50条
②の額により計算される。ただし，1,000分の7.125，1,000分の5.481の乗率に係 法(平12)附則第20条
る生年月日による読替えは，行われない。

① 平均標準報酬月額 $\times \dfrac{7.125}{1,000} \times$ 平成15年4月1日前の被保険者期間の月数

② 平均標準報酬額 $\times \dfrac{5.481}{1,000} \times$ 平成15年4月1日以後の被保険者期間の月数

被保険者期間の月数は，原則として，＿＿＿＿＿＿＿＿＿＿＿＿＿＿＿＿までの 法第51条
月数とされる。

なお，併合認定した障害の場合，その額が消滅した障害厚生年金の額より低額

3．初診日　　65歳　　1級　　2級
Ⅱ2．障害基礎年金　　障害基礎年金
Ⅲ1．障害認定日の属する月

であるときは，従前の額に相当する年金額とされる。

(1) 被保険者であった期間が平成15年4月1日前にある場合

　　この者の障害厚生年金の額は，次のとおりである。

　＜1級＞　①②の合算額×$\frac{125}{100}$＋配偶者加給年金額

　＜2級＞　①②の合算額＋配偶者加給年金額

　＜3級＞　①②の合算額

　　　　　　ただし，障害基礎年金を受けることができない場合については，……
　　　　　　……………………の額に4分の3を乗じて得た額（50円未満の端数は
　　　　　　切捨て，50円以上100円未満の端数は100円に切上げ）が最低保障され
　　　　　　る。

　　被保険者期間の月数が300未満である場合には，①②の合算額に，300を被保
険者であった期間の月数で除して得た率を乗じて得た額により，上記の計算を
する。

(2) 被保険者であった期間が平成15年4月1日以後のみの場合

　　この者の障害厚生年金の額は，上記②の額を基にして，上記(1)の計算をする。
この場合，被保険者期間の月数が300に満たないときは，300とされる。

(3) 障害厚生年金の受給権者であって，当該障害に係る障害認定日において二以　　｜法第78条の
上の種別の被保険者であった期間を有する者に係る当該障害厚生年金について　　｜30
障害厚生年金の額の計算に関する規定を適用する場合においては，各号の厚生　　｜令第3条の
年金被保険者期間ごとに計算した額を合算して得た額とする。月数については，　｜13の4
当該合算して得た月数が300に満たないときは，当該被保険者期間の月数で除
して得た額に300を乗じて得た額となる。

2．配偶者加給年金額は，…………または…………の障害厚生年金の受給権者によって　　｜法第50条の
生計を維持している……………………の配偶者があるときに加算されるもので，その　　｜2
額は，224,700円×改定率（50円未満の端数は切捨て，50円以上100円未満の端数
は100円に切上げ）（令和4年度は223,800円）である。

　　大正15年4月1日以前に生まれた配偶者については，65歳以後も加給年金額の　　｜法(昭60)附
対象とされる。　　　　　　　　　　　　　　　　　　　　　　　　　　　　　｜則第60条

3．………………………は，職権あるいは受給権者の請求によって障害の程度を　　　　　｜法第52条
診査し，等級の変更，年金額の改定を行う。

　　受給権者の改定請求は，受給権を取得した日，または実施機関の診査を受けた

障害基礎年金

2．1級　　2級　　65歳未満

3．実施機関

日から起算して＿＿＿＿を経過した日後であればいつでも行うことができる。

同一事由に基づく＿＿＿＿＿＿＿＿の受給権を有する場合には，その改定請 則第47条
求と併せて行う。

Ⅳ　支給停止・失権

1．支給停止

障害厚生年金は，障害の原因となった疾病または負傷が＿＿＿＿＿の事由によ 法第54条
るものであり，＿＿＿＿＿＿の規定による障害補償を受ける権利を取得したと
きには，＿＿＿＿，その支給を停止する。

また，受給権者の障害の程度が軽減し，＿＿＿＿＿に該当しなくなったとき
は，該当しない間，その支給を停止する。

配偶者加給年金額は，配偶者自身が老齢厚生年金（被保険者期間が240か月以
上であるものに限る），障害厚生年金，障害基礎年金等を受給しているときは，
加算が停止される。

2．失　権

障害厚生年金の受給権は，次のいずれかに該当したときに消滅する。 法第53条

⑴　受給権者が＿＿＿＿したとき。

⑵　障害の状態が軽快し，＿＿＿＿＿に該当しなくなったときは，再び障害の
　　状態が重くならないで65歳に達したとき。ただし，＿＿＿＿を経過するまでは，
　　65歳を超えても失権しない。

⑶　前後の障害を併合した障害の程度による障害厚生年金の受給権が発生したと
　　き。この場合には，従前の障害厚生年金の受給権が消滅する。

Ⅴ　障害手当金

傷病が治った場合であって，その障害の程度が障害厚生年金を支給する程度では
ないが，一定の軽度の障害の状態にある場合に支給される一時金である。

1．受給要件

⑴　障害の原因となった傷病の初診日において＿＿＿＿＿であったこと 法第55条

⑵　初診日から起算して＿＿＿＿＿の間の傷病が治った日において，政令で定
　　める程度の障害の状態にあること

⑶　＿＿＿＿＿＿と同様の保険料納付要件を満たしていること

1年　　障害基礎年金
Ⅳ1．業務上　　労働基準法　　6年間　　障害等級
　2．死亡　　障害等級　　3年
Ⅴ1．被保険者　　5年以内　　障害厚生年金

284

(4) 厚生年金保険, 国民年金から_____を受けていないこと 法第56条

(5) 同一傷病について, 労災保険等から保険給付を受けていないこと

2. 障害手当金の額

_____の額の2倍相当額である。 法第57条

ただし, その額が障害基礎年金の額の_____の2倍相当額に満たないときは, その額が障害手当金の額とされる。

VI 裁定請求

障害厚生年金または障害手当金の裁定（厚生労働大臣が支給するものに限る。） 則第44条
を受けようとするときは, 裁定請求書を_____に提出する。

裁定請求書には, 基礎年金番号通知書その他の基礎年金番号を明らかにすることができる書類, 障害の状態の程度に関する医師または歯科医師の診断書等一定の書類等を添付する。

障害厚生年金および障害手当金の支給に関する事務は, 政令で定めるところにより, 当該障害に係る____における被保険者の種別に応じて, 当該____に係る実施機関が行う。

第6節　遺族厚生年金および特例遺族年金

I 遺族厚生年金の受給要件

1. 死亡要件等

＜短期要件＞ 法第58条

(1) 被保険者が死亡したとき

(2) 被保険者であった者が, 被保険者資格喪失後に, 被保険者であった間に_____のある傷病によって, 初診日から起算して_____に死亡したとき

(3) 1級または2級の_____の受給権者が死亡したとき

＜長期要件＞

(4) _____の受給権者またはそれを受けるに必要な受給資格期間を満たしている者が死亡したとき（保険料納付済期間, 保険料免除期間および合算対象期間とを合算した期間が____以上である者）

年金給付
2. 3級の障害厚生年金　　4分の3相当額
VI 日本年金機構　　初診日　　初診日
【第5第6節】
I 1. 初診日　　5年以内　　障害厚生年金　　老齢厚生年金　　25年

285

上記(1), (2)については，国民年金の保険料納付済期間と保険料免除期間を合算した期間が被保険者期間の_____であることが必要である（遺族基礎年金と同様の保険料納付要件）。

ただし，令和8年4月1日前の死亡については，死亡日において65歳未満であるときは，死亡日の属する月の前々月までの_____に保険料未納期間がなければよい。

法（昭60）附則第64条

2．遺族の範囲・受給権者

被保険者または被保険者であった者の死亡当時，その者により_____されていたその者の配偶者，_____，_____，孫および祖父母である。

法第59条

ただし，妻以外の者については，次に該当する場合に限られる。

(1) _____と孫については，18歳に達する日以後の最初の3月31日までの間にあるか，20歳未満で障害等級の_____の障害の状態にあって，現に_____をしていないこと

(2) _____，_____，祖父母については_____であること。ただし，平成8年4月1日前の死亡については，夫，父母，祖父母が障害等級の1級または2級に該当する場合は，年齢を問わず遺族とされる。なお，遺族厚生年金が実際に支給されるのは_____からである。

法第65条の2
法（昭60）附則第72条

遺族厚生年金を実際に受けることができるのは，遺族の中の最先順位者である。第一順位は_____と_____（同順位）であり，以下，父母，孫，祖父母の順である。

Ⅱ　死亡の推定

船舶や飛行機が遭難したり行方不明になった場合，被保険者等の生死が_____わからないとき，または死亡が_____に明らかになったがその死亡時期がわからないときは，その遭難した日または行方不明となった日に，その者は死亡したと推定される。

法第59条の2

Ⅲ　遺族厚生年金の額

遺族厚生年金の額は，_____と同様に計算した額の_____相当額であり，受給権者が一定の寡婦である場合には，_____が加算される。

3分の2以上　　1年間
2．生計を維持　　子　　父母　　子　　1級若しくは2級　　婚姻　　夫　　父母
　　　55歳以上　　60歳　　配偶者　　子
Ⅱ　3月間　　3月以内
Ⅲ　老齢厚生年金　　4分の3　　寡婦加算額

1．年金額

次の①②により計算される額を合算した額により計算される。

① 平均標準報酬月額× $\dfrac{7.125}{1,000}$ ×平成15年4月1日前の被保険者期間の月数

② 平均標準報酬額× $\dfrac{5.481}{1,000}$ ×平成15年4月1日以後の被保険者期間の月数

1,000分の7.125，1,000分の5.481は，死亡した者が昭和21年4月1日以前に生まれた者であるときは，_____による遺族厚生年金について，生年月日に応じた経過的乗率（老齢厚生年金と同様）が適用される。

(1) 被保険者であった期間が平成15年4月1日前にある場合

(a) 同一の支給事由に基づく遺族基礎年金を受けることができるとき…上記①②を合算した額の $\dfrac{3}{4}$

被保険者期間の月数が300未満である場合には，①②の合算額に，_____を被保険者であった期間の月数で除して得た率を乗じて得た額により，上記の計算をすることになっている。

なお，配偶者に支給される遺族厚生年金は，65歳到達日以後に老齢厚生年金の受給権を取得した日（繰上げ支給を受けているときは，65歳到達日）において一定の要件に該当するときは，受給権取得月の翌月から改定される。

(b) 老齢厚生年金の受給権を有する65歳以上の配偶者の場合…上記(a)の額または次の①②の合計額のうち，いずれか高い額

① 上記(a)の額× $\dfrac{2}{3}$

② 受給権者の老齢厚生年金の額（加給年金を除く）× $\dfrac{1}{2}$

なお，老齢厚生年金の額が改定されたときは，原則としてその改定月から改定される。

(2) 被保険者であった期間が平成15年4月1日以後のみの場合

この者が死亡した場合の遺族厚生年金の額は，1②の額により，上記(a)の計算をする。この場合，短期要件による遺族厚生年金については，被保険者期間の月数が300に満たないときは，300とされる。

(3) 二以上の種別の被保険者であった期間を有する者の遺族に支給する遺族厚生年金

① 短期要件により支給されるもの

各号の厚生年金被保険者期間ごとに計算した額の4分の3に相当する額を

法第60条

法（平12）附則第20条

法（昭60）附則第59条

法第61条・附則第17条の3

令第3条の13の6

1．長期要件　300

合算して得た額とする。月数はその者の二以上の被保険者の種別に係る被保
険者であった期間に係る被保険者期間を合算し，一の期間に係る被保険者期
間のみを有するものとみなした場合における当該被保険者期間の月数とする。
合算して得た月数が300に満たないときは，上記により計算された額を被保
険者期間の月数で除して300を乗じて得た額とする。

② 長期要件により支給されるもの

各号の厚生年金被保険者期間に係る被保険者期間ごとに支給され，それぞ
れの額は，死亡した者に係る二以上の被保険者の種別に係る被保険者であっ
た期間を合算し，一の期間に係る被保険者期間のみを有するものとみなして，
遺族厚生年金として計算された額をそれぞれ一の期間に係る被保険者期間を
計算の基礎として計算した額に応じて＿＿＿＿した額が支給される。

２．寡婦加算額（中高齢の寡婦加算）

遺族厚生年金の受給権者である妻が，次のいずれかに該当する場合には，その
間，遺族基礎年金の額に＿＿＿＿＿＿＿＿を乗じて得た額（50円未満の端数は切捨て，
50円以上100円未満の端数は100円に切上げ）が加算される。

法第62条

(1) 夫の死亡当時，＿＿＿＿＿＿＿＿＿＿であるとき

(2) 夫の死亡当時，18歳に達する日以後の最初の３月31日までの間にある子また
は20歳未満で１級または２級の障害の子を有していたが，その子が＿＿＿＿＿
＿＿＿＿＿＿＿＿＿＿＿＿＿＿＿とき，または障
害の子が20歳に達したときにおいて＿＿＿＿＿＿＿であるとき

※ 子の加算額の対象となる子がいないことが要件となる（Ⅳ１．参照）。なお，
二以上の種別の被保険者であった期間を有する者の遺族厚生年金については＿
＿＿＿＿一の期間に基づく遺族厚生年金に加算される。＿＿＿＿一の期間が二以
上ある場合は，第１号厚生年金被保険者期間，第２号厚生年金被保険者期間，
第３号厚生年金被保険者期間，第４号の厚生年金被保険者期間の優先順位によ
り加算される。

法第78条の
32
令第３条の
13の７

３．経過的な寡婦加算

長期要件（老齢厚生年金の受給権者または受給資格期間を満たしている者が死
亡したとき）による遺族厚生年金の受給権者が＿＿＿＿＿＿＿＿＿＿＿＿＿＿＿＿
に生まれた妻である場合に，①その権利を取得した当時＿＿＿＿＿であったと
き，または②中高齢の寡婦加算を受けていて＿＿＿＿＿＿＿ときは，遺族厚

法(昭60)附
則第73条

按分
2．4分の3　　40歳以上65歳未満
18歳に達した日以後の最初の３月31日が終了した　　40歳以上65歳未満　　最も長い
最も長い
3．昭和31年４月１日以前　　65歳以上　　65歳に達した

生年金に一定の経過的な加算が行われる。

　経過的寡婦加算額は，次式により計算される。昭和2年4月1日以前生れについて中高齢寡婦加算額と同額とし，以下，逓減する形で決められている。

　　　中高齢寡婦加算額－老齢基礎年金額×生年月日に応じた率

※　二以上の種別の被保険者であった期間を有する者の遺族に支給される遺族厚生年金についての経過的な寡婦加算は，当該遺族が＿＿＿＿に達する日の前日において，中高齢の寡婦加算が加算された一の期間に基づく遺族厚生年金にそのまま加算され，遺族が遺族厚生年金の受給権を取得した当時＿＿＿＿以上であった場合は，各号の被保険者期間のうち＿＿＿＿一の期間に加算し，＿＿＿＿一の期間が二以上ある場合は，第1号厚生年金被保険者期間，第2号厚生年金被保険者期間，第3号厚生年金被保険者期間，第4号厚生年金被保険者期間の優先順位によって加算される。 一元化法措置令第70条

IV　支給停止・失権

1．支給停止等

　遺族厚生年金は，それぞれ次の期間，その支給を停止する。 法第64条

⑴　＿＿＿＿＿＿＿＿の規定による遺族補償を受けるとき ―― 死亡日から＿＿＿＿＿＿

⑵　65歳以上の遺族厚生年金の受給権者であって，その者が老齢厚生年金等の受給権も有する場合には，老齢厚生年金等は＿＿＿＿が支給される。遺族厚生年金については老齢厚生年金等の金額に相当する部分の支給が停止され，その差額のみが支給される。 法第64条の2

⑶　夫・父母・祖父母に対する遺族厚生年金 ―― 受給権者が＿＿＿＿に達するまでの期間（ただし，夫に対する遺族厚生年金については，当該被保険者または被保険者であった者の死亡について，夫が国民年金法による遺族基礎年金の受給権を有するときは，この限りでない。） 法第65条の2

⑷　子に対する遺族厚生年金 ―― ＿＿＿＿がその受給権を有する期間 法第66条

⑸　配偶者に対する遺族厚生年金 ―― 子が＿＿＿＿＿＿＿＿の受給権を有しており，配偶者がその受給権を有していない場合は，その間

⑹　受給権者の所在が＿＿＿＿＿＿明らかでないとき ―― 所在不明となった時から，その間 法第67条

65歳　　65歳　　最も長い　　最も長い

IV 1．労働基準法　　6年間　　全額　　60歳　　配偶者　　遺族基礎年金　　1年以上

中高齢寡婦加算額は，その対象となる妻が，_____を受けている
ときは，その間，その支給を停止する。 法第65条

2．失　権

受給権者が次のいずれかに該当するに至ったときは，失権する。 法第63条

(1)　_____したとき

(2)　_____したとき

(3)　直系血族および直系姻族以外の者の養子となったとき

(4)　養子である受給権者が，離縁して親族関係が終了したとき

(5)　子または孫が18歳に達した日以後の最初の３月31日が終了したとき（障害等
級の１級または２級に該当する障害の状態にあるときを除く）

(6)　障害等級の１級または２級に該当する障害の状態にある_____または_____につ
いて，その事情がやんだとき（18歳に達する日以後の最初の３月31日までの間
にあるときを除く）

(7)　障害の子または孫が_____に達したとき

(8)　父母，孫または祖父母の有する受給権については，胎児であった子が出生し
たとき

(9)　障害等級の１級または２級に該当する障害の状態にある_____，_____または
祖父母について，その事情がやんだとき（受給権を取得した当時に55歳以上で
あったときを除く）

(10)　受給権資格取得当時に30歳未満である妻が，同一の支給事由に基づく遺族基
礎年金の受給権を取得しない場合，遺族厚生年金の受給権取得日から_____を
経過したとき

(11)　同一の支給事由に基づき遺族厚生年金の受給権を有する妻が，30歳到達日前
に遺族基礎年金の受給権が消滅した場合，遺族基礎年金の受給権消滅日から_____
_____を経過したとき

V　特例遺族年金

遺族厚生年金の受給権は取得できないが，厚生年金保険の被保険者期間が_____
_____あり，被保険者期間と旧令共済組合の組合員期間とを合算して_____
ある者が死亡した場合には，その者の遺族に特例遺族年金が支給される。 法附則第28
条の４

特例遺族年金の額は，特例支給の老齢厚生年金の額（定額部分＋報酬比例部分）

遺族基礎年金

2．死亡　　婚姻　　子　　孫　　20歳　　夫　　父母　　5年　　5年

V　　1年以上　　　20年以上

の ＿＿＿＿＿＿＿＿＿＿ に相当する額である。

VI 裁定請求

遺族厚生年金の裁定（厚生労働大臣が支給するものに限る。）を受けようとする
ときは，裁定請求書を ＿＿＿＿＿＿＿＿＿＿ に提出する。

則第60条

裁定請求書には，死亡した被保険者等の基礎年金番号通知書その他の基礎年金番
号を明らかにすることができる書類，死亡診断書等一定の書類等を添付する。

なお，未成年者が裁定請求する場合は法定代理人の同意を必要とし，成年被後見
人が裁定請求する場合には，後見人が行うことになっている。

※ 二以上の種別の被保険者であった期間を有する者の短期要件の遺族厚生年金の
支給に関する事務は，＿＿＿＿ における被保険者の種別に応じて，当該 ＿＿＿＿ に係
る実施機関が支給を行う。

法第78条の
32

長期要件の遺族厚生年金に関しては，それぞれの加入期間ごとに ＿＿＿＿＿＿ が支
給を行う。

第7節　脱退一時金

脱退一時金は，厚生年金の被保険者期間（二以上の種別の被保険者であった期間を
有する者の場合はすべての期間を合算する）が ＿＿＿＿＿＿ ある日本国籍を有しない者
（国民年金の被保険者でない者に限る）について，一定の要件のもとに支給される。

法附則第29
条・第30条

1．受給要件

(1) 老齢厚生年金等の受給資格期間を満たしていないこと

(2) ＿＿＿＿＿＿＿＿＿＿＿ 等の受給権を有したことがないこと

(3) 日本国内に住所を有していないこと

※ 最後に国民年金の被保険者資格を喪失した日（その日に日本国内に住所を有し
ていた場合は，その後初めて日本国内に住所を有しなくなった日）から ＿＿＿＿＿
＿＿ に請求する必要がある。

2．脱退一時金の額

被保険者であった期間の平均標準報酬額に支給率を乗じて計算する。

100分の50

VI　日本年金機構　　死亡日　　死亡日　　各実施機関

【第5第7節】

6月以上

1．障害厚生年金　　2年以内

ただし，被保険者であった期間が平成15年4月1日前にある者については，同日前の各月の標準報酬月額に＿＿＿＿＿を乗じて得た額，同日以後の各月の標準報酬月額・標準賞与額を合算した額により平均額を算出し，支給率を乗じて計算される。

法（平12）附則第22条

　　支給率は，最終月（最後に被保険者の資格を喪失した日の属する月の前月）の属する年の前年（最終月が1月～8月の場合は，前々年）10月の保険料率に＿＿＿＿＿＿＿＿＿＿＿を乗じて得た率に，次表の数を乗じて得た率（小数点以下1位未満は，四捨五入）とされている。

（最終月が令和3年3月以前の場合）

被保険者期間	乗数
6月以上12月未満	6
12月以上18月未満	12
18月以上24月未満	18
24月以上30月未満	24
30月以上36月未満	30
36月以上	36

（最終月が令和3年4月以降の場合）

被保険者期間	乗数
6月以上12月未満	6
12月以上18月未満	12
18月以上24月未満	18
24月以上30月未満	24
30月以上36月未満	30
36月以上42月未満	36
42月以上48月未満	42
48月以上54月未満	48
54月以上60月未満	54
60月以上	60

※　再評価等の計算の特例の適用はない。

※　脱退一時金を受け取ると，その額の計算の基礎となった被保険者期間であった期間は，被保険者でなかったものとみなされる。

　　二以上の種別に係る被保険者期間を有する者の脱退一時金の額の計算は，平

令第15条・第16条

2．1.3　　2分の1

均標準報酬額は一の期間ごとに算定し，支給率は各期間における脱退一時金の額の計算において同一の支給率を用い，支給率の計算に用いる被保険者期間は各号の厚生年金被保険者期間を合算して，脱退一時金の額は一の期間ごとに計算した額の合算額となる。

　支給に関する事務は，同時に＿＿＿＿＿＿＿＿＿＿＿＿＿を行う場合は厚生労働大臣であり，それ以外は二以上の種別の被保険者であった期間を有する者も含め，＿＿＿＿に係る被保険者の種別に応じて，各実施機関が行う。

第8節　脱退手当金

1．受給要件

(1)　昭和16年4月1日以前に生まれた者であること

(2)　被保険者期間が＿＿＿＿＿＿＿あること

(3)　＿＿＿＿＿＿＿＿＿＿の受給要件である被保険者期間を満たしていないこと

(4)　＿＿＿＿＿に達していること

(5)　被保険者の資格を喪失していること

(6)　＿＿＿＿＿＿＿＿＿の受給権者でないこと

(7)　障害厚生年金または障害手当金の支給を受けたことのある者については，すでに受給した額が脱退手当金の額より少ないこと

法(昭60)附則第75条

2．脱退手当金の額

　被保険者であった期間の平均標準報酬額に一定の率を乗じて計算される。

　ただし，被保険者であった期間が平成15年4月1日前にある者については，同日前の各月の標準報酬月額と，同日以後の各月の標準報酬月額および標準賞与額を1.3で除して得た額とを合算した額により平均額を算出し，一定の率を乗じて計算される。

　なお，以前に障害厚生年金または障害手当金を受けたことがあるときは，すでに支給された障害厚生年金等の額が控除される。

　脱退手当金を受け取ると，その計算の基礎となった被保険者であった期間は，被保険者でなかったものとみなされる。

法(平12)附則第22条

国民年金法の脱退一時金の請求　　　最終月
【第5第8節】
1．5年以上　　老齢厚生年金　　60歳　　障害厚生年金

3．裁定請求

　　脱退手当金の裁定を受けようとするときは，基礎年金番号通知書その他の基礎年　　　　則第77条

金番号を明らかにすることができる書類等を添付して，裁定請求書を ＿＿＿＿＿＿＿＿

＿＿＿＿＿＿＿に提出する。

第9節　　年金受給権者の事務

Ⅰ　共通の事務

1．氏名変更の届出（10日以内）　　　　　　　　　　　　　　　　　　　　　　則第37条等

　　年金証書，市町村長の証明書等を添付

2．住所変更の届出（10日以内）　　　　　　　　　　　　　　　　　　　　　　則第38条等

3．証書再交付の申請　　　　　　　　　　　　　　　　　　　　　　　　　　　則第40条等

　　年金証書を ＿＿＿＿＿，＿＿＿＿＿したとき

4．死亡の届出（10日以内）　　　　　　　　　　　　　　　　　　　　　　　　法第98条

　　ただし，1．2．の届出については，厚生労働大臣が住民基本台帳法の規定に

　より，機構保存本人確認情報の提供を受けることができる者を除く。

Ⅱ　その他の主な事務

1．老齢厚生年金の受給権者

　⑴　胎児出生の届出（10日以内）　　　　　　　　　　　　　　　　　　　　　則第31条

　⑵　加給年金額対象者の障害状態該当の届出（すみやかに）　　　　　　　　　則第31条の
　　　　　　　　　　　　　　　　　　　　　　　　　　　　　　　　　　　　　3
　　　18歳に達する日以後の最初の3月31日までの間にある子が1級または2級の

　　　障害状態になったとき

　⑶　加給年金額対象者の不該当の届出（10日以内）　　　　　　　　　　　　　則第32条

　　　加給年金額対象者が死亡したとき等

　⑷　加給年金額支給停止事由の該当の届出等（すみやかに）　　　　　　　　　則第33条の
　　　　　　　　　　　　　　　　　　　　　　　　　　　　　　　　　　　　　2
　　　配偶者が共済組合等から改正前の退職共済年金，障害共済年金等の支給を受

　　　けられるようになったとき

　⑸　支給停止事由該当の届出（すみやかに）　　　　　　　　　　　　　　　　則第33条

　　　65歳未満の者に支給される老齢厚生年金の受給権者が，雇用保険法による失

3．日本年金機構

【第5第9節】

Ⅰ3．滅失　　き損

294

業等給付（基本手当，高年齢雇用継続給付）の支給を受けることができるとき

(6)　加給年金対象者の生計維持確認届　　　　　　　　　　　　　則第35条の
　　　　加給年金の対象者がある者は，毎年，指定日までに生計維持確認届を提出す　3
　　る。

2．障害厚生年金の受給権者

(1)　加給年金額対象者の不該当の届出（10日以内）　　　　　　　則第46条
　　　　1級・2級の障害厚生年金に関し，その　　　　　　　　が死亡したとき等

(2)　障害不該当の届出（すみやかに）　　　　　　　　　　　　　則第48条
　　　　障害厚生年金を受ける程度の　　　　　　　　に該当しなくなったとき

(3)　業務上障害補償の該当の届出等（10日以内）　　　　　　　　則第49条
　　　　　　　　　　　　　の規定による障害補償を受ける権利を取得したとき

(4)　加給年金額支給停止事由の該当（消滅）の届出（すみやかに）　則第49条の
　　　　　　　　　　　　　　　　　　　　　　　　　　　　　　　　2等

(5)　障害の程度の確認　　　　　　　　　　　　　　　　　　　　則第51条の
　　　　障害の程度の審査が必要であると厚生労働大臣が指定したものは，指定の日　4
　　までに，障害の現状に関する診断書を提出しなければならない。

3．遺族厚生年金の受給権者

(1)　胎児の出生による年金額の改定の届出（10日以内）　　　　　則第62条

(2)　障害状態該当の届出（すみやかに）　　　　　　　　　　　　則第62条の
　　　　受給権者である18歳に達する日以後の最初の3月31日までの間にある　　ま　2
　　たは　　が障害の状態となったとき

(3)　支給停止事由消滅の届出（すみやかに）　　　　　　　　　　則第65条

(4)　所在不明による支給停止の申請等　　　　　　　　　　　　　則第66条
　　　　所在不明者の所在が　　　　　　　　明らかでないとき

(5)　支給停止事由該当の届出（すみやかに）　　　　　　　　　　則第67条の
　　　　　　　　　　　　　　　　　　　　　　　　　　　　　　　　2

(6)　失権の届出（10日以内）　　　　　　　　　　　　　　　　　則第63条

Ⅱ2．配偶者　　障害の状態　　労働基準法
　3．子　　孫　　1年以上

第5の2　　離婚等をした場合における特例

　被保険者または被保険者であった者（＿＿＿＿＿＿＿＿＿＿）とその配偶者（＿＿＿＿
＿＿＿＿＿＿＿）が離婚（事実上の婚姻関係が解消した場合を除く），＿＿＿＿＿＿
＿＿＿等をした場合には，その請求に基づき，それぞれの標準報酬が改定または決定さ
れ，老齢厚生年金の額，障害厚生年金の額が改定される。

Ⅰ　標準報酬の改定・決定の請求等

1．改定・決定の請求

　　上記当事者は，離婚等をした場合に次のいずれかに該当するときは，離婚等を
したときから＿＿＿＿＿＿＿であれば，実施機関に対し，対象期間（婚姻期間等）
に係る被保険者期間の標準報酬の改定または決定を請求することができる。 法第78条の 2

　⑴　当事者が改定または決定の請求をすること，請求すべき按分割合について合
　　意をしているとき

　⑵　当事者の合意のための協議が調わないとき，または協議ができないときは，
　　当事者の一方の申立てに基づいて，家庭裁判所が請求すべき按分割合を定める
　　とき

　　なお，標準報酬改定請求は，請求すべき按分割合について合意している旨が
　記載された公正証書の添付等の方法によりしなければならない。

2．請求すべき按分割合

　　請求すべき按分割合は，当事者それぞれの対象期間標準報酬総額の合計に対す
る第2号改定者の対象期間標準報酬総額の割合を超え＿＿＿＿＿＿＿＿＿の範囲
内で定めなければならない。 法第78条の 3

　　対象期間標準報酬総額とは，対象期間に係る被保険者期間の各月の標準報酬月
額と標準賞与額に＿＿＿＿＿＿を乗じて得た額の総額をいう。

　　なお，当事者またはその一方は，改定請求を行うため，実施機関に対し，按分
割合を定めるために必要な＿＿＿＿＿＿＿を請求することができる。 法第78条の 4・第78条 の5

Ⅱ　標準報酬の改定・決定

　実施機関は，改定請求があった場合には，第1号改定者が標準報酬月額を有する対 法第78条の 6

【第5の2】
第1号改定者　　第2号改定者　　婚姻の取消し
Ⅰ1．2年以内
　2．2分の1以下　　再評価率　　情報の提供

象期間に係る被保険者期間の各月ごとに，当事者の標準報酬月額を次の額に改定し，または決定することができる。

  ⑴ 第1号改定者

    改定前の標準報酬月額×（1－改定割合）

  ⑵ 第2号改定者

    改定前の標準報酬月額（有しない月は，0）＋第1号改定者の改定前の標準報酬月額×改定割合

    標準賞与額の改定または決定についても，同様である。

    改定または決定された標準報酬は，改定請求があった日から　　　　　　　　　　その効力を有することになる。

    なお，対象期間のうち第1号改定者の被保険者であって第2号改定者の被保険者でない期間については，第2号改定者の被保険者期間であったものとみなされ，この離婚時みなし被保険者期間を有する者の氏名，その期間，その期間に係る標準報酬等の事項は，原簿に記入される。 法第78条の7

Ⅲ　老齢厚生年金の額の改定等

標準報酬の改定・決定が行われるときは，改定請求のあった　　　　　　　から，次の額に改定される。 法第78条の10

  ⑴ 老齢厚生年金の額

    対象期間に係る被保険者期間の最後の月以前における被保険者期間，改定または決定後の標準報酬を計算の基礎とする額。

  ⑵ 障害厚生年金の額

    改定または決定後の標準報酬を基礎とする額。

第5の3　　被扶養配偶者である期間についての特例

被扶養配偶者を有する被保険者が負担した保険料について，被扶養者が　　　　して負担したものであるという基本的認識の下に，離婚または婚姻の取消しをした場合には，その　　　　に基づき標準報酬が改定される。 法第78条の13

Ⅱ　将来に向かって

Ⅲ　月の翌月

【第5の3】

共同　　　請求

Ⅰ　改定・決定の請求

　　被保険者（＿＿＿＿＿＿＿＿＿＿）が被保険者であった期間中に被扶養配偶者（国民年金の第3号被保険者）を有する場合，被扶養配偶者は＿＿＿＿＿＿＿＿＿と離婚または婚姻の取消しをしたときは，＿＿＿＿＿＿（＿＿＿＿＿＿＿＿が被保険者であった期間であり，かつ，その被扶養配偶者が国民年金の第3号被保険者であった期間）の標準報酬の改定および決定を＿＿＿＿することができる。

法第78条の14

Ⅱ　標準報酬の改定・決定

　　実施機関は，標準報酬の改定および決定の請求があった場合，特定期間に係る被保険者期間の各月ごとに，特定被保険者および被扶養配偶者の標準報酬月額に＿＿＿＿＿＿＿＿を乗じて得た額にそれぞれ改定し，および決定することができる。標準賞与額についても同様である。特定期間に係る被保険者期間については，被扶養配偶者の被保険者期間であったものとみなす。

　　改定または決定された標準報酬は，改定請求のあった日から＿＿＿＿＿＿＿＿＿＿＿その効力を有する。

　　なお，被扶養配偶者であったものとみなされた期間を有するものの氏名，その期間，その期間に係る標準報酬等の事項は＿＿＿＿に記録される。

法第78条の15

Ⅲ　老齢厚生年金の額の改定等

　　標準報酬の額の改定または決定が行われたときは，改定および決定の請求のあった日の属する＿＿＿＿＿＿＿から，年金の額が改定される。

　(1)　老齢厚生年金の額

　　　改定または決定後の＿＿＿＿＿＿＿を老齢厚生年金の額の計算の基礎とする。

　(2)　障害厚生年金の額

　　　改定または決定後の＿＿＿＿＿＿＿を障害厚生年金の額の計算の基礎とする。

法第78条の18

Ⅰ　特定被保険者　　特定被保険者　　特定期間　　特定被保険者　　請求

Ⅱ　2分の1　　将来に向かって　　原簿

Ⅲ　月の翌月　　標準報酬　　標準報酬

第6 保険給付に関する通則的事項

第1節 年金の支払い等

I 年金の支給期間・支払期月等

年金の支給は，年金を支給すべき事由が_____から始め，権利が_____で終わる。 | 法第36条

また，年金は，毎年2月，_____，_____，_____，_____および_____の6期に，それぞれ_____までが支払われる。ただし，前支払期月に支払われるべきであったもの，または基本権が消滅した場合や支給停止されたときの未払い分については，支払期月でなくても支払われることになっている。

II 端数処理

保険給付の額に_____の端数が生じたときは，これを切り捨て，_____の端数が生じたときは，これを1円に切り上げる。 | 法第35条

保険給付の額の計算過程において，_____の端数が生じたときは，これを切り捨て，_____の端数が生じたときは，これを1円に切り上げる。 | 令第3条

支払期の支払額に1円未満の端数が生じたときは，これを切り捨てるものとする。毎年3月から翌年2月までの間において上記の規定により切り捨てた金額の合計額（1円未満の端数が生じたときは，これを切り捨てた額）については，これを当該2月の支払期月の年金額に加算するものとする。 | 法第36条の2

III 第三者行為と損害賠償請求権

政府は，事故が第三者の行為によって生じた場合において，保険給付をしたときは，その_____を限度として，受給権者が第三者に対して有する損害賠償請求権を取得する。 | 法第40条

また，受給権者が，その第三者から損害賠償を受けたときは，政府は，その価額の限度で，_____をしないことができる。

【第6 第1節】
I 生じた月の翌月　消滅した月　4月　6月　8月　10月　12月　前月分
II 50銭未満　50銭以上1円未満　50銭未満　50銭以上1円未満
III 給付の価額　保険給付

IV 不正利得の徴収

　偽りその他_____により保険給付を受けた者があるときは、_____
_____は、受給額に相当する金額の全部または一部をその者から徴収すること
ができる。

法第40条の
2

V 受給権の保護等

　保険給付を受ける権利は、譲り渡し、担保に供し、または差し押えることができ
ない。

法第41条

　ただし、_____、特例老齢年金、脱退一時金および脱退手当金は、
雑所得とみなされて課税の対象とされ、また、その受給権は、国税滞納処分により
差し押えることができる。

VI 消滅時効

　保険給付を受ける権利は、その支給すべき事由が生じた日から_____を経過した
ときは、時効によって、消滅する。

法第92条

　ただし、年金たる保険給付がその_____について支給を停止されている間は、時
効は進行しない。

VII 年金額の改定

　厚生年金保険の年金たる保険給付の額は、国民の生活水準、賃金その他の諸事情
に著しい変動が生じた場合には、変動後の諸事情に応ずるため、速やかに改定の措
置が講じられる。

法第2条の
2

VIII 財政の均衡等

　厚生年金保険事業の財政は、長期的にその均衡が保たれたものでなければならず、
著しくその均衡を失すると見込まれる場合には、速やかに所要の措置が講じられる。

法第2条の
3

　政府は、少なくとも5年ごとに、保険料・国庫負担の額、保険給付に要する費用
の額等、厚生年金保険事業の財政に係る収支について、その現況、_____
_____（おおむね_____）における見通しを作成し、遅滞なく、公表する。

法第2条の
4

　この場合、厚生年金保険事業の財政が、財政均衡期間の終了時に保険給付の支給
に支障が生じないようにするために必要な積立金・責任準備金を保有しつつ財政均

法第34条

IV　不正の手段　　実施機関
V　老齢厚生年金　　担保
VI　5年　　全額
VIII　財政均衡期間　　100年

300

衡期間にわたってその均衡を保つことができないと見込まれる場合には，保険給付の額を調整し，その調整期間の開始年度を定める。

第2節　併給の調整等

I　併給の調整

1．原　則

同一人が2以上の年金の受給権を有する場合は，いったんは，すべての年金給付について，その支給が＿＿＿＿＿され，受給権者は，その希望する一の年金給付について支給停止の＿＿＿＿＿の申請をする（結果的には，受給権者の選択した一年金が支給され，他は支給停止）。 | 法第38条

支給停止解除の申請は，「年金受給選択申出書」に必要な書類等を添付して，日本年金機構に提出する。 | 則第30条の5等

2．特　例

(1)　厚生年金保険と国民年金の場合

①　同一の支給事由に基づく年金給付は，併給される（3つの場合）。 | 法第38条

　　◦　＿＿＿＿＿＿＿＿＿＿＿＿＿＿と老齢基礎年金

　　◦　＿＿＿＿＿＿＿＿＿＿＿＿＿＿と障害基礎年金

　　◦　＿＿＿＿＿＿＿＿＿＿＿＿＿＿と遺族基礎年金

②　65歳以上の遺族が自分自身の老齢厚生年金の受給権を有するときの3つの選択。 | 法附則第17条

　　a)　「老齢厚生年金 ＋ 老齢基礎年金」

　　b)　「遺族厚生年金 ＋ 老齢基礎年金」

　　c)　「老齢厚生年金の $\frac{1}{2}$ ＋ 遺族厚生年金の $\frac{2}{3}$ ＋ 老齢基礎年金」

③　老齢厚生年金と障害基礎年金，遺族厚生年金と障害基礎年金は，受給権者が65歳以上であるときは，併給される。

(2)　厚生年金保険と昭和60年改正法による改正前の厚生年金保険・船員保険・国民年金の場合

①　老齢厚生年金と改正前の国民年金の障害年金は，受給権者が65歳以上であるときは，併給される。 | 法(昭60)附則第56条

【第6第2節】

I 1. 停止　　解除

　2. (1)　老齢厚生年金　　障害厚生年金　　遺族厚生年金

②　　　　　　　　　　と改正前の国民年金の老齢年金 —— 受給権者が　　　　　　　

である場合は併給される。

③　　　　　　　　　　と改正前の厚生年金保険の老齢年金 —— 選択により

一方を支給する。ただし，受給権者が65歳以上であり，　　　　　　　

を選択したときは，老齢年金の　　　　　　　　相当額は併給される。

(3)　改正前の厚生年金保険と国民年金の場合

改正前の厚生年金保険の遺族年金と　　　　　　　　　　とは，受給権者が

　　　　　　　であるときは，併給される。

(4)　改正前の厚生年金保険（船員保険を含む）の給付相互間等の場合

①　遺族年金を選択したときは，その計算の基礎となった基本年金額の半額の

範囲内で，他の年金が支給される。

②　改正前の厚生年金保険の年金給付と，改正前の国民年金または共済組合の

年金給付とは併給される。

(5)　共済組合等の改正前の年金給付との関係

　　　　　　　　　　と退職共済年金は，併給

Ⅱ　年金支払いの調整

1．2以上の年金間の調整

甲年金の受給権を得たために乙年金の受給権が消滅したにもかかわらず，乙年 | 法第39条
金がその後も支払われていたときは，乙年金は，甲年金の　　　　　　　とみなす。

2．同一年金についての調整

年金の支給停止期間中に，その年金が支払われたときは，その分は，支給停止

解除後に支払うべき年金の　　　　　　　とみなす。

3．国民年金との調整

国民年金の年金から厚生年金保険の年金へ選択替えを行ったにもかかわらず，

支給停止されるべき国民年金の年金がすでに支払われているときは，国民年金の

年金は，本来支払われるべき厚生年金保険の年金の内払とみなす。

4．過誤払いの調整

受給権者の　　　　により失権した年金が過誤払いとなった場合に，その返還義 | 法第39条の
務者に支払われる年金給付（遺族厚生年金）があるときは，その支払金額を返還 | 2
金債権の金額に　　　　　　　ことができる。 | 則第89条の2

(2)　遺族厚生年金　　65歳以上　　遺族厚生年金　　遺族厚生年金　　2分の1

(3)　老齢基礎年金　　65歳以上

(5)　老齢厚生年金

Ⅱ1．内払　　2．内払　　4．死亡　　充当する

第3節　未支給の保険給付

　保険給付の受給権者が＿＿＿＿した場合において，その者に支給すべき保険給付でま 法第37条
だその者に支給しなかったものがあるときは，その者の＿＿＿＿，子，＿＿＿＿，孫，祖
父母，＿＿＿＿またはこれらの者以外の＿＿＿＿＿＿であって，その者の死亡の当
時その者と生計を同じくしていたものは，自己の名で，その未支給の保険給付の支給
を請求することができる。

　また，死亡した受給権者が死亡前にその保険給付を＿＿＿＿していなかったときは，
上記の遺族は，自己の名で，その保険給付を請求することができ，＿＿＿＿＿＿＿ま
での年金を受領することができる。

第4節　保険給付の制限

I　保険事故に関する制限

　1．被保険者または＿＿＿＿＿＿＿＿＿＿＿＿が，故意の犯罪行為もしくは 法第73条の
2
　　＿＿＿＿＿＿＿により，または正当な理由がなく療養に関する指示に従わないこと
　　により，障害・死亡またはこれらの原因となった事故を生じさせ，または障害の
　　程度を増進させたり，その回復を妨げたときは，保険給付の全部または一部が行
　　われないことがある。

　2．被保険者または被保険者であった者が，故意に障害またはその直接の原因とな 法第73条
　　った事故を生じさせたときは，それを支給事由とする＿＿＿＿＿＿＿また
　　は＿＿＿＿＿は，支給されない。

　3．障害厚生年金の受給権者が，故意もしくは重大な過失により，または正当な理 法第74条
　　由がなく療養に関する指示に従わないことにより，障害の程度を増進させたり，
　　その回復を妨げたときは，下位の＿＿＿＿＿＿による年金額に改定されることが
　　ある。

　4．遺族厚生年金は，被保険者または被保険者であった者を故意に死亡させた者に 法第76条
　　は，支給しない。また，その受給権は，受給権者が他の受給権者を故意に死亡さ
　　せたときは，＿＿＿＿する。

【第6第3節】
死亡　　配偶者　　父母　　兄弟姉妹　　3親等内の親族　　請求　　死亡した月
【第6第4節】
I 1．被保険者であった者　　重大な過失　　2．障害厚生年金　　障害手当金
　 3．障害等級　　4．消滅

Ⅱ　保険財政による制限

事業主が，被保険者となるべき者の資格取得届を   提出しないでいて
届け出たときは，保険料が時効により徴収できない期間が生じるが，その期間については，   から除かれる。

法第75条

Ⅲ　協力義務違反者に対する制限

1．支給停止

受給権者が，   がなくて，身分関係，障害の状態等に関する書類
等の提出命令に従わなかったり，職員の質問に応じなかったとき等には，年金たる保険給付は，その額の全部または一部につき，その支給が停止される。

法第77条

2．支給差止め

受給権者が，正当な理由がなくて，届書・書類を提出しないときは，保険給付の支払いを一時差し止めることができる。

法第78条

第7　　積立金の運用

積立金（年金特別会計の厚生年金勘定の積立金（特別会計積立金）および実施機関
(厚生労働大臣を除く）の積立金のうち厚生年金保険事業（基礎年金拠出金の納付を含む。）に係る部分に相当する部分として政令で定める部分（実施機関積立金））の運用は，積立金が厚生年金保険の被保険者から徴収された保険料の一部であり，かつ，将来の保険給付の貴重な財源となるものであることに特に留意し，専ら厚生年金保険の   の利益のために，長期的な観点から，安全かつ効率的に行うことにより，将来にわたつて，厚生年金保険事業の運営の安定に資することを目的として行うものとする。

法第79条の
2

特別会計積立金の運用は，   がこの目的に沿った運用に基づく納付金の納付を目的として，年金積立金管理運用独立行政法人に対し，特別会計積立金を   することにより行うものとする。

法第79条の
3

Ⅱ　2年以上　　被保険者期間
Ⅲ 1．正当な理由
【第7】
被保険者　　厚生労働大臣　　寄託

第8　　費用の負担

第1節　　国庫負担

1．保険給付費に対する国庫負担

(1)　厚生年金保険制度が負担する基礎年金拠出金の額の，「＿＿＿＿＿＿＿＿＿＿＿」を負担する。 法第80条

(2)　昭和36年4月1日前の厚生年金保険の被保険者期間を計算の基礎とする保険給付に要する費用の100分の20相当額 法（昭60）附則第79条

　　ただし，このうち＿＿＿＿＿＿＿＿＿＿＿であった期間に係る部分については100分の25相当額

2．事務費に対する国庫負担

国庫は，毎年度，予算の範囲内で，厚生年金保険事業の事務の執行に要する費用を負担する。これには，＿＿＿＿＿＿＿＿＿＿＿の負担に関する事務の執行に要する費用も含まれる。 法第80条

第2節　　保　険　料

Ⅰ　保険料額と保険料率

保険料は，被保険者期間の計算の基礎となる＿＿＿＿について徴収される。その額は，＿＿＿＿＿＿＿＿＿＿＿にそれぞれ保険料率を乗じて得た額である。 法第81条

保険料率は，現在は，次のとおりである。 法（平8）附則第18条・（平16）附則第33条

①　第1号厚生年金被保険者（第4種被保険者を含む）―― ＿＿＿＿＿＿

②　第2号・3号厚生年金被保険者 ―― 1,000分の183.00

③　第4号厚生年金被保険者 ―― 1,000分の156.81（令和4年8月まで）

【第8第1節】
1．2分の1に相当する額　　第3種被保険者　　2．基礎年金拠出金
【第8第2節】
Ⅰ　各月　　標準報酬月額および標準賞与額　　1,000分の183.00

Ⅱ　保険料の負担と納付義務

1．保険料は，被保険者と事業主が，それぞれ＿＿＿＿を負担し，その納付義務は，＿＿＿＿＿＿＿が負う。　　　法第82条

2．＿＿＿＿＿＿＿＿＿＿＿＿＿＿は，原則として，自らが，保険料の全額を負担し，納付する義務を負う。　　　法附則第4条の3

　　ただし，事業主が，保険料の＿＿＿＿＿を負担し，納付する義務を負うことについて同意したときは，それによる。

　　なお，事業主がこの同意をしたときは，＿＿＿＿＿以内に，同意の届書を＿＿＿＿＿＿＿＿＿＿に提出する。　　　則第22条の3

3．＿＿＿＿＿＿＿＿＿は，自らが，保険料の全額を負担し，納付する義務を負う。　　　法（昭60）附則第80条

Ⅲ　産前産後休業・育児休業期間中の保険料の免除

1．産前産後休業・育児休業期間中の保険料の免除の対象となるのは，産前産後休業・育児休業等をしている被保険者と，この者を使用している事業主である。この場合には，被保険者が使用される事業所の事業主による実施機関への＿＿＿＿＿が必要となる。　　　法第81条の2・2の2

2．免除される保険料は，産前産後休業・育児休業等を開始した日の属する月からその産前産後休業・育児休業等が終了する日の翌日が属する＿＿＿＿＿＿＿＿までの期間についての被保険者に係る保険料である（事業主負担分を含む）。

3．＿＿＿＿＿＿＿＿＿については，免除されない。

Ⅳ　保険料の納付期日等

1．第4種被保険者以外の場合

　　毎月の保険料は，＿＿＿＿＿＿＿＿までに納付しなければならない。　　　法第83条

　　事業主は，被保険者に対して通貨をもって報酬を支払う場合には，被保険者の負担すべき＿＿＿＿＿＿＿＿＿＿に係る保険料（被保険者が適用事業所に使用されなくなった（月末退職）場合においては，＿＿＿＿＿と当月の標準報酬月額に係る保険料）を報酬から控除することができる。　　　法第84条

2．第4種被保険者の場合

　　第4種被保険者は，毎月の保険料を，＿＿＿＿＿＿＿＿＿までに納付しなければならない。この場合，納付書によって納付する。

Ⅱ1．半額　　事業主　　2．高齢任意加入被保険者　　半額　　10日　　日本年金機構

　3．第4種被保険者

Ⅲ1．申出　　2．月の前月　　3．第4種被保険者

Ⅳ1．翌月末日　　前月の標準報酬月額　　前月

　2．その月の10日

また，第4種被保険者等は，将来の一定期間（厚生労働大臣が定める期間）の保険料を，＿＿＿＿＿することができる。

3．口座振替による納付

納付義務者が申し出た場合に，その納付が確実と認められ，かつ，保険料の徴収上＿＿＿＿＿と認められるときに限り，口座振替による保険料の納付が＿＿＿＿＿される。

法第83条の2

V　保険料の繰上徴収

保険料は，次の場合には，＿＿＿＿＿＿＿＿＿であっても，すべて徴収することができる。

法第85条

1．納付義務者が次のいずれかに該当する場合

⑴　国税，地方税その他の公課の滞納によって，＿＿＿＿＿＿＿＿を受けるとき

⑵　強制執行を受けるとき

⑶　＿＿＿＿＿手続開始の決定を受けたとき

⑷　企業担保権の実行手続の開始があったとき

⑸　競売の開始があったとき

2．法人たる納付義務者が解散をした場合

3．被保険者の使用される事業所が＿＿＿＿＿された場合

4．被保険者の使用される船舶について船舶所有者の変更があった場合，または船舶が滅失し，沈没し，もしくは全く運航に堪えられなくなった場合

第3節　督促・延滞金・滞納処分等

I　督　促　等

保険料その他の徴収金を滞納する者があるときは，厚生労働大臣は，＿＿＿＿＿＿＿＿に対して，期限を指定した督促状を発する。ただし，保険料の＿＿＿＿＿＿＿＿に関しては，督促は必要ない。

法第86条

II　延　滞　金

督促をしたときは，厚生労働大臣は，年14.6％（当該納期限の翌日から3月を経過する日までの期間については，年7.3％）の割合で，延滞金を徴収する。

法第87条

前納　　3．有利　　承認
V　納期前
1．滞納処分　　破産　　3．廃止
【第8第3節】
I　納付義務者　　繰上徴収

ただし，延滞金は，次のいずれかに該当する場合は，徴収されない。

1．徴収金額が＿＿＿＿＿＿＿であるとき

2．＿＿＿＿＿を繰り上げて徴収するとき

3．公示送達の方法により督促をしたとき

4．滞納につき＿＿＿＿＿＿＿＿＿＿＿があると認められるとき

5．督促状の指定期限までに徴収金を完納したとき

6．延滞金の額が＿＿＿＿＿＿＿であるとき

Ⅲ　滞納処分等

指定期限までに保険料を納付しないときは，＿＿＿＿＿＿＿＿＿＿＿の例によって処分される。

保険料その他の徴収金の先取特権の順位は，＿＿＿＿＿およ び＿＿＿＿＿＿に次ぐものとされており，その徴収方法は，厚生年金保険法に別段の規定があるものを除き，国税徴収の例による。 法第88条・第89条

厚生労働大臣は，滞納処分等の権限の全部または一部を自らが行うこととした場合におけるこれらの権限並びに同号に規定する厚生労働省令で定める権限のうち厚生労働省令で定めるもの（滞納処分等その他の処分という）に係る納付義務者が滞納処分等その他の処分の執行を免れる目的でその財産について隠ぺいしているおそれがあることその他の政令で定める事情があるため保険料その他この法律の規定による徴収金の効果的な徴収を行う上で必要があると認めるときは，政令で定めるところにより，財務大臣に，当該納付義務者に関する情報その他必要な情報を提供するとともに，当該納付義務者に係る滞納処分等その他の処分の権限の全部または一部を委任することができる。 法第100条の5

この場合の政令で定める事情とは，納付義務者が＿＿＿＿月分以上の保険料を滞納していること。納付義務者が滞納している保険料等の額が＿＿＿＿＿＿＿以上であること。 令第4条の2の16
則第99条
則第101条

Ⅳ　消滅時効

保険料その他の徴収金を徴収し，またはその還付を受ける権利は，これらを行使することができる時から＿＿＿＿＿を経過したときは，時効によって，消滅する。 法第92条

保険給付の返還を受ける権利は，これを行使できる時から5年を経過したときは，時効によって消滅する。徴収金を徴収し，若しくはその還付を受ける権利または保

Ⅱ 1．1,000円未満　　2．納期　　4．やむを得ない事情　　6．100円未満

Ⅲ　国税滞納処分　　国税　　地方税　　24　　5,000万円

Ⅳ　2年

険給付の返還を受ける権利の時効については，その＿＿＿＿＿＿を要せず，また，その＿＿＿＿＿＿＿＿することができない。

第9　不服申立て・雑則

I　保険給付等に係る不服申立て

被保険者の資格，標準報酬または保険給付に関する処分に不服がある者は，＿＿＿＿＿に対して審査請求をし，その決定に不服がある者は，＿＿＿＿＿に対して再審査請求をすることができる。

1．審査請求は，原処分があったことを知った日の翌日から起算して＿＿＿＿＿に，文書または口頭で行わなければならない。

2．再審査請求は，＿＿＿＿＿に係る決定書の謄本が送付された日の翌日から起算して＿＿＿＿＿に，文書または口頭で行わなければならない。

法第90条

II　保険料等に係る不服申立て

保険料その他の徴収金の賦課・徴収の処分または滞納処分に不服がある者は，＿＿＿＿＿に対して審査請求をすることができる。この場合も，処分があったことを知った日の翌日から起算して＿＿＿＿＿に，文書または口頭で行わなければならない。

法第91条

III　訴　　訟

保険給付等または保険料その他徴収金に関する処分の取消しの訴えは，その処分についての審査請求に対する＿＿＿＿＿の決定を経た後でなければ，提起することはできない。

法第91条の3

IV　雑　　則

1．＿＿＿＿＿は，被保険者，被保険者であった者またはこれらの者の遺族から，一定の書類について証明を求められたときは，すみやかに，正確な証明をしなければならない。

則第27条

援用　利益を放棄
【第9】
I　社会保険審査官　社会保険審査会　1．3カ月以内　2．審査請求　2カ月以内
II　社会保険審査会　3カ月以内　III　社会保険審査官
IV　事業主

2．事業主は，厚生年金保険に関する書類を，その完結の日から＿＿＿＿＿＿は保存
しなければならない。 　　則第28条

3．＿＿＿＿＿＿は，実施機関または受給権者に対して，その市町村の条例の定め
により，被保険者，被保険者であった者または受給権者の＿＿＿＿に関し，無料で
証明を行うことができる。 　　法第95条

2年間　　市町村長　　戸籍

労働に関する一般常識 (1)
—— 人事労務管理の概要 ——

第1　　人事労務管理とは

I　人事制度

　人事制度とは，その企業の全従業員を一元的・包括的に位置づける制度をいう。

　わが国では，常用従業員を包括して一つの人事制度で運用するのが特徴である。

　人事制度は階層制で成り立っている。

①　従業員が組織内で占める客観的位置を自己確認できる。

②　目標とすべき上位の階層を自分で描くことができる。

　目標と機会を与えられることが，勤労意欲（モラール）を高めることになる。

II　人事労務管理

　人事労務管理とは，「経営の目的・課題の実現のために，組織人としての従業員を，その従業員個人のモラールに留意しながら管理・運営する経営機能」をいう。

III　労務監査・労務診断

1．労務監査は，通常，年1回，トップマネジメント自身が人事労務管理部門の実態を評価し，その改善点を発見するために行う。

2．労務診断は，第三者の人事労務の専門家が行う人事労務管理についての評価である。

第2　　　人事労務管理の技法

I　職務分析

1．職務分析とは，「特定の職務の特性を明確にし，それについての正しい情報を提供する手続であり，それは，職務に含まれている作業，その職務を遂行するのに必要な知識，熟練，能力，責任等の特徴，資格要件を明確にして，他の職務との違いを明らかにする手続」（アメリカ労働省）である。

2．職務分析の主要項目は，職務内容，労働の強度および密度，作業環境，災害危険度，責任度などがある。

3．職務分析の結果，個々の職務についての職務記述書に基づき，職務それぞれの相対的価値づけが行われる。これが＿＿＿＿＿＿＿である。

II　人事考課

1．人事考課とは，組織人としての従業員を一定期間における仕事への取組み姿勢や態度，仕事遂行能力，仕事の成果などについて評価することである。

　　このため，人事考課は，公正性，適正性，納得性を不可欠の要素としている。

2．人事考課の方法

(1)　公正・公平性を確保するため，考課者を複数おき，重層編成で行うのが一般的である。

(2)　考課基準には，①相対評価と②＿＿＿＿＿＿＿がある。

(3)　考課要素は，通常，①仕事の成果，②仕事遂行能力，③仕事をする態度・意欲の三つが基本である。また，職位が高くなるにつれ，＿＿＿＿＿＿＿のウエイトが高くなるのが一般的である。

(4)　考課尺度では，評定尺度法が広く利用されており，そのうちの一つである図式尺度法では，＿＿＿＿＿＿＿を採用する場合が多い。

3．陥りやすい欠陥への対応

(1)　＿＿＿＿＿＿＿——被考課者の一時的または単発的な印象に強く影響されて考課してしまうこと

(2)　＿＿＿＿＿＿＿——被考課者全体に高い評価を与えること

【第2】

I 3．職務評価

II 2．絶対評価　　仕事の成果　　プロブスト法

　3．ハロー効果　　寛大化傾向

(3) 　　　　　　　　　──大部分の被考課者に平均点を与えること

　　これらの傾向を排除し，できるだけ客観的に人事考課を行うために，　　　　　　は不可欠とされている。

4．人事考課の目的・役割

⑴　能力開発を進めるためのデータとしての役割

⑵　組織にとって最高の人材を育成し，それらの人材が，上位の階層に選出されるためのシステムとしての役割

第3　　採用管理

　　採用は，計画的に準備・実施されることが大切だが，面接やテスト等の多様な方法により，その企業にとって必要な人材，ふさわしい人材を採用することが必要である。

　　その意味から，職業適正検査を実施する企業が増加している。

　　内田クレペリン検査（加算における作業量の推移から，疲労，慣れ，気のり，気配りなどの性格特性を把握する），　　　　　　　　（矢田部・ギルフォード検査）は，その代表的なものである。

第4　　配置・異動管理

I　配転・転勤

　　適切な時期ごとに職場内の仕事，職場，勤務場所を変えることは，勤労意欲を持続すると同時に，仕事遂行能力の開発・向上に役立つ。これを計画的に行うことを，　　　　　　　　　　　　という。

　　また，意欲・能力や価値観の多様化に対応した制度として，　　　　　　　　の導入も増えている。

集中化傾向（中心化傾向）　　考課者訓練
【第3】
ＹＧテスト
【第4】
ジョブ・ローテーション　　コース別雇用管理

II　昇格・昇進管理

　　昇格・昇進ともに，公正な人事考課などにより，組織人としての有能な人材が上位の資格，職位に選出されるような制度と運用が求められている。

III　職能資格制度

　　職能資格制度とは，仕事の困難度・責任度等を基準とした職能資格区分を設け，各職能資格区分における職務遂行能力の種類や程度を明確にした_____を設け，この基準に基づいて人事処遇を行う制度である。

IV　専門職制度

　　部長，課長，係長というライン組織の職位とは別に，専門的な知識や技術の持ち主に対して，たとえば専門部長，専門課長といった名称を与え，昇進，給与等についてライン役職位と同様の処遇を与えようという制度をいう。

V　出向・転籍

　　企業に_____したままで他の企業に異動し，異動先の使用者の指揮命令に従って_____を提供することが「出向」で，元の企業を_____して出向先企業に再就職することが「転籍」である。

　　一般的に若年労働者の出向は能力の開発・向上を目的とし，高年齢労働者の出向は余剰人員の排出を目的としている。しかし，景気後退が発生すると，人件費の削減，余剰労働力の解消等を目的として，出向や転籍が多く行われる傾向がある。

III　職能資格基準書
V　在籍　　労務　　退職

第5　　教育訓練管理

Ⅰ　教育訓練と能力開発

1．教育訓練管理とは，現在の職務に必要とされる知識・技能等を計画的に秩序立てて従業員に学習させ，また従業員を訓練する一連の管理活動をいう。

2．能力開発管理とは，管理監督者，専門職が主として自己啓発により今後必要になると思われる知識・技能を学び，その潜在能力の拡充を図ることを計画的に援助する活動をいう。

3．教育訓練は，　　　　　　　と　　　　　　　に区分して展開される。
　　　　　　　　（職場内教育訓練）は，就業場所で管理監督者の指導の下で現在の仕事を通じて随時行われる。また，　　　　　　　（職場外教育訓練）は，職場を離れて定型的な方法で行われる。

Ⅱ　ＯＪＴ（On the Job Training）

　ＯＪＴの十分な展開を図るため，　　　　　　との組合せが考えられる。この　　　　　　は，従業員個人の生涯能力開発の視野に立ち，一人ひとりの目標に沿った育成方法で進めるので，　　　　　　とも呼ばれる。

　また，ＯＪＴとの関連で　　　　　　（ＯＤ）がある。これは，組織風土の変革を最終的目的として，従業員の意識・態度を活性化させ，組織に活力を与えていくものである。

Ⅲ　ＯＦＦ－ＪＴ（Off the Job Training）

　Ｏｆｆ－ＪＴは，階層別教育，コース別教育，メニュー別教育などに分類される。最も教育体系が整備されているのは，階層別教育である。

　なお，経営環境の激変期において重視されているのが，　　　　　　（学習棄却）という考え方である。

【第5】
Ⅰ3．ＯＪＴ　　Off-ＪＴ　　ＯＪＴ　　Off-ＪＴ
Ⅱ　ＣＤＰ　　ＣＤＰ　　経歴管理　　組織開発
Ⅲ　アンラーニング

Ⅳ　管理監督能力向上のための技法

(1)　ＴＷＩ―職長等を10人以内の単位で集め，作業指導，作業改善，統率・人間関係の3つについて，総計30時間の訓練で身につけるもの

ＴＷＩは現場監督者が対象

(2)　ＪＳＴ―人事院が作成したもの。事務部門の係長等初級管理者を10～15人のグループにし，仕事の管理・改善，部下の教育訓練・扱い方等について，討議方式により26時間で行う。

ＪＳＴは事務部門の初級管理者が対象

(3)　＿＿＿＿＿＿―部・課長等を10～15人のグループにし，実際に発生した問題を研究し，自らの体験を整理して身につけるもの。総計40時間の討議方式で行う。

(4)　ＣＣＳ―部長以上を対象に，経営方針，組織，管理，運営等について，講義・討議方式で行う。

(5)　ＰＳＴ―管理者を対象とした問題解決力訓練

(6)　ＭＧＴ―管理者に民主型リーダーシップを身につけさせるための教育訓練

(7)　ＳＴ―管理者を対象とした＿＿＿＿＿＿＿＿＿＿（センシティビティ・トレーニング）

(8)　＿＿＿＿―受講者を経営者として相互に競争させ，経営戦略等を体得させるもの

第6　　労働条件管理

Ⅰ　労働時間・休日・休暇

(1)　＿＿＿＿＿＿＿は，規模間格差が大きく，中小企業比率の高い業種においては長くなっている。

(2)　＿＿＿＿＿＿＿は，付与日数の約半分しか取得されていない。

(3)　働き方改革の一環として，時間外労働時間について上限が設けられた。

　　時間外労働時間は，原則として，月45時間，年360時間とされた。また，臨時的な特別の事情がある場合でも年720時間，単月100時間未満（休日労働を含む），複数月平均80時間（休日労働を含む）とされ，月45時間を超えることができるのは年6回までである。

　　年次有給休暇について，法定の年次有給休暇の付与日数が10日以上あるすべての労働者に対して，年5日年次有給休暇を確実に取得させなければならない。た

Ⅳ　MTP　　感受性訓練　　MG
【第6】
Ⅰ　所定労働時間　　年次有給休暇

だし，労働者自ら取得した場合や計画年休を与えた場合等で5日を満たしている場合等は除かれる。

〔フレックスタイム制〕

一定の労働時間帯の中で，個々の労働者が始業・終業の時刻を自由に選択できる労働時間制をいう。

通常，労働日において，1日の労働時間帯の中に労働者が勤務しなければならない時間帯（＿＿＿＿＿＿＿＿＿＿＿）を設けるもの（＿＿＿＿＿＿＿＿＿＿方式）と，これを設けないもの（積算方式）とがある。

Ⅱ　賃金管理

1．賃金体系など

(1)　＿＿＿＿＿＿＿——賃金をどのような要素による賃金項目で構成するかを定めたもの。たとえば，基本給を年齢給と職能給により構成するなど。

(2)　＿＿＿＿＿＿——賃金の支払形態のこと。時給，日給，月給，年俸などに分類できる。

(3)　賃金水準——その会社の平均賃金のこと

(4)　賃金構成——月例給与等に占める賃金項目とその占める割合。基本給は，賃金全体の80％を占め，基本給は年齢給（全体の40％）と職能給（同40％）とに分かれている。全体の20％は諸手当といったもの。

(5)　賃金構造——各種の賃金格差を統計的にみたもの。企業規模別に大卒男子の賃金（年齢計）を見ると，大規模企業の方が，小規模企業より高い水準にある，といったもの。

2．基本給を構成する賃金項目

(1)　年功給——学歴，年齢，勤続年数などを要素として決められる賃金。年齢給，勤続給といった形で分類されることもある。

(2)　＿＿＿＿＿＿——職務評価により，職務そのものの価値に対応して決定される賃金。通常は，定昇がない。

(3)　＿＿＿＿＿＿——職務遂行能力の程度に対応して決定される賃金。通常，考課昇給がある。

3．定昇とベア

(1)　＿＿＿＿＿——加齢による昇給曲線を基準とする賃金の上向移動をいう。

コアタイム　　コアタイム
Ⅱ1．賃金体系　　賃金形態
　2．職務給　　職能給
　3．昇給

(2) ....——昇給曲線の水準を一律（一定率，一定額など）に押
し上げることをいう。これが行われると，通常は賃金表の書替えが行われる。

4. 賞　与

通常，半年ごとに，その期間の個別的成績に応じて支給される給与。賞与の方
が月例賃金に比べ，仕事上の業績格差を反映させる傾向がある。いわゆる，成果
配分主義的に支給額を決める企業が多い。

5. 退職金

通常，「退職時の基本給×支給率」により算定されるが，定年年齢の引上げ等
により，算定方法を改定する企業が増加している。たとえば，旧定年が60歳で定
年延長して65歳定年とされた場合，60歳以降を分離型とするなど。

また，支給方法も，一時金方式のみ，一時金と年金の併用とする企業が多いも
のの，年金方式のみとする企業が増加している。

Ⅲ　定　年

定年年齢を60歳とする企業は約8割となっているが，併行して，各人別には健康,
能力に応じて勤務期間を延長する ....や，定年に到達した者を一たん
退職させた後に再び雇用する .... を導入する企業が7割強となっている。

しかし，一方では，一定の条件のもとで定年前に退職した者に退職金査定で優遇
する .... を採用する企業もある。

第7　　福利厚生

法定福利費とは，従業員の福利厚生のために企業が支出する経費のうち，法律によっ
て実施が義務づけられているものをいう。

法定外福利費とは，従業員の福利厚生のために企業が支出する経費のうち，企業の
意思（または労働協約）に基づくものをいう。

ベースアップ
Ⅲ　勤務延長制　　再雇用制　　早期退職優遇制

第8　　　人間関係管理

I　モラール

Morale─従業員の仕事に対するやる気，意欲のこと（なお，経営への参画意欲，職場レベルの勤労意欲に分けることもある）。

モラールを調査するのが，＿＿＿＿＿＿＿＿＿＿＿である。その企業の各施策，職場，人間関係，処遇などについての従業員の意識調査の結果を，諸制度の改善に結びつけることが大切。

II　メイヨーの人間関係論

「＿＿＿＿＿＿＿＿＿」の結果から，職場の非能率は従業員の人間関係にあるとし，フォーマル組織の下に生まれる＿＿＿＿＿＿＿＿＿＿＿により仕事が動かされることが証明された。そこで，人間関係に重点をおく施策，教育訓練が必要だとした。

人間関係管理は，その考えにより導き出されたものである。これは，人事相談制度，提案制度などにも生かされている。

III　テーラーの科学的管理法

時間研究，動作研究を用いて標準作業量（＿＿＿＿），標準時間を設定し，その標準作業量またはそれ以上の成果をあげさせるためには，賃率に差を設けた出来高払いが有効と主張。

IV　マグレガーのX・Y理論

人間は生まれつき仕事をしたがらず，アメとムチで働かせるしかないとする＿＿＿＿＿ではなく，人間は本来仕事を好むものであり，その自主性を発揮させるべきとする＿＿＿＿＿により経営組織を動かしていくことが大切とした。

この考え方は，自主性を重んじるリーダーシップ論や目標管理に活用されている。

【第8】

I　モラール・サーベイ

II　ホーソン実験　　インフォーマル組織

III　課業

IV　X理論　　Y理論

V　ハーズバーグの職務充実論

仕事に対する意欲を持続させる要因として，①＿＿＿＿＿＿＿要因と②衛生要因とがある。衛生要因は真に人を動機づけないが，「仕事そのもの，責任，昇進など」の＿＿＿＿＿＿＿要因は，職務を通した精神的成長と自己実現を可能とするものであり，これらを高める職務充実が大切だとした。

VI　人間関係管理の技法

1．組織開発・小集団活動

(1)　ＺＤ（Zero Defects）は，品質向上，コストダウンをめざした＿＿＿＿＿＿運動。

(2)　ＱＷＬ（Quality of Working Life）は，個々の従業員の人間尊重を基礎に置き，働きがい，生産性向上をめざす「＿＿＿＿＿＿＿＿＿」のプログラム。

(3)　ＱＣサークルは，Quality Control（＿＿＿＿＿＿＿のことで，科学的に生産管理を行う一連の手法体系）の活動を自主的に職場レベルで行う小集団のこと。

2．自己申告制度

自己申告制度は，定められた自己申告用紙に，①現在の仕事への満足度，②希望する仕事，配置転換部署，③保有または保有予定の職業能力等を記述して，提出するもの。

3．提案制度

仕事や仕事環境の改善・工夫を提案書に記述し，随時または定期的に提出できるもの。

4．社内報

企業の目標，方針，経営実績などをＰＲし，従業員の理解を深めることにより従業員の＿＿＿＿＿＿を高め，参加意欲を高めることを目的とする。

5．従業員意識調査

従業員の＿＿＿＿＿＿およびその変化に常に注意することを目的に1960年代半ばから盛んに導入された。この調査により，従業員意識を高めることや，それを通して人事労務管理の適切さを検定しつづけることは，人事制度の適切さを知るために最も重要な方法とされる。

V　動機づけ　　動機づけ
VI 1．無欠点　　労働の人間化　　品質管理
　 4．モラール
　 5．モラール

第9　労使関係管理

　　労働組合は勤労者の自主組織であるので，その結成や行動に対する企業からの干渉・介入は，＿＿＿＿＿＿＿＿＿として禁止されている。

　　労働組合が申し入れた労働条件についての＿＿＿＿＿＿＿＿を，使用者は，正当な理由がない限り，拒否できない。

　　労働条件以外の経営・生産問題等について労使間の理解を深めるためのコミュニケーション・チャンネルとして，＿＿＿＿＿＿＿＿＿がある。

【第9】

不当労働行為　　団体交渉　　労使協議制

第10　　人事労務管理上の課題

今日的課題と対応の方向

課　題	内　容	対応の方向	留意点
労 働 力 不 足 （人あまり）	若年労働者不足	・個々の能力，適性，価値観に 　対応した人事配置，雇用管理， 　能力開発（高齢者，女性， 　外国人の活用，人材スカウト）	・３Ｋ対策 ・労働条件の改善 ・不法就労はさせな 　い （雇用調整）
	高度技術者不足	・外国人の活用 ・産学共同化 ・スカウト	
高齢化	平均年齢上昇	・役職定年制，出向，転籍 ・コース別勤務制 ・人事賃金制度の能力主義化	・対象者のモラール 　ダウンをさける ・トータルな人事賃 　金制度の導入
	高齢者活用	・定年延長（60歳以上） ・65歳までの再雇用，勤務延長 ・人事賃金制度の改善	
高学歴化		・学歴にこだわらない能力主義 　の処遇と活用策	・職能給，人事考課 　のあり方等を整備
女性の職 場進出	若年者雇用 パート雇用	・均等法対応の人事管理 　コース別雇用管理，限定勤務 　地，基本給・諸手当の整備 ・長勤続化対応の諸制度改善	・育児休業，介護休 　業への対応 ・母性保護 ・セクハラ防止

労働に関する一般常識 (2)
── 労働法の概要 ──

第1　雇用に関する法律

Ⅰ　労働施策の総合的な推進並びに労働者の雇用の安定及び職業生活の充実等に関する法律

　この法律は，国が，少子高齢化による人口構造の変化等の経済社会情勢の変化に対応して，労働に関し，その政策全般にわたり，必要な施策を総合的に講ずることにより，労働市場の機能が適切に発揮され，労働者の多様な事情に応じた雇用の安定および職業生活の充実並びに労働生産性の向上を促進して，労働者がその有する能力を有効に発揮することができるようにし，これを通じて，労働者の地位の向上を図るとともに，経済および社会の発展並びに完全雇用の達成に資することを目的とする。

　そのため，求職者および求人者に対する指導等，職業訓練の充実，職業転換給付金，事業主による再就職の援助を促進するための措置等を定め，さらに，外国人労働者の雇用管理の改善，再就職等の措置や職場における優越的な関係を背景とした言動に起因する問題に関して事業主の講ずるべき措置等を設けている。

　事業主は，労働者がその有する能力を有効に発揮すると認められるときとして厚生労働省令で定めるときは，労働者の＿＿＿＿＿＿＿について，その年齢にかかわりなく＿＿＿＿＿＿を与えなければならない。

　事業主は，経済的理由により，一の事業所において，常時使用する労働者について，1箇月以内に＿＿＿＿＿の離職者を生ずることになる事業規模の縮小を行う場合，＿＿＿＿＿＿＿＿を作成し，公共職業安定所長に届出しなければならない（大量の雇用変動の届出）。

【第1】
Ⅰ　募集および採用　　均等な機会　　30人以上　　再就職援助計画

事業主は，外国人労働者を雇い入れた場合またはその雇用する外国人労働者が離職した場合には，その者の氏名，在留資格，在留期間その他厚生労働省令で定める事項について確認し，当該事項を公共職業安定所長に届出しなければならない。 法第28条

　事業主は，職場における_____を背景とした言動であって，_____を超えたもの（パワーハラスメント）によりその雇用する労働者の_____が害されることのないよう，当該労働者からの相談に応じ，適切に対応するために必要な措置を講じなければならない。また，労働者が前述の相談を行ったことまたは事業主による当該相談への対応に協力した際に述べたことを理由として，当該労働者に対して解雇その他不利益な取扱いをしてはならない。 法第30条の2

II　職業安定法

1．民営の職業紹介事業

(1)　有料の職業紹介事業は，港湾運送業務，_____に就く職業等以外の職業について，_____の許可を受けて行うことができる。許可を受けようとする者は，その事業を行う_____のその事業に係る事業計画書等を添付して申請しなければならない。 法第30条・第32条の11

　許可されたときは，有料の職業紹介事業を行う_____に応じ，許可証が交付される。 法第32条の4

　許可の有効期間は，許可の日から起算して_____，更新許可の場合は，有効期間満了日の翌日から起算して_____である。 法第32条の6

　有料職業紹介事業者は，_____を定めたときは，厚生労働大臣に届け出なければならない。これを変更したときも同様である。 法第32条の12

　また，有料職業紹介事業者は，求人者・求職者から申出を受けた苦情の処理，求人者の情報，求職者の個人情報の管理等を_____させ，および従業者に対する職業紹介の適正遂行に必要な教育を行わせるため，_____を選任する。 法第32条の14

(2)　無料の職業紹介事業を行おうとする者（(3)を除く）は，厚生労働大臣の許可を受けなければならない。 法第33条

　厚生労働大臣は，許可に当たっては，労働組合等に対してする場合を除き，あらかじめ_____の意見を聴くこととされている。

優越的な関係　　業務上必要かつ相当な範囲　　就業環境
II 1．建設業務　　厚生労働大臣　　事業所ごと　　事業所の数
　　　3 年　　5 年　　取扱職種の範囲等　　統括管理　　職業紹介責任者
　　　労働政策審議会

許可，更新許可の有効期間は，いずれも＿＿＿＿である。

(3) 学校等，特別の法人は，一定の者を対象に，または一定の場合には，厚生労働大臣＿＿＿＿，無料の職業紹介事業を行うことができる。| 法第33条の2〜第33条の4

(4) ＿＿＿＿は，無料の職業紹介事業を行うことができる。なお，この場合，その旨を厚生労働大臣に＿＿＿＿しなければならない。(特定地方公共団体) | 法第29条

2．委託募集

労働者を雇用しようとする者が，その＿＿＿＿＿＿の者をして報酬を与えて労働者の募集に従事させようとするときは，厚生労働大臣の＿＿＿＿を受けなければならない。報酬の額についても，あらかじめ，厚生労働大臣の＿＿＿＿を受けることとされている。| 法第36条

一方，報酬を与えることなく募集に従事させようとするときには，その旨を厚生労働大臣に届け出ればよいことになっている。

許可を受けて労働者の募集を行う者，報酬を得て労働者の募集に従事する者が，職業安定法令または労働者派遣法令等に違反したときは，厚生労働大臣は，＿＿＿＿を取り消し，または期間を定めて募集業務の＿＿＿＿を命ずることができる。届出に係る者の場合には，募集業務の＿＿＿＿または＿＿＿＿が命じられる。| 法第41条

3．労働者供給事業の禁止

労働者供給事業は，原則として全面的に禁止されている。唯一の例外は，労働組合等が厚生労働大臣の許可を受けて＿＿＿＿で行う場合である。| 法第44条・第45条

4．その他

(1) 公共職業安定所，特定地方公共団体および職業紹介事業者（届け出た取扱職種等の範囲内で）は，＿＿＿＿求人・求職の申込みはすべて受理しなければならない。ただし，法令に違反する申込み，労働条件が通常の労働条件と比べて著しく不適当である申込み，労働条件の明示がない申込み等法令に定めがある申込みは受理しないことができる。| 法第5条の5・第5条の6

(2) 公共職業安定所，職業紹介事業者，労働者供給事業者は，労働争議に対する中立の立場を維持するため，＿＿＿＿または＿＿＿＿の行われている事業所に，求職者を紹介（労働者を供給）してはならない。| 法第20条等

(3) 何人も，＿＿＿＿に反しない限り，職業を自由に選択することができる。また，職業紹介等について，人種，国籍，信条，性別，社会的身分，門 | 法第2条・第3条

5年　に届け出て　地方公共団体　通知
2．被用者以外　許可　認可　許可　停止　廃止　停止
3．無料
4．正当な　同盟罷業　作業所閉鎖　公共の福祉

地，従前の職業，労働組合の組合員であること等を理由として，差別的な取扱いを受けることがない。

(4) 新規学卒者を雇用しようとする事業主が，次のいずれかに該当する場合には，あらかじめ公共職業安定所長等にその旨を通知する。 | 則第35条

　① 新規学卒者の募集を中止し，または募集人員を減ずるとき

　② 採用内定の取消しまたは撤回をするとき

　③ 内定期間（就職開始日までの期間）を延長するとき

Ⅲ　労働者派遣法

1．労働者派遣事業

　労働者派遣——自己の雇用する労働者を，その雇用関係を維持しつつ，他人の指揮命令を受けてその他人のために労働に従事させること | 法第2条

2．労働者派遣事業の適用除外業務

　次の業務については，労働者派遣事業を行うことはできない。 | 法第4条

　① 港湾運送業務

　② ....

　③ ....

　④ 医業，歯科医業等，その業務の実施の適正を確保するためには，業として行う労働者派遣により派遣労働者に従事させることが適当でないと認められる一定の業務。ただし，＿＿＿＿＿＿＿＿＿，産前産後休業者や育児・介護休業者の業務の代替，一定のへき地での就業をする場合を除く。 | 令第2条

　紹介予定派遣とは，労働者派遣のうち，派遣元事業主が労働者派遣に係る役務の提供の開始前または開始後に，派遣労働者および派遣先について，職業安定法等の規定による＿＿＿＿を受けて，または＿＿＿＿をして，職業紹介を行い，または行うことを予定するものをいう。

　派遣先は，その指揮命令の下に派遣労働者を＿＿＿＿＿＿＿＿＿＿に従事させることは認められない。

3．労働者派遣事業に係る手続等

(1) 労働者派遣事業の許可

　労働者派遣事業を行おうとする者は，労働者派遣事業を行う事業所ごとのそ | 法第5条

Ⅲ2．建設業務　　警備業務　　紹介予定派遣　　許可　　届出　　適用除外業務

の事業に係る事業計画書等を添付して，＿＿＿＿＿を厚生労働大臣に提出して，
その＿＿＿を受けなければならない。（＿＿＿の有効期間は3年，更新の場合
は5年）

| | 法第10条 |

(2) 派遣元事業主の事務

① 海外の事業所等に労働者派遣（いわゆる海外派遣）をするときは，＿＿＿＿
＿＿＿＿＿，厚生労働大臣に届け出る。

| | 法第23条 |

② 毎事業年度経過後3月以内に，労働者派遣事業を行う事業所ごとのその事
業に係る事業報告書および収支決算書等を，厚生労働大臣に提出する。

③ 争議行為中の事業所へ新たな労働者を派遣してはならない。

| | 法第24条 |

④ 労働者派遣事業を廃止したときは，＿＿＿＿＿，厚生労働大臣に届け出
る。

| | 法第13条 |

4．労働者派遣契約

労働者派遣契約の当事者は，その締結に当たって，①派遣労働者が従事する業
務の内容，②派遣就業の場所（派遣先事業所の名称・所在地等）ならびに組織単
位，③派遣労働者の直接指揮命令者に関する事項，④派遣期間・就業日，⑤就業
の開始・終業時刻，休憩時間，⑥安全・衛生に関する事項，⑦派遣労働者から申
出を受けた苦情の処理に関する事項，⑧労働者派遣契約の解除に当たって講ずる
派遣労働者の雇用安定措置に関する事項，⑨紹介予定派遣に係る契約である場合
には，それに関する事項等を定め，書面に記載しておかなければならない。

| | 法第26条 |

なお，④の派遣期間（産前産後休業者，育児・介護休業者の業務の代替期間を
除く）については，派遣元事業主は，＿＿年を超える定めをすることはできない。
一定の業務については期間制限なし。

| | 法第35条の3 |

5．派遣期間の制限のない業務等

次のいずれかに該当する業務で一定のものについては，派遣期間の制限はない。

① 無期雇用派遣労働者に係る労働者派遣

② 雇用機会の確保が特に困難である派遣労働者に係る労働者派遣（＿＿＿以上
の労働者派遣）

③ 事業の開始，転換，拡大，縮小または廃止のための業務で，一定期間内に完
了予定のもの

④ 1カ月間に行われる日数が，派遣先の通常労働者の所定労働日数に比し相当

| | 法第40条の2 |

3．申請書　許可　許可　あらかじめ　遅滞なく
4．3
5．60歳

程度少なく，かつ，＿＿＿＿＿＿＿である業務

　⑤　産前産後休業者，育児・介護休業者（先行または後続する休業を含む）の代替に係る業務

６．派遣元事業主の講ずべき措置

　派遣元事業主は，①派遣労働者として雇い入れるときはその旨（紹介予定派遣の場合は，その旨）を明示すること，雇用労働者を新たに派遣・紹介予定派遣の対象とするときはその旨を明示し，＿＿＿＿＿を得ること，②派遣労働者または派遣先との間で，正当な理由もなく，派遣労働者が派遣元事業主との雇用関係が終了後に派遣先に雇用されることを禁ずる契約をしてはならないこと，③被保険者資格の取得の確認の有無等を派遣先に通知すること，④派遣元責任者を選任すること，⑤派遣元管理台帳を整備すること（派遣終了日から＿＿＿＿＿保存）等とされている。

法第32条〜第37条

７．派遣先の講ずべき措置

　派遣先は，①派遣先責任者を選任すること，②派遣先管理台帳を整備すること（＿＿＿＿＿保存）等とされている。

法第41条・第42条

　派遣先は，当該派遣先の事業所その他派遣就業の場所ごとの業務について，派遣元事業主から＿＿＿＿＿を超える期間継続して労働者派遣の役務の提供を受けようとするときは，当該派遣先の事業所その他派遣就業の場所ごとの業務に係る労働者派遣の役務の提供が開始された日（この規定により派遣可能期間を延長した場合にあっては，当該延長前の派遣可能期間が経過した日）以後当該事業所その他派遣就業の場所ごとの業務について派遣期間制限の規定に抵触することとなる最初の日の＿＿＿＿＿前の日までの間（「意見聴取期間」という。）に，＿＿＿＿＿を限り，派遣可能期間を延長することができる。当該延長に係る期間が経過した場合において，これを更に延長しようとするときも，同様とする。

法第40条の２第３項

　派遣先は，派遣可能期間を延長しようとするときは，意見聴取期間に，厚生労働省令で定めるところにより，過半数労働組合等（当該派遣先の事業所に，労働者の過半数で組織する労働組合がある場合においてはその労働組合，労働者の過半数で組織する労働組合がない場合においては労働者の過半数を代表する者をいう。）の意見を聴かなければならない。

法第40条の２第４項

　派遣先は，派遣可能期間が延長された場合において，当該派遣先の事業所その

法第40条の３

10日以下

６．同意　　3年間

７．3年間　　3年　　1月　　3年

328

他派遣就業の場所における＿＿＿＿＿＿＿ごとの業務について，派遣元事業主から＿＿＿＿＿＿＿を超える期間継続して同一の派遣労働者に係る労働者派遣の役務の提供を受けてはならない。

　派遣先は，当該派遣先の事業所その他派遣就業の場所における組織単位ごとの同一の業務について派遣元事業主から継続して＿＿＿＿＿＿以上の期間同一の＿＿＿＿＿＿＿に係る労働者派遣の役務の提供を受けた場合において，引き続き当該同一の業務に労働者を従事させるため，当該労働者派遣の役務の提供を受けた期間（以下「派遣実施期間」という。）が経過した日以後労働者を雇い入れようとするときは，当該同一の業務に派遣実施期間継続して従事した＿＿＿＿＿＿＿＿＿（継続して就業することを希望する者として厚生労働省令で定めるものに限る。）を，遅滞なく，雇い入れるように努めなければならない。

法第40条の4

8．派遣労働者の同一労働同一賃金

① 派遣元事業主の講ずべき措置

　派遣元事業主は，派遣労働者の待遇差を解消するために，＿＿＿＿＿＿＿＿＿＿または＿＿＿＿＿＿＿＿＿（同種業務の一般の労働者の平均的な賃金と同等以上の賃金であること等）により，派遣労働者の待遇を確保するようにしなければならない。また，派遣労働者の雇入れ時，あらかじめ，どの方式により不合理な待遇差を解消する措置を講じたか説明しなければならない。

　なお，派遣元事業主は，派遣先から情報提供がないときは，派遣先との間で労働者派遣契約を締結してはならないこととされている。

法第30条の4

② 派遣先事業主の講ずべき措置

　派遣先事業主は，労働者派遣契約を締結するにあたり，あらかじめ，派遣元事業主に対し，派遣労働者が従事する業務ごとに，＿＿＿＿＿＿＿＿＿＿の賃金等の待遇に関する情報を提供しなければならない。

法第26条第7項

組織単位　　3年　　1年　　特定有期雇用派遣労働者　　特定有期用派遣労働者
8．派遣先均等・均衡方式　　労使協定方式　　比較対象労働者

9．労働基準法等の使用者責任等

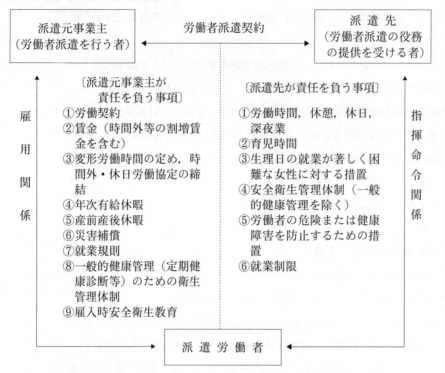

派遣元事業主
（労働者派遣を行う者）　労働者派遣契約　派遣先
（労働者派遣の役務の提供を受ける者）

法第44条・
第45条

雇用関係　指揮命令関係

〔派遣元事業主が
　責任を負う事項〕
①労働契約
②賃金（時間外等の割増賃金を含む）
③変形労働時間の定め，時間外・休日労働協定の締結
④年次有給休暇
⑤産前産後休暇
⑥災害補償
⑦就業規則
⑧一般的健康管理（定期健康診断等）のための衛生管理体制
⑨雇入時安全衛生教育

〔派遣先が責任を負う事項〕
①労働時間，休憩，休日，深夜業
②育児時間
③生理日の就業が著しく困難な女性に対する措置
④安全衛生管理体制（一般的健康管理を除く）
⑤労働者の危険または健康障害を防止するための措置
⑥就業制限

派 遣 労 働 者

Ⅳ　高年齢者雇用安定法

「高年齢者等は，職業生活の全期間を通じて，その意欲と能力に応じ，雇用の機会その他の多様な就業の機会が確保され，職業生活の充実が図られるよう配慮される」「労働者は，高齢期における職業生活の充実のため，自ら進んで，高齢期における　　　　　　　　の設計を行い，その設計に基づき，その能力の開発・向上，健康の維持・増進に努める」ことを基本的理念としている。

法第3条

高年齢者等とは，高年齢者（　　　　以上の者），中高年齢者（　　　　以上の者）である求職者，および中高年齢失業者等（45歳以上65歳未満の失業者，65歳未満の失業者である身体障害者等）をいう。

法第2条

1．定年を定める場合の年齢等

事業主は，その雇用する労働者（坑内作業の業務に従事している者を除く）の定年を定める場合には，その定年は，　　　　　を下回ることができない。

法第8条

（高年齢雇用確保措置）

また，定年の定め（65歳未満のものに限る）をしている事業主は，その雇用す

法第9条

Ⅳ　職業生活　　　55歳　　　45歳

1．60歳

る高年齢者の............までの安定した雇用を確保するため，次の高年齢者雇用確保措置のいずれかを講じなければならない。

① 定年の引上げ

② ....（現に雇用している高年齢者の希望により，定年後も引き続き雇用する制度）の導入

③ 定年の定めの............

なお，高年齢者雇用確保措置，高年齢者等の..................の援助等，高年齢者等の..................の増大に資する措置を講ずる事業主等に対しては，国による給付金の支給が行われる。 ……法第49条

（高年齢者就業確保措置）

また，定年（65歳以上70歳未満のものに限る）の定めをしている事業主または継続雇用制度（70歳以上まで引き続いて雇用する制度を除く）を導入している事業主は，その雇用する高年齢者等の65歳から70歳までの安定した雇用を確保するため，次の高年齢者就業確保措置のいずれかを講ずるように努めなければならない。 ……法第10条の2

① 当該定年の引上げ

② 65歳以上継続雇用制度（その雇用する高年齢者等が希望するときは，当該高年齢者等をその定年後等に引き続いて雇用する制度をいう）の導入

③ 当該定年の定めの廃止

④ 労使で同意した上での雇用以外の措置（継続的に業務委託契約をする制度，社会貢献活動に継続的に従事できる制度）の導入

2．高年齢者雇用等推進者の選任

事業主は，高年齢者雇用等推進者を選任するように努めなければならない。 ……法第11条

3．事業主による再就職援助の措置等

(1) 事業主は，常時雇用する高年齢者等が定年，解雇（自己の責めに帰すべき理由によるものを除く）等の理由により離職する場合，その再就職援助対象労働者等が............を希望するときは，求人の開拓等，再就職の援助に関し必要な措置（再就職援助措置）を講ずるように努めなければならない。 ……法第15条・則第6条

(2) 1カ月以内の期間内に，定年等の理由により............以上の再就職援助対象労働者等が離職する場合には，最後の離職が生ずる日の..................までに公共職業安定所長に届け出なければならない。（多数離職の届出） ……法第16条・則第6条の2

65歳　継続雇用制度　廃止　再就職　雇用機会
3．再就職　5人　1カ月前

331

(3) 事業主は，解雇（自己の責めに帰すべき理由によるものを除く）等により離職することになっている高年齢者等が希望するときは，_____（職務経歴，職業能力等および事業主の再就職援助措置を明らかにする書面）を作成し，その高年齢者等に交付しなければならない。

法第17条・則第6条の3

(4) 事業主は，労働者の募集・採用をする場合に，やむを得ない理由により一定の年齢（_____）を下回ることを条件とするときは，求職者に対し，その理由を示さなければならない。

法第20条

4．シルバー人材センター

シルバー人材センターは，センターの指定区域において，厚生労働大臣に届け出て，①臨時的かつ短期的な雇用による就業，_____に係る就業を希望する高年齢退職者のために_____の職業紹介事業を，また，②その構成員である高年齢退職者のみを対象として，上記の就業に関し労働者派遣事業等を行うことができる。

法第38条

5．高年齢者の雇用状況等の報告

事業主は，毎年1回，6月1日現在における_____，_____，65歳以上継続雇用制度および創業支援等措置の状況その他高年齢者の就業の機会の確保に関する状況を，翌月15日までに，公共職業安定所の長を経由して厚生労働大臣に報告しなければならない。

法第52条

V　障害者雇用促進法

1．職業リハビリテーション

職業リハビリテーションとは，障害者に対して_____，職業訓練，職業紹介等の措置を講じ，その職業生活における_____を図ることをいう。その措置は，必要に応じ，医学的リハビリテーションおよび社会的リハビリテーションの措置との適切な連携の下に実施されることを原則としている。

法第2条・第8条

2．障害者雇用率制度

障害者の雇入れの基準に関しては，障害者雇用率が設けられている。

令第2条

① 国・地方公共団体　　2.6%

② 都道府県教育委員会等　　2.5%

③ 民間の事業主　　_____

④ 一定の特殊法人　　2.6%

求職活動支援書　　65歳以下
4．軽易な業務　　有料
5．定年　　継続雇用制度
V1．職業指導　　自立
　2．2.3%

※ 法定雇用障害者数＝雇用労働者数×障害者雇用率 （1人未満は切捨て）

※ 雇用障害者数の算定に当たっては，重度身体障害者・重度知的障害者は，1人をもって身体障害者等　　　　　と，また，重度身体障害者等である短時間労働者（週所定労働時間20時間以上30時間未満）は，身体障害者等　　　　　とみなし，また重度身体障害者以外の身体障害者，重度知的障害者以外の知的障害者および精神障害者である短時間労働者は0.5人とみなして計算される。

法第38条・第69条
令第5条
則第4条の16

3．身体障害者等の雇用状況報告等

常時　　　人（特殊法人にあっては38.5人）以上の労働者を雇用する事業主は，毎年1回，6月1日現在における身体障害者等（障害者，重度身体障害者，知的障害者，重度知的障害者または精神障害者）である労働者（重度身体障害者，重度知的障害者または精神障害者である短時間労働者を含む）の雇用状況を，翌月15日までに，厚生労働大臣に　　　　しなければならない。

法第43条

なお，この報告義務のある事業主は，障害者の雇用の促進・継続を図る等の一定の業務を担当する障害者雇用推進者を選任するように努めなければならない。

法第78条

4．障害者雇用納付金制度（下図参照）

障害者雇用調整金，報奨金，各種助成金の支給等に充てるため，雇用労働者が常時　　　　を超える民間の事業主から，障害者雇用率に満たない身体障害者等1人につき月額50,000円の障害者雇用納付金を，毎年，徴収する。

法第53条・第54条

5．在宅就業障害者特例調整金の支給

雇用労働者が常時　　　　を超える民間の事業主で，在宅就業障害者（　　　　　　　　　　　　　　を除く）との間で在宅就業契約を締結し，その契約に基づく業務の対価を支払ったものに対して，支給される。

法第74条の2

6．障害者職業生活相談者の選任

障害者である労働者を　　　　　雇用する事業所は，障害者職業生活相談員を選任しなければならない。

法第79条

7．障害者に対する差別の禁止

事業主は，労働者の　　　　　について，障害者に対して，障害者でない者と均等な機会を与えなければならない。

法第34条・第35条

事業主は，　　　　の決定，教育訓練の実施，福利厚生施設の利用その他の待遇について，労働者が障害者であることを理由として，障害者でない者と不当な差別的取扱いをしてはならない。

2人　　1人
3．43.5　　報告
4．100人
5．100人　　雇用されている者
6．5人以上
7．募集および採用　　賃金

8．雇用の分野における障害者と障害者でない者との均等な機会の確保等を図るための措置

(1) 事業主は，労働者の募集および採用について，障害者と障害者でない者との均等な機会の確保の支障となっている事情を改善するため，労働者の募集および採用に当たり＿＿＿＿＿＿＿により当該障害者の＿＿＿＿＿＿に配慮した必要な措置を講じなければならない。ただし，事業主に対して過重な負担を及ぼすこととなるときは，この限りでない。　　　　　　　　　　　　　法第36条の2

(2) 事業主は，障害者である労働者について，障害者でない労働者との均等な待遇の確保または障害者である労働者の有する＿＿＿＿の有効な発揮の支障となっている事情を改善するため，その雇用する障害者である労働者の＿＿＿＿＿に配慮した職務の円滑な遂行に必要な施設の整備，援助を行う者の配置その他の必要な措置を講じなければならない。ただし，事業主に対して過重な負担を及ぼすこととなるときは，この限りでない。　　　　　　　　　　　　法第36条の3

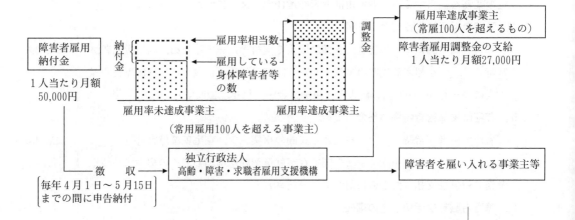

VI　建設労働法

(1) 厚生労働大臣は，建設雇用改善計画を策定する。　　　　　　　　　　法第3条

(2) 建設労働者を雇用して行う建設事業の事業主は，建設事業を行う＿＿＿＿ごとに，雇用管理責任者を選任しなければならない。　　　　　　　　　　　法第5条

(3) 事業主は，その被用者に，刊行物への広告，文書の掲出または頒布等の方法以外の方法で建設労働者を募集させるときは，原則として，＿＿＿＿＿＿に，建設労働者募集届により，その被用者の氏名等を＿＿＿＿＿＿を管轄する公共職業安定

8．(1)　障害者からの申出　　障害の特性
　　(2)　能力　　障害の特性
VI　事業所　　募集前　　募集区域

所の長に届け出なければならない。

⑷　事業主は，雇用した建設労働者に，事業主の氏名または名称，事業所の名称・所在地，雇用期間および従事業務を明らかにした文書を交付しなければならない。 ……法第7条

⑸　建設労働者を＿＿＿＿＿＿＿雇用して重層下請下で行われる建設工事の元方事業主は，関係請負人ごとに，その氏名または名称，建設労働者を従事させる期間および＿＿＿＿＿＿＿＿＿の氏名を明らかにした書類を，建設工事の終了まで，事業所に備え付けておかなければならない。 ……法第8条

Ⅶ　職業能力開発促進法

1．職業能力開発基本計画

＿＿＿＿＿＿＿＿＿＿＿は，「職業能力開発基本計画」を策定する。 ……法第5条

2．事業主等による職業能力開発の促進

事業主は，その雇用する労働者が職業能力の開発・向上を図ることができるように，自己啓発援助のための＿＿＿＿＿＿＿＿＿＿の付与等を通じて配慮するとともに，これらの措置を行う場合には，＿＿＿＿＿＿＿＿＿の選任に努める。 ……法第8条〜第12条の2

事業主は，自ら行う職業訓練を一定の基準により＿＿＿＿＿＿＿として行うことができる。この訓練には補助金等の助成が行われ，この訓練を受ける未成年労働者には，＿＿＿＿＿＿＿上の年次有給休暇の特例が設けられている。 ……法第13条・労基法第72条

事業主は，実習併用職業訓練の実施計画が青少年の実践的な職業能力の開発及び向上を図るために効果的であることの認定を受けて，認定実習併用職業訓練を実施することができる。 ……法第14条

3．職業訓練指導員

＿＿＿＿＿＿＿は職業訓練指導員により行われるが，このうち普通職業訓練（一定の短期課程を除く）を行う職業訓練指導員は，＿＿＿＿＿＿＿の免許（職業訓練指導員免許）を受けた者でなければならない。 ……法第27条・第28条

4．技能検定

技能検定は，検定職種に応じ，特級，1級，2級，3級または基礎級に区分して，それぞれ実技試験と学科試験により行われるが，＿＿＿＿＿＿で行う職種もある。 ……法第44条　則第61条

技能検定に合格した者は，＿＿＿＿＿＿と称することができる。 ……法第50条

50人以上　　雇用管理責任者
Ⅶ 1．厚生労働大臣
　　2．有給教育訓練休暇　　職業能力開発推進者　　認定職業訓練　　労働基準法
　　3．準則訓練　　都道府県知事
　　4．単一等級　　技能士

第2　　労働条件に関する法律

Ⅰ　男女雇用機会均等法

1．性別を理由とする差別の禁止

(1)　募集・採用──均等な機会の付与

ただし，合理的な理由があればよい。

法第5条～
第9条

(2)　配置・昇進・教育訓練・住宅資金の貸付・職種及び雇用形態の変更・退職勧奨・定年・解雇・労働契約更新──労働者の性別を理由とした差別的取扱いの禁止

なお，昇進には昇給も含まれる。また，配置には業務の配分及び権限の付与も含まれる。

(3)　性別以外の事由を要件とする措置──(1)(2)に関する措置で，性別以外の事由を要件とするもののうち，措置の要件を満たす男性と女性の比率等が実質的に性別を理由とする差別となるおそれがある一定のものは，措置の対象となる業務の性質に照らして業務遂行上特に必要な場合等，合理的な理由がある場合でなければ，これを講じてはならない。

(4)　婚姻・妊娠・出産──①女性労働者の婚姻・妊娠・出産を退職理由として予定すること，②女性労働者の婚姻を理由に解雇をすること，③女性労働者の妊娠・出産産前産後休業を理由とした解雇及び不利益な取扱い，の禁止。

(5)　妊娠中の及び出産1年を経過しない女性労働者に対してなされた解雇は，無効とする。ただし，事業主が妊娠等を理由とする解雇でないことを証明したときはこの限りでない。

(6)　事業主は，職場において行われる＿＿＿＿＿＿＿＿（セクシャルハラスメント）に対するその雇用する労働者の対応により当該労働者がその労働条件につき不利益を受け，または当該＿＿＿＿＿＿により当該労働者の就業環境が害されることのないよう，当該労働者からの相談に応じ，適切に対応するために必要な体制の整備その他の雇用管理上必要な措置を講じなければならない。なお，職場におけるセクシャルハラスメントには＿＿＿＿に対するものも含まれ，性的指向または性自認にかかわらず，性的な言動であれば該当する。

法第11条

(7)　事業主は，職場において行われるその雇用する女性労働者に対する当該女性

法第11条の
3

【第2】

Ⅰ 1．(6)　性的な言動　　性的な言動　　同性

労働者が妊娠したこと，＿＿＿＿したこと，労働基準法の規定による＿＿＿＿を請求し，または産前産後休業をしたことその他の妊娠または出産に関する事由であって厚生労働省令で定めるものに関する言動により当該女性労働者の就業環境が害されることのないよう，当該女性労働者からの相談に応じ，適切に対応するために必要な体制の整備その他の雇用管理上必要な措置を講じなければならない。

2．紛争の解決

男女の雇用機会均等に係る措置に関する女性労働者からの苦情，女性労働者と事業主との紛争解決のための措置には，次の3つがある。

① 前記1(2)～(5)に関する苦情については，企業内の苦情処理機関等において自主的解決に努める。

② 前記1の事項についての紛争に関し，関係当事者から解決の援助を求められたときは，＿＿＿＿＿＿＿＿＿＿が助言，指導または勧告をする。

③ 前記1(2)～(7)の紛争について調停の申請があったときに，＿＿＿＿＿＿＿＿＿＿がその解決のため必要があると認めるときは，＿＿＿＿＿＿＿＿＿に調停を行わせる。

右側欄外: 法第15条～第18条

Ⅱ 賃金支払確保法

1．貯蓄金・退職手当に係る保全措置

事業主は，労働者の委託を受けて＿＿＿＿＿＿を管理する場合に，それが預金の受入れであるときは，毎年3月31日現在の受入預金額について，＿＿＿＿＿＿＿，一定の保全措置を講じなければならない。

また，就業規則等により支払うこととされる＿＿＿＿＿＿については，全労働者につき＿＿＿＿＿＿として計算した見積額の＿＿分の1相当額等について保全措置に努める。ただし，＿＿＿＿＿＿＿＿＿＿に定める退職金共済契約を締結している場合はこの限りでない。

右側欄外: 法第3条・第5条 則第5条

2．未払賃金の立替払い

1年以上にわたり＿＿＿＿＿＿の適用事業である事業が倒産した場合等で，その後一定期間内にその事業主から賃金が支払われなかった労働者に対して，その労働者の請求に基づき，＿＿＿＿＿＿＿＿＿（基準退職日の年齢に応じ110万円，

右側欄外: 法第7条 令第4条

---

(7) 出産　産前休業

2．都道府県労働局長　都道府県労働局長　紛争調整委員会

Ⅱ1．貯蓄金　同日後1年間　退職手当　自己都合退職　4　中小企業退職金共済法

　2．労災保険　未払賃金総額

220万円，370万円を限度）の100分の_____相当額を国が弁済する。

Ⅲ　最低賃金法

1．地域別最低賃金の原則

地域別最低賃金は，地域における労働者の生計費および賃金並びに通常の事業 法第9条
の_____を考慮して定められる。

最低賃金額は，時間によって定められる。 法第3条

2．最低賃金の効力

(1)　最低賃金の対象とならない賃金 法第4条
則第1条

①　臨時に支払われる賃金

②　_____を超える期間ごとに支払われる賃金

③　所定労働時間を超える時間の労働に対して支払われる賃金

④　所定労働日以外の日の労働に対して支払われる賃金

⑤　深夜労働に対して支払われる賃金のうち通常の労働時間の賃金の計算額を
こえる部分

(2)　最低賃金の減額の特例が適用される労働者（使用者が_____ 法第7条
_____の許可を受けたときに限る）

①　心身の障害のため著しく労働能力の低い者

②　試みの使用期間中の者

③　認定職業訓練のうち基礎的な技能，知識の習得のための訓練を受ける者

④　軽易な業務に従事する者

⑤　断続的労働に従事する者

3．最低賃金の決定方式

(1)　厚生労働大臣または都道府県労働局長が最低賃金審議会の意見を聴いて決定 法第10条
する地域別最低賃金

(2)　労働者または使用者の全部または一部を代表する者が，厚生労働大臣または 法第15条
都道府県労働局長に対し申出をし，厚生労働大臣または都道府県労働局長が最
低賃金審議会の意見を聴いて決定される特定最低賃金

80

Ⅲ 1.　賃金支払能力

　2.　1月　　都道府県労働局長

Ⅳ　育児・介護休業法

1．育児休業

育児休業とは，労働者（日々雇用される者を除く）が，その子（実子および養 　法第2条
子のみならず，特別養子縁組の　　　　　　　　　等を含む）を養育するための休業
をいう。

(1)　育児休業の申出

① 労働者は，その養育する　　　　　　　　の子（なお，労働者の養育する子に 　法第5条
について，当該労働者の配偶者が当該子の1歳到達日以前のいずれかの日にお 　法第9条の
いて当該子を養育するために育児休業をしている場合は，1歳2カ月に満た 　2
ない子とされる。以下同じ。）について，その事業主に申し出ることにより，
育児休業をすることができる。

ただし，期間を定めて雇用される者にあっては，その養育する子が1歳6
カ月（2歳まで育児休業を延長する場合は2歳）に達する日までに，その労
働契約（労働契約が更新される場合にあっては，更新後のもの）が満了する
ことが明らかでない者であることが要件とされる。

育児休業申出は，その期間中は育児休業をすることとする一の期間につい
て，その初日（育児休業開始予定日）と末日（育児休業終了予定日）を明ら
かにして，原則として，その初日の　　　　　　　　　までに行わなければな 　法第6条
らない。

② 労働者は，その養育する1歳から　　　　　　　　　　　に達するまで
の子についても，保育所における保育の実施が行われない等の事情があれば，
継続して，育児休業申出をすることができる。

この場合，育児休業開始予定日は，申出に係る子の1歳到達日または1歳
6カ月到達日の翌日としなければならない。また，この申出は，　　　　　　
　の日までに行う。

なお，労働者は，育児休業開始予定日の前日までは休業申出を撤回できるが， 　法第8条
配偶者の死亡等の　　　　　　　　　がある場合を除き，その子について改めて
休業申出をすることができない。

(2)　事業主の義務等

事業主は，次のいずれかに該当する労働者については，　　　　　　　に育児 　法第6条
休業をすることができないものとする定めがあれば，育児休業申出を拒むこと

Ⅳ1．監護期間中の子　　1歳未満　　1カ月前の日　　1歳6カ月または2歳
　　　2週間前　　特別の事情　　労使協定

339

ができる。

① 引き続き雇用された期間が ＿＿＿＿＿ に満たない労働者

② 休業申出日から起算して1年（6カ月）以内に雇用関係が終了することが明らかな場合等，育児休業ができないこととすることについて合理的な理由があると認められる労働者

⑶ 育児休業期間

育児休業をすることができる期間は，＿＿＿＿＿＿＿＿＿ から ＿＿＿＿＿＿＿ ＿＿＿＿＿＿ までの間である。　　　　　　　　　　　　　　　　　　法第9条

2．介護休業

介護休業とは，労働者（日々雇用される者を除く）が，その要介護状態にある対象家族を介護するためにする休業をいう。　　　　　　　　　　　　法第2条

「要介護状態」とは，負傷，疾病，身体上・精神上の障害により，＿＿＿＿＿ ＿＿＿ の期間にわたり常時介護を必要とする状態を，また，「対象家族」とは，配偶者，父母，子，祖父母・兄弟姉妹・孫，配偶者の父母をいう。

⑴ 介護休業の申出

労働者は，その事業主に申し出ることにより，介護休業をすることができる。　　法第11条

期間を定めて雇用される者にあっては，介護休業開始予定日から起算して93日を経過する日から6月を経過する日までに，その労働契約（労働契約が更新される場合にあっては更新後のもの）が満了することが明らかでない者であることが要件とされる。

また，介護休業をしたことがある労働者でも，同一の対象家族について＿＿＿＿ ＿＿ まで，または，同一の対象家族についての介護休業日数が ＿＿＿＿＿ に達するまで休業の申出ができる。

介護休業申出は，申出に係る対象家族が要介護状態にあること，およびその期間中はその対象家族に係る介護休業をすることとする一の期間について，その初日（介護休業開始予定日）と末日（介護休業終了予定日）とする日を明らかにして，原則として，介護休業開始予定日の ＿＿＿＿＿＿＿＿＿ までに行わなければならない。　　　　　　　　　　　　　　　　　　　　　　　　　　　　法第12条

なお，介護休業申出をした労働者は，当該介護休業申出に係る休業開始予定日の前日までは，当該介護休業申出を撤回することができる。　　　　　　法第14条

上記により介護休業申出の撤回がなされ，かつ，当該撤回に係る対象家族に

1年　　育児休業開始予定日　　育児休業終了予定日
2．2週間以上　　3回　　93日　　2週間前の日

ついて当該撤回後になされる最初の介護休業申出が撤回された場合においては，その後になされる当該対象家族についての介護休業申出については，事業主は，これを拒むことができる。

(2) 事業主の義務等

事業主は，次のいずれかに該当する労働者については，労使協定に定めがあれば，これを拒むことができる。

① 引き続き雇用された期間が＿＿＿＿に満たない労働者

② 介護休業申出日の翌日から起算して＿＿＿＿＿＿＿＿＿に雇用関係が終了することが明らかな場合等，介護休業ができないこととすることについて合理的な理由があると認められる労働者

法第12条

(3) 介護休業期間

介護休業をすることができる期間は，介護休業開始予定日から介護休業終了予定日までの間である。ただし，対象家族１人について，開始予定日から起算して「93日－介護休業日数」を経過するまでが限度とされる。

法第15条

3．子の看護休暇

子の看護休暇とは，負傷し，若しくは疾病にかかった子の世話または疾病の予防を図るために必要なものとして予防接種または健康診断を受けさせる子の世話を行うための休暇であり，＿＿＿＿または＿＿＿＿を単位として取得するものである。＿＿＿＿＿＿＿＿＿＿＿＿＿を養育する労働者（日々雇用される者を除く）は，その事業主に申し出ることにより，一の年度（原則として，４月～翌年３月）において＿＿＿＿＿＿＿＿を限度として，看護休暇を取得することができる。また，２人以上であれば10日に拡充される。

法第16条の2

則第34条

この申出は，看護休暇を取得する日を明らかにして，しなければならない。

事業主は，次のいずれかに該当する労働者については，労使協定に定めがあれば，これを拒むことができる。

法第16条の3

① 引き続き雇用された期間が＿＿＿＿＿に満たない労働者

② １週間の所定労働日数が著しく少ない（２日以下）労働者（看護休暇を取得できないこととすることについて合理的な理由があると認められる者）

③ 業務の性質若しくは業務の実施体制に照らして，厚生労働省令で定める１日未満の単位で子の看護休暇を取得することが困難と認められる業務に従事する労働者（厚生労働省令で定める１日未満の単位で取得しようとする労働者に限

1年　93日以内
3．1日　時間　小学校就学前の子　5日　6カ月

る）

4．不利益取扱いの禁止

　　事業主は，労働者が育児休業申出，介護休業申出をし，または育児休業，介護休業をしたこと，看護休暇の申出をし，または看護休暇を取得したことを理由として，＿＿＿＿＿＿その他不利益な取扱いをしてはならない。

> 法第10条・第16条・第16条の4第21条・第23条の2

5．時間外労働の制限

　　事業主は，労使協定により時間外労働をさせることができる場合に，＿＿＿＿＿＿＿＿＿＿＿＿の子を養育する労働者（日々雇用される者を除く）が，その子を養育するために請求した場合には，事業の正常な運営を妨げない限り，＿＿＿＿＿＿＿＿（1カ月24時間・1年150時間）を超えて法定労働時間を延長してはならない。

> 法第17条

　　ただし，引き続き雇用された期間が1年に満たない者等は，請求できない。

　　この請求は，一の制限期間（1カ月以上＿＿＿＿＿＿＿の期間）について，制限開始予定日の1カ月前までに行う。

　　また，要介護状態にある対象家族を介護する労働者が請求した場合にも，事業主は，上記と同様に，制限時間を超えて労働させてはならないこととされている。

> 法第18条

6．深夜業の制限

　　事業主は，＿＿＿＿＿＿＿＿の子を養育する労働者（日々雇用される者を除く）が，その子を養育するために請求した場合には，事業の正常な運営を妨げない限り，深夜（午後10時から午前5時までの間）に労働させてはならない。

> 法第19条

　　ただし，継続して雇用された期間が1年に満たない者等は，請求できない。

　　この請求は，一の＿＿＿＿＿＿（1カ月以上＿＿＿＿＿＿＿＿の期間）について，その初日（制限開始予定日）と末日（制限終了予定日）を明らかにして，制限開始予定日の1カ月前までにすることとされている。

　　また，事業主は，要介護状態にある対象家族を介護する労働者が請求した場合にも，上記と同様に，深夜に労働させてはならない。

> 法第20条

7．育児・介護休業に関する定めの周知等

　　事業主は，労働者またはその配偶者が妊娠し，または出産したことを申し出たときは，育児休業に関する制度を知らせるとともに，育児休業に係る当該労働者の意向を確認するための＿＿＿＿＿＿＿の措置を講じなければならない。

> 法第21条

　　また，事業主は，あらかじめ，次の事項を定め，労働者（日々雇用される者を除く）に周知させる措置（労働者若しくはその配偶者が妊娠し，若しくは出産し

> 法第21条の2

4．解雇
5．小学校就学前　　制限時間　　1年以内
6．小学校就学前　　制限期間　　6カ月以内
7．面談等

たことまたは労働者が対象家族を介護していることを知ったときに，当該労働者に対し知らせる措置を含む）を講じなければならない。

① 休業中における待遇（無給とするか有給とするかは，事業主の自由）

② 休業後における賃金，配置等の ＿＿＿＿＿＿＿ その他

8. 雇用管理等に関する措置

事業主は，育児休業申出が円滑に行われるようにするため，次の各号のいずれかの措置を講じなければならない。
法第22条

① その雇用する労働者に対する育児休業に係る ＿＿＿＿＿ の実施

② 育児休業に関する相談体制の整備

③ 育児休業取得事例の収集・提供

④ 育児休業制度と育児休業取得促進に関する方針の周知

また，事業主は休業申出，休業後の ＿＿＿＿＿ が円滑に行われるよう，雇用管理，休業中の能力開発・向上等について，必要な措置を講ずるよう努める。

9. 所定労働時間の短縮等の措置

事業主は，その3歳に満たない子を養育する労働者であって ＿＿＿＿＿ をしていないもの（1日の所定労働時間が短い労働者として厚生労働省令で定めるものを除く。）に関して，厚生労働省令で定めるところにより，労働者の申出に基づき所定労働時間を短縮することにより当該労働者が就業しつつ当該子を養育することを容易にするための措置（育児のための所定労働時間の短縮措置）を講じなければならない。また，3歳に満たない子を養育する労働者が請求した場合は，所定労働時間を超えて労働させてはならない。
法第16条の8・第16条の9・第23条

また，要介護状態にある対象家族を介護する労働者であって介護休業をしていないものに関して，厚生労働省令で定めるところにより，労働者の申出に基づく＿＿＿＿＿＿＿＿＿の期間以上の期間における所定労働時間の短縮その他の当該労働者が就業しつつその要介護状態にある対象家族を介護することを容易にするための措置（介護のための所定労働時間の短縮等の措置）を講じなければならない。また，要介護状態にある対象家族を介護する労働者が請求した場合は，所定労働時間を超えて労働させてはならない。

10. 幼児を養育する労働者等に関する措置

事業主は，＿＿＿＿＿＿＿＿＿＿＿＿に達するまでの子を養育する労働者（日々雇用される者を除く）に関しても，労働者の申出に基づく育児に関する目的のた
法第24条

労働条件
8. 研修　　就業
9. 育児休業　　連続する3年
10. 小学校就学の始期

めに利用することができる休暇を与えるための措置，および始業時刻変更等の措置，育児休業制度，所定労働時間の短縮等の措置に準じて，必要な措置を講ずるよう努めなければならない。

　また，家族を介護する労働者に関しても，介護休業の制度，所定労働時間の短縮等の措置に準じて，介護を必要とする期間，回数等に配慮した必要な措置を講ずるよう努めることとされている。

11. 労働者の配置に関する配慮

　事業主は，労働者（日々雇用される者を除く）の就業場所の変更を伴う配置の変更を行う場合には，その変更により子の＿＿＿＿＿または家族の介護が困難とならないように，その状況に配慮しなければなられいない。。 ｜ 法第26条

12. 再雇用特別措置等

　事業主は，妊娠，出産，育児または＿＿＿＿＿を理由に退職した者（育児等退職者）について，必要に応じ，再雇用特別措置その他これに準ずる措置を実施するよう努めなければならない。 ｜ 法第27条

　再雇用特別措置とは，＿＿＿＿＿＿＿＿であって，その退職の際に，その就業が可能となったとき再び雇用されることの希望を事業主に申し出た者について，その事業主が労働者の募集または採用に当たり特別の配慮をする措置をいう。

13. 職業家庭両立推進者

　事業主は，事業主が講ずべき措置等の適切かつ有効な実施を図るための業務を担当する者（職業家庭両立推進者）を選任するように努めなければならない。 ｜ 法第29条

14. 職場における育児休業等に関する言動に起因する問題に関する雇用管理上の措置

　事業主は，職場において行われるその雇用する労働者に対する育児休業，介護休業その他の子の養育または家族の介護に関する厚生労働省令で定める制度または措置の＿＿＿＿＿＿＿＿＿により当該労働者の就業環境が害されることのないよう，当該労働者からの相談に応じ，適切に対応するために必要な体制の整備その他の雇用管理上必要な措置を講じなければならない。 ｜ 法第25条

Ⅴ　介護労働者の雇用管理の改善等に関する法律

　「介護労働者」とは，専ら＿＿＿＿＿＿＿＿＿（身体上または精神上の障害があることにより日常生活を営むのに支障がある者に対し，入浴，排せつ，食事等の介 ｜ 法第2条

11.　養育
12.　介護　　育児等退職者
14.　利用に関する言動
Ⅴ　介護関係業務

護，機能訓練，看護および療養上の管理その他の福祉サービス，保健医療サービス
で一定のものを行う業務）に従事する労働者を，「事業主」とは，介護労働者を雇
用して，介護事業（介護関係業務を行う事業）を行う者を，「職業紹介事業者」と
は，介護労働者について厚生労働大臣の許可（職安法第30条第１項）を受けて，有
料の職業紹介事業を行う者をいう。

〔関係者の責務等〕

① 事業主は，その雇用する介護労働者について， ....， 教育　　法第３条
訓練の実施，福利厚生の充実その他の雇用改善を図るために必要な措置を講じ，
その福祉増進に努めるものとされている。

　なお，事業主の作成した介護労働者の雇用管理に関する「改善計画」について
....が認定を行い，認定を受けた事業主に対しては，雇用保険法
の二事業として一定の助成・援助が行われる。

② 職業紹介事業者は，その行う職業紹介事業に係る介護労働者および介護労働者
になろうとする求職者の福祉の増進に資する措置を講ずるよう努めることとされ
ている。

③ 国は介護労働者の雇用管理の改善の促進，能力の開発・向上等に必要な施策を　　法第４条
総合的かつ効果的に推進するように努めるものとされ， ....は　　法第６条
「介護雇用管理改善等計画」を策定するものとされている。

VI　労働時間等の設定の改善に関する特別措置法

　この法律は，事業主等による労働時間等の設定の改善に向けた自主的な努力を促　　法第１条
進するための特別の措置を講ずることにより，労働者がその有する能力を有効に発
揮することができるようにし，もって労働者の健康で充実した生活の実現と国民経
済の健全な発展に資することを目的としている。

　この法律において「労働時間等」とは，労働時間，休日および年次有給休暇等を　　法第１条の
いい，「労働時間等の設定」とは，労働時間，休日数，年次有給休暇を与える時季，　　2
深夜業の回数，終業から始業までの時間その他の労働時間等に関する事項を定める
ことをいう。

1．事業主等の責務

　(1)　事業主は，その雇用する労働者の労働時間等の設定の改善を図るため，業務　　法第２条
　　の繁閑に応じた労働者の始業および終業の時刻の設定，健康および福祉を確保

労働環境の改善　　　都道府県知事　　　厚生労働大臣

するために必要な終業から始業までの時間（勤務間インターバル）の設定，年次有給休暇を取得しやすい環境の整備などの措置を講ずるように努めなければならない。

⑵　事業主は，その心身の状況及びその労働時間等に関する実情に照らして，健康の保持に努める必要があると認められる労働者に対して，休暇の付与等の必要な措置を講ずるように努めるほか，子の養育または家族の介護を行う労働者，単身赴任者，自ら職業に関する教育訓練を受ける労働者等，特に配慮を必要とする労働者について，その事情を考慮して労働時間等の設定の改善に努めなければならない。

⑶　事業主は，他の事業主との取引を行う場合において，著しく短い期限の設定および発注の内容の頻繁な変更を行わないこと，労働時間等の設定の改善に関する措置の円滑な実施を阻害することとなる取引条件を付けないこと等取引上必要な配慮をするように努めなければならない。

２．企業内の労働時間等設定改善実施体制の整備

事業主は，労働時間等の設定の改善を効果的に実施するために必要な体制の整備に努めることとし，一定の要件を満たす＿＿＿＿＿＿＿＿＿＿＿＿＿＿＿，労働時間等設定改善企業委員会が設置されている場合に，その委員会で委員の＿＿＿＿＿＿＿＿の多数による議決により＿＿＿＿＿が行われたときは，労働基準法の労働時間に関する規定について特例が適用される。

法第6条・第7条・第7条の2

３．業種ごとの労働時間等設定改善実施計画の承認

同一の業種に属する２以上の事業主で労働時間等設定改善促進措置を実施しようとするものは，共同して労働時間等設定改善実施計画を作成し，厚生労働大臣およびその業種に属する事業を所管する大臣に提出して，その計画が適当である旨の承認を受けることができる。

法第8条

Ⅶ　短時間労働者及び有期雇用労働者の雇用管理の改善等に関する法律

この法律は，我が国における少子高齢化の進展，就業構造の変化等の社会経済情勢の変化に伴い，短時間・有期雇用労働者の果たす役割の重要性が増大していることにかんがみ，短時間・有期雇用労働者について，その適正な労働条件の確保および，雇用管理の改善，通常の労働者への転換の推進，職業能力の開発および向上等に関する措置等を講ずることにより，通常の労働者との均衡のとれた待遇の確保等

法第1条

Ⅵ２．労働時間等設定改善委員会　　　5分の4以上　　　決議

を通じて短時間・有期雇用労働者がその有する能力を有効に発揮することができるようにし，もってその福祉の増進を図り，あわせて経済および社会の発展に寄与することを目的とする。

1．短時間・有期雇用労働者

短時間労働者とは，原則として＿＿＿＿＿＿＿の所定労働時間が同一の事業所に雇用される通常の労働者の＿＿＿＿＿＿＿の所定労働時間に比し短い労働者をいう。 | 法第2条

有期雇用労働者とは，事業主と期間の定めのある労働契約を締結している労働者をいう。

2．短時間・有期雇用労働者の雇用管理の改善等の措置

(1)　事業主は，短時間・有期雇用労働者を雇い入れたときは，速やかに，その者に対し，労働条件に関する事項のうち労働基準法所定の書面明示事項以外のものであって厚生労働省令で定めるもの（特定事項）を明らかにした文書（雇入通知書）の交付等により明示しなければならない。 | 法第6条

なお，労働条件に関する事項のうち，労働基準法所定の書面明示事項および特定事項以外の事項についても文書の交付等により明示するように努めなければならない。

(2)　事業主は，短時間労働者に係る事項について就業規則を作成・変更しようとするときは，その事業所において雇用する短時間労働者の過半数を代表すると認められるものの意見を聴くように努める（労働基準法第90条を参照のこと）。なお，有期雇用労働者についても同様に努める。 | 法第7条

(3)　事業主は，その雇用する短時間・有期雇用労働者の基本給，賞与その他の待遇のそれぞれについて，当該待遇に対応する通常の労働者の待遇との間において，当該短時間・有期雇用労働者および通常の労働者の業務の内容および当該業務に伴う責任の程度，当該職務の内容および配置の変更の範囲その他の事情のうち，当該待遇の性質および当該待遇を行う目的に照らして適切と認められるものを考慮して，不合理と認められる相違を設けてはならない。 | 法第8条

(4)　事業主は，職務の内容が通常の労働者と同一の短時間・有期雇用労働者であって，その事業所における慣行その他の事情からみて，雇用関係が終了するまでの全期間において，その職務の内容および配置が当該通常の労働者の職務の内容および配置の変更の範囲と同一の範囲で変更されると見込まれるものについては，短時間・有期雇用労働者であることを理由として，基本給，賞与その他 | 法第9条

Ⅶ1．　1週間　　1週間

の待遇のそれぞれについて，差別的取扱いをしてはならない。

　　　※　厚生労働大臣は，「短時間・有期雇用労働者及び派遣労働者に対する不合
　　　　　理な待遇の禁止等に関する指針」（同一労働同一賃金ガイドライン）（平成30
　　　　　年厚生労働省告示第430号）を定めている。

　(5)　事業主は，短時間・有期雇用労働者を雇い入れたとき（または，求めがあっ　　法第14条
　　　　たとき）は，短時間・有期雇用労働者の雇用管理の改善等に関し講ずることと
　　　　している措置の内容について，当該短時間・有期雇用労働者に説明しなければ
　　　　ならない。

　(6)　厚生労働大臣は，「事業主が講ずべき短時間労働者及び有期雇用労働者の雇　　法第15条
　　　　用管理の改善等に関する措置等についての指針」（平成19年厚生労働省告示第
　　　　326号）を定めている。

　(7)　事業主は，常時10人以上の短時間・有期雇用労働者を雇用する事業所ごとに，　　法第17条
　　　　短時間・有期雇用労働者の雇用管理の改善等に関する事項を管理するために必　　則第6条
　　　　要な知識および経験を有している者のうちから＿＿＿＿＿＿＿＿を選
　　　　任するよう努める。

　(8)　厚生労働大臣は，短時間・有期雇用労働者の雇用管理の改善等を図るため必　　法第18条
　　　　要があると認めるときは，短時間・有期雇用労働者を雇用する事業主に対して
　　　　報告を求め，または助言・指導・勧告をすることができる。

第3　　労働組合に関する法律

Ⅰ　労働組合法
1．労働組合とは
　　　労働組合とは，労働者が主体となって＿＿＿＿＿に労働条件の維持改善等，経　　法第2条
　　済的地位の向上を図ることを目的として組織する団体または連合団体をいう。
　　　労働者には，＿＿＿＿＿を含む。
2．労働協約
　　　労働協約は，＿＿＿＿に作成し，両当事者が＿＿＿＿＿　　法第14条
　　することにより効力を生ずる。

2．短時間・有期雇用管理者
【第3】
Ⅰ1．自主的　　失業者
　2．書面　　署名または記名押印

348

(1) 労働協約の締結当事者

　　労働組合（その連合体）と使用者またはその団体

(2) 労働協約の有効期間

　　労働協約は，＿＿＿＿＿＿＿＿＿のない協約を除き，＿＿＿＿＿を超える有効期間　　法第15条

　の定めをすることができない。＿＿＿＿＿＿＿＿＿をした場合は，＿＿＿＿

　年間の有効期間の定めをしたものとみなされる。

　　＿＿＿＿＿＿＿＿＿＿のない労働協約は，＿＿＿＿＿＿＿＿が署名または記名

　押印した文書によって，＿＿＿＿前に相手方に予告して解約することができる。

(3) 労働協約の効力

　　労働協約に定める労働条件その他労働者の待遇に関する基準に違反する＿＿＿　　法第16条

　＿＿＿＿＿の部分は無効とされ，無効となった部分は基準の定めるところによる。

(4) 一般的拘束力

　　一の事業場において，常時使用される同種の労働者の＿＿＿＿＿＿＿＿＿＿の　　法第17条

　労働者が一の労働協約の適用を受けるに至ったときは，他の同種の労働者にも

　その労働協約が適用される。

3．不当労働行為の種類

① 不利益取扱い　　　　　　　　　　　　　　　　　　　　　　　　　　　　　法第7条

　　組合員であること，労働組合の正当な行為をしたことなどを理由に，その労

　働者を解雇したり，昇給停止，減給などの不利益取扱いを行うこと

② 団体交渉の拒否

　　雇用する労働者の代表者と団体交渉することを正当な理由なく拒むこと

③ 支配介入

　　労働者が労働組合を結成・運営することに対し支配介入したり，労働組合運

　営のための経費の支払いについて，経理上の援助を与えること

Ⅱ　労働関係調整法

1．労働争議・争議行為

① 同盟罷業（ストライキ）——労働者が団結して労務の提供を停止すること　　法第6条・

② 怠業（サボタージュ）——労働者が団結して労働能率を低下させる行為　　　　第7条

③ 作業所閉鎖（ロックアウト）——使用者が労働関係を維持しつつ工場等を閉

　鎖し，労働者に賃金を支給しないで圧迫を加えようとするもの。

有効期間の定め　　3年　　3年を超える定め　　3　　有効期間の定め　　当事者の一方

90日　　労働契約　　4分の3以上

2．労働関係調整の方法

① 斡旋——当事者は斡旋案の受諾義務はない。

② 調停——当事者は調停案の受諾を強制されない。

③ 仲裁——最も強力な調整方法。当事者は，仲裁裁定に拘束される（効力は労働協約と同一）。

法第10条〜第35条

なお，公益事業（運輸事業，郵便・信書便・電気通信の事業，水道・電気・ガスの供給の事業，医療・公衆衛生の事業で公衆の日常生活に欠くことのできないもの）事件の調停については，他の事業より優先的に取り扱う。

法第8条・第27条

3．緊急調整

_____は，労働争議が_____に関するものである場合，規模が大きく，または特別の性質の事業に関するものである場合は，争議行為によりその業務が停止されると_____の運行を著しく阻害し，または国民の日常生活を著しく危くするおそれがあると認める事件につき，そのおそれが現実に存するときに限って，あらかじめ_____の意見を聞いて，緊急調整の決定ができる。

法第35条の2

決定の公表があると，_____は争議行為が禁止される。

法第38条

Ⅲ　労働契約法

1．目　的

この法律は，労働者および使用者の_____の下で，労働契約が_____により成立し，または変更されるという_____その他労働契約に関する基本的事項を定めることにより，合理的な労働条件の決定または変更が円滑に行われるようにすることを通じて，労働者の_____を図りつつ，個別の労働関係の_____に資することを目的とする。

法第1条

2．労働契約の原則

① 労働契約は，労働者および使用者が_____における合意に基づいて締結し，または変更すべきものとする。

② 労働契約は，労働者および使用者が，_____に応じて，均衡を考慮しつつ締結し，または変更すべきものとする。

③ 労働契約は，労働者および使用者が_____にも配慮しつつ締結し，または変更すべきものとする。

法第3条

Ⅱ3．内閣総理大臣　　公益事業　　国民経済　　中央労働委員会　　公表の日から50日間

Ⅲ1．自主的な交渉　　合意　　合意の原則　　保護　　安定

　2．対等の立場　　就業の実態　　仕事と生活の調和

④　労働者および使用者は，労働契約を遵守するとともに，＿＿＿＿＿＿＿＿に従い誠実に，権利を行使し，および義務を履行しなければならない。

⑤　労働者および使用者は，労働契約に基づく権利の行使に当たっては，それを＿＿＿＿＿＿＿＿することがあってはならない。

3．労働者の安全への配慮　　　　　　　　　　　　　　　　　　　　　　法第5条

使用者は，労働契約に伴い，労働者がその生命，身体等の＿＿＿＿＿＿＿＿しつつ労働することができるよう，必要な配慮をするものとする。

4．労働契約の成立　　　　　　　　　　　　　　　　　　　　　　　　法第6・7条

(1)　労働契約は，労働者が使用者に使用されて労働し，使用者がこれに対して賃金を支払うことについて，労働者および使用者が＿＿＿＿＿＿＿＿することによって成立する。

(2)　労働者および使用者が労働契約を締結する場合において，使用者が＿＿＿＿＿＿が定められている就業規則を労働者に＿＿＿＿＿＿＿＿させていた場合には，労働契約の内容は，その就業規則で定める労働条件によるものとする。ただし，労働契約において，労働者および使用者が就業規則の内容と異なる労働条件を合意していた部分については，労働契約法第12条に該当する場合を除き，この限りでない。

5．労働契約の内容の変更　　　　　　　　　　　　　　　　　　　　　法第8・9・10条

(1)　労働者および使用者は，その＿＿＿＿＿＿＿＿により，労働契約の内容である労働条件を変更することができる。

(2)　使用者は，労働者と＿＿＿＿＿＿＿＿することなく，就業規則を変更することにより，労働者の＿＿＿＿＿＿＿＿に労働契約の内容である労働条件を変更することはできない。ただし，次の場合は，この限りでない。

(3)　使用者が就業規則の変更により労働条件を変更する場合において，変更後の就業規則を労働者に＿＿＿＿＿＿＿＿させ，かつ，就業規則の変更が，労働者の受ける不利益の程度，労働条件の変更の必要性，変更後の就業規則の内容の相当性，労働組合等との交渉の状況その他の就業規則の変更に係る事情に照らして＿＿＿＿＿＿＿＿であるときは，労働契約の内容である労働条件は，当該変更後の就業規則に定めるところによるものとする。ただし，労働契約において，労働者および使用者が就業規則の変更によっては変更されない労働条件として＿＿＿＿＿＿していた部分については，労働契約法第12条に該当する場合を除き，

信義　　濫用
3．安全を確保
4．(1)　合意　　(2)　合理的な労働条件　　周知
5．(1)　合意　　(2)　合意　　不利益　　(3)　周知　　合理的なもの　　合意

この限りでない。

6．契約期間中の解雇等

法第17条

使用者は，期間の定めのある労働契約（以下，「有期労働契約」という。）について，＿＿＿＿＿＿＿＿があある場合でなければ，その契約期間が満了するまでの間において，労働者を解雇することができない。使用者は，有期労働契約について，その有期労働契約により労働者を使用する目的に照らして，＿＿＿＿＿＿＿＿を定めることにより，その有期労働契約を反復して更新することのないよう配慮しなければならない。

7．有期労働契約の期間の定めのない労働契約への転換

法第18条

同一の使用者との間で締結された二以上の有期労働契約（契約期間の始期の到来前のものを除く。以下同じ。）の契約期間を通算した期間（以下，「通算契約期間」という。）が＿＿＿＿＿＿＿を超える労働者が，当該使用者に対し，現に締結している有期労働契約の契約期間が満了する日までの間に，当該満了する日の翌日から労務が提供される期間の定めのない労働契約の締結の申込みをしたときは，使用者は当該申込みを承諾したものとみなす。この場合において，当該申込みに係る期間の定めのない労働契約の内容である労働条件は，現に締結している有期労働契約の内容である労働条件（契約期間を除く。）と＿＿＿＿＿＿＿（当該労働条件（契約期間を除く。）について別段の定めがある部分を除く。）とする。

当該使用者との間で締結された一の有期労働契約の契約期間が満了した日と当該使用者との間で締結されたその次の有期労働契約の契約期間の初日との間にこれらの契約期間のいずれにも含まれない期間（これらの契約期間が連続すると認められるものとして厚生労働省令で定める基準に該当する場合の当該いずれにも含まれない期間を除く。以下，「空白期間」という。）があり，当該空白期間が＿＿＿＿＿＿＿（当該空白期間の直前に満了した一の有期労働契約の契約期間（当該一の有期労働契約を含む二以上の有期労働契約の契約期間の間に空白期間がないときは，当該二以上の有期労働契約の契約期間を通算した期間。以下同じ。）が1年に満たない場合にあっては，当該一の有期労働契約の契約期間に＿＿＿＿＿＿を乗じて得た期間を基礎として厚生労働省令で定める期間）以上であるときは，当該空白期間前に満了した有期労働契約の契約期間は，通算契約期間に算入しない。

※　なお，専門的知識等を有する有期雇用労働者等に関する特別措置法により，

6．やむを得ない事由　　必要以上に短い期間
7．5年　　同一の労働条件　　6月　　2分の1

適切な雇用管理に関する計画を作成し，都道府県労働局長の認定を受けた事業
主に雇用され，高収入（年収1,075万円以上）で，かつ高度の専門的知識等を
有し，その高度の専門的知識等を必要とし，5年を超える一定の期間内に完了
する業務（特定有期業務。以下「プロジェクト」という。）に従事する有期雇
用労働者（高度専門職）については，そのプロジェクトに従事している期間は，
無期転換申込権が発生しない。ただし，無期転換申込権が発生しない期間の上
限は，10年である。また，適切な雇用管理に関する計画を作成し，都道府県労
働局長の認定を受けた事業主の下で，定年に達した後，引き続いて雇用される
有期雇用労働者（継続雇用の高齢者）については，その事業主に定年後引き続
いて雇用される期間は，無期転換申込権が発生しない。

8．有期労働契約の更新等

法第19条

有期労働契約であって次のいずれかに該当するものの契約期間が満了する日ま
での間に労働者が当該有期労働契約の更新の申込みをした場合または当該契約期
間の満了後遅滞なく有期労働契約の締結の申込みをした場合であって，使用者が
当該申込みを拒絶することが＿＿＿＿＿＿＿＿を欠き，＿＿＿＿＿＿＿＿＿＿であると認めら
れないときは，使用者は，従前の有期労働契約の内容である労働条件と同一の労
働条件で当該申込みを承諾したものとみなす。

① 当該有期労働契約が過去に反復して更新されたことがあるものであって，そ
の契約期間の満了時に当該有期労働契約を更新しないことにより当該有期労働
契約を終了させることが，期間の定めのない労働契約を締結している労働者に
解雇の意思表示をすることにより当該期間の定めのない労働契約を終了させる
ことと社会通念上同視できると認められること。

② 当該労働者において当該有期労働契約の契約期間の満了時に当該有期労働契
約が更新されるものと期待することについて合理的な理由があるものであると
認められること。

8．客観的に合理的な理由　　社会通念上相当

第4 その他の関係法律

I 勤労者財産形成促進法

1．勤労者財産形成貯蓄契約（制度）

勤労者（年齢の制限なし）が契約を行う。＿＿＿＿＿＿の期間，定期に，事業主が預入等に係る金銭を賃金から控除して金融機関等に払い込む貯蓄等をいう。

法第6条

2．勤労者財産形成年金貯蓄契約（制度）

契約時に＿＿＿＿＿の勤労者が対象。上記1と同様の方法等で＿＿＿＿＿の期間，定期に預入等を行い，＿＿＿＿＿＿以後の年金支払開始日から一定期間（5年以上20年以下），年金の支払いを受ける貯蓄等をいう。

課税について特別措置が講じられている。この契約は，同一人が2以上締結することはできない。

3．勤労者財産形成住宅貯蓄契約（制度）

契約時に＿＿＿＿＿の勤労者が対象。上記1と同様の方法等で＿＿＿＿＿の期間，定期に預入等を行い，持家住宅取得時における頭金等とするための貯蓄等をいう。

課税について特別措置が講じられている。この契約も，同一人が2以上締結することはできない。

4．転職等の場合の継続預入措置

上記1～3の契約は，勤労者が転職等をした場合には，一定の要件のもとに，転職先における新契約に引き継ぐことができる。

5．勤労者財産形成給付金契約（制度）

財形貯蓄，財形年金貯蓄または財形住宅貯蓄を行っている勤労者を受益者等として，事業主の全額拠出による信託金等を，毎年一定の時期に払い込み，＿＿＿＿＿運用した後に勤労者がその元利合計額を財産形成給付金として受けるものをいう。

法第6条の2

この契約は，厚生労働大臣の承認を受けたものであること，過半数労働組合等との書面による合意に基づくものであることが必要とされる。

中小企業の事業主には，勤労者財産形成助成金が支給される。

【第4】

I 1．3年以上

2．55歳未満　　5年以上　　60歳到達日

3．55歳未満　　5年以上

5．7年間

354

6．勤労者財産形成基金制度

　財形基金制度は，事業主（一定の関係にある2以上の事業主を含む）が過半数労働組合（ないときは過半数代表者）との書面による合意に基づいて厚生労働大臣の認可を得て財形基金を設立し，基金が財形（年金・住宅）貯蓄を行っている勤労者（加入員）を受益者等として，信託会社等または銀行等と厚生労働大臣の承認を受けた勤労者財産形成基金契約を結び，財形給付金制度と同様，事業主の拠出金を7年間運用した後に，加入員が財形基金給付金としてその元利合計額の支払いを受ける制度である。 ... 法第6条の3

　事業主に対して「勤労者財産形成助成金」が，財形基金に対して「勤労者財産形成基金設立奨励金」が支給される。

7．勤労者財産形成持家融資制度

　この制度には，独立行政法人勤労者退職金共済機構が実施する財形持家分譲融資制度と，事業団（転貸融資）または独立行政法人住宅金融支援機構等（直接融資）が実施する財形持家個人融資制度とがある。 ... 法第9条・第10条

Ⅱ　中小企業退職金共済法

1．中小企業者の範囲

　次のいずれかに該当する事業主。

①　資本の額または出資の総額が3億円（＿＿＿＿＿＿＿にあっては1億円，＿＿＿＿＿＿にあっては5,000万円）以下の法人の事業主 ... 法第2条

②　常時雇用する従業員が300人（＿＿＿＿＿＿＿＿＿＿にあっては100人，＿＿＿＿＿＿にあっては50人）以下の事業主

2．一般の中小企業退職金共済制度

　中小企業者（共済契約者）がその従業員（被共済者）ごとに独立行政法人＿＿＿＿＿＿＿＿＿＿＿と退職金共済契約を結び，共済契約者の負担で掛金を納付し，被共済者が＿＿＿＿＿＿＿＿したときに，機構が本人またはその遺族に退職金を支給するものである。

(1)　退職金共済契約の締結等

　退職金共済契約は，すべての従業員（期間を定めて雇用する者，試用期間中の者等を除く）について，被共済者ごとに＿＿＿＿＿＿を定めて，締結する。 ... 法第3条・第4条

　なお，＿＿＿＿＿＿＿＿には，2,000円，3,000円，4,000円の月額も設定でき

Ⅱ1．卸売業　　サービス業・小売業　　卸売業・サービス業　　小売業
　2．勤労者退職金共済機構　　退職または死亡　　掛金月額　　短時間労働者

る。

<table>
<tr><td>＿＿＿＿＿は変更できる。</td><td>法第 9 条</td></tr>
</table>

(2) 退職金の支給

掛金納付月数が＿＿＿＿＿以上ある被共済者について支給される。　法第10条

(3) 退職金の支給方法

退職金は，一時金支給が原則である。ただし，退職時に60歳以上であり，退職金額が＿＿＿＿＿以上である場合は 5 年間，＿＿＿＿＿以上の場合は10年間の分割払いもできる。　法第11条・第12条

(4) 解約手当金

機構は，共済契約者が継続する＿＿＿＿＿の掛金を滞納した場合等には，退職金共済契約を解除することとされており，また，共済契約者は，被共済者の同意を得た場合等には，契約を解除できる。　法第 8 条

退職金共済契約が解除されたときは，被共済者に解約手当金が支給される。ただし，退職金支給の場合と同様に，掛金納付月数が＿＿＿＿＿なければ，請求できない。　法第16条

Ⅲ　中小企業労働力確保法

労働力の確保，良好な雇用の機会の創出のため，中小企業者が行う雇用管理の改善措置を促進することにより，中小企業の振興，その労働者の福祉の増進を図り，もって国民経済の健全な発展に寄与することを目的とする。　法第 1 条

1．改善計画の認定

事業協同組合等は，その構成員たる中小企業者の労働力の確保を図るための雇用管理の改善に関する事業（改善事業）についての計画を，中小企業者は，改善事業であって，職業に必要な高度の技能・知識を有する者の確保を図るためのもの，または新分野進出等に伴って実施することにより良好な雇用の機会の創出に資するものについての計画を作成し，管轄＿＿＿＿＿の認定を受けることができる。　法第 4 条

2．認定事業協同組合等に対する支援措置の内容等

(1) 認定計画に係る改善事業の実施を促進するための，雇用保険の二事業としての助成・援助　法第 7 条

(2) 委託募集の特例

掛金月額　　　12月　　80万円　　150万円　　12月分　　12月以上

Ⅲ 1．都道府県知事

認定組合が中小企業者の委託を受け，認定計画に従った労働者募集を行う場 法第13条
　合は，厚生労働大臣への届出でよい。

IV　労働保険審査官及び労働保険審査会法
1．労働保険審査官
　① 労働者災害補償保険審査官，雇用保険審査官は，＿＿＿＿＿＿＿＿＿＿＿ 法第2条の
2
　に置かれている。

　② 審査請求は，原則として，審査請求人が原処分のあったことを知った日の＿＿ 法第8条
　＿＿＿＿＿＿＿＿＿＿＿＿＿＿＿＿にしなければならない。

　③ 審査請求は，＿＿＿＿＿＿＿＿＿＿＿＿＿で行う。代理人によってすることも 法第9条・
第9条の2
　できる。

2．労働保険審査会
　① 再審査請求は，原処分をした行政庁を相手方として，決定書の謄本が送付さ 法第38条
　れた日の＿＿＿＿＿＿＿＿＿＿＿＿＿＿＿＿＿＿に行わなければならない。

　② 再審査請求は，＿＿＿＿＿で行う。 法第39条

V　個別労働関係紛争の解決の促進に関する法律
　「個別労働関係紛争」とは，労働条件その他＿＿＿＿＿＿＿＿に関する事項について 法第1条
の個々の労働者と事業主との間の紛争，＿＿＿＿＿＿＿＿に関する事項についての
個々の求職者と事業主との間の紛争をいう。

　個別労働関係紛争は，当事者が，早期に，かつ，誠意をもって＿＿＿＿＿＿＿ 法第2条
＿を図るように努めなければならない。

　都道府県労働局長は，当事者の＿＿＿＿＿＿＿＿＿から紛争解決につき援助を 法第4条
求められた場合には，必要な助言・指導をすることができる。

　＿＿＿＿＿＿＿＿＿＿＿＿＿＿は，紛争当事者の双方または一方からあっせん申請が 法第5条・
第6条
あった場合に，紛争解決のために必要があると認めるときは，都道府県労働局に置
かれる＿＿＿＿＿＿＿＿＿＿＿にあっせんを行わせるものとされている。ただし，
募集・採用に関するものを除く。

IV 1．都道府県労働局　　翌日から起算して3カ月以内　　文書または口頭
　 2．翌日から起算して2カ月以内　　文書
V　労働関係　　募集・採用　　自主的な解決　　双方または一方　　都道府県労働局長
　　紛争調整委員会

社会保険に関する一般常識

■ 保険給付のしくみ

（関係条文）

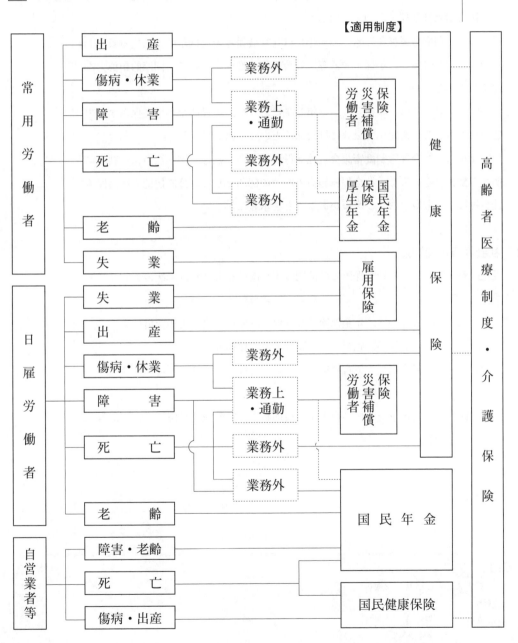

第1　社 会 保 障

Ⅰ　社会保障という用語の登場

1．「社会保障」という用語が，国際的に本格的に採用されるようになったのは，
1942年に　　　　　　　　で発表された「　　　　　　　　　　　　　　」以降である。

　すなわち，この報告は，社会保険制度を中心として，公的扶助・関連諸サービスを総合した社会保障計画を提唱した。

　　ＩＬＯ（国際労働機関）も，1952年には「社会保障の最低基準に関する条約」（いわゆる102号条約）を採択する等，社会保障の推進について，国際的指導力を発揮している。

2．わが国においては，戦後，　　　　第25条において，国民の生存権を保障する規定がなされ，この規定中で公式に社会保障という用語が登場した。

　1950年に，社会保障制度審議会（社会保障審議会に統合）が「社会保障制度に関する勧告」を発表し，社会保障施策の四つの部門として，公的扶助，社会保険，社会福祉，公衆衛生および医療があることを示した。

Ⅱ　社会保障の諸制度

　現在のわが国における社会保障の各部門の主な制度をあげれば，次のとおりである。

1．社会保険 —— 医療保険，年金保険，介護保険，雇用保険，災害補償保険

2．公的扶助 —— 生活保護，戦傷病者・戦没者遺族援助等

3．社会福祉 —— 老人福祉，児童福祉，身体障害者福祉，精神薄弱者福祉等

4．　　　　　　　　

5．保健衛生 —— 結核予防，伝染病予防，精神衛生，医療機関整備，公害防止等

【第1】
Ⅰ 1．イギリス　　ビバリッジ報告
　2．憲法
Ⅱ　児童手当

第2　　社会保険の性格

Ⅰ　保険のしくみ

(1) ＿＿＿＿＿＿＿＿＿＿＿＿＿の原則

加入者の払い込む保険料は，受け取ることのあるべき保険金の正当な対価に等しいという原則である。

(2) 保険技術的公平の原則（＿＿＿＿＿＿＿＿＿＿の原則）

保険料は，すべて保険される事故に応じて定められなければならないという原則である。

(3) 収支相等の原則

収入（保険料の総額）と支出（保険金の総額）が等しくなるようにするという原則である。

Ⅱ　社会保険の特質

(1) 適用について

社会保険は，一定の要件に該当する者を当然の対象とする，いわゆる＿＿＿＿＿＿＿＿＿を原則とする。

これは，危険分散，保険財政の安定の観点から必要なものである。

(2) 保険給付について

社会保険では，平均的社会的必要に基づいて保険給付額が決定される。したがって，被保険者の個別的需要は無視される。

(3) 保険料について

被保険者個々の危険率は問わず，被保険者全体の平均危険率と被保険者の負担能力を基にした＿＿＿＿＿＿＿＿＿＿＿が採用されている。

(4) 財政について

社会保険は，国の責任において実施されるべきものであるから，その財政面において，＿＿＿＿＿＿＿＿または＿＿＿＿＿＿＿＿＿が投入されている。

保険事業の運営に要する事務費については，原則として，国が負担する。

【第2】

Ⅰ　給付反対給付均等　　公正保険料

Ⅱ　強制加入　　平均保険料主義　　国庫負担金　　国家補助金

第3　　社会保険の種類

わが国の社会保険をその保険事故の性質によって分類すると，次のようになる。

$$
社会保険
\begin{cases}
\text{（　　　　　　　）} \\
\text{年 金 保 険} \\
\text{（　　　　　　　）} \\
\text{雇 用 保 険} \\
\text{災害補償保険}
\end{cases}
$$

I　医療保険

1．医療保険の種類

医療保険としては，次のものがある。

$$
医療保険
\begin{cases}
\text{健 康 保 険} \\
\text{（　　　　　　　）} \\
共済組合等
\begin{cases}
\text{国家公務員共済組合} \\
\text{（　　　　　　　）} \\
\text{私立学校教職員共済制度}
\end{cases} \\
\text{国民健康保険}
\end{cases}
$$

2．保険給付

(1)　医療保険の保険給付には，疾病，負傷，＿＿＿＿＿，死亡の事故に伴う必要な処置に当てるための給付と，これらにより休業した場合の収入の減少を補てんするための給付とがある。

(2)　保険給付は，現物給付と現金給付とに分かれるが，現物給付が行われているのは＿＿＿＿＿＿＿＿＿のみであり，保険医療機関，保険薬局で診療を受けることによって行われる。なお，現金給付のうち主なものは，実際には，現物給付化されている。

(3)　診療報酬の支払いは，全国組織の＿＿＿＿＿＿＿＿＿＿＿＿＿＿＿＿＿＿＿＿＿又は＿＿＿＿＿＿＿＿＿＿＿＿＿＿＿＿において，保険医療機関等からの各保険者への請求を全部受け付け，支払額を決定し，各保険医療機関等に支払いが

【第3】

医療保険　　介護保険

I 1.　船員保険　　地方公務員共済組合

　2.　出産　　療養の給付　　社会保険診療報酬支払基金　　国民健康保険団体連合会

されるしくみになっている。

3．保険料

　　保険料は，＿＿＿＿＿＿＿＿＿＿を除き，各制度とも被保険者期間の各月につき徴収される。その額は，被保険者が毎月受けている＿＿＿＿＿，3箇月を超える期間ごとに受ける＿＿＿＿＿を基にした額に一定の保険料率を乗じて算定される。

　　被用者を対象とする制度では，この保険料について労使折半負担の原則（事業主・被用者が折半して負担する）が取り入れられている。

II　年金保険

1．年金保険の種類

　　年金保険としては，次のものがある。

$$
年金保険
\begin{cases}
厚生年金保険 \\
\\
国民年金
\end{cases}
$$

　　老齢，障害，死亡を保険事故とする年金給付は，すべての国民に共通する＿＿＿＿＿＿＿＿＿が国民年金から支給され，被用者については，これに上乗せする形で，厚生年金保険から＿＿＿＿＿＿＿＿＿＿が支給されるしくみとなっている。

2．年金額の算定方法

　　国民年金の基礎年金は加入期間（保険料納付済期間等）に応じた＿＿＿＿＿＿＿＿であり，厚生年金保険の年金額は，加入期間とその間の報酬（給与）の平均額に一定率を乗じて算出した額である。そして，厚生年金保険の被保険者等に対しては，この合算額が支給される。このほか，一定要件を備えた配偶者または子がいる場合には，加給年金が加算される。

　　また，障害・死亡については，加入期間中に発生した場合には加入期間が短くても，障害基礎年金（障害等級第2級）・遺族基礎年金の額は老齢基礎年金の額と同額であり，厚生年金保険では，加入期間を＿＿＿＿＿として計算するほか，最低保障額が設定されている。

　　年金額の水準については，おおむね，老齢基礎年金の額の12分の1相当額に2を乗じて得た額と平均的な男子被保険者の平均的な＿＿＿＿＿＿＿＿＿＿＿により計算

法（平16）附則第2条

3．国民健康保険　　報酬　　賞与

II 1．基礎年金　　報酬比例年金

　2．定額年金　　25年　　標準報酬額

した老齢厚生年金の額の12分の1相当額との合算額の，男子被保険者の平均的な標準報酬額に対する比率が，..........................を上回ることとなるような給付水準を将来にわたり確保するものとされている。

3．費用の負担

　年金支給に要する費用は，保険料として納付される..........................と，..........................を原資とした運用利子をもってその大半がまかなわれる。

　国は，..........................について，予算の範囲内で負担しており，また，基礎年金の給付に要する費用の一部を負担することになっている。

　基礎年金の給付に要する費用のうち，被用者年金加入者等に係る部分については，各被用者年金制度からの拠出金によってまかなわれる。

　保険料は，国民年金制度では定額制である。被用者年金制度では，被用者が受ける報酬・賞与を基にした額に一定の保険料率を乗じて得た額であり，労使で折半負担することになっている。

4．年金保険制度における財政方式

⑴　賦課方式

　毎年，給付に必要な財源をそのつど調達する方法が賦課方式である。

　国民年金制度の第2号・第3号被保険者に係る基礎年金の給付に要する費用は，政府および年金保険者たる共済組合等が毎年度負担または拠出することになっているので，賦課方式がベースとなっているといえよう。

⑵　事前積立て方式

　年金制度は，将来において年金を受け取るまでは，保険料の拠出が先行する。これを事前積立て方式といっている。この方式には，平準保険料方式と段階保険料方式の二つがある。

　現在は，将来の現役世代の負担を過重なものとしないようにするため，従来の「給付水準の設定」──→「必要な負担水準の設定」という仕組みの見直しが行われ，まず将来の負担の上限を設定し，その収入の範囲内で給付を自動的に調整する仕組み（..）が導入されている。

Ⅲ　雇用保険

　雇用保険は，労働者が失業した場合，労働者について雇用の継続が困難となる事由が生じた場合，または労働者が自らの職業に関する教育訓練を受けた場合に，

100分の50
3．拠出金　　拠出金　　事務費
4．保険料水準固定方式

............................を支給して，労働者の生活および雇用の安定と就職の促進を図ろうとする制度である。

Ⅳ 災害補償保険

災害補償保険は，............................または............................労働者の負傷，疾病，障害，死亡等を保険事故とし，必要な治療費，休業中の生活費，障害のため労働能力が失われたことによって減少した収入の補てん，遺族の生活費の保障等を，年金または一時金の形で行う制度である。

この災害補償保険としては，労働者災害補償保険と船員保険がある。また，公務員については，国家公務員災害補償法等の特別法がある。

災害補償保険は，............................の責任保険の性格が強く，保険料は............................だけの負担とされる点が特徴である。

※ 対象による分類

社会保険は，その対象によって，被用者保険あるいは職域保険と呼ばれるものと，地域保険と呼ばれるものとに大別される。また，被用者保険（職域保険）は，さらに，その職務の性格から，一般職域保険と特殊職域保険とに分かれる。

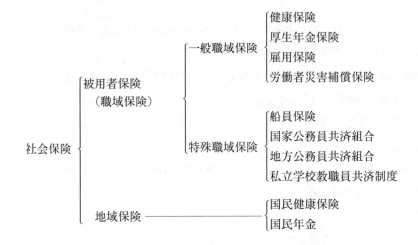

社会保険
├ 被用者保険（職域保険）
│　├ 一般職域保険
│　│　├ 健康保険
│　│　├ 厚生年金保険
│　│　├ 雇用保険
│　│　└ 労働者災害補償保険
│　└ 特殊職域保険
│　　　├ 船員保険
│　　　├ 国家公務員共済組合
│　　　├ 地方公務員共済組合
│　　　└ 私立学校教職員共済制度
└ 地域保険
　　├ 国民健康保険
　　└ 国民年金

Ⅲ　失業等給付
Ⅳ　業務上の事由　　通勤による　　使用者　　使用者

第4　　社会保険の管理運営

Ⅰ　中央行政機構

社会保険の種類	所　管　省
健　　　　康　　　　保　　　　険	
船　　　　員　　　　保　　　　険	
国　民　健　康　保　険	
介　　　　護　　　　保　　　　険	
厚　生　年　金　保　険	厚　生　労　働　省
国　　　　民　　　　年　　　　金	
雇　　　　用　　　　保　　　　険	
労　働　者　災　害　補　償　保　険	

Ⅱ　届出を行う行政機関等

1．健康保険

① 強制被保険者の資格に係る諸手続……日本年金機構または所属する ＿＿＿＿＿

＿＿＿＿＿＿

② 任意継続被保険者の資格に係る諸手続……住所地の全国健康保険協会の都道府県支部または所属した健康保険組合（保険者）

③ 日雇特例被保険者のうち厚生労働大臣が指定する市町村の区域に居住する者に係る次の諸手続……その ＿＿＿＿＿＿

　健康保険被保険者手帳の交付，＿＿＿＿＿＿＿＿＿＿の交付，受給資格確認の表示，特別療養費受給票等の交付

④ 傷病手当金等給付金に係る諸手続……事業所の所在地を管轄する都道府県支部または健康保険組合（保険者）

2．厚生年金保険

① 強制被保険者の資格に係る諸手続……日本年金機構

② 第4種被保険者の資格に係る諸届……日本年金機構

③ 被保険者等の給付の裁定に係る請求等諸手続……日本年金機構

④ 年金受給権者に係る請求等諸手続……日本年金機構

【第4】

Ⅱ1．健康保険組合　　市町村長　　受給資格者票

366

3．国民年金

① 第1号被保険者に係る諸手続……住所地を管轄する市町村長

② 第3号被保険者に係る諸手続……日本年金機構

第5　　社会保険制度の概要

Ⅰ　国民健康保険

国民健康保険は，被用者以外の一般住民を被保険者として，その疾病，負傷，出産または死亡に関して保険給付を行う地域医療保険である。

国民健康保険法第2条

1．保険者

国民健康保険の保険者は，＿＿＿＿＿＿＿＿＿＿＿と＿＿＿＿である。

法第3条

国民健康保険組合は，同種の事業または業務に従事する者（300人以上）で組織される団体で，＿＿＿＿＿＿＿＿の認可を受けて設立するものである。

法第13条・第17条

2．被保険者

(1)　都道府県および当該都道府県内の市町村の行う国民健康保険の被保険者

都道府県の区域内に住所を有する者は，当該都道府県内の市町村とともに行う国民健康保険の被保険者とする。ただし，次の者は除外される。

法第5条・第6条

① ＿＿＿＿＿＿の被保険者（日雇特例被保険者を除く）とその被扶養者

② ＿＿＿＿＿＿の被保険者とその被扶養者

③ ＿＿＿＿＿＿の組合員とその被扶養者

④ 私立学校教職員共済制度の＿＿＿＿＿とその被扶養者

⑤ 健康保険の日雇特例被保険者で，日雇特例被保険者手帳の交付を受けて1年を経過しない者とその被扶養者

⑥ 高齢者の医療の確保に関する法律に規定する被保険者

⑦ 生活保護を受けている世帯に属する者（停止世帯を除く）

⑧ ＿＿＿＿＿＿＿＿の被保険者

⑨ その他特別の理由がある者で，＿＿＿＿＿＿で定めるもの

【第5】

Ⅰ 1．都道府県および当該都道府県内の市町村　　国民健康保険組合　　都道府県知事

　 2．健康保険　　船員保険　　共済組合　　加入者　　国民健康保険組合　　厚生労働省令

⑵　国民健康保険組合の行う国民健康保険の被保険者

　　　組合員とその世帯に属する者が被保険者とされる。ただし，上記①～⑩の適用除外者，他の国民健康保険組合の被保険者は，除外される。　　　　法第19条

3．被保険者証等

　　被保険者の属する世帯の　　　　　　　　は，その世帯に属する被保険者の資格の取得・喪失に関する事項その他必要な事項を，　　　　　　　　に市町村に届け出なければならない。資格取得の届出の際に，その世帯に属するすべての被保険者に係る　　　　　　　　の交付を求めることができる。　　　　法第9条・第22条

　　市町村は，世帯主が，納期限から所定の期間が経過するまでの間に，滞納保険料を納付しない場合に，滞納に特別の事情があると認められないときは，その世帯主に被保険者証の返還を求めるものとされている。返還した世帯主に対しては，その世帯に属する被保険者に係る　　　　　　　　　　　　　が交付される。

4．保険給付

⑴　法定給付

①療養の給付	②入院時食事療養費
③入院時生活療養費	④保険外併用療養費
⑤療養費	⑥訪問看護療養費
⑦特別療養費	⑧移送費
⑨高額療養費	⑩高額介護合算療養費
⑪出産育児一時金の支給	⑫葬祭費の支給（または葬祭の給付）

法第36条・第52条・第52条の2・第53条・第54条・第54条の2・第54条の3・第54条の4・第57条の2・第57条の3・第58条

⑵　任意給付　　　傷病手当金等

　　　療養の給付を受ける者は，その給付を受ける際，それに要する費用の額に次の割合を乗じて得た額を，一部負担金として，保険医療機関等に支払わなければならない。　　　　法第42条

①　次の②～④以外の場合　　　　　　　　

②　　　　　　に達する日以後の最初の3月31日以前である場合　　　10分の2

③　70歳に達する日の属する月の翌月以後である場合　　　　　　　　（凍結期間中は10分の1）

④　上記③に該当する場合で，療養の給付を受ける者の世帯に属する被保険者で③に該当するものの所得が政令で定める額以上であるとき　　　　　　　

3．世帯主　　　14日以内　　　被保険者証　　　被保険者資格証明書
4．10分の3　　　6歳　　　10分の2　　　10分の3

368

一部負担金を支払う場合には，その額の＿＿＿＿＿＿＿＿の端数は，四捨五入される。 法第42条の2

保険外併用療養費，訪問看護療養費に係る療養も，一部負担金相当額を支払うことにより受けることができる。入院時の食事療養については，標準負担額を支払って受けることができる。（現物給付）

ただし，前記3の被保険者資格証明書が交付されている間は，現物給付は行われず，療養費払い（特別療養費の支給）となる。 法第54条の3

なお，移送費・高額療養費・高額介護合算療養費の支給要件・支給額は，健康保険と同様である。

5．保険料・国民健康保険税

保険者は，被保険者の属する世帯の世帯主または組合員から保険料を徴収する。この保険料は，市町村または国民健康保険組合がそれぞれ条例または規約で定めている。また，市町村は，保険料の代わりに＿＿＿＿＿＿＿＿＿＿＿を徴収することができるが，その賦課・徴収については地方税法に規定されている。 法第76条～第81条

6．国庫負担

(1) 国は，＿＿＿＿＿＿＿＿＿＿＿＿に対し，国民健康保険の事務（前期高齢者納付金等・後期高齢者支援金等・介護納付金の納付に関する事務を含む）の執行に要する費用を負担している。 法第69条

(2) 療養給付費等負担金 法第70条

国は，都道府県に対し，次の額の合算額の＿＿＿＿＿＿＿＿＿を負担している。

① 一般被保険者に係る療養の給付に要する費用の額（一部負担金相当額を控除）および入院時食事療養費・入院時生活療養費・保険外併用療養費・療養費・訪問看護療養費・特別療養費・移送費・高額療養費・高額介護合算療養費の支給に要する費用の額の合算額から国民健康保険に関する特別会計への繰入金の2分の1相当額を控除した額

② 前期高齢者納付金および後期高齢者支援金ならびに介護納付金の納付に要する費用の額（前期高齢者交付金）がある場合には，これを控除した額

(3) 国は，国民健康保険組合に対し，療養の給付等に要する費用並びに前期高齢者納付金および後期高齢者支援金並びに介護納付金の納付に要する費用について，組合の財政力を勘案して100分の＿＿から100分の＿＿までの範囲内において政令で定める割合を乗じて得た額を補助することができる。 法第70条・第73条

10円未満
5．国民健康保険税
6．国民健康保険組合　100分の32　13　32

Ⅱ　船員保険

　　この法律は，船員またはその被扶養者の職務外の事由による疾病，負傷，死亡ま | 船員保険法
第1条

たは出産に関して保険給付を行うとともに，労働者災害補償保険による保険給付と

併せて船員の職務上の事由または通勤による疾病，負傷，障害または死亡に関して

保険給付を行うこと等により，船員の生活の安定と福祉の向上に寄与することを目

的とする。

　　なお，老齢，職務外の事由による障害または死亡に係る年金給付は，国民年金，

　　　　　　　　　　　　　　　　　で行われる。

1．保険者

　　船員保険は，全国健康保険協会が管掌する。 | 法第4条

2．被保険者

　(1)　被保険者となるのは，船員として　　　　　　　　　　に使用される者である。 | 法第11条

　　　船舶とは，次のものをいい，これらを所有している日本人・日本法人が船舶

所有者である。

　　①　日本船舶

　　②　日本人または日本法人が借り入れ，または国内の港から外国の港まで回航

　　　を請け負った日本船舶以外の船舶

　　　ただし，総トン数5トン未満の船舶，湖・川または港のみを航行する船舶，

総トン数30トン未満の一定の漁船は除かれている。

　　　なお，被保険者が乗り組む船舶は，　　　　　　　　　　　　　の適用事業所とされ

る。また，2以上の船舶の船舶所有者が同一の場合には，これらを一括して1

の適用事業所とされる。

　(2)　被保険者資格の取得・喪失等は，　　　　　　　　　　　　　の確認により，そ | 法第15条

の効力を生ずる。

　(3)　強制被保険者期間が資格喪失の日の前日まで継続して　　　　　　　　ある者 | 法第2条・
第13条

は，資格喪失の日から　　　　　　　に申請すれば，医療給付部門の　　　　　　　

　　　　　　　　　　　　となれる。

3．保険給付の種類

　(1)　この法律による職務外の事由（通勤を除く。以下同じ。）による疾病，負傷 | 法第29条

若しくは死亡または出産に関する保険給付は，次のとおりとする。

　　①　療養の給付並びに入院時食事療養費，入院時生活療養費，保険外併用療養

　　　費，療養費，訪問看護療養費および移送費の支給

Ⅱ　厚生年金保険

　2．(1)　船舶所有者　　厚生年金保険

　　　(2)　厚生労働大臣

　　　(3)　2月以上　　20日以内　　疾病任意継続被保険者

② 傷病手当金の支給

③ 葬祭料の支給

④ 出産育児一時金の支給

⑤ 出産手当金の支給

⑥ 家族療養費，家族訪問看護療養費および家族移送費の支給

⑦ 家族葬祭料の支給

⑧ 家族出産育児一時金の支給

⑨ 高額療養費および高額介護合算療養費の支給

(2) 職務上の事由若しくは通勤による疾病，負傷，障害若しくは死亡または職務上の事由による行方不明に関する保険給付は，労働者災害補償保険法の規定による保険給付のほか，次のとおりとする。

① 休業手当金の支給

② 障害年金および障害手当金の支給

③ 障害差額一時金の支給

④ 障害年金差額一時金の支給

⑤ 行方不明手当金の支給

⑥ 遺族年金の支給

⑦ 遺族一時金の支給

⑧ 遺族年金差額一時金の支給

Ⅲ　共済組合等

　　共済組合等には，国家公務員共済組合法および地方公務員等共済組合法に基づく2種類の共済組合と，私立学校教職員共済法に基づく共済制度がある。いずれも，

　　　　　　　　　　　　を行う制度である。

1．組合員・加入者

　　国家公務員共済組合の組合員は，国家公務員，同共済組合の職員，国家公務員共済組合連合会の役職員から構成されている。

　　地方公務員共済組合は，地方公務員を組合員としている。

　　私立学校教職員共済制度は，私立学校の教職員を主たる加入者としている。

2．短期給付

　　組合員の公務によらない傷病に対し，療養の給付が行われる。

Ⅲ　医療保険

　2．一部負担金制度

　　　　　　　　は健康保険の場合と同様である。

　なお，保険外併用療養費，療養費，高額療養費，家族療養費等の支給について
も，健康保険の場合と同様である。

Ⅳ　高齢者の医療の確保に関する制度

　高齢者の医療の確保に関する制度は，国民の高齢期における適切な医療の確保を | 法第1条
図るため，医療費の適正化を推進するための計画の作成および保険者による　　　　
　　　　　　等の実施に関する措置を講ずるとともに，高齢者の医療について，国民の
　　　　　　　　の理念に基づき，前期高齢者に係る保険者間の費用負担の調整，後期高
齢者に対する適切な医療の給付等を行うための必要な制度を設け，もって　　　　
　　　　　　　　　　　　および高齢者の福祉の増進を図ることを目的とするものである。

1．医療費適正化計画等

　(1)　厚生労働大臣は，国民の高齢期における適切な医療の確保を図る観点から， | 法第8条
　　　医療に要する費用の適正化を　　　　　　　　　　　　　　に推進するため，医療 | 法第11条
　　　費適正化基本方針を定めるとともに，6年ごとに，6年を1期として，全国医
　　　療費適正化計画を定めるものとする。厚生労働大臣は，当該計画の作成年度の
　　　翌々年度において，計画の推進状況に関する評価を行うとともに，その結果を
　　　　　　　　するものとする。

　(2)　都道府県は，医療費適正化基本方針に即して，6年ごとに，6年を1期とし | 法第9条
　　　て，都道府県医療費適正化計画を定めるものとする。都道府県は，当該計画の | 法第12条
　　　期間の終了の日の属する年度の翌年度の当該計画の実績に評価を行いその結果
　　　を公表するよう努めるとともに厚生労働大臣に報告するものとする。

2．特定健康診査等基本方針

　厚生労働大臣は，　　　　　　　　　　　　（糖尿病その他の政令で定める生活習慣 | 法第18条
病に関する健康診査をいう）および　　　　　　　　　　　　　（特定健康診査の結果に
より健康の保持に努める必要がある者に対する保健指導をいう）の適切かつ有効
な実施を図るための基本的な指針（特定健康診査等基本指針）を定めることとす
る。

3．前期高齢者に係る保険者間の費用負担の調整

　各保険者の加入者数に占める前期高齢者数の割合に係る負担の不均衡を調整す | 法第32条
るため，保険者に対して，前期高齢者交付金を交付する。前期高齢者交付金は，

Ⅳ　健康診査　　共同連帯　　国民保健の向上
　1．総合的かつ計画的　　公表
　2．特定健康診査　　特定保健指導

保険者から徴収する前期高齢者納付金をもって充てることとされている。

４．後期高齢者医療制度

後期高齢者医療制度は，高齢者の疾病，負傷または死亡に関して必要な給付を行う。　　法第47条

(1) 被保険者

次のいずれかに該当する者は，後期高齢者医療広域連合が行う後期高齢者医療の被保険者とする。　　法第50条

① ＿＿＿＿＿以上の者

② ＿＿＿＿＿＿＿＿＿＿＿＿＿＿＿＿＿＿の者で，国民年金の障害基礎年金を受けられる程度の障害がある旨の後期高齢者医療広域連合の認定を受けたもの

ただし，生活保護法による保護を受けている世帯に属する者等または介護保険法による指定介護療養施設サービスを行う療養病床等に入院している者については，行われない。

(2) 療養の給付

療養の給付は，被保険者の疾病または負傷に関し行われる①診察，②薬剤・治療材料の支給，③処置・手術その他の治療，④居宅における療養上の管理およびその療養に伴う世話その他の看護，⑤＿＿＿＿＿＿＿＿＿＿＿への入院およびその療養に伴う世話その他の看護とされている。　　法第64条

療養の給付を行うことが困難な場合には，療養の給付に代えて＿＿＿＿＿＿が支給される。

保険医療機関等について療養の給付を受ける者は，その際，療養の給付に要する費用の額の算定に関する基準（厚生労働大臣が中央社会保険医療協議会の意見を聴いて定める）により算定した額に次の割合を乗じて得た額を，一部負担金として支払わなければならない。　　法第67条

① ②以外の場合　＿＿＿＿＿＿＿＿＿＿

② 療養の給付を受ける者またはその世帯の他の世帯員である被保険者，70歳以上75歳未満の者で被保険者に該当しないものについて算定した所得の額が政令で定める額（＿＿＿＿＿＿＿＿＿＿）以上である場合　100分の30　　令第7条第2項

(3) 保険医療機関等

医療のうち，薬局での薬剤の支給以外の各給付については，次の保険医療機関等に被保険者証を提出して，受けるものとする。　　法第64条

４．75歳　　65歳以上75歳未満　　病院または診療所　　療養費　　100分の10　　145万円

① _____ に規定する保険医療機関および保険薬局

② その他厚生労働省令で定める病院・診療所および薬局で，都道府県知事に届け出たもの

(4) 入院時食事療養費

　　被保険者（長期入院療養を受ける者を除く）が，保険医療機関等（薬局を除く）のうち自己の選定するものについて，入院療養と併せて受けた食事療養に要した費用について，その者に対して，入院時食事療養費が支給される。　　　　法第74条

　　入院時食事療養費の額は，その食事療養につき食事療養に要する平均的な費用を勘案して厚生労働大臣が定める基準により算定した費用の額（現に要した費用の額を限度）から，平均的な家計における食費の状況を勘案して厚生労働大臣が定める額（_____）を控除した額である。

　　食事療養標準負担額の額は，１食につき，一般が_____，市町村民税非課税世帯等で入院日数90日以内が_____，同入院日数90日超で160円，同老齢福祉年金受給者で100円とされているが，１日の食事療養標準負担額は，３食に相当する額を限度とする。

(5) 入院時生活療養費

　　長期入院被保険者が，保険医療機関等（薬局を除く）のうち自己の選定するものについて，入院療養と併せて受けた生活療養に要した費用について，その者に対して，入院時生活療養費が支給される。　　　　法第75条

　　入院時生活療養費の額は，その生活療養につき生活療養に要する平均的な費用を勘案して厚生労働大臣が定める基準により算定した費用の額（現に要した費用の額を限度）から，平均的な家計における食費・光熱水費の状況等を勘案して厚生労働大臣が定める額（_____）を控除した額である。

(6) 保険外併用療養費

　　被保険者が，保険医療機関等のうち自己の選定するものから，_____，患者申出療養または_____を受けたときは，保険外併用療養費が支給される。　　　　法第76条

　　保険外併用療養費の額は，その療養（食事療養・生活療養を除く）につき厚生労働大臣が定める基準により算定した費用の額（現に要した費用の額を限度）から，_____を控除した額である。入院の際に食事療養・

健康保険法　　食事療養標準負担額　　460円　　210円　　生活療養標準負担額

評価療養　　選定療養　　一部負担金相当額

生活療養を受けたときは，入院時食事療養費・入院時生活療養費相当額が加算される。

(7) 訪問看護療養費

被保険者が＿＿＿＿＿＿＿＿＿＿に基づいて，指定訪問看護事業者の訪問看護ステーションから＿＿＿＿＿＿＿＿＿＿（その者の居宅において看護師等が行う療養上の世話，必要な診療の補助）を受けたときは，それに要した費用について，訪問看護療養費が支給される。

ただし，この支給は，病状が安定期にあり，指定訪問看護を要する寝たきり状態にある被保険者等であると＿＿＿＿＿＿＿＿＿＿＿＿＿＿＿が認める場合に限り行われる。 　　法第78条

(8) 特別療養費

被保険者が，＿＿＿＿＿＿＿＿＿＿の交付を受けている場合において，被保険者が，保険医療機関等または＿＿＿＿＿＿＿＿＿＿について療養を受けたときは，特別療養費を支給する。 　　法第82条

(9) 移送費

被保険者が，＿＿＿＿＿＿＿＿＿＿（保険外併用療養費に係る療養および特別療養に係る療養を含む）を受けるため病院または診療所に移送されたとき，その者に対し，移送費として，厚生労働省令で定めるところにより算定した額が支給される。 　　法第83条

(10) 高額療養費

高額療養費は，療養費の給付につき支払った一部負担金の額，療養（食事療養・生活療養を除く）に要した費用の額から＿＿＿＿＿＿＿＿＿＿，療養費または訪問看護療養費もしくは特別療養費として支給される額に相当する額を控除した額（一部負担金等の額）が＿＿＿＿＿＿＿＿＿＿であるときに，その支給を受けた被保険者に対し支給する。 　　法第84条

(11) 高額介護合算療養費

一部負担金等の額（＿＿＿＿＿＿＿＿＿＿が支給される場合にあっては，当該支給額に相当する額を控除した額）ならびに介護サービス利用者負担額（高額介護サービス費が支給される場合にあっては，当該支給額に相当する額を控除した額）および介護予防サービス利用者負担（高額介護サービス費が支給される場合にあっては，当該支給額に相当する額を控除した額）の合計額が著しく高額であるときは，高額介護合算療養費を支給する。 　　法第85条

主治医の指示　　指定訪問看護
後期高齢者医療広域連合　　被保険者資格証明書　　指定訪問看護事業者　　療養の給付
保険外併用療養費　　著しく高額　　高額療養費

5．費　用

(1)　国の負担

①　負担対象額の　　　　　　　　　　相当額を負担　　　法第93条

②　高額医療負担対象額の4分の1相当額を負担

(2)　都道府県の負担

①　負担対象額の　　　　　　　　　　相当額を負担　　　法第96条

②　高額医療負担対象額の4分の1相当額を負担

(3)　市町村の負担

負担対象額の　　　　　　　　　　相当額を負担　　　法第98条

(4)　後期高齢者交付金

後期高齢者医療の負担対象額に1から後期高齢者負担率および100分の50を　　法第100条
控除した率を乗じた額ならびに特定費用の額に1から後期高齢者負担率を控除
した率を乗じて得た額の合計額（保険納付対象額）については，　　　　　　
が後期高齢者広域連合に対して支給する後期高齢者交付金をあてる。

(5)　保険料

市町村は，　　　　　　　　　　　　に要する費用にあてるため，保険料を徴　　法第104条
収しなければならない。

保険料率は，療養の給付に要する費用の予想額等に照らし，おおむね　　　　
を通じ財政の均衡を保つことができるものであることとされている。

Ⅴ　児童手当

児童手当制度は，子ども・子育て支援法に規定する子ども・子育て支援の適切な　　児童手当法
実施を図るため，父母その他の保護者が子育てについての第1義的責任を有すると　第1条・3
いう基本的認識の下に，児童（18歳に達する日以後の最初の3月31日までの間にあ　条
る者であって，日本国内に住所を有するものまたは留学その他の内閣府令で定める
理由により日本国内に住所を有しないものをいう。以下同じ）を養育している者に
児童手当を支給することにより，家庭等における生活の安定に寄与するとともに，
次代の社会を担う児童の健やかな成長に資することを目的とする。

1．制度の特色

支給要件，給付内容等について，被用者，自営業者の別なく，全国を通じて単
一の制度である。また，他の公的給付とはすべて併給の扱いがなされている。

5．12分の3　　12分の1　　12分の1　　支払基金　　後期高齢者医療　　2年

376

財源において，国・地方公共団体の負担に加えて，被用者を雇用する事業主に対して拠出金を納付する義務を課している。

2．支給要件

(1) 日本国内に住所を有すること。

(2) 15歳に達する日以後の最初の3月31日までの間にある児童（中学校修了前の児童という），または中学校修了前の児童を含む児童2人以上（.......................）を監護し，かつ，この児童と一定の生計同一・維持関係にあること。

(3) 前年の所得が政令で定める額未満であること。

法第4条・第5条

3．支給額

(1) 0〜3歳未満　一律15,000円／月

(2) 3歳以上小学校修了前・第1子，第2子　10,000円／月（第3子以降　15,000円／月）

(3) 中学生　一律10,000円／月

(4) 特例給付　一律5,000円／月（当分の間所得制限額以上であることにより児童手当が不支給の者に支給）

法第6条

4．支給方法

児童手当の支給を受けようとする者は，住所地の.........................の認定を受けなければならない。認定の請求を行った月の翌月から支給事由の消滅した月まで支給される。

児童手当は，毎年2月，.............，.............の3期に分けて，それぞれ前月までの分が一括して支払われる。

法第7条・第8条

5．児童手当の支給に要する費用の負担割合

(1) 被用者の3歳未満の児童に係る費用（所得制限額未満）について

　① 事業主の拠出金 ── ....

　② 国庫 ── 45分の16

　③ 都道府県 ── ....

　④ 市町村 ── 45分の4

(2) 被用者等でない者の3歳未満の児童に係る費用（所得制限額未満）について

　① 国庫 ── 3分の2

　② 都道府県 ── 6分の1

　③ 市町村 ── 6分の1

法第18条
附則第2条

V 2．支給要件児童
　4．市町村長　　6月　　10月
　5．15分の7　　45分の4

事務の執行に要する費用（市町村長の給付事務の処理に必要な費用を除く）は，毎年度，予算の範囲内で，国庫が負担している。

なお，拠出金の納付義務は，＿＿＿＿＿＿＿における被保険者の＿＿＿＿＿を納付している事業主が負っており，その拠出金の額は，標準報酬月額・標準賞与額等に拠出金率（現在は＿＿＿＿＿＿＿＿＿＿）を乗じて得た額の総額である。

6．公務員等に対する児童手当

国家公務員および地方公務員等に対する児童手当については，認定および支給事務はその所属庁の長が直接行い，その費用は，その公務員等の所属する国，地方公共団体等がその全額を負担している。

（法第17条・第18条）

7．現況の届出

児童手当の受給者は，毎年6月中に，その年の＿＿＿＿＿＿＿における「児童手当現況届」を住所地の市町村長に提出する。

（法第26条）

Ⅵ　介護保険

この法律は，＿＿＿＿に伴って生ずる心身の変化に起因する疾病等により要介護状態となり，入浴，排せつ，食時等の介護，＿＿＿＿＿並びに看護および療養上の管理その他の医療を要する者等について，これらの者が＿＿＿＿を保持し，その有する能力に応じた自立した＿＿＿＿＿を営むことができるよう，必要な＿＿＿サービスおよび＿＿＿サービスに係る給付を行うため，国民の＿＿＿＿＿＿の理念に基づき介護保険制度を設け，その行う保険給付等に関して必要な事項を定め，もって国民の保健医療の向上および福祉の増進を図ることを目的とする。

（介護保険法第1条）

1．保険者——＿＿＿＿＿及び特別区である。

（法第3条）

2．被保険者の区分

(1)　第1号被保険者——市町村の区域内に住所を有する＿＿＿＿＿＿の者

(2)　第2号被保険者——市町村の区域内に住所を有する＿＿＿＿＿65歳未満の＿＿＿＿＿＿＿の加入者

（法第9条）

3．保険給付の種類

(1)　＿＿＿＿＿——被保険者の要介護状態に関する保険給付

(2)　＿＿＿＿＿——被保険者の要支援状態に関する保険給付

(3)　市町村特別給付——要介護状態・要支援状態の軽減または＿＿＿＿＿に資する保険給付として＿＿＿＿で定めるもの

（法第18条）

厚生年金保険　　保険料　　1,000分の3.6（令和2年4月から）
7．6月1日
Ⅵ　加齢　　機能訓練　　尊厳　　日常生活　　保健医療　　福祉　　共同連帯
　1．市町村　　2．65歳以上　　40歳以上　　医療保険
　3．介護給付　　予防給付　　悪化防止　　条例

378

4．地域支援事業

　市町村は，被保険者が要介護状態等となることの予防または，要介護状態等の軽減もしくは悪化の防止および地域において自立した日常生活を営むことができるよう支援するため，_____その他の地域支援事業を行うものとされている。

法第115条の45

5．公費負担等

(1)　国は，市町村に対し，①介護給付・予防給付（②を除く）に要する費用の額の_____相当額，②介護保険施設・特定施設入居者生活介護に係る介護給付，介護予防特定施設入居者生活介護に係る予防給付に要する費用の額の100分の15相当額を負担する。このほか，財政調整のため，_____（100分の5相当額）を交付する。

法第121条・第122条

　都道府県，市町村（一般会計）は，各々_____相当額，100分の17.5相当額を負担する。

法第123条・第124条

(2)　国は，市町村に対し，介護予防・日常生活支援総合事業に要する費用の額の_____相当額を交付する。

法第122条の2

　都道府県は，_____相当額を交付する。

　市町村は，一般会計において，_____相当額を負担する。

(3)　国は，市町村に対し，特定地域支援事業支援額の100分の50相当額を交付する。

　都道府県は，100分の25相当額を交付する。

　市町村は，一般会計において，100分の25相当額を負担する。

(4)　市町村の介護保険特別会計において負担する費用のうち，医療保険納付対象額については，社会保険診療報酬支払基金が市町村に交付する_____が充てられる。

法第125条

　また，介護予防・日常生活支援総合事業医療保険納付対象額については，支払基金が市町村に交付する_____をもって充てられる。

法第126条

6．保険料等

　市町村は，介護保険事業，財政安定化基金拠出金の納付に要する費用に充てるため，_____から保険料を徴収する。

法第129条

4．介護予防・日常生活支援総合事業

5．100分の20　　調整交付金　　100分の12.5　　100分の20　　100分の12.5　　100分の12.5
　介護給付費交付金　　地域支援事業支援交付金

6．第1号被保険者

379

保険料率は，第1号被保険者の所得状況に応じ，＿＿＿＿とされているが，特別の必要がある場合は，＿＿＿＿とすることができる。　令第38条

社会保険診療報酬支払基金は，市町村に交付する＿＿＿＿＿＿＿＿・地域支援事業支援交付金に充てるため，年度ごとに，医療保険者から介護給付費・地域支援事業支援納付金を徴収する。　法第150条

このため，医療保険者は，保険料，掛金または国民健康保険税を徴収する。

なお，市町村は，＿＿＿＿＿＿＿＿からは保険料を徴収しない。

Ⅶ　確定拠出年金

確定拠出年金制度は，個人または事業主が拠出した資金を個人が自己の責任において＿＿＿＿＿＿＿を行い，高齢期においてその結果に基づいた給付を受けることができるようにするため，高齢期における所得の確保に係る自主的な努力を支援し，公的年金給付と相まって国民の生活の安定と福祉の向上に寄与することを目的とする。　確定拠出年金法第1条

確定拠出年金には，企業型年金と個人型年金がある。　法第2条

1．企業型年金

企業型年金は，厚生年金適用事業所の事業主が，単独で，または共同して実施する年金制度である。

⑴　企業型年金の開始

企業型年金を実施しようとするときは，厚生年金適用事業所に使用される＿＿＿＿＿＿＿＿＿＿＿＿＿＿＿＿の過半数で組織する労働組合（ないときは，過半数代表者）の同意を得て，企業型年金に係る規約を作成し，厚生労働大臣の＿＿＿＿を受けなければならない。　法第3条

事業主は，給付に充てるべき積立金について，信託会社，生命保険会社，農業協同組合連合会または損害保険会社と所定の契約を締結しなければならない。　法第8条

⑵　加入者等

実施事業所に使用される厚生年金保険の被保険者は，企業型年金加入者（その者について事業主により掛金が拠出され，かつ，企業型年金運用指図者となる者をいう）とされる。　法第9条

また，＿＿＿＿＿＿＿＿に達したことにより加入者資格を喪失した者，加入者であった者で年金たる＿＿＿＿＿＿＿＿の受給権を有するものは，企業　法第15条

9段階　　多段階　　介護給付費交付金　　第2号被保険者
Ⅶ　運用の指図
1．第1号等厚生年金被保険者　　承認　　60歳以上65歳以下の一定の年齢　　障害給付金

380

型年金運用指図者（個人別管理資産について運用の指図を行う者）とされる。

(3) 掛　金

　　事業主は，政令で定めるところにより，＿＿＿＿＿＿＿＿＿以上，定期的に掛金を拠出する。各企業型年金加入者に係る＿＿＿＿＿＿＿の事業主掛金の額（企業型年金加入者が企業型年金加入者掛金を拠出する場合にあっては，事業主掛金の額と企業型年金加入者掛金の額との合計額）の総額は，拠出限度額（＿＿＿＿＿＿＿に拠出することができる事業主掛金の額の総額の上限として，企業型年金加入者の確定給付企業年金の加入者の資格の有無等を勘案して政令で定める額をいう。）を超えてはならない。

法第19条・第20条

　　所定の拠出限度額は，企業型年金加入者期間（他の企業型年金の企業型年金加入者の資格に係る期間を除く。）の計算の基礎となる期間の各月の末日における次の各号に掲げる企業型年金加入者の区分に応じて当該各号に定める額を合計した額とする。

令第11条

① 企業型年金加入者であって次に掲げる者以外のもの　55,000円　※1
　イ　私立学校教職員共済法の規定による私立学校教職員共済制度の加入者（事業主が学校法人等である場合に限る。）
　ロ　事業主が設立している石炭鉱業年金基金に係る石炭鉱業年金基金法に規定する坑内員（石炭鉱業年金基金が一定の事業を行うときは、当該規定する坑外員を含む。以下「坑内員等」という。）
　ハ　事業主が実施している確定給付企業年金の加入者（確定給付企業年金法施行令の規定に基づき，当該月について確定給付企業年金の給付の額の算定の基礎としない者を除く。）
② 企業型年金加入者であって①イからハまでに掲げるもの　27,500円
　※1　企業型年金のみを実施するときであって個人型年金への加入を認めた場合は，企業型年金への事業主掛金の上限を月額35,000円
　※2　企業型年金と確定給付型年金を実施するときであって個人型年金への加入を認める場合は，企業型年金への事業主掛金の上限を月額15,500円

2．個人型年金

　　個人型年金は，＿＿＿＿＿＿＿＿＿＿＿＿＿＿＿が厚生労働大臣の指定を受けて実施する年金制度である。

━━━━━━━━━━━━━━━━━━━━━━━━━━━━━━━━

年1回　　1年間　　1年間
2．国民年金基金連合会

(1) 個人型年金の開始

連合会は，個人型年金に係る規約を作成し，＿＿＿＿＿＿＿＿＿＿の承認を受 　法第55条
けなければならない。

また，運営管理業務を，個人型年金加入者等が指定する確定拠出年金運営管 　法第60条・
理機関に委託しなければならない。 　第65条

(2) 加入者等

次の者は，連合会に申し出て，個人型年金加入者（掛金を拠出し，かつ，個 　法第62条
人型年金運用指図者となる者をいう）となることができる。

① 国民年金の＿＿＿＿＿＿＿＿＿＿＿（生活保護法による生活扶助等を受け
る者，保険料申請免除者を除く。第1号加入者）

② 60歳未満の厚生年金保険の被保険者で，企業型年金等対象者以外のもの
（共済組合の組合員を含み，第2号加入者という） ※1 ※2

③ 国民年金の＿＿＿＿＿＿＿＿＿＿（第3号加入者）

※1 企業型年金のみを実施する場合は，企業型年金への事業主掛金の上限
を月額35,000円とすることを規約で定めた場合に限り，個人型年金への加
入を認める。

※2 企業型年金と確定給付型年金を実施する場合は，企業型年金への事業
主掛金の上限を月額15,500円とすることを規約で定めた場合に限り，個人
型年金への加入を認める。

また，加入者資格を喪失した者（死亡等の場合を除く）は，個人型年金運用 　法第64条
指図者とされる。

(3) 掛　金

個人型年金加入者は，年1回以上，定期的に掛金を拠出する。 　法第68条

1年間の個人型年金加入者掛金の額の総額は，拠出限度額（個人型年金加入 　法第69条
者期間の計算の基礎となる期間の各月の末日における次の各号に掲げる個人型 　令第36条
年金加入者の区分に応じて当該各号に定める額を合計した額）を超えてはなら
ない。

① 第1号加入者　68,000円（年額816,000円上限）（国民年金の付加保険料ま
たは国民年金基金の掛金の納付に係る月にあっては，68,000円から当該保険
料または掛金の額（その額が68,000円を上回るときは，68,000円）を控除し
た額）（国民年金保険料納付月以外の月にあっては，0円）

厚生労働大臣　　第1号被保険者　　第3号被保険者

② 第2号加入者　23,000円（年額276,000円上限）※

③ 第3号加入者　23,000円（年額276,000円上限）

※ 第2号加入者のうち第2号〜4号厚生年金被保険者においては12,000円。

第1号厚生年金被保険者は下記の通りとなる。

イ　企業年金制度の対象とならない者の場合　23,000円（年額276,000円上限）

ロ　企業型年金のみを実施する場合　20,000円（年額240,000円上限）※1

ハ　確定給付型年金のみを実施している場合　12,000円（年額144,000円上限）

ニ　企業型年金と確定給付型年金を実施している場合　12,000円（年額144,000円上限）※2

※1　企業型年金で加入者掛金拠出を実施していない場合であって，企業型年金加入者が個人型年金加入者となることができることを定め，企業型年金への掛金の上限を月額35,000円（年額420,000円上限）とすることを規約で定めた場合

※2　企業型年金で加入者掛金拠出を実施していない場合であって，企業型年金加入者が個人型年金加入者となることができることを定め，企業型年金への掛金の上限を月額15,500円（年額186,000円上限）とすることを規約で定めた場合

3．運用の方法等

確定拠出年金運営管理機関は，運用の方法（運用商品）を少なくとも＿＿＿＿以上（簡易企業型年金においては2以上）35以下選定し，加入者等に提示する。運用の方法は，見込まれる収益の率・変動の可能性・その他の収益の性質が類似していないものを選定しなければならない。　　　　　　　　　　　　　　法第23条

加入者等は，積立金のうち個人別管理資金について，提示された運用方法の中から＿＿＿＿＿＿＿＿の方法を選択し，かつ，各運用方法に充てる額を決定して，運用の指図を行う。　　　　　　　　　　　　　　　　　　　法第25条

4．給　付

給付の種類は，①老齢給付金，②障害給付金または③死亡一時金とされている。また，当分の間，一定の者には，脱退一時金が支給される。　　　法第28条・附則第3条

なお，老齢給付金，障害給付金は，年金として支給されるものであるが，規約の定めにより，その全部または一部を一時金として支給することができる。　法第35条・第38条

3．3　　1または2以上

(1) 老齢給付金

　　加入者等であった者で60歳以上のもの（＿＿＿＿＿＿＿＿の受給権者または
他の企業型年金の企業型年金加入者を除く）が，一定の年数または月数以上の通
算加入者等期間（加入者期間，運用指図者期間）を有するときに，請求できる。

　　通算加入者等期間は，60歳以上の者は＿＿＿＿（61歳以上の者は8年，62歳以
上の者は6年，63歳以上の者は4年，64歳以上の者は2年，65歳以上の者は1
カ月）以上とされている。

　　なお，加入者であった者が老齢給付金の請求をすることなく＿＿＿＿に達した
ときは，老齢給付金が支給される。

(2) 障害給付金

　　加入者または加入者であった者が，障害認定日から＿＿＿＿に達する日の前日
までの間に，国民年金法で規定する障害等級1級または2級の障害の状態に至っ
たときに，請求できる。

　　基準傷病に係る障害についても，同様である。

(3) 死亡一時金

　　加入者または加入者であった者が死亡したときに，その者の遺族に支給され
る。

	法第33条
	法第34条
	法第37条
	法第40条

Ⅷ　確定給付企業年金

　　確定給付企業年金制度は，事業主が従業員と給付の内容を約し，高齢期において
従業員がその内容に基づいた給付を受けることができるようにするため，高齢期に
おける所得の確保に係る自主的な努力を支援し，公的年金給付と相まって国民生活
の安定と福祉の向上に寄与することを目的とする。　　　　　　　　　　　　（確定給付企業年金法第1条）

　　確定給付企業年金は，厚生年金適用事業所の事業主が，単独で，または共同して
実施する年金制度である。　　　　　　　　　　　　　　　　　　　　　（法第2条）

1．確定給付企業年金の開始

　　確定給付企業年金を実施しようとするときは，厚生年金適用事業所に使用され
る厚生年金保険の被保険者の過半数で組織する労働組合（ないときは，過半数代
表者）の同意を得て，確定給付企業年金に係る規約を作成し，①その規約につい
て厚生労働大臣の＿＿＿＿を，または②企業年金基金の設立についてその＿＿＿＿を
受けなければならない。　　　　　　　　　　　　　　　　　　　　　（法第3条）

4．障害給付金　　10年　　75歳　　75歳

Ⅷ1．承認　　認可

384

2．加入者

実施事業所に使用される厚生年金保険の被保険者は，加入者とされる。 | 法第25条

3．給　付

事業主および基金が行う給付の種類は，①老齢給付金，②脱退一時金とされている。規約の定めにより，③障害給付金，④遺族給付金の支給（任意給付）を行うことができる。 | 法第29条

支給期間等については，終身または＿＿＿＿＿＿＿にわたり，毎年＿＿＿＿＿＿＿，定期的に支給するものでなければならない。 | 法第33条

(1)　老齢給付金

加入者または加入者であった者が受給要件（支給開始要件は60歳以上70歳以下等と，加入者期間は＿＿＿＿＿＿＿とする）を満たすこととなったときに，支給される。 | 法第36条

老齢給付金は，年金として支給されるものであるが，規約の定めにより，その全部または一部を一時金として支給することができる。 | 法第38条

(2)　脱退一時金

加入者が，加入者資格を喪失（死亡を除く）し，かつ，受給要件（老齢給付金を受給できないこと等，加入者期間は＿＿＿＿＿＿＿とする）を満たすこととなったときに，支給される。 | 法第41条

(3)　障害給付金

傷病（基準傷病を含む）の初診日において加入者であった者であって，障害認定日から規約で定める年齢（＿＿＿＿＿＿＿＿＿＿＿）に達するまでの間に＿＿＿＿＿＿＿の障害の状態（厚生年金保険法第47条第2項）に該当したときに，支給される。 | 法第43条

障害給付金は，規約の定めにより，年金または一時金として支給される。 | 法第44条

(4)　遺族給付金

加入者，老齢給付金の受給者，障害給付金の受給権者等（給付対象者）が死亡したときに，その者の遺族に支給される。 | 法第47条

遺族給付金は，規約の定めにより，年金または一時金として支給される。 | 法第49条

4．掛　金

事業主は，給付事業に要する費用に充てるため，規約の定めにより，年1回以上，定期的に，掛金を拠出しなければならない。規約で定める日までに，資産管 | 法第55条・第56条

3．　5年以上　　　1回以上　　　20年以下　　　3年以下　　　60歳以上70歳以下　　　1級〜3級

理運用機関等に納付するものとされている。

　なお，加入者は，規約の定めにより，掛金の一部（＿＿＿＿＿＿＿を限度）を負担することができる。

５．企業年金連合会

(1)　目的等

　事業主等は，＿＿＿＿＿＿の中途脱退者及び終了制度加入者等に係る＿＿＿＿＿＿の支給を共同して行うとともに，企業年金連合会（以下「連合会」という。）から＿＿＿＿＿＿への積立金の移換及び連合会から＿＿＿＿＿＿への積立金の移換を円滑に行うため，連合会を設立することができる。連合会は，全国を通じて一個とする。連合会は，法人とする。

法第91条の2・法第91条の3

(2)　設　立

　連合会を設立するには，その会員となろうとする＿＿＿以上の事業主等が発起人とならなければならない。発起人は，規約を作成し，創立総会の日時及び場所とともに公告して，創立総会を開かなければならない。公告は，会日の＿＿＿前までにしなければならない。

　発起人が作成した規約の承認その他設立に必要な事項の決定は，創立総会の議決によらなければならない。創立総会においては，前項の規約を修正することができる。ただし，会員の資格に関する規定については，この限りでない。

法第91条の5・法第91条の6

(3)　設立総会と設立時期

　創立総会の議事は，会員たる資格を有する者で，その会日までに発起人に対し設立の同意を申し出た者の＿＿＿以上が出席して，その出席者の＿＿＿＿以上で決する。

　発起人は，創立総会の終了後遅滞なく，規約その他必要な事項を記載した書面を＿＿＿＿＿＿に提出して，設立の認可を受けなければならない。

　連合会は，設立の認可を受けた時に成立する。

　当該設立の同意を申し出た者は，連合会が成立したときは，その成立の日に会員の資格を取得するものとする。

法第91条の6・法第91条の7

(4)　規　約

　連合会は，規約をもって＿＿，事務所の所在地，評議員会に関する事項などを定めなければならない。

法第91条の8

４．２分の１

５．(1)　確定給付企業年金　　老齢給付金　　確定給付企業年金　　確定拠出年金

　　(2)　20　　　２週間

　　(3)　半数　　　３分の２　　　厚生労働大臣

　　(4)　名称

⑸ 業　務

連合会は，次に掲げる業務を行うものとする。（法第91条の18）

① ＿＿＿相当額の移換を受け，中途脱退者又はその遺族について老齢給付金又は遺族給付金（一時金として支給するものに限る。）の支給を行うこと。

② ＿＿＿の資産管理運用機関等の申出があったときは，連合会に当該申出に係る残余財産の移換を受け，終了制度加入者等又はその遺族について老齢給付金又は遺族給付金の支給を行うこと。

③ 確定拠出年金の＿＿＿の移管を受けたときは，企業型年金加入者であった者またはその遺族について老齢給付金または遺族給付金の支給を行うこと。

⑹ 裁　定

連合会が支給する給付を受ける権利は，その権利を有する者の請求に基づいて，＿＿＿が裁定する。当該裁定に基づき，その請求をした者に給付の支給を行う。（法第91条の23）

Ⅸ　特別障害給付金

特別障害給付金制度は，国民年金制度の発展過程において生じた特別な事情にかんがみ，障害基礎年金等の受給権を有していない障害者に特別障害給付金を支給することにより，その福祉の増進を図ることを目的とするものである。（特定障害者に対する特別障害給付金の支給に関する法律第1条）

1．特定障害者

特定障害者とは，国民年金制度の任意加入対象者であった次の者で，任意加入しなかったもののうち，その期間内に初診日がある傷病により＿＿＿に国民年金法に規定する障害等級に該当する程度の障害の状態（基準傷病による障害と併合したものを含む）に至り，現にその障害状態にあるが，＿＿＿等を受ける権利を有していないものをいう。（法第2条）

① ＿＿＿3月以前の被用者年金各法の被保険者等の配偶者

② ＿＿＿3月以前の学生等

2．特別障害給付金の額等

特別障害給付金は，月を単位として支給され，その額は，1カ月につき，＿＿＿万円（令和4年4月以降は41,840円）（障害等級が1級の特定障害者は，＿＿＿万円（令和4年4月以降は52,300円））とされている。（法第4条）（支給に関する政令第1条の2）

⑸　脱退一時金　　確定給付企業年金　　個人別管理資産

⑹　連合会

Ⅸ 1．65歳到達日前　　障害基礎年金　　昭和61年　　平成3年

2．4　　5

3．認　定

　　特別障害給付金の支給を受けようとするときは，＿＿＿＿＿に達する日の前日まで | 法第6条

に，住所地の市町村長（特別区の区長を含む）を経由して，＿＿＿＿＿＿＿＿＿＿＿

＿＿＿＿に対し，受給資格・額について認定の請求をしなければならない。

4．支給期間・支払期月　　　　　　　　　　　　　　　　　　　　　　　　　　　法第7条

　　特別障害給付金の支給は，原則として，認定請求月の翌月から始め，支給事由

消滅月で終わる。原則として，毎年2月，4月，6月，8月，10月，12月の6期

に，それぞれの前月までの分が支払われる。

5．支給制限等

　⑴　特定障害者が日本国内に住所を有しないとき等には，支給されない。 | 法第3条

　⑵　特定障害者の前年の所得が政令で定める額を超えるときは，額の全部または | 法第9条

　　　2分の1相当額が，10月分から翌年9月分まで支給されない。

　⑶　特定障害者が国民年金法による老齢基礎年金・遺族基礎年金，＿＿＿＿＿＿＿ | 法第16条

　　　＿＿＿＿による年金給付等を受けることができるときは，原則として，全部または

　　　一部が支給されない。

6．雑　　則

　⑴　特別障害給付金の支給を受けている者で，国民年金の被保険者であるものに | 法第18条

　　　ついては，申請すれば全額または半額の保険料免除が受けられる。

　⑵　特別障害給付金の支給に要する費用は，国庫が負担する。 | 法第19条

X　特別遺族給付金

　　特別遺族給付金制度は，石綿にさらされる業務に従事することにより指定疾病に | 石綿健康障

かかり，これにより死亡した者の遺族であって，労災保険法の規定による遺族補償 | 害救済法第
59条

給付を受ける権利が時効により消滅したものに対し，特別遺族給付を支給するとい

うものである。

1．死亡した者の範囲

　　＿＿＿＿＿＿＿＿＿の保険関係が成立している事業に使用される労働者または労災保 | 法第2条

険特別加入者であって，昭和22年9月1日以降に指定疾病等にかかり，これによ

り平成28年3月26日以前に死亡したものをいう。

2．指定疾病

　　中皮腫，気管支・肺の石綿による悪性新生物，著しい呼吸機能障害を伴う石綿

肺，著しい呼吸機能障害を伴うびまん性胸膜肥厚とされている。

3．65歳　　厚生労働大臣

5．労災保険法

X1．労災保険

3．特別遺族年金の受給者の範囲

特別遺族年金の受給資格者は，死亡した労働者等の死亡の当時その収入で生計を同じくしていた死亡労働者等の配偶者，子，父母，孫，祖父母および兄弟姉妹であって，次のいずれにも該当するものとされている。

法第60条

(1) 妻以外の者は，死亡労働者等の死亡の当時に，次のいずれかに該当すること

① 夫，父母，祖父母については，＿＿＿＿＿＿＿＿＿または一定の障害の状態であること

② 子，孫については，18歳に達する日以後の最初の3月31日までの間にあるか，一定の障害の状態にあること

③ 兄弟姉妹については，18歳に達する日以後の最初の3月31日までの間にあるか，＿＿＿＿＿＿＿＿＿または一定の障害の状態であること

(2) 死亡労働者等の死亡の時から平成23年8月30日の間において，次のいずれにも該当しないこと

① ＿＿＿＿＿（事実上の婚姻関係を含む）をしたこと

② 直系血族または直系姻族以外の者の養子（事実上の養子関係を含む）となったこと

③ 離縁によって，死亡労働者等との親族関係が終了したこと

④ 子，孫，兄弟姉妹については，18歳に達した日以後の最初の3月31日が終了したこと（死亡労働者等の死亡の時から引き続き一定の障害の状態にあるときを除く）

⑤ 一定の障害の状態にあることにより受給資格者となった者については，その事情がなくなったとき（年齢要件に該当する場合を除く）

また，特別遺族年金を受けるべき遺族（受給権者）の順位は，配偶者，子，父母，孫，祖父母，兄弟姉妹の順とされている。

4．特別遺族年金の額

特別遺族年金の額は，受給権者および受給権者と生計を同じくしている受給資格者の人数の区分に応じて，次のとおりである。なお，受給権者が2人以上あるときは，その人数で除して得た額が，それぞれに支給される。

法第59条
令第15条

① 1人 240万円

② 2人 270万円

③ 3人 300万円

④ 4人以上 330万円

3．55歳以上　　55歳以上　　婚姻

5．支給期間・支給期月

　　特別遺族年金の支給は，請求日の........................から始め，受給権が........................で終わる。毎月 2 月， 4 月， 6 月， 8 月，10月，12月の 6 期に，それぞれ前月分までが支払われる。

　　　　　　　　　　　　　　　　　　　　　　　　　　　　　　　法第64条

6．特別遺族一時金の受給権者の範囲等

　　特別遺族一時金の受給権者は，次のとおりである。この順序（②③については掲げた順）により受給権者となる。

法第63条

　①　配偶者
　②　死亡労働者等の死亡の当時その収入によって........................していた子，父母，孫，祖父母
　③　②に該当しない子，父母，孫，祖父母
　④　兄弟姉妹

7．特別遺族一時金の額

　　特別遺族一時金の受給権者が 2 人以上あるときは，その人数で除して得た額が，それぞれに支給される。

法第62条
令第16条

　①　平成23年 3 月27日において，特別遺族年金の受給資格者がないとき
　　　　　　　　………1,200万円
　②　特別遺族年金の受給権者がすべて失権した場合に，受給権者全員に対し支給された額の合計額が1,200万円に満たないとき
　　　　　　　　………1,200万円から既支給年金額を控除した額

8．請求期限

　　特別遺族年金または特別遺族一時金の請求は，平成18年 3 月27日から........................に行わなければならない。

XI　厚生年金保険の保険給付及び国民年金の給付に係る時効の特例等に関する法律

　　厚生労働大臣は，平成19年 7 月 6 日（施行日）において厚生年金保険法による保険給付を受ける権利を有する者または施行日前において当該権利を有していた者について，原簿に........................した事項の訂正がなされた上で当該給付を受ける権利に係る裁定が行われた場合においては，その裁定による当該........................した事項の訂正に係る保険給付を受ける権利に基づき，支払期月ごとにまたは一時金として支払うものとする保険給付の支給を受ける権利について当該裁定の日までに........................が完成

法第 1 条・
第 2 条

5．翌月　　消滅した月
6．生計を維持
8．16年以内（令和 4 年 3 月27日までに）
XI　記録　　記録　　消滅時効

390

した場合においても，当該権利に基づく保険給付を支払うものとする。

また，国民年金法についても同様とする。

第6　　社会保険労務士制度の概要

Ⅰ　社会保険労務士法の目的

社会保険労務士法は，社会保険労務士の制度を定めて，その業務の適正を図り，もって労働・社会保険に関する法令の円滑な実施に寄与するとともに，事業の＿＿＿＿＿＿と労働者等の＿＿＿＿＿＿＿＿＿＿に資することを目的とする。

社会保険労務士および社会保険労務士法人は，その職責として，常に＿＿＿＿＿を保持し，業務に関する法令・実務に精通して，＿＿＿＿＿＿＿＿＿で，誠実にその業務を行うべきこととされている。

社会保険労務士法第1条

法第1条の2・第25条の20

Ⅱ　社会保険労務士の業務

社会保険労務士は，次の事務を行うことを業とする。

①　労働社会保険諸法令に基づいて行政機関等に提出する申請書，＿＿＿＿＿＿，報告書，審査請求書，＿＿＿＿＿＿＿＿＿，その他の書類の作成

②　申請書等の提出に関する手続を＿＿＿＿＿＿に代わってすること

③　労働社会保険諸法令に基づく申請，届出，報告，審査請求，＿＿＿＿＿＿＿＿その他の事項のうち一定のものについて，またはこの申請等に係る行政機関等の調査・処分に関し行政機関等に対してする主張・陳述について，＿＿＿＿＿＿＿の代理をすること（事務代理）

④　個別労働関係紛争の解決の促進に関する法律の規定による＿＿＿＿＿＿＿＿におけるあっせん，障害者の雇用の促進等に関する法律，労働施策の総合的な推進並びに労働者の雇用の安定及び職業生活の充実等に関する法律，雇用の分野における男女の均等な機会及び待遇の確保等に関する法律，労働者派遣事業の適正な運営の確保及び派遣労働者の保護等に関する法律，育児休業，介護休業等育児又は家族介護を行う労働者の福祉に関する法律，短時間労働者及び有期雇用労働者の雇用管理の改善等に関する法律に規定する紛争調整委員会における調停について，＿＿＿＿＿＿を代理すること（あっせん代理）

法第2条

則第1条

【第6】

Ⅰ　健全な発達　　福祉の向上　　品位　　公正な立場

Ⅱ　届出書　　再審査請求書　　事業主　　再審査請求　　事業主　　紛争調整委員会　　紛争当事者

⑤　個別労働関係紛争（紛争の目的の価額が＿＿＿＿＿＿を超える場合には，弁護士が同一の依頼者から受任しているものに限る。）に関する民間紛争解決手続（裁判外紛争解決手続の利用の促進に関する法律に規定する民間紛争解決手続をいう。以下同じ。）であって，個別労働関係紛争の民間紛争解決手続の業務を公正かつ適確に行うことができると認められる団体として厚生労働大臣が指定するものが行うものについて，紛争の当事者を代理すること。 ｜ 法第2条1の6

⑥　労働社会保険諸法令に基づく＿＿＿＿＿＿（①の申請書等を除く）の作成

⑦　事業における労務管理その他の労働に関する事項，労働社会保険諸法令に基づく社会保険に関する事項について，＿＿＿＿＿に応じ，または＿＿＿＿＿すること

以上のほか，他人の作成した申請書等の＿＿＿＿＿の事務がある。

上記④及び⑤の紛争解決手続代理業務については，＿＿＿＿＿（紛争解決手続代理業務試験に合格し，かつ，社会保険労務士名簿に合格した旨の＿＿＿＿＿を受けた社会保険労務士）に限り，行うことができる。 ｜ 法第14条の11の3

なお，これらの事務には，他の法律で制限されている事務，療養の給付等の費用について病院等が保険者に対してする医療費請求事務は含まれない。

社会保険労務士は，事業における労務管理その他の労働に関する事項および労働社会保険諸法令に基づく社会保険に関する事項について，裁判所において＿＿＿＿＿として，弁護士である訴訟代理人とともに出頭し，陳述をすることができる。 ｜ 法第2条の2

この陳述は，当事者又は訴訟代理人が自らしたものとみなす。ただし，当事者または訴訟代理人がこの陳述を直ちに取り消し，又は更正したときは，この限りでない。

Ⅲ　権利・義務等

1．社会保険労務士・社会保険労務士法人は，労働社会保険諸法令に違反する行為について＿＿＿＿＿をし，＿＿＿＿＿に応じ，またはこれに類する行為をしてはならない。 ｜ 法第15条

また，社会保険労務士の信用・品位を害するような行為をしてはならない。 ｜ 法第16条

2．社会保険労務士または社会保険労務士法人は，事務代理をする場合においては，原則として，その権限を有することを証する書面を行政機関等に提出しなければならない。 ｜ 則第16条の2

3．勤務社会保険労務士（事業所に勤務し，前記Ⅱの事務に従事する者）は，事務の適正・円滑な処理に努めなければならない。 ｜ 法第16条の2

4．社会保険労務士または社会保険労務士法人が作成した一定の申請書等について ｜ 法第17条　則第13条

120万円　　帳簿書類　　相談　　指導　　審査　　特定社会保険労務士　　付記　　補佐人
Ⅲ1．指示　　相談

392

は，作成の基礎となった事項（賃金台帳等）を添付・提出する代わりに，その事項を申請書等に付記するか，書面に記載して添付すればよい。

5．開業社会保険労務士は，その業務を行う ＿＿＿＿＿＿（原則として１カ所）を定めなければならない。社会保険労務士法人の ＿＿＿＿＿ となろうとする者も，その法人の事務所を定めなければならないが，自らの事務所を設けることはできない。　　　　　　　　　　　　　　　　　　　　　　　　　　　　　　　　法第18条

　　また，業務に関する帳簿を備え，その閉鎖の時から ＿＿＿＿＿＿，関係書類とともに保存しなければならない。　　　　　　　　　　　　　　　　　　　　　　　　　法第19条

　　さらに，正当な理由なしに ＿＿＿＿＿（＿＿＿＿＿＿＿＿＿＿ を除く）を拒むことはできず，また，業務に関して知り得た秘密を漏らしたり，盗用することは禁じられている。　　　　　　　　　　　　　　　　　　　　　　　　　　　　　　　　　法第20条・第21条

6．社会保険労務士・社会保険労務士法人は，名称の使用制限，業務の制限に違反する者から事件の ＿＿＿＿＿＿ を受け，またはこれらの者に自己の ＿＿＿＿＿ を利用させてはならない。　　　　　　　　　　　　　　　　　　　　　　　　　　　　　　法第23条の2

Ⅳ　監　督

社会保険労務士に対する懲戒処分は，次のとおりである。　　　　　　　　　　　法第25条

①　＿＿＿＿＿

②　＿＿＿＿＿＿＿＿＿ の開業社会保険労務士，その使用人である社会保険労務士，社会保険労務士法人の社員，その使用人である社会保険労務士の ＿＿＿＿＿＿＿＿＿

③　＿＿＿＿＿＿＿＿＿（社会保険労務士の資格を失わせる処分）

　　厚生労働大臣は，社会保険労務士が故意に，真正の事実に反して申請書等の作成，事務代理，あっせん代理または不正行為の指示等をしたときは，②または③の懲戒処分をすることができる。　　　　　　　　　　　　　　　　　　　　　　　　　　　　法第25条の2

　　また，相当の注意を怠って上記の行為をしたときは，①または②の懲戒処分をすることができる。

　　さらに，作成または審査した申請書等について虚偽の付記等をしたとき，社会保険労務士法および労働社会保険諸法令の規定に違反したとき，社会保険労務士たるにふさわしくない重大な非行があったときは，①～③のいずれかの懲戒処分をすることができる。　　　　　　　　　　　　　　　　　　　　　　　　　　　　　　　　　法第25条の3

　　＿＿＿＿＿＿＿＿＿＿＿＿ または連合会は，会員に上記の行為または事実があると認めたときは，＿＿＿＿＿＿＿＿＿＿＿＿ に対し，その会員の氏名・事務所所在地，そ　　　　法第25条の3の2

5．事務所　　社員　　2年間　　依頼　　あっせん代理
6．あっせん　　名義
Ⅳ　戒告　　1年以内　　業務の停止　　失格処分　　社会保険労務士会　　厚生労働大臣

の行為または事実を通知しなければならない。また，＿＿＿＿＿も，この通知をして，適当な措置をとるべきことを求めることができる。

V　社会保険労務士の資格

1．弁護士となる資格を有する者は，社会保険労務士となる資格を有する。 ……法第3条

2．次のいずれかに該当する者は，社会保険労務士となることはできない。 ……法第5条

　⑴　＿＿＿＿＿＿＿

　⑵　破産者で復権を得ないもの

　⑶　社会保険労務士の失格処分，登録の取消し処分等を受けた日，または法令により刑に処せられその執行が終わった日等から＿＿＿＿＿を経過しない者

　⑷　公務員（行政執行法人・特定地方独立行政法人の役員・職員を含む）で懲戒免職の処分を受け，弁護士会から除名され，公認会計士の登録の抹消の処分を受け，税理士の業務を禁止され，または行政書士の業務を禁止された日から＿＿＿＿＿を経過しない者

VI　社会保険労務士法人

1．社会保険労務士法人の社員は，＿＿＿＿＿＿＿＿＿＿＿でなければならない。業務停止処分の期間を経過しない者，社会保険労務士法人が解散・業務停止命令を受け，その処分の日＿＿＿＿＿＿＿＿＿にその社員であった者で処分の日から＿＿＿＿＿（業務停止期間）を経過しないものは，社員となることはできない。 ……法第25条の8

　※　社会保険労務士法人は社会保険労務士である社員が1人でも設立が可能である。

2．社会保険労務士法人は，前記IIの業務のほか，その業務に準ずる一定の業務の全部または一部について，＿＿＿＿＿＿＿＿により行うことができる。 ……法第25条の9

3．社員は，自己もしくは第三者のために社会保険労務士法人の業務の範囲に属する業務を行うこと，他の社会保険労務士法人の社員となることは禁止されている。 ……法第25条の18

4．社会保険労務士法人は，次に掲げる理由によって解散する。 ……法第25条の22

　①　定款に定める理由の発生

　②　＿＿＿＿＿の同意

　③　他の社会保険労務士法人との合併

　④　破産手続開始の決定

何人

V2．未成年者　　3年　　3年

VI1．社会保険労務士　　以前30日以内　　3年

　2．定款の定め

　4．総社員

⑤　解散を命ずる裁判

⑥　厚生労働大臣による解散の命令

⑦　＿＿＿＿＿の欠亡

Ⅶ　社会保険労務士の登録

1．社会保険労務士となる資格を有する者が社会保険労務士となるには，＿＿＿＿＿＿＿＿＿＿＿に備える「社会保険労務士名簿」に，所定の事項を登録しなければならない。〔法第14条の2・第14条の3〕

連合会は，登録をしたときは，社会保険労務士証票を交付する。

2．開業社会保険労務士は，＿＿＿＿＿を定めて，社会保険労務士法人の社員になろうとする者は，その＿＿＿＿＿の事務所を定めて，その名称・所在地等の登録を，また，勤務社会保険労務士は，＿＿＿＿＿の名称・所在地等の登録を，それぞれ受けておかなければならない。

なお，この登録申請は，＿＿＿＿＿＿＿＿＿を経由して行うことになっている。〔法第14条の5〕

3．次のいずれかに該当する者は，登録を受けることはできない。また，連合会は，これに該当すると認めた者については，登録を拒否しなければならない。〔法第14条の7〕

①　＿＿＿＿＿により，弁護士，公認会計士，会計士補，税理士または＿＿＿＿＿の業務を停止された者で，現にその処分を受けているもの

②　＿＿＿＿＿＿＿により社会保険労務士の業務を行うことができない者

③　社会保険労務士の＿＿＿＿＿または＿＿＿＿＿を害するおそれがある者その他社会保険労務士の職責に照らし社会保険労務士としての適格性を欠く者

4．紛争解決手続代理業務の付記

⑴　社会保険労務士は，その登録に紛争解決手続業務試験に合格した旨の付記を受けようとするときは，社会保険労務士会を経由して，付記申請書を連合会に提出する。〔法第14条の11の2〕

⑵　連合会は，社会保険労務士名簿に付記したときは，「特定社会保険労務士証票」を交付する。また，交付を受けた社会保険労務士は，遅滞なく，社会保険労務士証票を連合会に返還する。〔法第14条の11の3・第14条の11の5〕

5．社会保険労務士は，上記1の登録を受けた時に，当然に，その住所地の都道府県に設立されている社会保険労務士会の会員となる。ただし，上記2の登録を受〔法第25条の29〕

社員
Ⅶ1．全国社会保険労務士会連合会
　2．事務所　　法人　　事業所　　社会保険労務士会
　3．懲戒処分　　行政書士　　心身の故障　　信用　　品位

395

けた場合には，登録に係る事務所または事業所の所在地の社会保険労務士会に所属することになる。

6．連合会は，登録を受けた者が次のいずれかに該当するときは，..
........................に基づいて，その登録を取り消すことができる。

法第14条の
9

① 登録資格に関する重要事項について，告知しなかったり，..
を行って登録を受けたことが判明したとき

② 心身の故障により社会保険労務士の業務を行うことができない者に該当したとき

③ ....継続して所在が不明であるとき

7．連合会は，社会保険労務士が次のいずれかに該当したときは，遅滞なく，その登録を抹消し，その旨を官報で公告しなければならない。

法第14条の
10・第14条
の11

(1) 登録抹消の申請があったとき

(2) 死亡したとき

(3) 登録取消しの処分を受けたとき

(4) 社会保険労務士となる資格を有しないこととなったとき

連合会は，偽りその他不正の手段により，紛争解決手続代理業務の付記を受けたことが判明したときは，その付記を抹消しなければならない。

法第14条の
11の4・第
14条の11の
5

なお，登録を抹消された者，その法定代理人または相続人は，遅滞なく，........................
........................または........................を連合会に返還しなければならない。

法第14条の
12

6．資格審査会の議決　　不実の告知　　2年以上
7．社会保険労務士証票　　特定社会保険労務士証票

社会保険労務士 受験マスターノート 〔令和4年版〕

令和4年5月30日　発行　　定価 3,300 円
（本体 3,000 円＋税 10%）

編　者　一般財団法人　日本経営教育センター
発行所　株式会社　労働法令
〒104-0033　東京都中央区新川 2 - 1 - 6 丸坂ビル
TEL 03-3552-4851　FAX 03-3552-4856
振替口座 00100- 2 -660072

ISBN978 - 4 - 86013 - 131 - 9

C2032 ¥3000E